U0856558

刘 相 刘德军 ／主编

# 聚焦中共一大到十八大

*jujiaozhongqongqyidadaoshibada*

济南出版社

**图书在版编目(CIP)数据**

聚焦中共一大到十八大／刘相，刘德军主编. —济南：济南出版社，2015.1

ISBN 978－7－5488－1630－0

Ⅰ.①聚…　Ⅱ.①刘…　②刘…　Ⅲ.①中国共产党—党史—研究　Ⅳ.①D23

中国版本图书馆 CIP 数据核字（2015）第 113442 号

**责任编辑**　张慧泉　张伟卿
**封面设计**　周　倩

**出版发行**　济南出版社
**地　　址**　济南市二环南路 1 号
**邮　　编**　250002
**责编电话**　0531－86131741
**印　　刷**　山东省东营市新华印刷厂
**发　　行**　济南出版社市场部(电话　0531－86922073　86116641)
**版　　次**　2015 年 6 月第 1 版
**印　　次**　2015 年 6 月第 1 次印刷
**开　　本**　185mm×260mm　16 开
**印　　张**　26.5
**字　　数**　455 千
**定　　价**　78.00 元

# 前 言

在中国革命、建设与改革开放的伟大历史进程中，中国共产党自1921年7月成立后至今已相继召开了18次全国代表大会。这是中国共产党成长发展进程中的重要标志，也是其为国家独立、民族解放、繁荣富强和人民幸福而奋斗不息的历史记录。由于党代会是党的最高权力机关，每次党代会都是在党和国家处于重大历史时刻或关键发展阶段召开的，每次党代会都要集中全党意志和智慧就一个时期党的奋斗目标、任务等重要问题做出重大决策，并制定或修改党的章程，产生新的中央领导机构，因而党代会在党的历史乃至中国社会历史上具有非常重要的作用和影响。从中共党代会历史来看，除九大等个别几次大会外，确实都对推动党的历史乃至中国社会历史的前进和发展产生了重大积极作用和影响。充分认识党代会的重大意义，学习、宣传、研究和贯彻好党代会精神，把全党和全国各族人民的思想和行动统一到党代会精神上来，形成和集聚推动党和国家事业发展的正能量，党和国家的事业必定会大大向前推进，取得新的更大成就。鉴于多年来特别是近些年来研究党代会历史的成果出了不少，我们在编写本书时，对每次党代会的历史不进行泛泛的、全景式的论述，而是对一大到十八大“聚焦”，即着重从每次党代会为什么召开，每次党代会解决了哪些新的重大问题，特别是对每次党代会在推动党和国家事业发展中所起的作用和影响方面进行论述。

# 目　录

# 党的一大

## 中国共产党成立与中国共产主义运动伟大开端

岁月蹉跎，往事可追。历史的镜头回溯到1921年，那是昏天黑地的旧中国，中国共产党第一次全国代表大会在上海召开，悄然无声却又满怀希望地向全世界宣告：中国共产党成立了！中国共产党，一个无产阶级政党，如同一个呱呱坠地的婴儿，用他的第一声啼哭为旧中国的漫天阴霾划开了一道黎明的曙光。共产主义运动好似一轮红日，喷薄而出，将要普照中国大地。党的一大召开，中国共产党成立，从此中国出现了以马克思列宁主义为行动指南的统一的无产阶级政党。这是中国历史上开天辟地的大事变。中国共产党自诞生之日起，就勇敢地担当起团结带领人民实现中华民族伟大复兴的历史使命。从此，中国人民在中国共产党的坚强领导下，走上了新民主主义革命的道路，开创了中国历史的新纪元。

### 一、救亡图存，真理何在

1840年鸦片战争后，面对民族危难，中华民族无数仁人志士为寻找救亡图存的真理历尽磨难、上下求索。先后登上历史舞台的地主阶级改革派、农民阶级革命派、资产阶级改良派、资产阶级革命派等，虽然都在不同程度上推动了中国历史的进步，但均以失败而告终。时代呼唤一个新的理论来指引中国革命，时代需要一个新的政党来领导中国革命，时代正孕育着一个新的阶级来主导中国革命。中国共产党第一次全国代表大会的召开，一个以马克思主义为指导思想、代表无产阶级利益的政党——中国共产党的诞生是对这一时代要求及时有力的回应。从此，中国人民找到了救亡图存的真理，拯救民族危亡的时代任务落到了中国共产党人的肩上。

### （一）民族危难，仁人志士艰难求索

中国是享誉世界的文明古国，历史悠久，辉煌灿烂。然而，当历史的车轮滚滚驶入19世纪时，以自然经济为基础的封建王朝已病入膏肓：政治腐败、军备废弛、财政拮据、社会动荡、危机四伏。落后就要挨打。1840年，自称“日不落帝国”、第一殖民大国的英国，用源自中国四大发明之一的火药研制而成的大炮轰开了中国的大门，发动了侵略中国的鸦片战争。自此，西方列强纷至沓来，蹂躏中国，强迫清政府签订了一个又一个不平等条约，中国一步步沦为半殖民地半封建国家。帝国主义和中华民族的矛盾、封建主义和人民大众的矛盾，构成了近代中国社会的主要矛盾。由此也决定了中华民族所面临的两大历史任务：推翻帝国主义和封建主义的统治，实现民族独立和人民解放；改变国家贫穷落后的面貌，实现国家繁荣富强和人民共同富裕。

外国列强的持续入侵使中华民族到了最危险的时候！身处帝国主义、封建主义、官僚资本主义三座大山的重压之下，中国人民备受连年战乱的铁蹄之苦，身陷水深火热的煎熬之中。为了挽救和化解空前深重的民族危难和社会危机，中国人民曾经进行过多次不屈不挠的英勇斗争，无数仁人志士苦苦探索着救国救民的道路。以太平天国运动和义和团运动为代表的旧式农民战争、以戊戌变法为代表的自强运动和改良主义、以辛亥革命为代表的资产阶级民主革命，以及照搬西方资本主义的其他各种方案，每一次艰辛探索和斗争都对推动中国社会走向进步产生了不同程度的影响，但每一次都摆脱不了失败的命运。事实证明，不能触动封建社会根基的运动与革命，都不能完成反帝反封建的革命任务，都不能为中国找到真正的出路。尤其是以西方资产阶级民主主义思想为武器，幻想依靠欧美“友邦”的支持，把中国引上发展资本主义实业的富强之路的资本主义方案，在半殖民地半封建的近代中国是根本行不通的。

先生总是欺负学生，帝国主义的侵略打破了中国人学习西方的迷梦。近代中国社会的发展期待新的阶级及其政党领导新的革命。中国的先进分子必须进行新的探索，寻找新的出路。

1915年9月，参加过辛亥革命的陈独秀在上海创办《青年》杂志，后更名为《新

青年》。他以《新青年》为阵地，与李大钊、鲁迅、胡适、钱玄同、刘半农等人一起，掀起了一场新文化运动。新文化运动提倡民主、反对专制，提倡科学、反对迷信，提倡新道德、反对旧道德，提倡新文学、反对旧文学。它是中国近代历史上的一场启蒙运动，是一次生机盎然的思想解放，不断动摇着封建正统思想的统治地位。但是，在初期的新文化运动中，中国的先进分子仍然主要从西方资产阶级革命时代的武器库中寻找救亡图存的思想武器，所追求的还只是个人精神上的解放，而非全人类的解放，它在本质上是资产阶级的新文化反对封建阶级的旧文化的斗争，依然不能给灾难深重的旧中国找到光明的前途。但值得肯定的是，新文化运动的倡导者、参加者中少数具有远见卓识的人已经开始对资产阶级的民主政治和文化思想采取某种保留态度。这在客观上为包括社会主义在内的各种新思想的涌入打开了闸门。从这个意义上说，“新文化运动为马克思主义在中国的传播创造了某种前提，开辟了道路”①。

### （二）十月革命，墙外开花墙内也香

面对民族危难，各阶层仁人志士的探索和尝试无一例外地遭遇严重失败。封建主义的老一套过时了，资本主义的道路又走不通，中国的出路何在？“山重水复疑无路，柳暗花明又一村。”正当中国的先进分子在黑暗中艰难探索陷于彷徨之时，俄国十月革命的胜利使他们看到了中华民族解放的新希望。1917 年，列宁领导的十月革命催生了世界历史上第一个社会主义国家，开辟了人类历史的新纪元，使马克思主义实现了从理论到现实的升华。它向世界昭示着这样一个事实：资本主义制度并非神圣不可侵犯，无产阶级和劳动人民一旦觉醒、组织起来，完全可以创造出维护绝大多数人利益的崭新的社会制度。墙外开花墙内也香，十月革命的一声炮响也为中国送来了马克思主义，给中国的先进分子指明了一条新的出路，给他们正在苦思冥想的各种现实难题提供了新的解答路径。1949 年，毛泽东在《论人民民主专政》一文中指出：“中国人找到马克思主义，是经过俄国人介绍的。在十月革命以前，中国人不但不知道列宁、斯大林，也不知道马克思、恩格斯。十月革命一声炮响，给我们送来了马克思列宁主义。十月革命帮助了全世界的也帮助了中国的先进分子，用无产阶级的宇宙观作为观察国家命运的工具，重新考虑自己的问题。走俄国人的路——这就是结论。”② 走俄国人的路，就是要举起马克思主义的旗帜来指导中国革命问题。中国的先进分子艰难求索，终于

① 沙健孙：《中国共产党通史：中国共产党的创建》，湖南教育出版社 1996 年版，第 249 页。
② 《毛泽东选集》第 4 卷，人民出版社 1991 年版，第 1470～1471 页。

找到了一种新的科学理论武器，它将拯救民族于水火之中。十月革命成为中国先进分子接受马克思主义的巨大推动力量，中国涌现出一批赞成俄国十月革命、具有初步共产主义思想的知识分子。最早在中国大地上举起马克思主义思想旗帜的是李大钊。他热情讴歌十月革命，积极宣传马克思主义，先后写了《法俄革命之比较观》《庶民的胜利》《布尔什维主义的胜利》《我的马克思主义观》等文章。早期马克思主义者对马克思主义的宣传为中国共产党的成立孕育着思想萌芽。

马克思主义的传入不但震撼了中国的思想界，也为中国无产阶级的迅速成长起到了催化作用。无数仁人志士的艰难探索不断证明：中国社会需要新的阶级力量进行彻底改造！事实上，这种新的阶级力量即中国的无产阶级队伍正逐渐壮大，为一场全新的暴风骤雨般的革命积蓄着阶级力量。特别是在第一次世界大战期间，欧洲战争钳制了西方帝国主义国家的精力而使之暂时放松了对中国经济的侵略，中国民族资本主义经济迎来其历史上短暂的春天。中国工人阶级的力量正是伴随着民族资本主义经济的发展进一步壮大起来的。这支代表当时中国先进生产力发展要求的最进步、最革命的阶级队伍，在俄国十月社会主义革命和马克思主义传播过程中迅速地觉醒并成长起来，为中国共产党的成立奠定了阶级基础。而中国无产阶级一旦掌握了马克思主义的思想理论武器，也就找到了救亡图存的革命真理。中国无产阶级注定成为领导中国革命的一个自觉自为的阶级。

### （三）五四运动，马克思主义广泛传播

1919 年，第一次世界大战中取得胜利的协约国在巴黎举行“和平会议”，竟然明文规定将德国在山东的特权悉数转让给日本，这对于协约国一方的中国而言简直是奇耻大辱！而北洋政府竟准备在“和约”上签字，这激起了各阶层人民的极端愤慨和强烈反对，以学生斗争为先导的五四爱国运动如同火山般爆发。5 月 4 日，北京十几所高校的 3000 余名学生齐聚天安门前举行示威，打出“还我青岛”“收回山东权利”“拒绝在巴黎和会上签字”“废除二十一条”“抵制日货”等标语口号，要求严惩曹汝霖、陆宗舆、章宗祥 3 个卖国贼，并引发“火烧赵家楼”事件。各地学生纷纷响应，走上街头示威游行。学生们的爱国运动很快得到了工人阶级的声援和支持。6 月 5 日，从上海开始，北京、唐山、汉口、南京、长沙等地的工人相继举行罢工，许多大中城市的商人也举行罢市。斗争以燎原之势蔓延全国，运动的中心由北京转移到上海，斗争的主力也由学生转为工人。6 月 10 日，北洋政府被迫罢免了 3 个卖国贼，五四运动取得初步胜利。6 月 23 日，在巴黎和会上，北洋政府代表拒绝在“和约”上签字，五四运

动取得最终胜利。五四运动“带着为辛亥革命还不曾有的姿态，这就是彻底地不妥协地反帝国主义和彻底地不妥协地反封建主义”① 的特质，成为中国新民主主义革命伟大开端的历史性标志。

五四运动让中国工人阶级以独立的姿态登上了政治舞台，其自身特有的纪律性、组织性和坚定的革命精神，也让中国的先进分子认识到工人阶级的历史作用和强大力量。越来越多的先进分子开始接受马克思主义，成为早期的马克思主义者。研究和宣传社会主义和马克思主义逐渐成为进步思想界的主流，这也是五四运动后的新文化运动的突出特点和实质转变。先进分子在《新青年》《每周评论》《民国日报》等一批进步报刊上发表宣传马克思主义的文章，走到工人群众中去开展宣传活动，使马克思主义得以广泛传播并同中国工人运动相结合。早期的马克思主义者还同其他非马克思主义思想展开激辩和论争，争取了越来越多的有志青年和有识之士加入到马克思主义者的队伍之中，使马克思主义的传播更为广泛。特别是经过李大钊同资产阶级改良主义者胡适进行的“问题与主义”论战，陈独秀、李达等同梁启超、张东荪等进行的“社会主义问题”论战，陈独秀、李达、李大钊、施存统等人同无政府主义者进行的论战之后，许多有着不同经历的先进分子，经过自己的深思熟虑和反复比较最终抛弃了旧的主张，选择了马克思主义，实现了思想上的根本转变。毛泽东、周恩来、邓小平、李达、邓中夏、蔡和森、高君宇、恽代英、瞿秋白、赵世炎、陈潭秋、何叔衡、俞秀松、向警予、何孟雄、李汉俊、张太雷、王尽美、邓恩铭、张闻天、罗亦农等一批先进分子，正是在马克思主义的传播过程中纷纷走上无产阶级革命道路，成为马克思主义者。

### （四）建党组织，马克思主义者在行动

随着马克思主义的广泛传播，越来越多的先进分子转变为马克思主义者，他们逐渐意识到，中国革命的出路首先在于创建一个新型的无产阶级政党。李大钊、陈独秀等人通过创办刊物、发表文章、举行座谈讨论、进行通信交流、制定宣言等方式，对建党思想进行了认真探讨，对党的性质、指导思想、党的纲领、党的组织原则等一系列问题进行了分析、阐述。在各地建立党的早期组织，为中国共产党的创建酝酿着条件、积蓄着力量。

南陈北李，相约建党。最早酝酿在中国建立共产党的是陈独秀和李大钊。五四运

① 《毛泽东选集》第4卷，人民出版社1991年版，第699页。

动爆发后，陈独秀对北洋军阀政府大量逮捕学生、北京大学校长蔡元培被迫出走等事件的发生异常愤怒，他于1919年6月9日起草《北京市民宣言》，并同李大钊一起走上街头散发印有该宣言的传单。11日晚，在散发传单时陈独秀被北洋军阀抓捕。李大钊与社会各界设法营救，北洋政府迫于压力将其释放。1920年2月，陈独秀为躲避北洋军阀政府的迫害，从北京秘密迁至上海。在护送陈独秀离京途中，李大钊与其交换了关于在中国建立共产党组织的意见，讨论了如何使中国摆脱贫困落后的面貌，走向共产主义的光明前途等问题。他们相约在北京和上海分别进行活动，筹建中国共产党。

上海党组织的先声。陈独秀返沪后，积极开展筹备建党活动。陈独秀联络信仰社会主义的知识分子，并做了大量宣传工作。他把《新青年》第七卷第六号编成《劳动节纪念号》，上面刊登了李大钊的《五一运动史》一文和大量关于工人受压迫、受剥削情况的调查报告。1920年5月，陈独秀发起组织马克思主义研究会，探讨社会主义学说和中国社会改造问题。6月，他同李汉俊、俞秀松等人开会商议成立共产党组织事宜，并起草了党的纲领。7月19日，中国积极分子会议召开，共商建党问题，为未来党的创建活动奠定了基础。1920年8月，中国共产党的最早组织在上海法租界老渔阳里二号（今南昌路100弄2号）《新青年》编辑部成立。上海共产党早期组织作为党的发起组和各地共产主义者进行建党活动的联络中心，在建立全国统一的工人阶级政党的过程中起到了重要作用。

各地党组织的成立。1920年10月，在李大钊的领导下，北京共产党早期组织成立，李大钊作为书记担任联络任务，并主持马克思学说研究会。张国焘担任职工运动的发动工作。罗章龙、刘仁静等负责组织社会主义青年团。1921年1月，北京共产党早期组织举行会议，决定将组织命名为中国共产党北京支部，由李大钊任书记，张国焘负责组织工作，罗章龙负责宣传工作。① 在上海和北京党组织的帮助下，各地党组织如雨后春笋般成立起来。1920年秋至1921年春，董必武、陈潭秋、包惠僧等在武汉，毛泽东、何叔衡等在长沙，王尽美、邓恩铭等在济南，陈独秀、谭平山、谭植棠等在广州分别成立共产党早期组织。此外，旅日、旅法共产党早期组织也相继成立。各地共产党早期组织的成立及其有计划、有组织地研究和传播马克思主义，到工人群众中开展宣传和组织工作，促进了马克思主义和中国工人运动的结合，为中国共产党的创建进一步做好了思想上和干部上的准备。

---

① 沙健孙：《中国共产党通史：中国共产党的创建》，湖南教育出版社1996年版，第305页。

## 二、党的一大的筹备与召开

随着马克思主义的广泛传播及其与中国工人运动的结合，各地党组织的纷纷成立及其各项建党工作的逐步展开，正式创建统一的中国共产党已为瓜熟蒂落、水到渠成之必然。1921 年 7 月 23 日，来自各地代表全国 50 多名中国共产党党员的 13 位代表和马林、尼科尔斯基两名共产国际代表齐聚申城，在法租界望志路 106 号的李公馆召开了中国共产党第一次全国代表大会。30 日，因密探的突然闯入，代表们子夜做出紧急决定，于次日一早前往浙江嘉兴南湖开会。随后，中国共产党第一次全国代表大会南湖会议通过了《中国共产党的第一个纲领》《中国共产党的第一个决议》《中国共产党第一次代表大会的宣言》三个文件，并宣告中国共产党正式成立。

### （一）共产国际代表提建议

俄国十月革命送来马克思主义已让中国先进分子对其充满了友好感情，而苏维埃俄国政府宣布废弃沙俄在中国境内享有一切特权的第一次对华宣言更是让饱受资本主义列强欺凌的中国人对其充满了好感和信任。以列宁为首的共产国际一直对中国革命运动和中国共产党的成立十分关注，并派代表前来，对于中共一大的筹备及中国共产党的创立给予了很大帮助。1920 年 3 月，列宁领导的共产国际派代表维经斯基来中国了解五四运动的情况。他先在北京会见了李大钊，再经李大钊介绍去上海与陈独秀会晤，研讨建立中国共产党的问题。1921 年初，维经斯基在完成赴华使命，即将返回苏俄前夕，先后与李大钊、陈独秀等人交换意见，他们一致认为在中国建立共产党的条件基本成熟，且商谈要在适当时机召开由各地组织代表参加的全国代表会议，正式成立中国共产党。1921 年 3 月，共产国际代表马林从莫斯科出发，取道欧洲，万里迢迢，于 6 月 3 日乘船抵沪，化名为安德莱森，下榻于南京路东方大旅社。马林很快与早他 5 个月来华工作的弗兰姆堡建立了联系，并从他那里了解到中国共产主义组织的一些情况。与马林同一时期抵沪的还有俄国人尼科尔斯基，他赴华了解中国共产党的筹备工作，并已出席了旅华朝鲜马克思主义者在上海召开的代表大会。此外，他还受托履行赤色职工国际代表的职责。马林很快与尼科尔斯基取得联系，直到 1921 年底，他们两人几乎天天见面，商量工作。马林和尼科尔斯基的到来加速了中国共产党第一次全国代表大会的筹备工作和建党进程。他们先后与主持上海党组织工作的李达、李汉俊会面，多次约谈，全面了解到中国先进分子筹建共产党及工人运动的具体情况。马林和尼科尔斯基皆认为，在中国建立全国统一的无产阶级政党的条件已经成熟，建议及早召开中国共产党的全国代表大会，宣告中国共产党的正式成立。

### （二）十三位代表聚申城

根据共产国际代表的提议，李达分别与在广州的陈独秀和在北京的李大钊进行了联系、商谈，决定在上海召开中国共产党第一次全国代表大会。随后，李达与李汉俊便分别写信给北京、长沙、武汉、广州、济南及日本东京的党组织，通知各派两名代表来上海，出席党的全国代表大会。各地党组织接到上海发起组的通知后，为建党工作的迅速发展感到振奋，积极响应上海发起组的倡议，纷纷派出各自的代表前往上海。

北京党组织接到上海的通知后，专门在西城文化实习学校召开了一次党员会议，讨论出席全国代表大会的人选问题。李大钊虽然是北京党组织的主要领导人，但其时身为北京大学图书馆主任，并兼任北京大学教授和北京八校教职员代表联席会议主席等要职，公务繁忙，外加李大钊已为社会名人，其行踪颇受关注，突然南下也会带来诸多不便。基于上述两点原因，并没有推选李大钊为北京党组织出席一大的代表。最终，会议推选张国焘和刘仁静为北京党组织代表出席党的全国代表大会。张国焘因需要参与一大的筹备工作，成为第一个赶赴上海的外地代表。刘仁静于1921年6月底动身，先乘车南下南京，参加了少年中国学会的南京年会，随后又以“留沪习德文”为名离开南京，于7月7日抵达上海。

长沙的党组织代表是毛泽东、何叔衡。当时湖南军阀统治异常严酷，政治条件十分恶劣，人身安全没有保障。毛泽东、何叔衡在接到通知后，不得不在极端秘密的情况下前往上海。谢觉哉1952年曾回忆说：“一个夜晚，黑云蔽天作欲雨状，忽闻毛泽东同志和何叔衡同志即要动身赴上海，我颇感他们俩的行动‘突然’，他俩又拒绝我们送上轮船。后来知道，这就是他俩去参加中国共产党第一次全国代表大会——伟大的中国共产党诞生的大会。”① 由于交通不便，毛泽东、何叔衡于6月29日晚从长沙动身，先乘船到武汉，然后换船转赴上海，路途遥远，终于7月4日抵达目的地。

武汉党组织在接到上海发起组的通知后，推选了董必武和陈潭秋为其代表。他们从7月15日左右动身，7月20日左右抵达上海。

济南党组织的代表是王尽美、邓恩铭。张国焘赴上海的途中在济南小驻一天，邀约王尽美、邓恩铭等党员在大明湖的渡船上谈论召开中共一大的诸多问题。在张国焘

---

① 谢觉哉：《第一次会见毛泽东同志》，《新观察》1952年第11期。

离开济南后，王尽美、邓恩铭乘火车南下，大约于6月底前到达上海。

广州党组织接到上海通知后，在谭植棠家中召开会议，推选出席一大的代表。参加会议的除了广州党组织的成员外，陈独秀、包惠僧也参加了会议。作为新文化运动的代表人物、五四运动的“总司令”、上海共产党发起组的负责人，在共产国际眼中，陈独秀理应是众望所归的新成立的中国共产党的领袖人物。因此，根据共产国际的意见，李达在写往广州的信件中特意提到要陈独秀本人和广州代表一起出席党的一大。但陈独秀因政务缠身，便在广州党员会上提名陈公博为广州代表，另委派包惠僧出席中共一大。陈独秀虽未作为代表参加党的一大，但特意“委托陈公博带给会议一封信，提出四点意见：‘一曰培植党员，二曰民权主义指导，三曰纪纲，四曰慎重进行政府群众政权问题’，其意即发展教育党员，执行民主集中制，注重组织纪律及争取群众夺取政权，这几点意见对于会议具有一定的指导意义”①。包惠僧于7月15日动身，大致于7月20日到达上海。而陈公博则于7月14日偕新婚妻子李励庄从广州出发，经由香港转赴上海，于7月21日左右到达上海。

上海共产党发起组的代表是李达和李汉俊。作为中国共产党的发起组，又兼会议所在地，李达和李汉俊便承担了代表大会的联络、筹备和会务工作。

上海共产党发起组也向在日本的中国留学生党员发出了通知。当时，留日学生中的中共党员有在东京的施存统和在鹿儿岛的周佛海。当时，因为施存统到日本时间不长，功课也很紧，便推荐周佛海回国出席党的一大。周佛海很快接受了施存统的建议，于学校放暑假后动身回国，并于7月下旬抵达上海。周佛海后来回忆说：“接到上海同志的信，知道七月要开代表大会了。凑巧是暑假中，我便回到了上海。”

7月下旬，除旅法小组因路途遥远未能派代表外，各地代表陆续抵达上海。由于当时革命活动处于秘密状态，所以，参加会议的外地代表，除陈公博夫妇下榻于上海大东旅社外，其他十位代表均住在预先安排好的以北京大学暑假旅行团名义临时租借的法租界蒲柏路私立博文女校内。陈潭秋在1936年回忆道：“一九二一年七月下半月，在上海法租界蒲柏路的女子学校，突然来到了九个客人。他们都下榻于这个学校的楼上。”“这批新到来的许多人是中国各地共产主义小组的代表。他们到上海来的目的，是为正式成立中国共产党。”②

此时，13位代表作为中国先进分子和早期的马克思主义者，带着解救中国劳苦大

---

① 刘吉：《中国共产党七十年》，上海人民出版社1991年版，第71页。

② 陈潭秋：《第一次代表大会的回忆》，中文版《共产国际》，1936年莫斯科第七卷第四、五期合刊。

众、解放全中国、实现国家独立富强、实现社会主义和共产主义的共同理想齐聚申城。他们身份不同，口音各异，却为着一个共同的目标走到一起。他们即将和马林、尼科尔斯基两名共产国际的代表一起，同心协力做一件改变中国历史命运的惊天动地的大事业——正式成立中国共产党！

### （三）一大在上海召开

1. 夜色中的开幕式

1921 年 7 月 23 日晚 8 时，中国共产党第一次全国代表大会在上海法租界贝勒路树德里 3 号（后改为望志路 106 号，现为黄浦区兴业路 76 号）的一幢石库门房屋内秘密举行。这幢房屋是上海发起组人员李汉俊之兄李书城的寓所。这是一座典型的上海里弄住宅式建筑，外墙青红砖交错，其间镶嵌粉线，乌黑的木门上配着一对沉甸甸的铜环接手，门框四周由米黄色石条围成。一大会场设在一层客堂，场内陈设虽简单朴素，却相当庄重：一张长型大餐桌放在房间正中，四周围着一圈圆凳；桌上放着茶具、一对紫铜烟缸和一只饰有荷叶边的粉红色玻璃花瓶；东、西墙边各安置了一只茶几和两张椅子，靠北端的红漆板壁边，放置了一张小桌。①

出席大会开幕式的有毛泽东、何叔衡、董必武、陈潭秋、王尽美、邓恩铭、李达、李汉俊、张国焘、刘仁静、陈公博、包惠僧、周佛海共 13 名各地党组织代表，代表着全国 50 多名党员；此外，共产国际代表马林、尼科尔斯基也出席了会议。

党的一大由张国焘主持。毛泽东、周佛海担任记录，刘仁静、李汉俊负责给共产国际代表翻译。大会开幕式上，首先是由张国焘向代表们报告了会议的筹备过程，阐明召开大会的重要意义。围绕建立中国共产党的中心任务提出大会的议题，包括制定党的纲领、党的工作计划和选举中央领导机构。

马林代表共产国际向中共一大致辞。他声音洪亮、慷慨激昂地讲了三四个小时，直至深夜。马林说：中国共产党的成立具有重大的世界意义，第三国际增加了一个东方支部，俄共（布）增加了一个东方战友。如此话语让人听着热血沸腾！马林分析了当时世界的形势，介绍了第三国际的活动概况以及他在爪哇建党活动的情况和经验。他建议中国共产党人要特别注意开展工人运动，建立工会组织，吸收工人中的先进分子入党。建议成立一个起草党纲和工作计划的委员会。他希望中国共产党人努力工作，接受第三国际的指导，为全世界无产阶级联合起来做出自己的贡献。马林讲话后，另

---

① 张静如：《中国共产党全国代表大会史》第 1 册，万卷出版公司 2008 年版，第 36 页。

一位共产国际代表尼科尔斯基发表了简短的致辞。他先向中共一大表示祝贺，并介绍了刚刚成立的赤色职工国际的情况，建议给共产国际远东书记处发电报，报告代表大会的进程。

共产国际代表讲话后，代表们具体商讨了一大会议的议程和任务，一致同意先由各地代表向大会汇报各地区的工作，然后讨论和通过党的纲领，制订今后的实际工作计划，最后选举党的中央领导机构。

2. 汇报工作的第二次会议

7 月 24 日，大会举行第二次会议，由各地代表向大会报告本地区党团组织成立的经过、所开展的主要活动、主要的工作方法和经验等。虽然由于各地党组织成立的时间尚短，工作只是初步展开，代表们的报告都比较简短，但是代表们一致认为，各地党组织的成立绝非偶然，而是有其深刻的国际国内背景。代表们汇报认为，各地党组织自建立以来，主要从事了开展马克思主义宣传、建立党团组织、开展党团运动三项工作。代表们还指出，党组织成立时间短、经验少、缺经费等因素严重影响了党的工作有计划地开展，这与党所要肩负的历史使命极不相称，一致认为应努力创造条件，改善状况，以便更为有效地开展工作。

3. 大会休会

7 月 25 日、26 日大会休会两天。因为时间仓促、人员分散，党的活动又处于秘密状态，虽然在代表大会召开以前有一些酝酿和准备工作，但却没能事先起草出供代表们讨论的会议文件。因此，马林建议选出一个委员会起草纲领和工作计划。会议主席张国焘，通晓四国语言、博览马克思著作的李汉俊，素有“小马克思”雅号之称的刘仁静等组成起草委员会，用两天的时间，参阅先前陈独秀、李汉俊分别在广州、上海起草的党章内容及《共产党》月刊上介绍的外国共产党纲领的部分内容，起草了《中国共产党第一个纲领》和《中国共产党第一个决议》初稿，供与会代表讨论。

4. 争论热烈的第三、四、五次会议

7 月 27 ~ 29 日 3 天分别举行了一大第三、四、五次会议，主要讨论了《中国共产党第一个纲领》这一文件。讨论中，代表们热烈发言、各抒已见、互相商讨，既有统一的看法，也有不同的意见和激烈的争论。代表们围绕创建中国共产党这一核心任务，集中讨论了如下几个方面的问题。

关于党的性质、奋斗目标问题。代表们意见基本一致。会议确定，我们党定名为中国共产党。中国共产党是工人阶级的政党，是无产阶级革命的神经中枢。党的基本任务是，领导无产阶级进行革命斗争，推翻资产阶级的国家机器，实行无产阶级专政，消灭私有制，最终目的是实现社会主义和共产主义。

关于党的组织原则问题。李汉俊认为，中共中央只是个联络机关，主张地方分权制；而大多数代表则主张中央集权制。最终讨论的结果体现在一大通过的纲领和决议之中，规定党的领导原则是采取“苏维埃管理制度”，亦即采纳了多数代表的主张，实行民主集中制原则。同时规定：地方执行委员会的财政、活动和政策，必须受中央执行委员会的监督；纲领经三分之二全国代表大会代表的同意，始得修改。这些规定基本上包含了后来概括的少数服从多数、党的地方组织和每个党员服从中央的原则。

关于共产国际与中共之间的关系问题。虽然马林在开幕式上已经清楚阐明共产国际的意见，即中共应为共产国际的一个支部，属于上、下级关系，但代表们更赞同李汉俊的意见，即中共可以接受共产国际的理论指导，并采取一致行动，但不必在组织上明确中共是共产国际的一个支部。代表们主张在党纲中写上“联合共产国际”。会后，张国焘向马林和尼科尔斯基汇报该问题的讨论意见。当马林听到这句“联合共产国际”时，顿时双眉紧锁。很显然，作为共产国际的执行委员，他认为中国共产党应该不折不扣地贯彻共产国际的决议。

关于党员能否在现政府中做官问题。一个意想不到的问题竟然引起空前激烈的大辩论，那就是在讨论党员条件时，党员能否在资产阶级议会中当议员和到现政府中做官的问题。对此，有两种截然相反的意见：陈公博、李汉俊等持肯定态度，因为当时的陈公博正在广东担任“宣传员养成所”所长，而陈独秀正担任广东省教育委员会委员长。不过大多数代表则因为中国共产党是无产阶级政党，对此持否定态度。这个问题经过几次会议的激烈争论，仍然没有得出最终结论，最终只得做了留给下次代表大会解决的安排。

关于党员入党的条件和手续问题。一大纲领认为，凡是真诚愿意承认和接纳中国共产党党纲和政策的人，经过一名党员介绍，不分性别、不分国籍，均可加入中国共产党。但是要特别强调，在加入我们队伍之前，必须与企图反对本党纲领的党派和集团断绝一切联系。

5. 被迫中断的第六次会议

7 月 30 日，代表们仍聚集在李公馆举行会议。本次会议，马林来了，尼科尔斯基也来了，只有周佛海因“忽然肚子大痛大泻，不能出门，一个人睡在地板上想工作进行的步骤，糊糊涂涂也就睡着了”① 未能出席。8 时多，代表们四周坐定，马林正准备

---

① 周佛海：《往矣集》，上海平报出版社 1942 年版，第 31 页。

讲话，突然，从那扇虚掩的后门缝中，忽地闪进来个身着灰布长衫、面孔陌生的中年男子。他神态诡异地环视一周，谎称要找社联的王主席，说是走错了地方。但后来考证，此人叫程子卿，是法租界巡捕房的政治探长。事实上，在29日晚上的会议中马林就曾认为，在一个地方一连开几天会必定会引起巡捕注意。为安全起见，必须更换会议地点。但因一时不易找到新的地方，便仍旧在李公馆进行。没想到，马林担心的事情果然发生了。代表们意识到问题的严重性，赶紧撤离了会场，第六次会议被迫中断。十几分钟后，法租界巡捕房的十多个巡捕包围了李公馆，法国警官带几名中国密探闯入室内进行了搜查。好在放在抽屉里的一份党纲草案因为涂改混乱，字迹不清，并未引起巡捕注意。巡捕们没有发现指控代表们进行政治活动的有力证据，简单地询问过后，得知此屋乃是曾任北京政府陆军总长李书城将军的公馆，只能悻悻地失望而回。

在马林下达紧急疏散令后，代表们不敢再回博文女校。他们穿小巷，走里弄，拐入渔阳里二号《新青年》编辑部的楼上。子时，夜已深沉，代表们却毫无睡意，聚集在一起紧急商讨下一步代表大会如何进行的事宜。大家一致认为，虽然法租界巡捕房的搜查没有造成直接损失，但代表大会断不能再在上海继续召开，以策万全，必须更换会议地点。于是，有人提议转移到离上海不远的杭州，在场的李达夫人王会悟提议，会议可以转移到她的家乡浙江嘉兴继续召开。嘉兴南湖游人稀疏，环境幽静，距离上海又近，到此开会显然比去杭州更为适宜。事不宜迟，代表们决定第二天就去嘉兴南湖继续开会，并做了转移准备。

### （四）一大在南湖结束

7月31日晨，代表们分批来到上海北站。经过巡捕房侵扰事件，与会人员的警惕性大大提高。为缩小目标，避免引人注意，代表们分两批乘车南行。第一批由王会悟带领，与董必武、陈潭秋、毛泽东等人乘头班车出发；第二批由李达带着其余代表乘后一班车续行。“何叔衡是否去了，尚是一个待解之谜。据有当事人回忆，何叔衡提前回长沙了。”① 李汉俊是李公馆的主人，因正受密探监视，未能同行。陈公博夫妇则因居住的大东旅社在31日早5时许发生的凶案受惊，无意前往嘉兴南湖参加会议，乘车避走杭州。马林和尼科尔斯基则因外国人的长相怕引起注意也未能前往。

上午10时许，代表们先后抵达嘉兴车站。王会悟在南湖附近的鸳湖宾馆订下两间客房，又委托旅馆账房代租了一艘画舫。为了会议安全，代表们带着乐器和麻将牌登

① 叶永烈：《红色的起点》，上海人民出版社1991年版，第281页。

上画舫，并在画舫中舱的桌面上备有酒菜，以游山玩水为掩护。“王会悟也装扮成歌女模样，坐在船头，充当会议的‘哨兵’。”①

甩掉了跟踪的尾巴，远离了喧嚣的上海，安谧、秀丽的南湖水面上飘着翠绿的菱叶，一尘不染，令人心旷神怡。时近中午，下起淅淅沥沥的小雨，游人四散，湖上更为清幽安静。柔柔细雨中的南湖，景色空灵，别有一番风韵情趣。代表们乘坐的画舫缓缓徐行，在这清幽的美景中，一次历史性的会议再次开始！

南湖会议的重点在于讨论通过党的纲领、决议和宣言等重要文件。那张放在李公馆抽屉里被密探忽视的“废纸”，此刻成为代表们字斟句酌的重要文件。因为在上海的几次会议已经对党的纲领问题做了比较深入的讨论，共产国际代表又不在场，还缺席了常常持异议的李汉俊和陈公博，因而讨论的进程较为顺利。第一个获得正式通过的便是后来分别从美国哥伦比亚大学和苏联的共产国际档案中发现的《中国共产党第一个纲领》。

党纲明确规定，我们党定名“中国共产党”，指出无产阶级政党要联合第三国际和革命军队一起推翻资本家阶级的政权，直到社会阶级区分的消除。此外，党纲还对中国共产党的革命目的等政治主张、党员的入党条件及入党手续、地方委员会的组建组织原则、中国共产党与其他党派的关系等诸多方面的问题做了明确规定。这个党纲是中共一大最重要的成果。中国共产党是依据马克思主义学说为理论指导创建的，它表明中国共产党成立伊始便沿着马克思主义的轨道运行，注定要成为改写中国历史命运的伟大政党。

大会通过的第二个文件便是《中国共产党第一个决议》。决议分为六部分：一是工人组织。提出中国共产党的基本任务是成立产业工会，并在工会里灌输阶级斗争的精神。要警惕工会成为其他党派的傀儡，警惕工会执行其他的政治路线。二是宣传。一切书籍、日报、标语和传单的出版工作均应受中央执行委员会或临时中央执行委员会的监督，均不得刊登违背党的原则、政策和决议的文章。每个地方组织均有权出版地方通报、日报、周刊、传单和通告。不论中央或地方出版的一切出版物，其出版工作均应受党员的领导。三是工人学校。在一切产业部门均应成立工人学校，并使之逐渐变成工人政党的中心机构，以提高工人的觉悟，使他们认识到成立工会的必要。学校管理处和校务委员会应完全由工人组成，除非常必要的情况外，工人学校不应教若干门不同的课程。四是工会组织的研究机构。为教育工人使其在实践中能够实现共产党

① 沙健孙：《中国共产党通史：中国共产党的创建》，湖南教育出版社1996年版，第408页。

的思想，设立由各个产业部门的领导人、有觉悟的工人和党员组成的工会组织研究机构，开展工人运动史、组织工厂工人的方法、卡尔·马克思的经济学说、各国工人运动的现状等方面的问题研究。五是对现有政党的态度。对现有其他政党，应采取独立的进取的政策。在政治斗争中，在反对军阀主义和官僚制度的斗争中，在争取言论、出版、集会自由的斗争中，我们应始终站在完全独立的立场上，只维护无产阶级的利益，不同其他党派建立任何关系。六是党与第三国际的联系。决议规定，党中央委员会需每月向第三国际报告工作。在必要时，应派全权代表前往设在伊尔库茨克的第三国际远东书记处。此外，应派代表赴远东各国，以便商讨发展和配合今后阶级斗争的进程。

大会还通过了第三个文件，即《中国共产党第一次代表大会的宣言》。遗憾的是，这篇宣言未曾传世，迄今寻获未果。据李达回忆，宣言的内容大致如下：

“接着大会讨论《中国共产党第一次代表大会的宣言》草案，这宣言有千把字，前半大体抄袭《共产党宣言》的语句，我记得第一句是‘一切至今存在过的历史，是阶级斗争的历史’。接着说起中国工人阶级必须起来实行社会革命自求解放的理由，大意是说中国已有产业工人百余万，手工工人一千余万，这一千多万的工人，能担负起社会革命的使命，工人阶级受着帝国主义与封建势力的双重剥削和压迫，已陷于水深火热的境地，只有自己起来革命，推翻旧的国家机关，建立劳工专政的国家，没收国内外资本家的财产，建设社会主义经济，才能得到幸福生活。宣言草稿中也分析了当时南北政府的本质，主张北洋封建政府必须打倒，但对孙中山的国民政府也表示不满。因此有人说‘南北政府都是一丘之貉’，但多数意见则认为孙中山的政府比较北洋政府是进步的，因而把宣言中的语句修正通过了，宣言最后以‘工人们失掉的是锁链，得到的是全世界’一句话结束。”①

会议在讨论共产党对其他党派的态度问题时，就是联合还是斗争的策略问题出现了短时间的争论。有人认为，无产阶级不论在理论上还是在实践上都应该始终与其他党派进行斗争；相反，还有人则主张在行动上与其他党派合作反对共同的敌人。但是，会议终究没对这个问题统一认识，最后只是确定把宣言交给即将组成的中央局处理。因为当时国内政治环境极端恶劣，党只能处于秘密状态下进行活动，党的成立宣言亦绝不可能见诸报端、公之于世。

天色渐晚，黄昏已近。大会进入最后一项议程，即选举中国共产党的中央领导机

---

① 《“一大”前后》（二），人民出版社 1980 年版，第 13 页。

构。鉴于当时的中共党员只有50多人，各地的组织也尚待建设，所以决定不成立党的中央委员会，只用无记名投票方式选举产生了3人组成的中央局，作为中央的临时领导机构。作为《新青年》的创始人，五四运动和新文化运动的领袖，当时享有崇高声望的陈独秀毫无悬念地被推举为中央局书记。陈独秀的表弟濮清泉写过《我所知道的陈独秀》，对陈独秀当选为一大书记，文中有一段颇为重要的回忆：据陈独秀告诉我，中共第一次全国代表大会他因事留在广东，没有参加，之所以要他当总书记，是第三国际根据列宁的意见，派一个荷兰人马林来中国传达的。说是中国还没有走上政治舞台，党的总书记一职，要找一个有名望的人，号召力要大点。张国焘主持中共一大，擅长社会活动，被选举为组织主任；李达负责中共一大筹备工作，是上海共产主义小组的代表书记，著译过大量介绍马克思主义的文章，被选为宣传主任。因为陈独秀身在广州，代表们便商量决定由周佛海暂时担任代理书记。对此，张国焘在《我的回忆》中如此这般写道："大会旋即一致推举陈独秀任书记，李达任宣传，我任组织。在陈先生没有返沪以前，书记一职暂由周佛海代理。"① 据悉，"当时由周佛海代理书记，是因为散会之后，周佛海仍留沪度暑假。在留沪的四人之中——李达、李汉俊、包惠僧和他选定由他代理书记"②。

大会在代表们低沉而有力的"共产党万岁、第三国际万岁、共产主义——人类的解放者万岁"的口号声中胜利闭幕。那艘在南湖碧波中轻轻荡漾的画舫，成了中国共产党诞生的摇篮。

## 三、党的一大的历史地位与影响

中国共产党第一次全国代表大会胜利召开，并通过了中国共产党的第一个纲领和第一个决议，宣告了中国共产党的成立，具有划时代的重要意义。"从此，中国人民踏上了争取民族独立、人民解放的光明道路，开启了实现国家富强、人民富裕的壮丽征程。"③

### （一）权威论评一大

作为党的一大代表之一，毛泽东曾在多个场合和文件中给予党的一大以高度评价。

---

① 《"一大"前后》（二），人民出版社1980年版，第181页。

② 叶永烈：《红色的起点》，上海人民出版社1991年版，第292页。

③ 胡锦涛：《在庆祝中国共产党成立90周年大会上的讲话》，《人民日报》2011年7月2日。

他在《唯心历史观的破产》一文中指出："一九一七年的俄国革命唤醒了中国人，中国人学得了一样新的东西，这就是马克思列宁主义。中国产生了共产党，这是开天辟地的大事变。孙中山也提倡'以俄为师'，主张'联俄联共'。总之是从此以后，中国改换了方向。"① 他在《全世界革命力量团结起来，反对帝国主义的侵略》一文中强调："既然革命，就要有一个革命党。没有一个革命的党，没有一个按照马克思列宁主义的革命理论和革命风格建立起来的革命党，就不可能领导工人阶级和广大人民群众战胜帝国主义及其走狗……中国共产党就是依照苏联共产党的榜样建立起来和发展起来的一个党。自从有了中国共产党，中国革命的面目就焕然一新了。"②

作为湖北党组织的一大代表陈潭秋也指出：在党的第一次大会时，共产党尚未与共产国际建立联系，但它的总路线、它的组织原则，都是按照列宁、斯大林的布尔什维克建立的。他在回忆中曾这样谈到中国共产党第一次代表大会及中国共产党成立的伟大意义："这样即完结了的中共第一次大会，产生了伟大的中国共产党，领导中国革命和引导中国人民的争取民族和社会解放的斗争。虽然中国共产党的年龄并不大，而她经过了在斗争中的许多锻炼和受到大的牺牲。党在成立后，已经领导了全世界闻名的广东香港海员罢工，京汉铁路工人的罢工，开滦煤矿工人的总罢工。在这些斗争中，党已生长和巩固到这样了，已能组织五卅运动，争取伟大中国革命的领导权，组织延长到16个月的香港罢工，进行了上海三次暴动和举行了历史上的广东暴动，开创了中国苏维埃革命的开端……中国共产党在现在空前的民族危机条件下，来使中国人民得到民族解放及社会解放的最后胜利。"③

### （二）中国共产主义运动伟大开端

1919年爆发的五四运动是中国新民主主义革命的开端，标志着中国工人阶级以自觉的力量登上历史舞台。而两年后召开的中国共产党第一次全国代表大会，以马克思主义为指导、以社会主义和共产主义为远大理想的中国共产党的成立，则标志着中国共产主义运动的伟大开端。1945年5月，毛泽东指出："一九〇三年产生了布尔什维克，一九一七年俄国十月革命胜利，就使得全世界历史改变了方向。一九二一年产生了中国共产党，中国就改变了方向，五千年的中国历史就改变了方向。"④ 俄国十月革

① 《毛泽东选集》第4卷，人民出版社1991年版，第1514页。
② 《毛泽东选集》第4卷，人民出版社1991年版，第1357页。
③ 张静如：《中国共产党全国代表大会史》，万卷出版公司2008年版，第86页。
④ 《毛泽东文集》第3卷，人民出版社1996年版，第397页。

命改变了世界的方向，使整个世界由资产阶级革命的时代转变为无产阶级革命的时代。中国共产党第一次全国代表大会的召开，中国共产党的成立，改变了中国的方向，中国革命从此成为世界无产阶级革命的一部分，成为世界共产主义运动的一部分，中国共产主义运动的历史起点由此肇始。“中国工人阶级，自第一次世界大战以来，就开始以自觉的姿态，为中国的独立、解放而斗争。一九二一年，产生了它的先锋队——中国共产党，从此以后，使中国的解放斗争进入了新阶段。”① 在这个新阶段，以马克思主义为指导思想的中国共产党，使中国人民从此有了一个可以信赖的领导核心，使中国工人阶级有了自己坚强的战斗司令部，使中国革命开始具有了国际共产主义的思想特质，给因辛亥革命失败而迷茫的人民群众带来了光明和希望，为他们的斗争开拓了通向胜利的新航道。尽管初创时期的中国共产党还很弱小和稚嫩，但它是代表中国人民根本利益和社会前进方向的新生力量，符合国际共产主义运动的历史潮流，这在本质上就是不可战胜的。中国共产党第一次代表大会的召开，在旧中国的沉沉黑夜中点燃了一个新的革命火种。星星之火将呈燎原之势照亮中国大地，并成为国际共产主义运动中不可低估的坚强生力军，为国际共产主义运动贡献力量。

### （三）历史的必然和人民的选择

中国共产党第一次全国代表大会的伟大使命，就是酝酿中国共产党的诞生。而中国共产党诞生在20世纪20年代初的中国，又绝非偶然，而是历史的必然，是人民的选择。正如毛泽东指出的：“二十二年前我们什么也没有，二十八年前甚至连共产党也没有。为什么过去没有的东西今天会有呢？就是因为人民需要。”②

鸦片战争以后，中国逐步成为半殖民地半封建社会，列强对中国的侵略步步紧逼，封建统治日益腐败，祖国山河破碎、战乱不已，人民饥寒交迫、备受奴役，中国人民经历了刻骨铭心的磨难。救亡图存的民族使命迫在眉睫。争取民族独立、人民解放，实现国家富强、人民富裕，成为中国人民必须完成的历史任务。为改变民族命运，中国人民进行了艰苦卓绝、不屈不挠的斗争。太平天国运动、戊戌变法、义和团运动、辛亥革命，勇敢不屈的中国人民一次次抗争，却又一次次失败。

屡次失败的根本原因就是没有一个坚强有力的、密切联系群众的先进政党作为凝聚和组织全国革命力量的领导核心。事实表明，无论是旧式的农民战争还是不触动封

---

① 《毛泽东选集》第3卷，人民出版社1991年版，第1081页。
② 《毛泽东文集》第5卷，人民出版社1996年版，第305～306页。

建根基的自强运动和改良主义，抑或是向西方学习的资产阶级革命运动，都不能完成中华民族救亡图存的民族使命和反帝反封建的历史任务。要解决中国发展进步问题，必须找到能够指导中国人民进行反帝反封建的先进理论，必须找到能够领导中国社会变革的先进社会力量。而这个理论，就是马克思主义，这种力量，就是中国共产党。

外国资本主义的侵入促进了中国封建社会经济的解体。在半殖民地半封建化过程中，工人阶级的成长壮大和工人运动的日益高涨为中国共产党的成立奠定了牢固的阶级基础；十月革命给中国送来了马克思主义，一批革命的知识分子通过各种学说、思潮的论争，坚持以马克思主义作为考察中国社会的思想理论武器，为中国共产党的诞生提供了正确的理论基础；五四运动促进了中国工人运动和马克思主义的结合，催生了各地党组织的建立，为中国共产党的成立准备了组织和干部条件。所以说："中国共产党的诞生，是近现代中国历史发展的必然产物，是中国人民在救亡图存斗争中顽强求索的必然产物。从此，中国革命有了正确前进方向，中国人民有了强大精神力量，中国命运有了光明发展前景。"① 因此，承载着创建中国共产党历史使命的中国共产党第一次全国代表大会的召开，是中国人民和中国早期马克思主义者对时代主题和中国革命两大历史任务的自觉回应，因而也就具有伟大而深远的意义。

### （四）理想信念追求铸就创党精神

坚持共产主义远大理想，信念坚定，初衷不变。我们的党，从创立那天起就将马克思主义作为指导思想，按照民主集中制的马克思主义原则和道路前行。所以，尽管党在创立之初困难重重、磨难不断，成立之后更是遭遇砥砺万千，却能够披荆斩棘、继往开来，能够在狂风巨浪、疾风骤雨中掌舵前行。坚持马克思主义的正确指导方向、坚持共产主义的远大理想是年幼的中国共产党一路前行的坚强保障。正如刘少奇所说的那样："我们的党从最初组织起就有自我批评和思想斗争，就确定了民主集中制，就有严格的组织纪律，就不允许派别存在，就严厉地反对了自由主义、工会独立主义、经济主义等，因此在我们党内公开提出系统的组织上的右倾机会主义的理论，是没有的。""就这方面说，我们走了直路。"② 它满怀信心地以改造中国为己任，以坚定的信念为中国人民指明前进的方向和奋斗的目标。它为根本改变中国各族人民被剥削、被压迫的状况，实现民族独立、人民解放和国家富强，为实现共产主义的远大理想，进

---

① 胡锦涛：《在庆祝中国共产党成立90周年大会上的讲话》，《人民日报》2011年7月2日。

② 中共中央文献研究室、中共中央党校：《刘少奇论党的建设》，中央文献出版社1991年版，第235页。

行了不屈不挠、艰苦卓绝的斗争。

“作始也简，将毕也钜。”这是1956年中共一大代表、70岁的董必武在上海一大会址的题词。他借用《庄子·人间世》的这句话来抒发自己的无限感慨。这幅题词，至今依然悬挂在一大会址纪念馆展厅出口处。1945年，毛泽东在党的七大预备会议的报告中也引用了这句话。他说：我们中国《庄子》上有句话说，其作始也简，其将毕也必钜。参加过中共一大的两位代表之所以同时借用这句话，是因为它很好地体现了我们党的创党精神。中国共产党诞生于半殖民地半封建的中国，党员的出身比较复杂，再加上马克思主义传入中国的历史并不久，马克思主义著作中关于中国革命的文本并不多，而中国社会历史发展的具体道路和欧洲各国社会历史发展道路相比，有其更大的特殊性，中国共产党人还远没有意识到马克思主义中国化的问题。“中国共产党有一个很大的弱点，这个弱点，就是党在思想上的准备、理论上的修养是不够的，是比较幼稚的”①。但是，就是这样一个会议，却宣告了中国共产党的成立，成为改变中国历史方向的大事件；就是这样一个不成熟的政党，却逐渐壮大，并成为中国革命的领导力量。毛泽东还曾说过，“从古以来没有这样的人民，从古以来没有这样的共产党。经过共产主义的小组，经过北伐战争，轰轰烈烈壮大起来了。但中间被人家拦腰一枪打在地上，爬将起来又和他打，叫作土地革命。从建党到北伐战争，10年国内战争，8年抗日战争，3年解放战争，我们党尝尽了艰难困苦，轰轰烈烈，英勇奋斗。从古以来，中国没有一个集团，像共产党一样，不怕牺牲一切，牺牲多少人，干这样的大事。”② 因为中国共产党人坚信，作始虽简，但是，只要我们初衷不改，信念不变，只要我们艰苦奋斗，生于忧患，那么，“将毕也巨”。中国共产党90多年的光辉历史，已然证明。

## 附录：党的一大13位代表的沉浮人生

参加过中国共产党第一次全国代表大会的有来自全国各地的13位代表。他们都为一大召开、中国共产党的诞生做出了或大或小的贡献。但是大浪淘沙，在后来的革命洗礼和人生砥砺中，他们的人生走向却出现重大分化。人生沉浮，千秋功过，历史与人民评说。在此，将以13位代表离世时间为序，对其人生做一简短勾画。

---

① 中共中央文献研究室、中共中央党校：《刘少奇论党的建设》，中央文献出版社1991年版，第273页。

② 《作始也简，将毕也钜》，《新湘评论》2011年第13期。

**王尽美：英年早逝的“好同志”**

1898 年生，山东莒县大北杏村（今属诸城市）人，原名王瑞俊，字灼斋。1925 年 8 月 19 日因病逝于青岛医院，年仅 27 岁。党的一大后任中共济南小组组长、济南支部书记、济南地方委员会书记。1922 年 1 月，王尽美作为中共代表出席共产国际在莫斯科召开的远东各国共产党及民族革命团体第一次代表大会。在苏俄学习、参观半年后回国，出席了中共二大。从此，他成为中国工人运动的组织者，先后参与领导京奉铁路山海关工人罢工、秦皇岛码头工人罢工、开滦五矿工人大罢工，在工人中享有崇高威信。1923 年 2 月在山海关被捕，经工人营救获释。后回山东工作，仍任中共山东省地方执行委员会书记。1923 年 10 月，遵照中共指示，他以个人身份加入国民党，并当选为出席国民党一大的山东代表。1925 年 1 月，王尽美赴上海出席中共四大，其时已经身患严重肺病，连日吐血，但仍然坚持工作。7 月，前往青岛医院救治。在医院里，在中共青岛市委负责人面前，他口授遗嘱：“希望全体同志好好工作，为无产阶级和全人类的解放和共产主义的彻底实现而奋斗到底！”毛泽东曾这样追忆逝者：“你们山东有个王尽美，是党的一大代表之一，是个好同志。”

**李汉俊：自动脱党却永垂不朽的革命烈士**

1890 年生，湖北潜江人，原名李书涛。1927 年 11 月被国民党反动派枪决于汉口，年仅 35 岁。在日本留学期间接受马克思主义，回国后热情讴歌俄国十月革命，积极宣传马克思主义。党的一大后，陈独秀从广州返沪主持中共中央局工作，李汉俊因与其意见不合、观点产生明显分歧，于 1922 年离开上海到武昌中华大学、武昌高等师范学校任教。1923 年在党的第三次全国代表大会上当选为中央候补委员。不久便脱离中国共产党。脱党后经其兄李书城介绍，曾先后任职于北京国民政府外交部、教育部、农商部。1926 年任湖北各界欢迎北伐军代表团副团长，随之加入国民党，历任国民革命军总司令秘书、国民党湖北省党部执行委员、湖北省政府委员兼教育厅厅长。但是，国民党右翼始终视他为亲共分子。桂系军阀、武汉卫戍司令胡宗铎下令通缉李氏兄弟，并于 1927 年 12 月 17 日下午 5 时在汉口日租界中街 42 号将其缉捕，未经审讯，当晚 9 时许将其枪决。1952 年 8 月，毛泽东亲自签署写着“李汉俊同志在大革命中光荣牺牲，丰功伟绩永垂不朽！”的烈属证书。

**邓恩铭：“不惜唯我身先死”的省委书记**

1901 年生，贵州荔波人，字仲尧，1931 年 4 月惨遭杀害，年仅 31 岁。1917 年来到济南，积极投入五四爱国运动，发起成立“马克思学说研究会”。一大后，积极参与筹建中共山东支部的工作。1922 年赴莫斯科参加远东各国共产党及民族革命团体第十次代表大会，并受到列宁的接见。回国后参加了中共二大。此后，邓恩铭受中共山东地方执行委员会派遣，前往青岛开展工作，先是建立中共青岛支部，后成立中共青岛市委并任书记。邓恩铭在青岛领导了胶济铁路工人大罢工和青岛纱厂大罢工。1925年4月，邓恩铭被捕入狱，身受重刑依然坚持信念，后被中共组织托人保释。1927年4月，出席在武汉召开的中共四大。回山东后，接替王尽美出任中共山东省执行委员会书记。由于叛徒出卖，1928年12月邓恩铭再度被捕入狱。被关押在济南省府前街的警察局拘留所时，邓恩铭先后组织了两次越狱，均有中共党员成功逃脱，但邓恩铭未能幸在其列。1931年4月，邓恩铭自知余日不多，在给母亲的最后一封家书中写下一首诗："卅一年华转瞬间，壮志未酬奈何天；不惜唯我身先死，后继频频慰九泉。"

**何叔衡："临危一剑不反顾"的革命家**

1875年生，湖南宁乡人，1935年2月牺牲，终年59岁。1918年参加新民学会，1919年积极投入五四运动，并被选为新民学会执行委员长。1920年任湖南通俗教育馆馆长，并接办《湖南通俗报》，是中共一大年龄最长的代表。一大归来，与毛泽东一起在湖南建立中共组织，出任中共湘区委员会组织委员。1924年任中共影响下的湘江学校校长。1927年军阀制造"马日事变"，革命形势陡然紧张。何叔衡来到上海从事党的地下工作。1928年7月，受中共组织指派，何叔衡与徐特立等一起去莫斯科，出席了在那里召开的中共六大，然后进入莫斯科中山大学特别班学习。1930年7月从苏联回到上海，辗转进入江西苏区瑞金，出任工农检察人民委员部部长、内务人民委员部部长、临时法庭主席。1933年，何叔衡因"左"倾路线的排斥被撤销全部领导职务。1935年，中共江西分局决定，年老体衰的何叔衡、体弱多病的瞿秋白、身怀六甲的项英妻子张亮，由体力较好的邓子恢和周月林照料，从江西经福建前往香港。2月14日凌晨，当他们来到上杭县水口镇附近的小径村时与敌遭遇，在激烈的突围战斗中，何叔衡不幸牺牲。1945年，老友谢觉哉为悼念何叔衡沙场捐躯10周年慨然写道："叔衡才调质且华，独辟蹊径无纤瑕，临危一剑不反顾，衣冠何日葬梅花。"

**陈潭秋：秘密遇害于新疆的革命烈士**

1896年生，湖北黄冈人，字云先，1943年9月遇害于新疆迪化（今乌鲁木齐），终年47岁。1919年五四运动时代表同学参加游行示威，创办湖北人民通讯社，以记者身份到工人群众中进行革命活动。1920年，与董必武等创办武汉中学，培养革命青年，并任英文教员；同年秋，与董必武等共同发起成立共产党武汉支部。一大后任中国劳动组合书记部武汉分部负责人，中共武汉地方委员会委员，中共武汉区执委委员长、组织委员。1923年发动和领导著名的京汉铁路工人"二七"大罢工，后到安源从事工人运动和建党工作。第一次国共合作期间，参加中国国民党湖北省党部的筹建工作，任国民党湖北省执委会组织部长。大革命失败后，陈潭秋任中共江西省委书记，在中共五大上当选为中央候补委员。1929年按中共中央指示到青岛组建中共山东临时省委并改组市委，之后到满洲省委巡视工作，1930年在哈尔滨被捕。他在狱中坚持斗争，于1932年7月被中共党组织成功营救。出狱后的陈潭秋打扮成商人，通过重重封锁线，潜入江西革命根据地，任中共福建省委书记。红军开始长征，他奉命留守江西。在战争中，右耳被子弹打掉，大脑受到剧烈震荡，被送入上海医治。基本痊愈后，他奉命和陈云等一起前往苏联，出席共产国际第七次代表大会，此后，便作为中共驻共产国际代表团成员留在莫斯科。1936年7月，中共15周年诞辰之际，陈潭秋写下了《第一次代表大会的回忆》，发表在1936年《共产国际》第七卷第四、五期合刊上，为中国共产党一大会议保留了一份异常珍贵的文献。1939年，陈潭秋奉调回国，在新疆工作。由于军阀盛世才公开走上反苏反共道路，党中央决定在新疆的共产党员全部撤离。而将自己列入最后一批撤离的陈潭秋却不幸被软禁。1943年9月27日，在墨染般的夜里，他被反动军阀秘密地用麻绳勒死于迪化。

**陈公博：千夫所指沦为巨奸**

1890年生，广东南海人，1946年经过公审被判死刑，终年56岁。1905年因其父参加反清活动被捕而逃往香港。1920年北京大学毕业后返广州办《群报》，翌年参加广州共产党支部。中共一大后任中共广东区执行委员会组织委员，曾在工人运动、特别是香港海员大罢工中起过作用。但是，1922年陈炯明叛变，陈公博竟写文章“拥陈反孙”，受到中共组织批评。他不接受党组织劝告，决意脱离中共，前往美国哥伦比亚大学攻读硕士，被中共开除党籍。1925年，陈公博回国后加入国民党，担任国民党第一届中央执行委员、中央党部书记长、北伐军总司令部政务局长。1927年后追随汪精卫，并因对蒋介石不满与汪精卫等成立“改组派”。抗日战争爆发后，陈公博竭力鼓吹“抗日必亡”，散布“亡国论”。后来汪精卫叛国投敌，陈公博则与之狼狈为奸，筹组南京伪国民政府，陈公博担任伪中央政治委员会委员、伪立法院院长等职。1944年，汪精卫在日本名古屋病逝，陈公博便成为伪国民政府代理主席，是南京伪政府的“一号人物”，继汪精卫之后的头号大汉奸。日本投降后，陈公博化名“东山公子”于1945年8月25日乘飞机逃亡日本。10月3日被引渡回国，关押在南京老虎桥监狱。1946年4月，陈公博在苏州受到公审。江苏高等法院判决如下：陈公博通敌叛国，图谋反抗本国，处死刑。6月4日，江苏高等法院奉命将陈公博在江苏第三监狱执行死刑。

**周佛海：卖国求荣的政治投机者**

1897年生，湖南零陵人，1948年病死于监狱，终年51岁。1917年去日本求学。1924年在日本京都帝国大学毕业回国后，接受国民党中央宣传部长戴季陶和广东大学校长邹鲁邀约，到广州担任国民党中央宣传部秘书，退出共产党，加入国民党，并迅速转向反共立场。抗战爆发后，周佛海鼓吹“战必败”的投降主义，与陈公博一道成为汪精卫的左膀右臂。他与日本侵略者暗中勾结，1938年逃离重庆，潜入上海，卖身投日充当汉奸，在汪精卫伪政府担任财政部长、警政部长、军事委员会副委员长、行政院副院长等要职。日本投降后，周佛海被蒋介石任命为军事委员会别动队上海行动部队指挥。国民党大批人马到达上海后，周佛海失去利用价值。1945年9月30日，由于全国民众要求严惩汉奸的呼声日益高涨，由国民党特务头子戴笠出面，将周佛海等几个南京伪政府的要员软禁于重庆。1946年10月，周佛海被推上历史的审判台，在南京朝天宫大殿，被国民党首都高等法院判处死刑。由于其妻周波慧多方活动，1947年3月26日，蒋介石下特赦令，以周佛海确实为重庆方面做过贡献为名，改死刑为无期徒刑。免于死刑的周佛海被关进老虎桥监狱，并于1948年病死。

**李达：创党脱党再归党的理论界“鲁迅”**

1890年生，湖南零陵人，字鹤鸣，1966年逝于武汉，终年76岁。1912年赴日本留学，出于爱国救民的远大理想，放弃理科，深入学习和研究马克思主义。1920年春，他从日本返回上海，参加正在发起的上海共产党组织，并负责编辑《共产党月刊》。1922年参加中共二大后，任湖南自修大学校长和《新时代》主编。1923年秋脱离中国共产党，此举成为李达的终身憾事。不过，他脱离中共的原因与陈公博、周佛海截然不同。据其本人亲述，原因主要有三：一是当时党内的人多注重实际，不注重研究，他则愿意在革命理论研究和传播方面为党做贡献；二是他对中共三大决定全体共产党员以个人名义加入国民党想不通，不愿意做国民党员；三是不堪忍受陈独秀的家长制作风。李达是学者型人物，脱离中共后，主要从事理论研究和教育工作。1926年出版哲学专著《现代社会学》。北伐战争时期，李达受邓演达之邀，出任中央军事政治学校政治总教官、国民革命军总司令部政治部编审委员会主席。1927年，又受毛泽东之聘，在中央农民运动讲习所任教。之后，他在武昌、上海、北京、广西、广东、湖南等地担任大学教授，讲授唯物主义哲学，成为卓有建树的马克思主义理论家，著有《辩证法唯物论教程》《经济学大纲》《社会学大纲》等重要理论著作。毛泽东赞誉《社会学大纲》为“中国人自己写的第一本马克思主义哲学教科书”，号召党的高级干部学习。1949年，李达受毛泽东之邀经香港、天津到达北平，与毛泽东在香山长谈。毛泽东赞扬其为理论界的“鲁迅”。后经刘少奇、毛泽东等作为历史证明人，李达于1949年重新加入中国共产党。李达希望继续从事教育工作，先后担任湖南大学校长、武汉大学校长等职。这期间，李达写出《〈实践论〉解说》和《〈矛盾论〉解说》两书，宣传毛泽东思想。“文化大革命”开始后，李达受到迫害，于1966年8月24日在武汉逝世。1980年，中共中央为李达平反昭雪。

**董必武：“九十初度”而逝的民族解放老战士**

1886年生，湖北黄安人，字洁畬，1975年在北京逝世，终年89岁。辛亥革命爆发后，从家乡赶到武汉，参加了同盟会和资产阶级革命运动，后因袁世凯篡权，被迫留学日本，攻读法政专业。1919年，经李汉俊引导，开始阅读马克思主义读物和革命刊物，思想发生很大转变，成为一个马克思主义者。1920年创办武汉中学，创立马克思学会研究会，向青年传播革命理论。同年秋，与陈潭秋等人发起成立武汉共产党支部，并采取多种方式在工人中从事宣传和组织工作。中共一大后，担任中共武汉区委执行委员。国共合作时期，任国民党湖北省党部执行委员。1927年，董必武成为国民党追捕的目标，在袁范宇兄弟的帮助下化装成水手从武汉乘船到上海前往日本。半年后，他前往莫斯科，成为中国共产主义劳动大学特别班的学生。1932年，董必武秘密回国，到达江西瑞金与毛泽东共事，任中共中央党校校长、中华苏维埃中央执行委员兼最高法院院长。难能可贵的是，年近半百的他参加了举世闻名的万里长征，成为党内著名的“五老”之一。在20世纪40年代，董必武两度成为新闻人物：一是1945年作为中共代表参加了中国代表团，飞往美国旧金山出席联合国成立大会，并在联合国宪章上签字；二是从美国回来后被任命为中共代表团成员，在周恩来率领下与国民党政府进行谈判。中华人民共和国成立后，董必武历任政务院副总理、最高人民法院院长、全国政协副主席、中华人民共和国副主席、中华人民共和国代主席等职。“文革”中，这位中共元老亦遭到迫害，迁出中南海，后被“疏散”到广州。1975年1月，年近90岁高龄的董必武出席第四届全国人民代表大会，这是他最后一次参加重大的国事活动。1975年4月2日，董必武在北京逝世。逝世前他曾在病中留诗《九十初度》：“九十光阴瞬息过，吾生多难感蹉跎。五朝敝政皆亲历，一代新规要渐磨。彻底革心兼革面，随人治岭与治河。遵从马列无不胜，深信前途会伐柯。”

**毛泽东：名垂青史的伟大领袖**

1893年12月26日生，湖南湘潭人，字润之，1976年9月9日逝于北京，享年83岁。毛泽东年轻时参加革命，致力于民族解放和民族独立的伟大事业。1927年八七会议后，领导秋收起义，在井冈山创立了中国第一个农村革命根据地，提出农村包围城市的革命道路。1935年遵义会议增选为中共中央政治局常委，确立其在红军和党中央的领导地位。1937年8月至1976年9月，长期担任中共中央委员、常委、主席。1949年9月在中国人民政治协商会议第一届全体会议上当选为中华人民共和国中央人民政府主席。1981年中共中央十一届六中全会通过的《关于建国以来党的若干历史问题的决议》，科学评价和总结了毛泽东的历史地位：毛泽东同志是伟大的马克思主义者，是伟大的无产阶级革命家、战略家和理论家。他虽然在“文化大革命”中犯了严重错误，但是就他的一生来看，他对中国革命的功绩远远大于他的过失。他的功绩是第一位的，错误是第二位的。他为我们党和中国人民解放军的创立和发展，为中国各族人民解放事业的胜利，为中华人民共和国的缔造和我国社会主义事业的发展建立了永远不可磨灭的功勋。他为世界被压迫民族的解放和人类进步事业做出了重大的贡献。

**包惠僧：脱离党组织的“栖梧老人”**

1894年生，湖北黄冈人，1979年离世，终年85岁。1919年赴北京参加五四爱国运动，1920年在武汉参加共产党。中共一大后，在上海参加编辑《劳动周刊》，历任中国劳动组合书记部长江支部主任、中共北京区委员会委员兼秘书，中共武汉区委员会委员长。1924年奉中共中央之命以个人名义加入国民党，历任黄埔军校政治部主任、黄埔军校高级政治训练班主任等职。大革命失败后，包惠僧走了失败主义道路，消极脱离中国共产党。此后，包惠僧先是在上海以卖文为生，后又借助于他与蒋介石在黄埔军校共事的关系，当上蒋介石陆海空军总司令部参议。九一八事变后，蒋介石任命其为军委秘书，兼任中央军校政治教官。1948年，解放战争胜利前夕，包惠僧携家人逃往澳门，后来给周恩来发电，要求前往北平。回到北平后，被安排到华北人民革命大学和政治研究院学习，毕业后到内务部研究室任研究员。1957年，周恩来又任命包惠僧为国务院参事。这年7月1日，包惠僧以“栖梧老人”为名在《新观察》杂志上发表了《中国共产党成立前后的见闻》，引起海外关注。“文革”中，包惠僧受到冲击，他在病中煎熬了10年，心脏病不时发作。1971年，包惠僧患腹主动脉瘤，1979年病逝。

**张国焘：晚景凄雨他乡凋零**

1897年生，江西萍乡人，字恺阴，1979年12月去世，终年82岁。1916年考入北京大学预科，成为北大学生中的社会活动积极分子。1919年参加北大“国民杂志社”和“平民教育讲演团”，五四运动时任北大学生会干事，讲演部长。1920年成为北京共产党小组首批党员，并连续出席中共一大至六大的会议。1924年在北京被北洋军阀政府逮捕后变节自首。1924年冯玉祥发动北京政变，中共组织趁机营救被捕人员，张国焘获救。出狱后隐瞒变节行为，直到新中国成立后当年的审讯档案披露于世，才使张国焘的变节行为公之于世。1935 年 6 月，在红军长征途中，张国焘反对北上，拥兵自重，非法另立“中央”。1936 年，自立“中央”被迫取消，张国焘在红军到达陕北后，鉴于其承认了自己的错误，中共中央仍任命他为陕甘宁边区政府副主席、代主席。1938 年 4 月清明节前夕，张国焘乘去陕西黄陵县北桥山祭扫黄帝陵之机只身逃走，投奔国民党。解放战争胜利在即，张国焘带全家逃往台北，后又非常落魄地携妻儿迁往香港，以办《中国之声》杂志维持生计。1961 年，美国堪萨斯大学因张国焘连续出席中共一大至六大的特殊而宝贵的经历，约其撰写参与中国共产党活动为主要内容的回忆录。张国焘写下了 100 万字的《我的回忆》，写作报酬成为其唯一的生活来源。1968 年，张国焘迁往加拿大多伦多，不久申请住进当地一家免费的养老院。1976 年，张国焘突然中风，右半身瘫痪。1979 年 12 月 3 日凌晨，张国焘在翻身时被毯掉落在地，冻死在床。

**刘仁静：逝于车祸的最后一位中共一大代表**

1902 年生，湖北应城人，字养初，1987 年 8 月逝于车祸，终年 85 岁。1916 年参加恽代英创办的“互助社”，1919 年参加五四运动被捕，获释后加入“少年中国学会”，并任该学会会计。1920 年参加社会主义青年团和北京共产党小组。一大后，与邓中夏一起创办社会主义青年团机关刊物《先驱》。1922 年，作为中国社会主义青年团代表，与陈独秀一起出席莫斯科共产国际四大，并在会上发言。1926 年到国际党校列宁学院学习。1929 年回国后因参加托派组织活动被开除党籍。1935 年被国民党逮捕，后被家人保释出狱。后曾在国民党机关供职，发表反共文章《评毛泽东的〈目前形势和我们的任务〉》。全国解放后，刘仁静主动要求党组织和国家有关部门处理自己，并发表声明检讨错误。此后被安排在北京师范大学任教，并给苏联专家任翻译。“文革”中，刘仁静被捕，毛泽东要求将其释放。1986 年底，刘仁静被任命为国务院参事。1987 年 8 月 5 日，身着白府绸衬衫的刘仁静下楼晨练，横穿马路时被飞快驶来的公共汽车撞倒，当场死亡。《人民日报》为刘仁静去世发了简短的消息。

鲁迅有云：“因为终极目的的不同，在行进时，也时时有人退伍，有人落荒，有人颓唐，有人叛变，然而只要无碍于进行，则愈到后来，这支队伍也就愈成为纯粹、精锐的队伍了！”用此段话来形容参加过中国共产党第一次全国代表大会的 13 位代表后来的人生轨迹再恰当不过。追溯 13 位代表在一大后的人生足迹，真是让人感慨万千：坚忍不拔、始终如一地在共产主义的道路上奋斗是多么艰难啊！

# 党的二大

## 民主革命纲领确定与马克思主义中国化初步探索

如血岁月，山河悲恸。豺狼军阀当道，虎豹列强横行。中国共产党成立后的一年里，在国内情势日趋紧张恐怖的情况下，全国工人运动蓬勃兴起。1922 年 7 月 16 日至 23 日，又是炎热的夏天，来自全国各地的 12 名共产党组织代表，代表全国 195 名共产党员再聚申城，秘密召开中国共产党第二次全国代表大会，旗帜鲜明地指出帝国主义和封建军阀是中国革命的敌人，制定了民主革命的最低纲领和最高纲领，制定通过了第一部中国共产党章程，中国共产党人开始了马克思主义中国化的初步探索。

### 一、中国革命，谁是敌人

“谁是我们的敌人？谁是我们的朋友？这是革命的首要问题。”① 这是毛泽东于 1925 年所写《中国社会各阶级的分析》中开门见山提出的第一句话。事实上，该问题是中国共产党成立后急需弄清楚的首要问题。党的一大后，全国各地工人运动风起云涌，香港海员大罢工更是掀起了中国工人运动的第一次高潮。在共产国际的影响下，中国共产党鲜明地阐发了自己的政治主张，指出帝国主义和封建军阀是中国革命的敌

① 《毛泽东选集》第 1 卷，人民出版社 1991 年版，第 3 页。

人，已在理论上对革命的首要问题有了初步认识。所有这些，为中国共产党第二次全国代表大会的召开以及革命纲领的制定奠定了基础。

### （一）军阀激烈混战是内忧

1912 年，袁世凯窃取辛亥革命的胜利果实后，其控制下的封建的、买办的、反动的政治武装集团——北洋政府成为统治中国的主要政治力量。1916 年，袁世凯称帝美梦破灭，军阀分裂为以段祺瑞为首的皖系、以冯国璋为首的直系和以张作霖为首的奉系等多个派系，中国陷入军阀割据之恶劣局势。段祺瑞企图通过“武力统一”的手段统一全国，但直系吴佩孚对其极为不满，不积极用兵，最终使其“武力统一”的美梦幻为泡影。之后，吴佩孚与湘桂粤滇诸系军阀组成对抗皖系的同盟。而直系的曹锟则与奉系张作霖联合，组成了直隶、江苏、湖北、江西和东北三省的七省反皖同盟。到 1920 年 4 月，已基本形成直奉联合、共同抗皖的局面。

1921 年的华盛顿会议使各帝国主义国家瓜分中国的步伐加快。为争夺在华权势，攫取更多利益，各帝国主义国家纷纷拉帮结派，与不同派系军阀狼狈为奸。内忧外患，两者的苟合使得军阀之间的混战愈演愈烈。美国为保证其“门户开放”政策的实现，大力支持直系；日本为了维护其在华特殊利益，以达到独占中国的企图，积极扶持皖系和奉系。于是，北洋军阀内部直、皖、奉三系之间的矛盾进一步扩大，导致了一系列的混战。1920 年 7 月，英美帝国主义支持的直系军阀联合奉系军阀发动直皖战争，打败了皖系主力，控制了北京中央政权。直皖战争后，直奉矛盾日深。日本为了重新夺回控制权，支持奉系调兵进驻京津，与直系争夺北京政权。1922 年 4 月底至 5 月初，直奉两系之间终于爆发第一次直奉战争，结果奉系大败，被驱逐到山海关外，北京政权完全为直系军阀所掌握。同时，各地割据称雄的军阀为了应对战争，竞相扩充军队。为了应对庞大的军费开支，军阀政府不惜以出卖国家利益为代价大量举借外债，并采取强售公债、强迫借款、滥发纸币，尤其是增加赋税等办法，对各阶层人民主要是广大农民进行赤裸裸的盘剥和掠夺。军阀混战导致社会动荡、生产破坏，加重了中国人民的痛苦。

军阀割据混战的同时，纷纷根据自己的情势，或者为了争夺中央政权，或者为了保持与扩大自己的地盘，各怀鬼胎地抛出有利于自己的政治主张和所谓治国言论，愚弄人民，混淆视听。直系军阀吴佩孚鼓吹“武力统一”，企图控制全国；而各地方军阀为了维护自己的统治，宣扬“自治”或“联省自治”。各派军阀的鼓吹迷惑了相当一部分认不清国家革命形势的人。资产阶级改良主义者胡适、王宠惠、梁漱溟等人对吴佩孚寄予厚望，希望由此励精图治。他们在《努力周报》上发表《我们的政治主张》

一文，提出不分党派，由全国公认的“好人”出来组织一个“好人政府”，废督裁兵、财政公开、尊重国会、制定宪法，实行联省自治，停止内战，以实现和平统一等措施。

面对军阀混战卖国，面对喧嚣一时的各种解决中国问题的方案，新生的中国共产党必将表明自己的立场，阐明自己的主张，做出自己的选择。

### （二）列强加剧瓜分为外患

内忧外患。帝国主义列强逐渐加紧瓜分中国的步伐，与国内混战的后果相较，过犹而无不及！1914 年至 1918 年第一次世界大战期间，忙于欧洲战事的他们分身乏术，只得暂时放松对中国的盘剥和压榨。大战结束之后，各帝国主义国家一张张贪婪的嘴脸再次暴露，它们对中国展开了新一轮的争夺。综合实力膨胀的美国将注意力转向亚太地区，但是，日本利用第一次世界大战期间的有利条件，积极在该地区扩展势力，美日在中国的矛盾冲突日显尖锐。1919 年巴黎和会建立的凡尔赛体系也只是暂时调整了帝国主义战胜国在西方的相互关系，但在远东、太平洋地区的矛盾却愈演愈烈。此外，列强的争夺战导致各国海军军备竞赛加剧。在此背景下，由美国总统沃伦·加梅利尔·哈定倡议，由除中国外的包括美国、英国、日本、法国、意大利、荷兰、比利时、葡萄牙在内的 8 个帝国主义国家于 1921 年 11 月 11 日至 1922 年 2 月 6 日召开华盛顿会议，亦称太平洋会议。

华盛顿会议的议程有三个：一是限制海军军备竞赛，二是太平洋和远东问题，三是中国问题。三个议程，有两个和中国有关，真可谓司马昭之心。为平衡争夺亚太地区的利益和霸权问题，大会通过三个条约和一个协定，即《四国条约》《五国海军条约》《九国公约》和中日协定。其中，《四国条约》是由美、英、日、法四国于 1921 年 12 月 13 日签署，全称《关于太平洋区域岛屿属地和领地的条约》。条约规定：互相尊重他们在太平洋区域内岛屿属地和领地的权利……条约生效后，英日 1911 年的同盟协定应予终止。《四国条约》消除了美国在亚太地区争霸利益的障碍，在遏制日本扩张野心的同时，也承认了其在太平洋的既得利益。《九国公约》由与会国于 1922 年 2 月 6 日签署，全称《九国关于中国事件应适用各原则及政策之条约》。条约规定：尊重中国之主权与独立及领土与行政的完整；施用各种之权势，以期切实设立并维持各国在中国全境之商务实业机会均等之原则；不得因中国状况，乘机钻营谋取特别权利，而减少友邦人民之权利，不得鼓励有害友邦安全之举动……由上述内容便知，华盛顿会议根本就是巴黎和会的继续，其形成的华盛顿体系是对凡尔赛体系的补充，结束了第一次世界大战爆发后日本在中国占有的优势地位，使中国回归到几个帝国主义国家共同支配的局面，再次成为列强共同宰割的对象。这次“强盗的晚餐会”在美国标榜的“门户开放”政策下，强化、实现了帝国主义国家继续瓜分中国的不轨图谋，无情傲慢地践踏着中国的主权和领土完整，蹂躏着中国人民的生存权利和尊严。中国代表在会上提出的关于取消领事裁判权、撤退外国军警、关税自主、取消租借地和势力范围等合理要求均遭拒绝就是最好的明证。面对如此屈辱和民族窘境，国人情何以堪，国人何以不悲愤填膺？以拯救民族危亡为己任的新生的中国共产党怎能不发出自己的声音？

### （三）远东民族大会明方向

华盛顿会议激起远东各国人民尤其是中国人民的极大愤慨。面对帝国主义的嚣张气焰，为对抗华盛顿会议，反对帝国主义列强的掠夺阴谋，争取把远东劳动群众团结在反对帝国主义的旗帜之下，共产国际执行委员会认为召开远东各民族代表大会的时机已经成熟，便向中国、朝鲜、日本、爪哇等远东各国共产党和革命组织发出邀请。1922 年 1 月，远东各国共产党及民族革命团体第一次代表大会在无产阶级革命领袖列宁的亲切关怀下于克里姆林宫斯维尔德洛夫大厅胜利召开。大会先后举行 11 次会议，第 12 次会议即闭幕式是在彼得格勒（今圣彼得堡）召开的。① 出席大会的有来自中国、朝鲜、日本、蒙古等国的代表共 184 人②，其中有表决权的 131 人，有发言权的 17 人。以张国焘为团长的中国代表团有 45 人，其中有表决权的 39 人，有发言权的 5 人。中国的代表来自不同团体或阶层，有中共代表张国焘，国民党代表张秋白，工人代表邓培、许白昊等，老师代表于树德、林育南等，青年团代表王振翼，少年中国学会代表高君宇，巾帼代表黄壁魂，学生代表夏曦等。

远东各国共产党及民族革命团体第一次代表大会由共产国际执行委员会主席季诺维也夫主持，共四项议程：第一，季诺维也夫做题为《国际形势与华盛顿会议的结果》的报告，揭露了日、美、英、法等帝国主义国家召开华盛顿会议的罪恶阴谋，号召远

---

① 关于这次代表大会的名称有十余种，迄今学界称谓不一。例如，在我国出版的中共党史及中共党史人物传记一类的书中多把这次代表大会称为“远东各国共产党及民族革命团体第一次代表大会”；在 A·季维尔编的《共产国际的五年（决议和数字）》一书中，将之称为“远东各国革命组织第一次代表大会”；苏联 1922 年 1 月 13 日至 2 月 9 日的《真理报》有关这次会议的报道中称之为“远东各国共产党及革命组织第一次代表大会”；另外也有称“远东各国人民代表大会”“远东劳动者莫斯科代表大会”“远东劳苦人民大会”等。

② 对于出席大会的人数说法不一，如张国焘在其回忆录中就曾提及有 160 余人。此处采用 184 人说，主要依据：索尔金：《远东人民代表大会》，《远东问题》，1960 年第 5 期，第 78 页；《真理报》1922 年 2 月 1 日的报道。

东各被压迫民族在俄国和西方无产阶级的援助下开展反对帝国主义、封建主义的民族民主革命。根据这个报告，大会通过《华盛顿会议的结果及远东形势》的决议，批评了中国、朝鲜资产阶级把美国当作亚洲“解放者”的错误看法，指出远东各被压迫民族获得自由和独立的有效途径是远东各国劳动群众与先进国家的无产阶级结成联盟，去反对一切帝国主义者。决议指出，只有同世界无产阶级联合起来一道战胜帝国主义之后，远东各国的劳动群众才能为自身的利益在国与国之间建立经济合作，并保证充分利用科学与技术成就而自由发展。第二，各国代表分别介绍本国情况。他们详细介绍了本国的阶级关系，以及工运、农运、学运和妇女状况等方面的情况。中国代表团先后有5人在大会上发言。关于中国形势问题的主要报告人是张国焘。他在报告中介绍了中国无产阶级和农民的处境、土地关系、学生运动和罢工运动等方面的情况。第三，面对各国代表的发言共同反映出的共产党与各民族革命政党之间的关系问题，共产国际东方部部长萨发洛夫专门做了题为《共产党人在民族殖民地问题上的立场及其与民族革命政党的合作》① 的报告，结合远东各国的实际情况，有针对性地阐述了列宁关于殖民地问题的革命理论，回答了有关殖民地、半殖民地国家民族民主革命的性质、对象、任务和前途等一系列极为重要的问题。第四，在闭幕式上通过致远东各民族宣言，痛斥了帝国主义侵略中国的暴行，揭露了华盛顿会议侵略中国的阴谋，明确指出中国和远东各被压迫民族当前的革命任务是进行反对帝国主义和封建主义的民族民主革命。宣言表示，要对剥削中国的中国封建军阀宣战，要对日本武人和官僚宣战，要向诡诈式的美国帝国主义和贪婪的英国投机家宣战，不得胜利，誓不休止。宣言号召全世界无产者和被压迫民族联合起来，在共产国际的旗帜下结成远东劳动者的牢不可破的同盟，对英美日法和其他的世界强盗们宣战。

远东各国共产党及民族革命团体第一次代表大会是中国共产党成立后第一次正式委派代表参加大型国际会议。会议期间，列宁抱病接见了张国焘、张秋白、邓培等与会中国代表，表达了对国共合作问题的密切关注，并提出希望中国共产党和中国国民党实现合作，推动中国革命向前发展。这次大会，对于中国共产党迅速成长，对于中国共产党进一步了解列宁关于民族和殖民地问题的理论、理解中国民主革命纲领及革命统一战线等问题均具有重要意义。中国共产党成立以来一向以社会主义革命为其主要任务，反对帝国主义的爱国运动只是一个附带的要求。经过这次大会，中国共产党

---

① 此报告名称又为《第三国际与远东民族问题》，《向导》第9至11期均以此为题全文刊登这次报告。

认识到反对帝国主义是应该立刻开始的主要活动，也是中国革命的主要任务之一。因此，可以说，是这次大会使中国共产党在共产国际的直接影响和帮助下确定了中国革命的反帝反封建性质，为中国共产党第二次全国代表大会制定出民主革命纲领提供了理论指导，指明了基本方向。

### （四）中共时局主张阐立场

中国共产党成立后，在中央局的统一领导下有组织地开展了各项实际工作，尤其重视集中力量开展工人运动。帝国主义和封建军阀的蓄意破坏和残暴镇压、革命斗争向前发展的需要推动中国共产党开始对中国工人运动的首要斗争目标是打倒资本家还是推翻帝国主义和封建军阀统治等问题进行深思。1921 年 11 月出版的《共产党》月刊第 6 号《短言》中指出：太平洋会议就是英美分割中国的会议。什么正义人道，就是掠夺和分赃；什么门户开放，就是自由到中国夺取富源；什么机会均等，就是均分中国的财富；什么领土保全，就是把空壳留下来搜刮压榨中国无产阶级供给他们的利益。1922 年 1 月 15 日，《先驱》发刊词再指出："就全国的形势看来，还是旧的势力占着优势，如国内武人军阀的横行……使我们感觉着这还是法国大革命以前的封建社会状态"，强调要以"反抗的创新的精神"对付军阀武人的专横，应以"努力研究中国的客观的实际情形，而求得一最合宜的实际解决中国问题的方案"为"第一任务"。诸种阐述表明，党的一大之后，中国共产党人已加深了对帝国主义和中国革命问题的认识。

1922 年上半年，出席远东各国共产党及民族革命团体第一次代表大会的中国共产党人多数陆续回国，并将大会精神向中共中央和上海等地的共产党组织与共产党员做了汇报和传达，大会精神得到了中央和党员群众的赞同和支持。中国共产党在实践中探索中国社会和革命实际问题的同时，又接受了列宁关于民族和殖民地问题的理论，并将这两方面相结合，使民主革命思想在党内萌芽。1922 年 5 月 1 日，第一次全国劳动大会在广州召开。当时，会场悬挂的标语就是"打倒帝国主义""打倒军阀""中国共产党万岁"三大口号。大会宣言指出：我们面前的敌人是很多的，国际帝国主义和本国军阀也是我们的敌人。他们时常压迫我们，杀戮我们的领袖，枪击我们罢工的兄弟，禁止我们的罢工，剥夺我们集会、结社、言论的自由。这些敌人一日不除，我们便不能得到些许自由。我们需要这种自由，我们不能忍受帝国主义的压迫和杀戮。所以，我们要联合全国的农民阶级，甚至可以暂时联合小资产阶级，共同与敌人做斗争，以争取我们的自由。5 月 5 日，第一次中国社会主义青年团代表大会亦相继在广州召开。大会制定的《中国社会主义青年团纲领》对民主革命问题的认识更为明确，指出国际资本和国内武人两重压迫是中国人民所受的最大痛苦。中国共产党开始认识到中国革命现阶段的对象并不是本国的资产阶级，而是帝国主义和封建军阀，当前革命的目标不是社会主义，而是民主主义。1922 年 6 月 15 日，中国共产党公开发表《中国共产党对于时局的主张》①，明确阐明中国共产党对于当时基本国情的认识。

《中国共产党对于时局的主张》全文分为 10 部分，主要内容如下：其一，总结了辛亥革命以来的经验教训。《主张》客观地评价了辛亥革命的作用，认为它有“反对满洲帝改之民主运动”和“反对外力压迫之自强运动”双重意义。指出：辛亥革命推倒了几千年沿袭的帝政，在中国政治史上算是开了一个新纪元，但是，辛亥革命没有成功。“所以未能成功之主要原因，是因为民主派屡次与封建的旧势力妥协”。其二，比较详尽地分析了中国的社会状况和社会性质，认为中国社会实际上仍旧是一个由旧军阀掌握政权，并与国际帝国主义相互勾结的半独立的封建国家；指出了革命的对象、革命的性质、革命的目标和革命的动力。其三，鲜明坚定地驳斥了其他各种政治派别解决时局的政治主张，表明了自己的政治态度。《主张》指出：主张总统复位恢复国会以维持法统的解决时局之困的思路大谬不然。认为联省自治虽然不是解决时局问题的根本办法，却是暂时能用的唯一办法。中国共产党认为，要解决纠纷的时局，必须由历年许多纠纷的事件里面分析出纠纷的共通病根所在，然后才能够找出真能解决纠纷的道路。军阀政治是中国内忧外患的源泉，也是人民受痛苦的源泉，中国共产党的方法，“是要邀请国民党等革命民主派及革命的社会主义各团体，开一个联席会议……共同建立一个民主主义的联合战线，向封建式的军阀继续战争……以达到军阀覆灭能够建设民主政治为止”。

诚然，由于理论水平和实践经验的局限，年轻的中国共产党对于时局的把握并非全面透彻，存在忽视农民运动、忽略无产阶级独立性和革命领导权等问题，但是，这个《主张》是中国共产党第一次就民主革命问题宣布自己的政见、阐明自己的立场，是中国共产党制定民主革命纲领的初步尝试。这表明中国共产党对中国革命的社会性质、现阶段的革命任务、步骤、策略等问题都有了较明确的认知。因为该《主张》的主要思想被中国共产党第二次全国代表大会所接受，并写进了大会宣言，可谓之民主

---

① 即《中共中央第一次对于时局的主张》。这种“主张”从 1922 年 6 月到 1926 年 7 月共发表了 5 篇，除第三篇的题目为《中国共产党第三次对于时局宣言》之外，其余 4 篇的题目均为《中国共产党对于时局的（之）主张》。1926 年编印《中国共产党五年来之政治主张》一书时，将此 5 篇的题目全改为《第×次对于时局的主张》。1942 年编印《六大以前》时沿用这些题目，并在前面都加了“中共中央”。

革命纲领的雏形，从而为中国共产党第二次全国代表大会的胜利召开做了思想上、理论上的准备，并为第一次国共合作奠定了理论基础。

### （五）九州工人怒潮显力量

中国共产党成立后，根据一大决定于1921年8月成立中国劳动组合书记部，作为党领导工人运动的合法的、公开的总机关，以加强对工人运动的统一领导。该组织的宗旨是要建立劳动组合，向劳动者宣传建立劳动组合的必要性，联合或改组已有的劳动团体，使劳动阶级逐渐走向自觉，并建立国内工人阶级与外国工人阶级的密切关系。中国劳动组合书记部除在上海设立总部外，还在北京、汉口、长沙、广州、济南设立分部，且各部相继成立工人俱乐部，有《劳动周刊》《工人周刊》《山东劳动周刊》等机关刊物的配合宣传和影响，从中央到地方主要精力均放在全面展开工人运动方面。中国工人阶级在党的领导和发动下民族觉悟迅速提高，全国工人运动蓬勃兴起，并迎来中国工人运动的第一次高潮。

事实上，早在一大会议召开期间，工人运动领导人李启汉就成功领导了上海浦东英美烟草公司8000多工人举行的为期三周的罢工，成为党领导工人罢工的肇始点。之后，从1921年下半年开始，上海、武汉、广东、湖南等省市和各省市航运、铁路、采矿等行业相继爆发工人罢工。1922年1月，长沙华纱2000多名工人在黄爱、庞人铨的领导下举行罢工，惨遭反动军阀镇压，黄、庞两人被捕杀害。但是，一石激起千层浪，他们的英勇牺牲引起强烈的社会反响，助推了全国各地群众和工人运动的浪潮。

其中，1922年1月爆发的香港海员大罢工尤为引人瞩目，震惊中外！香港中国海员长期遭受英帝国主义的殖民统治和压迫，工资微薄。同样的工作，中国海员工资待遇却不及白人海员的五分之一。不仅要受资本家及包工头的盘剥，更要随时受到无故被开除的威胁。非人的待遇、艰苦的生活让中国海员心中对英国殖民者的熊熊怒火愈燃愈烈。深受国内外如火如荼的工人运动的影响，中国海员的阶级觉悟不断提高，反抗斗争的积极性不断高涨。海员中的先进分子苏兆征、林伟民等以“中国海员工业联合总会”的名义，在3次向资本家提出增加工资等要求均遭拒绝后忍无可忍，开始举行罢工。中国共产党对香港海员的罢工斗争极为关注和重视，并通过捐款、舆论造势、与工人并肩作战等方式给予全力支持。3月初，罢工人数迅速增至10万以上，罢工浪潮席卷整个香港。海上交通运输中断，并引起生产停顿，商店关门，日用品、食品日益匮乏，物价暴涨，市民抢购等连锁反应。港英当局及资本家对香港海员罢工采取恐吓、欺骗、调停、利诱、分裂等手段进行破坏，并派出大批武装警察向罢工工人扫射，导致死伤几百人，造成震惊中外的沙田惨案。工人们不但没有因镇压退缩，反而进一步扩大罢工，使罢工持续56天并最终取得胜利，“工人万岁”的欢呼声响彻整个香港。

在香港海员大罢工的同时，各地工人运动持续高涨，罢工层出不穷，遍及九州诸多行业。如：铁路系统有长辛店铁路工人罢工、粤汉铁路（武长段）工人罢工、广三铁路工人罢工、陇海铁路工人罢工、京绥铁路工人罢工；广东地区有广东土木建筑工人罢工、佛山木工罢工、广州裁缝工人罢工、瓷器店工人罢工、革履工人罢工、纸业工人罢工、盐业工人罢工；武汉地区有汉口租界人力车夫罢工、英美烟厂工人罢工；湖南地区有长沙理发工人罢工。这些罢工大都取得了胜利，且仅在1922年1年的时间里，各地成立的工会就达100多个。

香港海员大罢工是中国共产党领导的工人运动第一次高潮的起点，这次运动高潮前后时间持续13个月之久，爆发的罢工斗争多达100余次，参与罢工工人多达30万以上。遍及九州的工人运动怒潮锻炼了工人阶级队伍，巩固了党的阶级基础，极大彰显出中国工人阶级的革命力量，扩大了中国共产党和工人阶级在全国的政治影响。中国共产党第二次全国代表大会正是在这次风起云涌的工人运动高潮中秘密召开的。

## 二、党的二大的筹备与召开

1922年7月16日至23日，中国共产党第二次全国代表大会在党的充分准备和前期酝酿下顺利召开。会议的主题就是要制定民主革命纲领，完成中共一大因分歧尚未完成，但中国革命形势发展又急需完成的任务。大会历时8天，共召开全体大会3次，通过了《中国共产党第二次全国代表大会宣言》《中国共产党章程》和其他9个决议案，取得了丰硕的成果。

### （一）按中央局通告准备二大

#### 1. 第一个中共中央文件下发

1921年11月，中央局下发第一份中共中央文件，即《中国共产党中央局通告》。通告的中心议题是拟定二大前的具体计划，为中国共产党第二次全国代表大会的召开做好准备。《通告》明确要求：上海、北京、广州、武汉、长沙五区最早应在本年内，至迟也必须于“明年七月”开大会之前组织成立区执行委员会，以便在开大会时能够依据党纲成立正式的中央执行委员会。《通告》同时规定，全国社会主义青年团应大力发展自己的力量，必须在“明年七月”以前超过2000团员，并要求各区切实注意青年、妇女团体的建立以及运动的开展。《通告》十分重视劳动运动，议定以全力组织全国铁道工会，强调上海、北京、武汉、长沙、广州、济南、唐山、南京、天津、郑州、杭州、长辛店等地区的党员同志都要尽力于此计划。《通告》还对中央局宣传部的工作做了具体安排，要求其必须在“明年七月”以前出书20种以上。此外，对于青年运动及妇女运动，也都提出了具体计划。这表明，中央局在党成立后仅4个月就把筹备第二次全国代表大会的工作列入党的工作议事日程。短短几百字的一份文件却将党各方面的工作提纲挈领地抓了起来，对党在二大前工作的全面展开起到指导性的推动作用，为党的二大的顺利召开做好了准备。

《通告》除提及“明年七月”召开第二次全国代表大会外，对于会议地点，也根据当时的情势做了详细考量：“如在上海，显然要预防租界当局的干扰；如改在广州举行，自然是很安全，不过当时广州的情况很复杂，孙（中山）陈（炯明）摩擦之说已甚嚣尘上，如果国民党内部真发生冲突，我们在广州举行大会就会有些不便。”① 于是，中共中央委托陈独秀、张国焘借参加全国劳动大会和青年团大会之际考察广州的政治情势，以决定党的第二次代表大会是否便于在广州举行。1922年5月中旬，鉴于广州的严峻局势，中共中央认为党的第二次全国代表大会在广州举行是不适宜的，因而依然决定在上海举行。

2. 党内工作全面展开

中共一大后，根据会议精神，各地代表陆续离开上海返回本地，积极开展组织和宣传活动。为推动党的工作全面展开，陈独秀辞去广东政府教育委员长的职务，于1921年8月底返回上海，主持中央工作。10月4日，法租界巡捕房以《新青年》宣传赤化为名，将陈独秀等人逮捕。党组织和共产国际代表多方营救：张太雷从北京赶到上海，联络褚辅成、张继等社会名流出面保释；马林请当时上海著名的法国律师巴和为其辩护，甚至动用共产国际的活动经费，打通法国巡捕房各关节；孙中山也从广州打电话给法国驻沪领事，要求立即释放陈独秀。该月底，法租界巡捕房终以《新青年》有过激言论并处罚款结案，陈独秀等人先后保释出狱，中共中央的工作也逐步开展起来。

中央局签署《中国共产党中央局通告》后，除了集中力量发动和领导工人运动外，在党团组织建设，马克思主义理论宣传，支持组织妇女运动、农民运动等方面的工作都全面展开并取得可喜进步。党团组织发展方面，党的地方组织进一步建立健全，并在实际斗争中培养发展了一批先进分子入党，党的队伍不断扩大。至二大召开，全国

① 《中共中央文件选集》第1册，中共中央党校出版社1989年版，第33~46页。

党员人数由一大时的50余人发展到195人。此外，社会主义青年团也发展迅速，全国共建立17个地方组织，团员总数达5000余人。

在马克思主义宣传方面，党继续以《新青年》作为公开宣传刊物，中国劳动组合书记部机关刊物《劳动周刊》《工人周刊》也成为宣传马克思主义的重要阵地。为系统翻译、传播马列主义著作，中国共产党又于1921年秋在上海成立人民出版社，出版印发了大批马克思、列宁的著作和指导实际斗争的小册子，为马克思主义宣传、指导工人罢工斗争、扩大党的影响起到重要作用。

同时，中国共产党在一大后还开始关注妇女运动、农民运动。创办《妇女评论》《妇女声》等刊物；开创党领导的第一所妇女学校——平民女学，对妇女进行宣传教育，呼吁妇女解放、男女平等，提高妇女觉悟，支持各地女工的罢工斗争；兴办农民小学，成立农民协会，面向农民演说，支持农民运动。

所有这些党内工作的开展，都为中国共产党第二次全国代表大会的胜利召开积蓄了力量、准备了条件。

### （二）二大的议程

#### 1. 再聚申城

万事俱备，东风已来。1922年7月16日至23日，中国共产党第二次全国代表大会在上海南成都路西侧辅德里625号召开。当时，这是中央局宣传主任李达的寓所，因隐蔽于中等阶层小市民聚居的地区，门户面目相仿，不易被敌人发现而成为中共二大的会场。代表全国195名党员的12名①各地代表风尘仆仆，心怀一志，再聚申城。他们是：中央局委员陈独秀、张国焘、李达，上海的杨明斋，北京的罗章龙，山东的王尽美，湖北的许白昊，湖南的蔡和森，广州的谭平山，中国劳动组合书记部代表李震瀛，中国社会主义青年团临时中央局代表施存统，另有一名代表姓名不详。② 而预定至会的李大钊因事未能如期参加；湖南代表毛泽东当时正在上海，“帮助组织反对赵恒

---

① 由于没有档案资料可查，出席中共二大的代表究竟有哪些人，基本上是靠当事人的回忆而定。由于时间久远，当事人的回忆亦有前后相悖之时。目前所公认的人数和名单，基本上是1928年参加中共六大会议代表在会议期间回顾整理统计出的一份名单。《中国共产党组织史资料》（一）和《中国共产党历史》（第一卷）这两本权威性著述也认可12人说法。

② 目前，绝大多数研究成果认为，参加中共二大的12位代表，能确定的有陈独秀、张国焘、李达、杨明斋、罗章龙、王尽美、许白昊、蔡和森、谭平山、李震瀛、施存统共11人，还有一人姓名不详。但是，韩泰华在其主编的《光辉历程——从一大到十五大》一书中，认为项英就是第12人（见其书第61页）。

惕的运动”，“但因忘记了开会地点，找不到任何同志，结果没有能出席”；① 广东代表谭平山则“因陈炯明事变所造成的战争状态，联络发生了困难，所以也没有赶来”。②

2. 大会议程

吃一堑，长一智。鉴于上海的复杂政治环境，汲取一大遭受侵袭的教训，中共二大采取了必要的防范措施，决定以小型分组会为主，尽量少开大会，且每次大会都在不同地点，以策万全。因此，中国共产党第二次全国代表大会期间，除在不同党员家里进行了多次分组讨论外，全体会议只召开了3次。

第一次全体会议。首次会议是在南成都路辅德里625号楼下的小客堂召开的。中央执行委员会书记陈独秀主持会议并代表中央执行委员会做工作报告。陈独秀首先向会议报告了一年来党的工作情况，着重阐述了党在中国民主革命中的纲领和策略，指出中国共产党是无产阶级革命的政党，其目的在于组织无产阶级革命，建立劳农专政的国家，实现共产主义。但就中国社会的政治经济实况，中国目前只能实行民主主义革命，等到民主主义革命实现以后，再实行社会主义革命。接着，张国焘向会议全体介绍了远东各国共产党和民族革命团体第一次代表大会的经过，传达了共产国际的指示及列宁关于民族和殖民地问题的理论。他说：中国革命属于殖民地革命范畴，革命的对象是侵略中国的帝国主义，以及和帝国主义相勾结的封建势力。这样性质的革命是资产阶级民主主义革命，革命的主体是资产阶级。无产阶级和贫苦农民应当援助民主主义革命，使之早日得到胜利。民主主义革命胜利之后，资产阶级可以很快地发展起来，同时无产阶级也可以得到自由和权利，也同样可以很快地发展起来。这时，无产阶级能够进一步团结大多数贫苦农民去对抗资产阶级，实行社会主义革命。张国焘还简要报告了第一次全国劳动大会及工人运动的一些情况。陈独秀再次就工人运动、中国现阶段革命问题发言。最后，中国社会主义青年团中央书记施存统报告了团的第一次全国代表大会的经过及大会通过的《中国社会主义青年团纲领》的主要内容。会议结束时，中央执行委员会提出了七项纲领式的“条文”，交由各代表分组讨论，并推举陈独秀、蔡和森、张国焘组成宣言起草委员会，由陈独秀负责执笔起草大会宣言。

第二次全体会议。会议首先讨论了一年来党的工作，肯定了党在发展组织、工人运动、青年运动以及马克思主义宣传等方面所取得的进展，批准了中央局的工作报告。接着，会议讨论了党在现阶段革命方针政策问题，有的代表对此提出异议：资产阶级

① 埃德加·斯诺：《西行漫记》，生活·新知·读书三联书店1979年版，第134页。

② 张国焘：《我的回忆》第1册，现代史料编刊社1980年版，第250页。

是无产阶级的革命对象，现在却要帮助资产阶级进行民主主义革命，使自己的敌人资产阶级掌握政权，反过来压迫无产阶级，这不是一个矛盾吗？多数代表不同意这种看法，认为党的民主革命方针与党的根本目标是不矛盾的，因为进行民主主义革命并不是放弃社会主义，联合资产阶级也不是投降资产阶级。民主革命的胜利固然使资产阶级获得利益，工人和农民也同样可以得到一些自由和权利，进一步加强自己的阶级力量。从现实的阶级力量对比来看，工人阶级不可能单独完成民主革命的任务，必须联合资产阶级和广大的小资产阶级。所以，当前援助资产阶级的民主革命正是无产阶级长远利益所需要的。这种联合是暂时的，是为将来的社会主义革命准备条件。通过讨论，代表们统一了认识。

第三次全体会议。23日，第三次全体会议根据列宁民族殖民地革命理论和远东各国共产党和民族革命团体第一次代表大会的精神，分析了国际形势和中国社会政治经济状况，讨论了党的任务，通过了《中国共产党第二次全国代表大会宣言》《中国共产党章程》和《关于"世界大势与中国共产党"的议决案》《关于"国际帝国主义与中国和中国共产党"的决议案》《关于"民主的联合战线"的议决案》《中国共产党加入第三国际决议案》《关于议会行动议决案》《关于"工会运动与共产党"的议决案》《关于少年运动问题的决议案》《关于妇女运动的决议案》《关于共产党的组织章程决议案》9个决议案，共11个文件。最后，大会选举产生新的中央执行委员会，陈独秀、邓中夏、张国焘、蔡和森、高君宇为中央执行委员会委员，另选出3名候补执行委员。陈独秀为中央执行委员会委员长，蔡和森、张国焘分别负责党的宣传和组织工作。

### （三）二大的主要内容

中国共产党第二次全国代表大会共通过11个文件，涵盖了党在当时的主要思想主张。这里，将其主要内容做一简要概述。

1.《中国共产党第二次全国代表大会宣言》

党的二大的主题是制定民主革命纲领，该《宣言》是二大基本思想和主要成果的集中体现，也是大会最重要的贡献。《宣言》共分为三个部分：

第一部分，以"国际帝国主义宰割下之中国"为题，分析了第一次世界大战和十月革命后中国所处的国际环境，深刻揭露了帝国主义侵略中国的实质，指出欧美资本帝国主义的巨大财富来源于对亿万殖民地人民的残暴掠夺。《宣言》认为，最近世界政治发生两个正相反的趋势：一是世界资本帝国主义的列强企图协同宰割全世界的无产阶级和被压迫民族；二是推翻国际资本帝国主义的革命运动即是全世界无产阶级的先锋——国际共产党和苏维埃俄罗斯领导的世界革命运动和各被压迫民族的民族革命运动。《宣言》强调，中国的反帝国主义的运动也一定要并入全世界被压迫的民族革命潮流中，再与世界无产阶级革命运动联合起来，才能迅速地打倒共同的压迫者——国际资本帝国主义。中国劳苦群众要从帝国主义的压迫中把自己解放出来，这是唯一的一条道路。

第二部分，以“中国政治经济现状与受压迫的劳苦群众”为题，在回顾自鸦片战争以来中国近代屈辱历史的基础上，分析了中国国内的社会政治经济状况，明确了中国社会半殖民地半封建的性质，指出了民主革命的方向。《宣言》指出：一方面，帝国主义列强既然在中国政治经济上具有支配的实力，那么中国一切重要的政治和经济没有不是受他们操纵的，这决定了中国社会的半殖民地性质；另一方面，中国尚停留在半原始的家庭农业和手工业的经济基础之上，工业资本主义化的时期还很遥远，所以在政治方面还是处于军阀官僚的封建制度把持之下，这又决定了中国社会的半封建性质。《宣言》正确分析了各阶级的动向及其关系，指出：压迫在资本主义极大组织之下的新兴的中国资产阶级不过是世界资本主义侵入中国的中间物罢了。而且外国资本主义为了自己的发展和利益，反过来扶助中国军阀，故意阻碍中国幼稚资本主义的兴旺。中国幼稚资产阶级为免除经济上的压迫起见，一定要起来与世界资本帝国主义奋斗。中国幼稚的资产阶级已能结合全国的力量反对外国帝国主义和北京卖国政府。农民是中国最广大的阶层，中国三万万的农民是革命运动中的最大要素。农民因为土地缺乏、人口稠密、天灾频频、战争和土匪的扰乱、军阀的额外征税和剥削、外国商品的压迫等原因，日趋穷困和痛苦。如果贫苦农民要除去穷困和痛苦的环境，那就非起来革命不可。而且那大量的贫苦农民能和工人握手革命，那时可以保证中国革命的成功。此外，手工业者、店员、小雇主等小资产阶级在中国有着广泛的影响，这个庞大的群体也势必痛恨那给他们带来痛苦的世界资本主义，必然愿意加入到中国革命的队伍中来。中国工人阶级队伍已经成长壮大，将会变成推倒在中国的世界资本帝国主义的革命领袖军。

第三部分，以“中国共产党的任务及其目前的奋斗”为题，提出了党的最高纲领和最低纲领。党的最高纲领是：要组织无产阶级，用阶级斗争的手段建立劳农专政的政治，铲除私有财产制度，渐次达到一个共产主义的社会。党的最低纲领是：消除内乱，打倒军阀，建设国内和平；推翻国际帝国主义的压迫，达到中华民族完全独立；统一中国本部（东三省在内）为真正民主共和国。同时，《宣言》指出了最低纲领和最高纲领的关系，提出中国革命分两步走的战略构想。

2.《中国共产党章程》和《关于共产党的组织章程决议案》

这两个文件是我们党关于建党学说的最早文献，既是对中国共产党成立一年来建设经验的总结，也对之后中国共产党的成长、发展具有重要的指导作用。

《中国共产党章程》分为“党员”“组织”“会议”“纪律”“经费”“附则”共6章29条，详细规定了党员条件、入党手续、党的组织系统、组织原则、纪律及其他制度，是第一个较为完备的党的章程。特别值得强调的是，《章程》第一次表述了民主集中制原则的基本思想，规定：全国代表大会为本党最高机关；在全国大会闭会期间，中央执行委员会为最高机关。全国大会及中央执行委员会的议决，本党党员必须绝对服从。本党一切决定均取决多数，坚持少数绝对服从多数的原则。这对于把党建设成为一个政治上、思想上、组织上集中统一的无产阶级政党具有决定性意义。

《关于共产党的组织章程决议案》明确指出：我们共产党，不是“知识者所组织的马克思学会”，也不是“‘少数共产主义者离开群众之空想的革命团体’”，“应当是无产阶级中最有革命精神的大群众组织起来为无产阶级之利益而奋斗的政党，为无产阶级做革命运动的急先锋”；我们既然不是讲学的知识者，也不是空想的革命家，我们便不必到大学校、到研究会、到图书馆去，我们既然是为无产群众奋斗的政党，我们便要“到群众中去”，要组成一个大的“群众党”。既然是建立“群众党”就必须遵循两大根本原则，即党的一切运动都必须深入到广大的群众里面去，党的内部必须有适应于革命的组织与训练。在此基础上，《关于共产党的组织章程决议案》提出7条党的组织原则，对于将党建设成为严密的、集中的、有纪律的组织意义非凡。

3.《关于“民主的联合战线”的议决案》

这个议决案对建立民主联合战线的策略、原则、方针、步骤做了详细说明，是中国共产党统战政策的起源。《议决案》指出，中共一大党纲曾做出不与任何政党结盟的决定，一年以后的中国共产党有了很大的转变，而且在稍后的西湖会议上进一步明确了与国民党合作的形式，国共合作政策对大革命形势有着极其重要的影响。《议决案》指出，中国共产党为工人和贫农的目前利益考虑，必须引导工人阶级帮助民主主义的革命运动，使工人和贫农与小资产阶级建立民主主义的联合战线。同时强调了建立反帝反封建的民主联合战线的依据和意义，认为无产阶级加入此种战争，不是为了民主派的利益，而是为了无产阶级自己眼前所必需的自由，所以无产阶级在战争中绝对不可忘记自己阶级的独立组织。

4.《中国共产党加入第三国际决议案》

这个决议案指出加入第三国际的理由，认为“无产阶级是世界的，无产阶级革命也是世界的，况且远东产业幼稚的国家，更是要和世界无产阶级联合起来，才足以增加革命的效力。现在代表世界的无产阶级为世界无产阶级革命大本营的，只有俄罗斯无产阶级革命后新兴的第三国际共产党”。“中国共产党既然是代表中国无产阶级的政党，所以第二次代表大会议决正式加入第三国际，完全承认第三国际所决议的加入条件二十一条，中国共产党为国际共产党之中国支部。”党的二大通过的加入第三国际的决定进一步加强了与共产国际的联系，党的全部政策和一切斗争，既得到了共产国际的指导和帮助，也受到了共产国际的束缚和制约，对于中国共产党和中国革命未来的发展产生了双重重大影响。

5.《关于“世界大势与中国共产党”的议决案》

这个议决案认为，第一次世界大战后“世界资本主义的势力已是衰萎，社会革命的势力日见澎湃，只因无产阶级自己营盘里有许多奸贼，很下流地替资产阶级服务，变作革命的无产阶级的最厉害的敌人，把这股革命狂潮暂时按抑下去了。因此……第三国际召集全世界的无产阶级建立一个联合的战线，共同抵御资本家目前的进攻”。中国共产党决定：“要召集中国工人们加入世界工人的联合战线，保护无产阶级的祖国——苏维埃俄罗斯，抵御资本主义的进攻；并要邀集中国的被压迫群众，也来保护苏维埃俄罗斯，因为苏维埃俄罗斯也是解放被压迫民族的先锋。”

6.《关于“国际帝国主义与中国和中国共产党”的决议案》

这个决议案在分析了国际、国内形势后，认为“中国有殷富的天产和四万万贱价劳动力的人民，早已是世界帝国主义者们争夺之场了”；“中国全部统一的实现，是在中国能脱离世界帝国主义的侵略和推倒封建制度的军阀，建设真正民主主义国家的时候。”“工人阶级的利益在中国共产党占第一位。我们加入民主革命的阵线，完全是以他为达到工人阶级夺得中国政权的一步过程，所以我们组织‘民主主义联合战线’是我们一种政策。”

7.《关于议会行动议决案》

这个议决案声明，中国共产党实施革命的议会行动，是按照第三国际第二次大会所通过的原则做出规定的：国会候选人名单由中央执行委员会提出。候选人资格绝不限于“学识”和“经验”，应尽情提出本党中最勇敢最有革命精神的劳动者。本党国会议员绝对受中央执行委员会的监督和指挥；一切重大政治问题由中央执行委员会授以方略。

8.《关于“工会运动与共产党”的议决案》

这个《议决案》明确了共产党在工会运动中的根本任务，指出：中国的劳动运动是在第一个阶段中发展，劳动阶级的奋斗并没有普遍性质的运动。切实研究这种现状，集中、扩大和正当指挥这种运动是中国共产党的根本任务。《议决案》还按照中国劳动运动的现状和中国共产党过去活动的经验以及近代欧洲运动的教训，提出了党在工会运动中应遵循的十九条重要原则，并强调要以其为行动的根本方针。

9.《关于少年运动问题的决议案》

少年运动，即青年运动。本《决议案》在详细介绍国内外青年运动的情况后，指出："共产主义少年在中国的运动是要成个大群众的性质……他要认目前民主革命的奋斗是训练无产阶级革命的绝好机会，他要收革命的少年劳动者大群众的坚强的团结成了他的唯一主力。""所以中国共产党第二次全国大会认为中国社会主义青年团第一次全国大会所采取的纲领和一切决议案都是根据了实际革命需要而下的重要结论。认这种运动是中国共产运动中重要的一部。"

10.《关于妇女运动的决议案》

这是党的第一个妇女运动的决议，指出中国妇女的遭遇和困境，认为中国共产党应为所有被压迫的妇女们的利益而奋斗。《决议案》提出当前党为妇女奋斗的三点任务：一是帮助妇女们获得普通选举权及一切政治上的权利与自由；二是保护女工及童工的利益；三是打破旧社会一切礼教习俗的束缚。

总之，党的二大通过的11个文件围绕中国革命的核心问题和制定党的民主革命纲领的中心议题，对中国社会的基本矛盾，中国革命的性质、任务、动力、对象、战略、目标等一系列问题形成了比较正确、系统的认识。

## 三、党的二大的历史地位与影响

中国共产党第二次全国代表大会取得了重大的历史成就。大会通过的11个文件对中国共产党自身的建设、中国革命的发展产生了极为重大的历史影响。

### （一）二大的主要成就

中国共产党第二次全国代表大会的成就主要表现为以下三个方面。

一是制定了民主革命纲领，提出中国革命分两步走的构想，实现了战略转变，为新民主主义革命的胜利奠定了理论基础。在中国共产党第一次代表大会上，有一个重要的遗留问题，就是宣言未能获得通过，议决"宣言的发表问题留待中央执行委员会决定。第一次代表大会以后，第一个宣言没有公布"①。这个问题的存留原因，就是因

① 张静如：《中国共产党全国代表大会史》第1册，万卷出版公司2008年版，第144页。

为当时对中国革命的性质和阶段等问题尚没有清晰认识，体现的是中国共产党和中国革命的关系问题，也就是中国共产党在成立后如何加入中国社会革命运动的问题。中国共产党第二次全国代表大会制定的《中国共产党第二次全国代表大会宣言》是中国共产党根据马克思主义基本原理，根据列宁关于民族和殖民地问题的理论，以全国代表大会名义公开发表的第一个纲领性文件。《宣言》的核心在于阐明中国革命的性质、对象、动力，提出彻底的反帝反封建的民主革命纲领。《宣言》表明，与中共一大时期相比，中国共产党对中国社会性质和革命性质的认识在不断深化，对国际形势和国内形势有了较准确的把握。可以说，这是马克思主义同中国革命实际相结合的初步成果，表明党已经开始认识到中国革命必须分“两步走”，从而为中国人民指明了争取民族解放的唯一正确道路，为轰轰烈烈的大革命做了思想上和理论上的准备，奠定了中国共产党探索中国革命道路的基础。

二是制定和通过了党的第一个党章，圆满完成建党任务，使党在思想建设和组织建设上比党的一大时前进了一大步。党的一大由于会议中途发生意外等原因没有来得及制定党的章程，只是通过了一个带有党章性质的纲领。制定党章的任务历史地落到了党的二大身上。中国共产党第二次全国代表大会根据 1919 年俄共八大通过的党章，同时考虑了中国特殊国情与中共自身建设实际，制定和通过了《中国共产党章程》，首次明确提出了中国共产党的无产阶级先锋队性质，对从小组直到中央的各级机构的任务和活动，对党员的条件和入党手续，对党的组织原则和纪律等方面的问题都做了较为明确的具体规定。这是我们党根据马克思主义建党学说和列宁的建党原则制定和通过的第一个党章，其内容比较全面详尽，充分体现了党的民主集中制的根本原则。党章是党的组织生活的依据，是党的建设的法规，依据党章加强党的建设是贯彻执行民主革命纲领的组织保障。第一部党章的制定标志中国共产党创建任务的圆满完成。它同党的一大共同完成了党的创建任务，标志着中国共产党的创建事业进入了一个新的阶段，对加强党的建设意义重大，为党早期的迅速发展提供了坚强有力的保证。

三是提出建立民主联合战线的策略，确定了国共合作的革命方针，极大地壮大了中国革命力量。对中国革命产生深远影响，并且被称为我们党的三大法宝之一的“统一战线”理论最早起源于中共二大。具体地说，这关涉到党与其他党派的关系问题，而这一问题最早提出则是在党的一大上。然而，有因无果，有问题却无答案。由于当时党内大多数人对中国的社会状况和革命形势认识不清，党的一大并未对该问题做出专门决议，只是在《第一个决议》中表示：“不同其他党派建立任何关系。”“对现有政党，应采取独立的攻击的政策。”而中国共产党对于马林在 1922 年初提出的国共实行“党内合作”的建议也无法接受。1922 年 4 月 6 日，陈独秀致信维经斯基，认为“共产党与国民党革命之宗旨及所据之基础不同”，反对马林提出的党内合作的方式。这表明中共一大时，党尚不具备统一战线的策略思想。为贯彻实施党的民主革命纲领，党的二大还颁布了与之相适应的策略方针做保障。其中的《关于“民主的联合战线”的议决案》提出了“民主的联合战线”的策略，号召全国的工人、农民团结在共产党的旗帜下进行斗争，并联合全国一切革命党派，联合资产阶级民主派，组织民主联合战线；邀请国民党等革命团体举行联席会议，共同商讨合作的具体办法。民主联合战线的提出，是列宁关于民族殖民地问题理论和远东民族大会决议指导和影响的结果，是中国共产党政策和策略上的一个重大变化，是党在初创时期的一次重大的思想突破。民主联合战线是党的“统一战线”的理论源头，随着革命形势的发展，其理论内容和理论形态日趋完备，并成为中国共产党领导新民主主义革命取得胜利的三大法宝之一。

当然，中国共产党第二次代表大会亦有不足之处，主要是没有提到农民问题和土地问题，忽视了中国工人阶级最大的同盟军，没有强调中国共产党在民主革命中的领导权问题，加入共产国际后没有强调中国共产党的相对独立性问题，以致在第一次国共合作时期导致党损失惨重，在大革命失败后又遭受王明“左”倾错误路线的严重干扰。但是，瑕不掩瑜，更何况当时中国共产党成立时间尚短，多数党员阅历尚浅，革命形势的发展尚未全面展开。不过，这种客观的历史局限性必然会给党的二大带来某种缺失和遗憾。

### （二）二大的历史影响

中国共产党第二次全国代表大会是在第一次全国罢工高潮的风起云涌中召开的。而中共二大的胜利召开，又有力地助推了这一高潮，使得罢工风暴席卷神州大地，使得中国革命形势不断向前发展。这是中国共产党第二次全国代表大会最直接、最显著的影响。

中共二大召开以后，根据会议决议和精神，各地党组织加强了对各地罢工运动的领导。从 1922 年下半年开始，罢工高潮在全国各地普遍兴起，并以中国劳动组合书记部总部和各地区分部所在地为中心，迅速形成几个罢工的重点地区。以铁路工人和开滦煤矿工人罢工为主体的北方地区的罢工斗争是全国罢工高潮中发展最快、最显成效的一个地区。1922 年 8 月 24 日，在中国劳动组合书记部主任邓中夏的领导下，长辛店 3000 余工人首先举行大罢工，向北京铁路局提出增加工资、改善待遇等要求。罢工取得胜利，工人们的要求得以实现，个个欢欣鼓舞。这是北方地区工人运动的第一次大斗争，也是北方铁路罢工运动的起点。随后，罢工风暴很快席卷北方各铁路线，京奉路山海关铁厂和唐山制造厂、京绥路全路车务工人和正太路工人均在长辛店罢工斗争的鼓舞下先后进行大罢工，并取得部分胜利。铁路系统罢工浪潮方兴未艾，开滦煤矿工人再掀罢工狂潮。在中国共产党的领导和全国罢工浪潮的影响下，开滦矿区工人在提出增加工资、改善待遇等要求遭到无理拒绝后，于10月23日爆发罢工，参加罢工的工人近5万人，是北方地区规模最大的一次罢工。罢工遭到反动军警及英国武装的联合血腥镇压，他们打死打伤工人60余人，并解散工人纠察队，查封工会，逮捕罢工领导人。罢工在坚持25天后以失败告终。

与北方罢工遥相呼应，全国各地的工人运动仍继续发展。武汉地区的罢工斗争有：1922年7月23日汉阳钢铁厂大罢工，9月9日粤汉铁路武长段工人罢工，9月23日汉口扬子机器厂罢工，10月16日汉口英美烟厂罢工，11月汉口英租界四家洋花厂工人罢工等；湖南地区的罢工潮从1922年9月开始，到1923年初结束，规模较大的罢工斗争有十几次，涉及行业有路矿工人、泥木工人、理发业工人、人力车夫工人等，参加罢工的人数达3万多人。其中，1922年9月14日爆发的安源路矿工人罢工影响最大，罢工未伤一人，未败一事，工人的17项要求几乎全部得到应允，取得完胜。此外，上海、广东两地的罢工运动也非常频繁。1922年间，上海发生的大小罢工计48次，其中党的二大之后的有长江海员同盟罢工、金银业罢工、华纱厂与英美烟厂同盟罢工等；广东地区自1922年4月至1923年2月发生大小罢工30余次。随着这些罢工的推进和胜利，为便于党的统一领导和开展更大规模的工人运动，中国劳动组合书记部帮助工人建立了100多个工会组织，会员达八九十万人。

### （三）二大的历史启迪

中国共产党第二次全国代表大会后，根据会议精神和党的民主革命纲领、党章及一系列决议精神，中国共产党积极开展各项工作，加强党的组织建设，建立工会组织，将全国工人第一次罢工高潮推向顶峰，极大地推动了国内革命形势的发展，并在其发展中逐渐走向成熟，逐步成为领导中国新民主主义革命的一支坚不可摧、人民信赖的可靠力量。但同时，革命之路曲折，党的成长之路亦坎坷不平。90多年历史可以沉淀，绝不可忘却！抚卷沉思，史可为鉴！

其一，坚持以马克思主义的理论为指导才能救中国。中国共产党是一个以马克思主义理论为指导的、代表中国广大人民群众根本利益的党。中国共产党第二次全国代表大会通过的民主革命纲领及一系列决议明确地提出反帝反封建的历史任务，并为贯彻这一纲领制定了诸多具体策略方针作为保障。在半殖民地半封建社会的历史条件下走向社会主义，民主主义革命是一个不可逾越的阶段。民主革命纲领的制定是中国共产党在马克思主义指导下清醒、准确地把握这一问题的最好佐证，这是中国革命史上破天荒的举动。自19世纪开始，从鸦片战争到维新运动，从太平天国起义到义和团运动，再到辛亥革命，中国人民为救亡图存经历了无数次斗争。但由于历史条件和阶级局限所囿，还没有哪一个阶级或政党能够正面提出这一政治主张，从而找到解决中国社会主要矛盾的钥匙。年轻的中国共产党成立刚刚一年就解决了这个基本问题，为中国革命指明了方向。它说明，在中国，只有用马克思列宁主义理论武装的中国共产党才能领导中国革命走向胜利；只有坚持马克思主义的理论指导，才能继往开来，实现中华民族的伟大复兴!

其二，马克思主义必须中国化。马克思主义是无产阶级的思想体系，是全世界无产阶级解放运动的理论，是无产阶级及其政党的十分严整而彻底的世界观，是无产阶级根本利益的科学体现，是全世界被压迫人民和被压迫民族的战斗旗帜。但是，再科学的理论体系也有其产生的客观历史背景，也有其赖以成立的客观历史条件。掌握、运用马克思主义，关键是掌握其实事求是、与时俱进的理论精髓，关键是掌握其科学的世界观和方法论，而不是拘泥于经典原著中的条文词句，更不能囿于权威领袖的临高示下。产生马克思主义的德国和产生列宁主义的苏联各有不同的国情，中国也有不同于德国和苏联的国情。因此，马克思主义必须有一个中国化的问题，绝不能简单地依靠“拿来主义”，生搬硬套。中国共产党第二次全国代表大会召开之时，中国共产党人并没有自觉地认识到马克思主义需要中国化的问题，因而也没有明确提出马克思主义中国化的概念和理论。但是，中共二大取得的诸多成果却隐含着中国共产党人对马克思主义中国化这个问题的初步探索。例如：制定的民主革命纲领就显示了中国共产党人在初创时期创造性地将马克思主义普遍原理与中国革命具体实践相结合的初步探索，跨出了马克思主义中国化的第一步，为领导新民主主义革命指明了前进的方向。党的二大通过的《中国共产党章程》也很好地体现了年轻的中国共产党独立运用马克思主义基本原理解决中国问题的能力。这个章程是学习参考俄国共产党章程，按照列宁建党的原则，即布尔什维克党组织精神而制定的。但是，这个章程中只有第一章“党员”，没有俄共党章的“预备党员”章节。这是考虑到中共的情况与俄共不同。1919年俄共党章之所以特别设计“预备党员”章节，是因为俄共通过十月革命取得全国政权后，要求入党人数激增。为保证党员质量，遂设“预备党员”进行考察把关，以使预备党员切实了解党的纲领和策略，考察预备党员的个人质量。相反，中共的情况是，党员数量在党的一大后虽有迅速的发展，至党的二大时党员数量已增加近 3 倍，但全国总共也不过 195 名党员。如此情况之下，首要任务当然是扩大党员规模。二大建立的民主联合战线的策略标志着党的统一战线策略思想的初步形成，并为党的西湖会议和三大做了思想上和理论上的重要准备，奠定了实现第一次国共合作的基础。但同时也因为这个策略只是简单地依据列宁关于民族殖民地问题理论和远东民族大会的决议精神，未能充分、全面地考虑中国实际，从而导致在第一次国共合作中忽视、丧失了党的领导权，使合作最终失败，给党的建设带来惨重损失。因此，中国共产党第二次全国代表大会的决议经后来革命中的运用和检验已然确定地说明这样一个道理：马克思主义必须中国化！

其三，必须通过制定党的纲领解决好旗帜问题。旗帜问题至关重要，这是对历史经验教训的高度概括和深刻总结。在中国共产党成立之前，无数志士仁人为寻求救国富民的道路进行了艰难探索和前仆后继的斗争，屡遭失败。失败的根本原因何在？那就是没有正确理论的指导，没有解决旗帜问题。对一个执政党来说，旗帜是方向，是灵魂，如果没有革命理论这面旗帜，就会缺乏共同行动的准则，就没有权威性的领导形象，就不可能产生强大的凝聚力和战斗力，当然也就不可能实现改造中国、振兴中华之目标。党的纲领，就是一个政党根据它所代表的阶级的利益而提出的奋斗目标和为实现这个目标而采取的行动路线，乃一个政党是否成熟及其成熟程度的重要标志。一个政党，只有提出切实可行的纲领，并在实践中带头实施，才能赢得群众的拥护与支持。马克思曾说，制定一个原则性纲领，就是在全世界面前树立起可供人们用来衡量党的运动水平的里程碑；恩格斯曾说，党的纲领就是公开树立起来的旗帜；毛泽东也曾说，主义譬如一面旗子，旗子立起了，大家才有所指望，才知所趋赴。中国共产党作为中国近现代史上唯一的一个马克思主义政党，同样需要制定和实施正确的纲领，这对于无产阶级政党及其领导的事业至关重要。中国共产党成立之初，由于历史的局限，并没能提出一个切合实际的革命纲领。中国共产党第二次全国代表大会的中心议题和突出贡献，就在于制定了党的民主革命纲领，在分析国内外形势的基础上提出了党的最高纲领和最低纲领。中共二大在全国人民面前第一次提出了一个彻底的反帝反封建的民主革命纲领，举起了新民主主义的革命旗帜，为中国革命在迷途中指明了出路和方向。从此，在民主革命纲领的旗帜引领下，中国共产党领导全国各族人民顽强拼搏，披荆斩棘，终于迎来新民主主义革命的胜利曙光！

# 党的三大

## 国共合作策略与革命战略转变

1923年6月，中国共产党在广州举行的第三次全国代表大会，这次大会是在军阀用机枪扫向为争取自身权利而斗争的工人、国民党急需新鲜血液、共产国际和苏联帮助中国解决问题之际召开的。会议集中全党智慧，创造性地决策了国共两党均能接受的国共合作方式，建立统一战线，成功实现了党的思想更新、路线政策转变，揭开了国共合作的序幕，成为推动大革命的动力，开启了统一战线之先河。虽然大会当时没有强调无产阶级在统一战线中争取领导权的问题，但是瑕不掩瑜，三大的历史功绩将永载史册。

### 一、中国革命，谁是朋友

20世纪20年代的中国正处在军阀割据、四分五裂、经济萧条、民不聊生的状态，成立伊始的中国共产党如何进行革命？到底该团结谁，革谁的命？

#### （一）“二七”惨案惊醒中国共产党

年轻而富有朝气的中国共产党人在党成立后，立即把精力投入到领导逐渐发展壮大的中国工人运动上。从1922年1月到1923年2月，13个月内党共组织领导了100多次罢工，参加的工人多达30万以上，从而形成了中国工人运动的第一次高潮。从最初的增加工资、改善待遇的经济诉求，到争取自由、民主权利，反帝反封建军阀的政治诉求，从地方总工会的组织领导，到产业总工会的组织领导，从香港海员大罢工到安源路矿大罢工，一个个罢工斗争在中国大地上风起云涌，彰显了新生的中国共产党强大的领导力与号召力。1923年的京汉铁路大罢工把第一次工人运动的高潮推到了顶峰。

1922年直奉军阀战争后，直系军阀吴佩孚战胜奉系军阀张作霖。吴佩孚企图利用共产党铲除交通系梁士诒势力，武力统一中国。他通电发表四大政治主张，其中之一便是“保护劳工”。

中国共产党决定利用军阀之间的矛盾发展工人组织，开展工人运动。时任中国共产党北方区负责人的李大钊通过其同窗好友——吴佩孚的重要幕僚白坚武的介绍，亲自到洛阳与吴佩孚会谈，向吴的交通总长高恩洪建议每路派遣一个审查员，得其允许。于是，李大钊介绍张昆弟、安体诚、陈为人、何孟雄、包惠僧和袁子贞6名共产党员去担任密查员。这些密查员名义上是在交通部领受调查交通系及其骨干人物的活动情况的任务，而实际上却是劳动组合书记部领导铁路工人运动的秘密特派员。这样，京汉、京奉、京绥、津浦、陇海、正太6条铁路上的工人工作快速开展起来。到1922年底已经成立起16个工会分会，会员总数已达13000人，超过全路工人总数的70%，其中京汉铁路成为中共“当时用力最多，工会力量较为雄厚的地方”①。这时，建立全路统一的工会组织迫在眉睫，已成为广大工人的迫切要求。

1923年2月1日，京汉铁路工人在郑州举行京汉铁路总工会成立大会。当日，郑州“全埠紧急戒严，军警荷枪实弹，沿街排列，商店闭门，行人断绝，几若大敌即在目前”。代表们不顾安危，冲破吴佩孚所派军警的包围进入会场，宣布京汉铁路总工会成立。总工会决定于2月4日举行京汉铁路全体总罢工，从2月4日上午9时起，全路2万名工人全部罢工，1200多公里京汉铁路瘫痪。2月7日，湖北督军肖耀南在吴佩孚的命令下借口调解工潮，诱骗工会代表到江岸工会会所“谈判”。工会代表在去工会办事处途中遭到反动军队的枪击，赤手空拳的工人纠察队当场被打死30余人、打伤200多人。反动军队还闯进工人宿舍，大肆搜捕、洗劫，造成了震惊中外的“二七”惨案。

军阀毕竟还是军阀，无论做出什么样的姿态，其封建、反动的无赖本性在工人运动的诉求下还是暴露无遗。法律专家、劳工律师施洋的保障人权、伸张公理的正当行为在军阀的枪口下变得是如此不堪一击；江北分会委员长、共产党员林祥谦牺牲前

---

① 史文彬：《二七的精神是什么?》，《中国工人》1928年第6期。

“头可断，工是不上的” 的大声疾呼终止在吴佩孚的屠刀下。

“二七” 惨案彻底惊醒了中国共产党。正如邓中夏所言：京汉铁路大罢工是中国第一次罢工高潮的最后一个怒涛。这个罢工显然为中国职工运动开了一个新的阶段——从改良生活的经济斗争转变到争取自由的政治斗争的阶段。中国工人阶级在这次罢工中表现出了前所未有的坚定彻底的革命精神和高度的组织纪律性。

然而，“二七” 惨案的最终结局还是表明了罢工暂以失败而结束。不可否认的是，李大钊在争取吴佩孚的同时，北方党组织由于缺乏斗争经验，对吴佩孚可能会在短期内走向反动的估计有所不足。在罗章龙询问李大钊有关吴佩孚的态度时，李告他：“吴子玉近来正在忙着装点门面，笼络人心，想不致做出什么毁坏自己声誉的事吧！”① 殊不知，吴佩孚血雨腥风的镇压行径和其他军阀无异。李大钊同昔日的同窗好友白武坚也反目成仇，彻底决裂。

值得庆幸的是，中国共产党很快清醒地认清了军阀的本性。1923 年 2 月 27 日，《中国共产党为吴佩孚惨杀京汉路工告工人阶级与国民》明确指出：以劳工阶级利益为前提，打倒其他较黑暗较反动的势力，渐进而推翻一切旧势力，与新兴的敌对阶级争斗而达到劳工阶级革命专政的目的。接着，3 月 22 日，北京人民在烈士追悼大会上指出：从过去的历史来看，用和平的方法是把我们的仇人推不倒的，唯一的方法是革命。

既然要革命，那该依靠谁？在帝国主义和封建军阀的力量远远超过工人革命力量的中国，工人阶级该怎么办？毛泽东后来也指出，中国无产阶级应该懂得：他们自己虽然是一个最有觉悟性和最有组织性的阶级，但是如果单凭自己一个阶级的力量是不能胜利的。而要胜利，他们就必须在各种不同的情形下团结一切可能的革命的阶级和阶层，组织革命的统一战线。正如1927 年《“二七” 纪念刊》中一篇署名文章所说的：“我们要想打倒军阀与帝国主义，必须遵守马克思 ‘团结即金’ 这句金言，先把自己国内的被压迫阶级——工农商学兵——组织起来……齐向军阀与帝国主义进攻，完成 ‘二七’ 未完成的遗志。”②

### （二）西子湖畔的争论

为了贯彻列宁的民族殖民地问题理论，共产国际决定帮助中国共产党建立同国内资产阶级革命派的合作。尽管起初共产国际被吴佩孚、陈炯明的假象所迷惑，实行联

① 《党史研究资料》1979 年第 4 期。

② 《北京学生联合会日刊》，1923 年 3 月 23 日。

合吴、陈军阀，疏远孙中山的政策。但假象终归是假象，军阀尽管有军事实力，并承诺改善与苏俄的关系，可是背叛革命的行为一经暴露，合作的意图很快便成为泡影。继而，共产国际决定联合孙中山领导的国民党。

1921 年 12 月，共产国际代表马林前往广西桂林拜访孙中山。在这里，马林与孙中山进行了三次长谈，劝说孙中山联俄联共，改组国民党，创办军官学校。然而，孙中山却认为，为了避免招致列强的干涉，只能与苏俄建立非正式联系。对于和共产党的合作，只“允许在其党内进行共产主义宣传”，而不肯接受党与党平起平坐的党外合作方式。

随后，马林到广州等地考察，对国民党颇有好感，认为“国民党主要的性质是民族主义的，该党的成分有知识分子、侨民、南方军队中的士兵、工人四类，起领导作用的是知识分子，孙中山是其代表”。孙中山可以和苏俄建立友好关系，国民党的党纲使得“各种不同的团体都能加入进去”。后来，马林便向陈独秀等中国共产党人提出国共合作问题，建议中共放弃对于国民党的排斥态度，“到国民党中去进行政治活动，通过这一切，会获得通向南方工人和士兵的更方便的门径。党则不需放弃独立”①。此时，共产国际代表马林的观点已十分明确，即采用党内合作的方式同国民党进行合作。

中国共产党的大多数领导人特别是陈独秀坚决反对马林关于“中国共产党及社会主义青年团均加入国民党”的提议。1922 年 4 月 6 日，陈独秀在写给共产国际远东局负责人维经斯基的信中就明确地表明了反对的意见。其理由如下：（1）中共与国民党革命的宗旨及所据之基础不同；（2）国民党联美国，联张作霖、段祺瑞等政策和共产主义太不相容；（3）国民党未曾发表党纲，除广东以外，全国仍视它为争权夺利的政党；（4）广东实力派陈炯明反对孙中山甚烈，中共若加入国民党，立即受陈派之敌视，故在广东亦不能活动；（5）孙中山不能容纳新加入者的意见；（6）各地区共产党员均已开会决议，绝对不赞成加入国民党。

不赞成同国民党进行党内合作并不代表反对同国民党进行合作，只是合作的方式不同罢了。1922 年 6 月 15 日，中国共产党发表了《对于时局的主张》，提出邀请国民党等民主派及革命团体举行联席会议，共同建立一个反对封建军阀的民主联合战线。陈炯明的叛变是促使孙中山痛下改组国民党决心的一个契机，也是孙中山一生革命事业中所遭受的最惨重的失败。他没料到“祸患生于肘腋，干戈起于肺腑”，深感国民党内部成分过于复杂，“人格太不齐”，初生改组国民党之意。

---

① 《马林在中国的有关资料》（增订本），人民出版社 1984 年版，第 17～21 页。

党的二大明确提出建立“民主的联合战线”。从二大通过的决议中我们可见其具体方法：（1）先行邀请国民党及社会主义青年团在适宜地点开一代表会议，互商如何加邀其他革新团体，及如何进行；（2）运动倾向共产国际的议员，在国会联络真正民主派的议员，结合民主主义左派联盟；（3）在全国各城市集合工会、农民团体、商业团体……等组织“民主主义大同盟”。无产阶级要保持政党的独立性，在斗争中不可忘记了自己阶级的独立组织。显然，这就清晰地表明了中国共产党在保持自身独立性的前提下同国民党进行党外合作的方针。

由于解决国共合作的方式的意见不同，马林便决定前往莫斯科，以求得共产国际的支持。由于他向共产国际执委会递交了一份关于中国情况的详细报告，使得共产国际接受了他的建议，并指令他再次赴华执行促成国共两党建立革命统一战线的使命。当他再次回到上海见陈独秀时，便亮出了共产国际的尚方宝剑。这就是直接打在马林衬衣领子里的指示。这个指示命令中共中央必须立即把地址由上海迁到广州，所有的工作必须在与马林同志密切联系下进行。根据历史档案，马林还拥有一份共产国际执委会于1922年8月做出的《给共产国际驻中国特派代表的指示》。这些文字尽管翻译过来后仍让人读起来不很顺口，但表达的意思即是“国民党是一个革命的政党”，“共产党人为完成他们的任务，必须在国民党内部和在工会中组成从属于他们自己的团体”，“在这些团体之外，建议成立一个宣传机构，宣传与外国帝国主义做斗争、民族独立以及反对中外剥削者的阶级斗争的主张”等。

马林为了统一思想，提议召开一次特别会议，陈独秀接受了马林的提议，把地点选在杭州。这个因西湖而极负盛名的江南城市有着“人间天堂”的美誉。然而，1922年8月底，去参加西湖会议的陈独秀、李大钊、张国焘、蔡和森、高君宇、张太雷和马林并不是为了去欣赏“淡妆浓抹总相宜”的美景的，而是去讨论与国民党合作的事宜。

马林在会上传达了共产国际的指示，提议共产党员以个人身份加入国民党，并且认为这是国共建立联合战线唯一可行的具体步骤。他指出，国民党不是一个资产阶级的党，而是各阶级联合的党，无产阶级应该加入并改进这个党以推动革命。其主要理由：一是中国的民主的和民族的革命，绝不能有社会主义的革命，而且现在无产阶级的力量和其所能起的作用都还很小。二是孙中山的国民党是资产阶级的政党，是中国现在一个有力量的民主和民族革命政党，是一个各阶层革命分子的联盟。三是孙中山可以而且只能容许共产党员加入国民党，绝不会与中共建立联合战线。四是中共必须学习共产国际在西欧工会运动中所推行的各国共产党员加入社会民主党工会的联合战线的经验，中共须尊重共产国际的意向。五是共产党加入国民党既可以谋革命势力的团结，又可以使国民党革命化，尤其可以影响国民党所领导的大量工人群众，将他们从国民党手中夺取过来。①

在会议中，大多数中央委员起初反对马林的建议，认为国民党是一个资产阶级的政党，中共加入进去，“乃混合了阶级组织和牵制了我们的独立政策”。张国焘和蔡和森认为，国民党是一个资产阶级的政党，中共加入进去无异与资产阶级相混合，会丧失它的独立性。陈独秀强调说：国民党主要是一个资产阶级的政党，不能因为国民党内包容了一些非资产阶级的分子，便否认它的资产阶级的基本性质。他举例说，一个共产党员加入国民党以后，会引起许多复杂而不易解决的问题，其结果将有害于革命势力的团结。②

但是，陈独秀又是一位很守纪律的党员。他指出，如果共产国际的决定不可改变，“我们应当服从，至多只能申述我们不赞同的意见”。这一点在陈独秀1929年12月10日的《告全党同志书》中是这样描述的：中共中央为尊重国际纪律遂不得不接受国际提议，承认加入国民党，从此国际代表（及中共代表）进行国民党改组运动。可见，在西湖会议上陈独秀是迫于“国际纪律”不得不同意以中共党员加入国民党的方式实现国共合作。同时，陈独秀认为服从也是有条件的，即“只有孙先生取消打手模及宣誓服从他个人等原有入党方法，并根据民主主义的原则改组国民党，中共党员才能加入进去”，“否则，即使是共产国际的命令，他也要反对”。③

经过两天的热烈讨论，西湖会议最终以相互谅解的形式接受了共产国际关于“党内合作”的提议。原则上规定：国民党取消入党时打手模、向孙中山本人宣誓等形式，国民党依据民主主义原则进行改组，部分共产党员即中共少数负责人以个人身份加入国民党，同时劝说全体党员加入国民党，实现两党合作。为了宣传党的政治主张，大力开展国民革命运动，会议决定出版中共中央机关刊物《向导》周报。《向导》周报于1922年9月13日创刊，由蔡和森担任主编。该刊发行量最初为3000份。中央执委委员是该刊主要撰稿人。中共试图通过该刊影响国民党的政策。西湖会议是中国共产党关于国共合作政策由党外合作到党内合作的转折点，标志着中共政治主张的重大改变。

---

① 张国焘：《我的回忆》第1册，现代史料编刊社1980年11月版，第241～242页。
② 张国焘：《我的回忆》第1册，现代史料编刊社1980年11月版，第242～243页。
③ 张国焘：《我的回忆》第1册，现代史料编刊社1980年11月版，第243页。

### （三）孙越联合宣言的发表

1922 年 7 月，越飞被共产国际任命为赴华特使同马林一道前往北京。越飞来中国肩负着两项使命：全权代表苏俄政府与北洋政府谈判中苏复交问题，解决一直有争议的苏俄在中东铁路的主权和外蒙古驻兵的问题，维护苏维埃国家的利益；为共产国际在“联吴”与“联孙”问题上做出最后抉择。随着吴佩孚向英美势力靠拢和“二七”惨案的发生，共产国际远东局“联吴”的幻想彻底破灭，继而使共产国际的天平急剧地向孙中山倾斜。越飞在北京一面进行紧张的外交活动，一面派代表携函到上海与孙中山接洽，向处于困境中的孙中山伸出友谊之手。

尽管孙中山早年向往社会主义，但后来认为中国不适合搞社会主义，转而选择了三民主义。但这并不妨碍孙中山与社会主义苏维埃俄国的合作。十月革命后，孙中山与列宁和苏俄政府开始函电往来，并多次和共产国际及苏俄代表晤谈，表达了与苏俄建立友好关系的愿望。1920 年秋，孙中山在上海会见了共产国际远东局第一个使者维经斯基后，要求与苏俄建立电台联系，希望得到苏俄的军事援助，但不愿意立即与苏俄建立公开的联系。1921 年 2 月，在桂林会见了共产国际的第二位来华代表马林后，孙中山赞成“联俄”，愿意“与苏联建立非官方的联系”。此后，青年共产国际代表达林受苏俄政府的派遣到广州与孙中山举行了多次会谈，商讨了国民党与苏俄合作的可能性问题。

陈炯明背叛了革命，孙中山被迫离开广州，避居上海。在这关键时刻，共产国际、苏俄政府和中国共产党向孙中山伸出了援助之手。孙中山到上海不久，马林在法租界会见了他，表示了共产国际对他的支持。这也为孙中山和越飞的商谈提供了契机，加速了双方携手合作的进程。

1922 年 8 月至 12 月间，孙中山与越飞曾往来书信 7 次，商讨有关中国革命的各种迫切问题。8 月 25 日，孙中山会见了越飞的代表，回答了所提出的“远东大局问题及解决方法”，并请其先派与越飞同行的军事工作者到上海来，以便详细了解军事问题。这一会晤更增强了孙中山前进的信心。1923 年 1 月 17 日，越飞由北京抵达上海，和孙中山举行多次会谈，商讨改组国民党与建立军队，以及苏联与共产国际援助中国革命和反对帝国主义等问题。他们的交谈使孙中山往日横亘于胸的疑虑涣然冰释，遂于 1923 年 1 月 26 日与越飞发表共同宣言。

宣言的内容主要有四点：（1）孙中山认为，“共产组织，甚至苏维埃制度，事实均不能引用于中国。因中国并无可使此项共产主义或苏维埃制度可以成功之情形存在之故”。越飞完全同意孙中山的见解，并且以为中国最急最要的问题是实现民国的统一，获得国家的独立。俄国则可以给予援助。（2）为明确中俄外交的平等地位，孙中山要求越飞“再度切实声明 1920 年 9 月 27 日俄国对中国通牒中所列举之原则”，即俄国政府准备且愿意根据俄国抛弃帝政时代中俄条约之基础，另行开始中俄交涉。（3）中东铁路之管理维持现状。（4）越飞正式向孙中山宣称：“俄国现政府决无亦从无欲在外蒙实施帝国主义之政策，或使其与中国分立。孙博士因此以为俄国军队不必立时由外蒙撤退，缘为中国实际利益与必要计。”

第一点是关于中国现阶段革命任务的，是孙中山最关心的，越飞做出了让步，表明苏俄无意向中国输入共产主义思想。第二点放弃沙俄时代在华侵略所得各项权益，对苏俄来说，这是一次最佳的宣传机会。第三点和第四点保证了苏俄在中东铁路和外蒙古问题上的利益，这是孙中山为了获取苏俄支持的让步。

这个宣言的发表意味着苏俄政府对中国革命的同情和对孙中山的支持。这也是孙中山公开确定中国国民党联俄政策的开始，标志着苏联在外交上公开与中国北洋政府翻脸，支持中华民国的南方革命政府，也反映出孙中山丢掉了对美、英等帝国主义的幻想，结盟于苏联，要走联俄师俄的道路。有了这个宣言，才有了后来的国共合作，才有了苏联政府对国民党提供的 200 万卢布的款项和 8000 支日本步枪等军事物械的援助，才有了黄埔军校的建立和北伐。

### （四）共产国际关于国共两党合作的决议

1922 年 11 月 5 日至 12 月 5 日，共产国际召开第四次代表大会，陈独秀率领中共中央代表团赴莫斯科参加。这是中国共产党第一次正式派遣代表团参加共产国际代表大会。大会通过的《关于东方问题的总提纲》中专有一部分就东方问题做出决议。决议提出：现在，在殖民地东方，必须提出反帝统一战线的口号。无产阶级该如何在统一战线中进行斗争？提纲指出：殖民地和半殖民地国家的工人运动首先应在整个反帝战线中争取成为一个独立的革命因素。只有承认它的这种独立的作用，并保持它在政治上的完全自主才有可能而且有必要同资产阶级民主派达成暂时的妥协。大会还通过了《中国共产党的任务》的决议，要求中国共产党首先更明确地认清中国政治事件的意义以及工人阶级和共产党在其中的作用。明确提出，中国共产党的任务在于：要以在民主基础上实现中国统一的倡导者的身份开展活动；要靠下层人民群众取得革命胜利来实现中国的统一；为了在这场斗争中能代表一种实际的力量，共产党人应该将自己的主要注意力用于组织工人群众、成立工会和建立坚强的群众性共产党方面。

从这些提纲和决议中我们可以看出，共产国际希望中国共产党领导人转变态度，同国民党进行党内合作，建立统一战线。如何做到既保持工人阶级政党在政治上的完全自主，又能同资产阶级民主派达成暂时的妥协？这是没有提到的，也是困扰中共领导人陈独秀的一大问题。

越飞联系孙中山，支持国民党的政策得到了俄共的认可与支持。共产国际也听取了马林关于中国问题的汇报，赞同马林提出国共党内合作的意见。正是在此基础上，1923 年 1 月 12 日，共产国际执行委员会通过了由布哈林起草的《关于中国共产党与国民党的关系问题的决议》。这是共产国际给中国共产党的第一个关于国共合作的正式决议。

《决议》全文共 7 条：（1）中国唯一的民族革命集团是国民党，它既依靠自由资产阶级民主派和小资产阶级，又依靠知识分子和工人。（2）由于国内独立的工人运动尚不强大，中国的中心任务是反对帝国主义者及其在中国的封建代理人的民族革命，而且这个民族革命问题的解决直接关系到工人阶级的利益，而工人阶级又尚未完全形成独立的社会力量，所以共产国际执行委员会认为，国民党与年轻的中国共产党合作是必要的。（3）在目前条件下，中国共产党党员留在国民党内是适宜的。（4）共产党留在国民党内并不能以取消中国共产党独特的政治面貌为代价。党必须保持自己原有的组织和严格集中的领导机构。（5）在对外政策方面，中国共产党应当反对国民党同资本主义列强及其代理人——敌视无产阶级俄国的中国督军们的任何勾搭行为。（6）中国共产党应当对国民党施加影响，以期将它和苏维埃俄国的力量联合起来，共同进行反对欧洲、美国和日本帝国主义的斗争。（7）只要国民党在客观上实行正确的政策，中国共产党就应当在民族革命战线的一切运动中支持它。但是，中国共产党绝对不能与它合并，也绝对不能在这些运动中卷起自己原来的旗帜。决议主要指明了三个问题：一是评价了中国国民党；二是指明了共产党与国民党合作的必要性；三是提出了共产党与国民党合作应当坚持的原则。

这项决议表明，在国共关系问题上，共产国际接受了马林和越飞的大部分意见。但决议强调共产党必须保持自己政治上的独立性，这同马林、越飞的看法并不完全相同。中国共产党接到《决议》后，在 1923 年 6 月召开的第三次全国代表大会上进行了传达，经过认真讨论研究，大会正式接受共产国际的决议，对共产党制定国共两党合作方针和实现两党合作起了促进作用。

## 二、党的三大的筹备与召开

1923年6月12日至20日，中国共产党第三次全国代表大会在广州召开。出席大会的代表30多人，代表着全国420名党员。陈独秀向大会做了《中国时局和国际政治形势》的工作报告，马林做了关于国际形势与国际工人运动的报告。大会最终决定，中国共产党党员以个人身份加入国民党，实现国共合作，但党必须在政治上、思想上、组织上保持自己的独立性。这些正确的决定有力地推动了第一次国共合作的实现，为大革命高潮的到来奠定了坚实的基础。

### （一）各地代表云集羊城

共产国际和中国共产党考虑到，广州不但是当时中国南方革命运动的中心，还是国民党的活动中心，而且共产党在广东有较好的发展，国共两党关系良好。既然共产国际决定联合孙中山，要求中国共产党同国民党进行党内合作，那么把广州定为党的三大召开的地点便是顺理成章的。基于同样的原因，中共中央局也由上海迁至广州。

根据中央通知精神，对参加三大的代表做了具体要求：第一，主要是产业工人；第二，各区委书记可以来，但不要都来；第三，工运负责人。[①] 当时中共中央下设四个区，即北方区、两湖区、江浙区、广东区。北方区共选李大钊、罗章龙等12名代表。罗章龙回忆说："北方区委决定派12人为代表，其中绝大多数是工人（北京、唐山、长辛店等产业工人党员代表，没有派女同志参加）。共青团组织也派出负责人参加。中央关于召开三大的通知文件到达后不久。'中英'（中央代号）又单独写了一封信给李大钊和我，内容是了解北方区参加三大的准备工作，并要求李大钊和我前去参加三大。（当时北方区委书记是李大钊，我是负责组织部的，又是北方劳动组合书记部的负责人）我们俩人通过群众选举，便去参加。"

其他区也或者指定或者选举派出了代表。两湖区有毛泽东、陈潭秋、项英等，江浙区有徐梅坤、王振一、于树德、金佛庄等，广东区有谭平山、冯菊坡、阮啸仙等。中央代表为陈独秀、张国焘、张太雷。此外，从法国回来的蔡和森、向警予，从苏联回来的瞿秋白也参加了会议。刘仁静作为出席共产国际第四次代表大会的代表，马林作为共产国际的代表出席会议。

---

① 《二大和三大》，中国社会科学出版社1985年版，第680页。

当时，为了安全起见，代表们都是秘密分批到达广州的。外地的代表们多是由上海乘船到广州会合。

北方区代表罗章龙回忆说：“当时选出代表12名，分3批走。为了保密，不坐同一条船，不坐同一趟车，不同一天走，但时间相隔不远。路线是由北京坐火车经天津到上海，再由上海乘轮船到广州。和我一起坐船的有湖北省劳动组合书记部负责人项英。我们身穿一套唐装，半长不短的。到广州后，我住在中共广东区委。其他代表则由广东区委派交通员带到指定的地点居住。”

江浙区代表、时任江浙区委书记的徐梅坤回忆了代表们会聚广州参加党的三大的过程。他说：我和王振一从上海坐船到广州去开会，和我们同船前往的还有李大钊、陈潭秋、于树德、金佛庄共六人。于、金两人是自己出的路费。记得当时于树德没有钱，急得没办法，我给他出主意，让他把邻居一位朋友的妻子的金手镯借来卖掉，买了船票。船不能从上海直开广州，必须在香港停留一天。记得在香港和李大钊上岸去还喝了一点酒。船到广州，在太古码头上岸。这时，天气已经很热，街上卖荔枝的很多，价钱很便宜。到广州后，广州党组织派人来接我们，是在长堤码头。因为我们互相认识，所以没用介绍信。我们都没有带行李，随身只有一个小包。一上码头就沿珠江岸边步行到三大会址。因其他代表还没有到齐，休息了两天才开会。此外，还有刘仁静的回忆：中央要我参加党的三大报告共产国际四大的情况，我就和何孟雄一起先坐火车到上海，又坐船到广州。

### （二）三大的预备会议

三大在正式开幕前，先举行了两天预备会议，对一些主要议程和陈独秀根据共产国际执委会1923年1月12日决议精神起草的《关于国民运动及国民党问题的议决案》初步交换了意见。

1923年6月上旬，党的三大预备会议在广州东山的春园召开。这个三层小洋楼是20世纪初由美国华侨所建，宅屋坐北向南。面前是新河浦路，再往前便是绿树环抱的新河浦小河。预备会议由陈独秀和马林主持。马林传达了共产国际关于国共合作问题的意见，报告国际形势。会议讨论了中央委员人选和党的三大各个决议案的起草情况。

追忆往昔，80多年前，在春园24号曾住有叱咤风云的历史人物，他们是：共产国际代表马林，中国共产党的领导人陈独秀、李大钊、毛泽东、瞿秋白、张太雷、蔡和森、向警予等。他们曾经在二楼和三楼面积不大的客厅里研究问题，探讨国共合作的方针策略，修改中国共产党党纲、党章，起草党的三大的宣言和各项决议草案，推动着中国革命的进程。

徐梅坤回忆说：为了做好中共三大会议前的准备工作，毛泽东、向警予、蔡和森、张太雷、瞿秋白、陈独秀以及第三国际代表马林（中文笔名孙铎）先期到广东。三大会议前的事务工作是广东区的代表谭平山、阮啸仙、刘尔崧、罗绮园等人负责筹备。关于国共合作问题，共产国际是有指示的，我党接到了第三国际的指示，所以召开三大进行讨论。①

罗章龙回忆说：三大正式召开前，马林还事先找各地代表谈话，特别是工人代表。内容主要是交代和解释国共合作的必要性。这一问题，对工人代表来说是一个新课题。过去各地劳动组合书记部全力做工人运动，对国共合作多不理解，马林的谈话就很必要了。除此之外，马林还向代表谈到了下届中央的组织安排，党章和决议的准备情况，并不厌其详地反复说明为什么要这样做的理由。②

可见，党的三大的预备会议中，共产国际和其代表马林的意见对许多问题的决议起到重要作用。

### （三）三大的主题

召开完预备会议后，6 月 12 日至 20 日，党的三大在广州东山区恤孤院后街 31 号（现为恤孤院路 3 号）的逵园正式召开。尽管这是一座处于郊区偏僻幽静处的毫不起眼的砖木结构瓦屋，但因党的三大而闻名于世。在这里，中国共产党确定了国共合作的方针，进而开启了中国历史上轰轰烈烈的大革命之航程。

陈独秀的工作报告明确了会议的主题。尽管这份 3500 字的工作报告主要谈了党的二大以来的革命形势和党的发展状况，其中三分之一的篇幅对二大以来党的工作提出了批评意见，但工作报告还是明确了会议的主题是确定国共合作的方针。陈独秀在工作报告中说：情况的发展表明，只有联合战线还不够，我们又接到了共产国际关于加入国民党的指示。在上届党代表会议以后，我们不能很快地再召开代表会议来讨论这个问题，所以中央就和共产国际执行委员会的代表一起讨论了这个问题。起初，大多数人都反对加入国民党，可是共产国际执行委员会的代表说服了与会者，我们决定劝说全体党员加入国民党。从这时起，我们党的政治主张有了重大的改变。以前，我们党的政策是唯心主义的，不切合实际的，后来我们开始更多地注意中国社会的现状，

---

① 《中共“三大”资料》，广东人民出版社 1985 年版，第 164 ~ 165 页。

② 罗章龙：《春园载记》，生活·读书·新知三联书店 1984 年版，第 270 ~ 271 页。

并参加现实的运动。

中国共产党的三大自始至终围绕的主题是国共合作的方针。就此问题，会议进行了激烈的讨论。以陈独秀为首的中共中央坚持了民主集中制的原则，统一了思想，通过了《关于国民党运动及国民党问题的决议案》，正式解决了中国共产党和国民党建立统一战线的组织形式问题。决议案指出，中国共产党须与中国国民党合作，共产党党员应加入国民党，但仍旧保存我们的组织，渐渐扩大我们的组织，谨遵我们的纪律，以立强大的群众共产党之基础。并阻止国民党在政治运动上妥协的倾向，在劳动运动上改良的倾向。

决议案最终同意以中共党员加入国民党的方式实现国共合作，这也是当时能够为孙中山和国民党所接受的唯一合作方式。这样，国共两党就能够在孙中山这面颇有号召力的革命旗帜下，通过共同努力，广泛发动群众，发展革命力量，加速推进民主革命的进程。这既有利于改造国民党，使其得到新鲜的血液，又有利于共产党走上更广阔的政治舞台，发展自己、锻炼自己。

从党的三大发表的大会宣言中我们可以更深刻地理解中国共产党提出的和国民党建立统一战线的方针。宣言表示：中国国民党应该是国民革命之中心势力，更应该立在国民革命之领袖地位。我们希望社会上革命分子，大家都集中到中国国民党，使国民革命运动得以加速实现。我们希望社会上的革命分子，都集中到国民党中，使国民同时也希望国民党抛弃依靠外国和军阀的旧观念，加强对民众的政治宣传，以造成国民革命的真正中心势力，树立国民革命中真正领袖地位。中国共产党在宣言中向全国人民宣告：鉴于国际及中国经济政治的状况，鉴于中国社会的阶级的苦痛和要求，中国急需一个国民革命。拥护工人农民的自身利益是我们一刻不能忘记的；对于工人农民的宣传和组织是我们特殊的责任；引导工人农民参加国民革命更是我们的中心工作。我们的使命是以国民革命来解放被压迫的中国民族，更进而谋世界革命，解放全世界被压迫的民族和被压迫的阶级。宣言再次明确了中国革命发展中的一个重大问题即国共合作的方针问题。遗憾的是，宣言中表示国民党应该成为国民革命的领导中心而忽视了中国共产党的领导权。

### （四）三大的议程和主要内容

党的三大历时8天，主要议程有三项：（1）讨论党纲草案；（2）讨论同国民党建立革命统一战线问题；（3）选举党的中央执行委员会。会议的主要内容是讨论与国民党合作、建立革命统一战线的问题。

1. 党纲草案的亮点

所谓党纲，即规定了党的奋斗目标和实现这些目标的行动路线，是党的一面旗帜。党的三大所讨论的党纲草案全名为《中国共产党党纲草案》，是瞿秋白起草，在大会上通过的。会后，陈独秀做了修改后付印。

党纲草案首先对中国的国内外形势进行了分析。党纲草案指出：可以证明中国之经济力，在帝国主义及军阀统治之下，永无独立及充分发展之可能，中国幼稚的无产阶级自然亦极难发展集中其争斗力。因此而反对帝国主义及军阀的民族民主的总争斗就日趋激厉，日益迫切。这是在党的二大后对中国反帝反封建革命认识的深化。为此，党纲草案制定了“最小限度的党纲”，提出反帝反封建的中心任务和目前 18 项具体要求，从而把党的民主革命纲领具体化了。

“国民革命”的口号跃然于党纲草案上。在对中国社会状况进行分析的基础上，党纲草案提出了国民革命的任务，即：中国处于现时这种状况之下，资产阶级不能充分发展，因之无产阶级也自然不能充分发展，阶级分化不充分的全国人民，皆受制在资本帝国主义及本国军阀之下，不能不要求经济发展而行向国民革命，第一步且仅能行向国民革命，这种革命自属于资产阶级的性质。这样，党的三大将反帝反封建的革命斗争概括为“国民革命”，并首次把“国民革命”写在了党的纲领上。同时，这也科学地表达了国民革命的性质和步骤。继而进一步指出：无产阶级参加此种国民革命，以先锻炼集中其能力而取得政治斗争中的位置，方能于世界社会革命的进程中，联合世界的无产阶级和殖民地的被压迫民族，协力缩短自政治革命到社会革命的过程，而达到共同的最高目的建立无产阶级独裁制，创造世界的苏维埃共和国，以进入无阶级的共产社会。这就进一步阐明了国民革命的前提。可见，党纲草案中，对国民革命基本问题的阐述还是符合当时中国革命实际的，对于推动大革命发展，以至于以后中国共产党领导的革命实践起到重要作用。

认识到无产阶级和农民在革命中的地位。党纲草案指出：无产阶级确是一种现实的最彻底的有力部分，因为其余的阶级，多为列强的经济力所束缚，一时不易免除妥协的倾向，有些还囚在宗法社会的陷阱里。至于农民占中国人口百分之七十以上，占非常重要地位，国民革命不得农民参与，也很难成功。因此，中国的无产阶级应当最先竭全力参加促进此国民革命，并唤醒农民，与之联合而督促苟且偷安的资产阶级，以引导革命进行到底。可见，三大的党纲草案认识到工农是中国革命的动力，并指出了无产阶级革命的彻底性和农民参与的必要性。

讨论农民对中国革命的作用无疑是毛泽东的一大功劳。张国焘在《我的回忆》中讲到，在三大会议上，毛泽东指出：中国共产党不应只看见局处广州一隅的国民党，而应重视全国广大的农民。湖南工人数量很少，国民党员和共产党员更少，可是漫山遍野都是农民。中国革命，农民问题是最重要的。如果中国共产党也注重农民运动，把农民发动起来，也不难形成像广东这样的局面。关于无产阶级在国民革命中的领导权问题，瞿秋白当时也难能可贵地提出了。但遗憾的是，党纲草案后来被做了修改才付印。这也是党纲草案和三大通过的宣言有出入的原因。尽管如此，共产党对当时任务以及社会阶级关系的分析与认识较之二大更深化了。

2. 讨论同国民党合作问题

在讨论同国民党建立统一战线问题的过程中出现了焦点问题：是否全体加入国民党？要不要在工人群众中发展国民党的组织？围绕这些问题，又出现了对立的两派意见。一派以马林、陈独秀、瞿秋白为代表，主张共产党员应全体加入国民党，在工人群众中也应发展国民党的组织；另一派以张国焘、蔡和森为代表，反对全体共产党员都加入国民党，尤其反对在工人群众中发展国民党的组织。

马林认为，中国共产党应该根据共产国际一月决议，尽快加入国民党。因为这样，我们就有可能尽快地从工、农、小资产阶级和知识分子中发起一场强有力的国民革命运动。马林还主张"一切工作归国民党"，"一切工作应该集中到国民党"。他说：这届党代表大会的任务只是以共产国际执行委员会的提纲为基础勾勒党明年的策略。我们应努力予以回答的问题，并不是应否加入国民党，我们的党员是应通过加入这个国民党去完成共产党的任务抑或是应将我党人力集中起来去为尚未分化成完全独立的力量的工人阶级建立一个工人党。共产国际执行委员会的两个决议解决的并不是加入国民党的问题，所以建议像张国焘在共产国际执行委员会内以及他与国际运动最重要的领导人多次讨论之后所说的那样——执行既定指示。他进一步强调，我们面临的是一些很具体而实际的问题：我们应该怎样在国民党内工作，我们应该给予他们什么样的帮助？我们应当用什么办法来说服同志们接受同样的做法？我们应当怎样把本来就不大的力量分开去做工会工作和政治工作？我们怎样才能使大家相信，我党领导人的教育工作也是不容忽视的？

陈独秀根据布哈林的提纲拟出了一份详细的提纲，其中强调，我们的任务是把国民党发展到全国去，要批评国民党内的封建主义策略，我们应当迫使国民党走上革命宣传的道路，为此必须建立由工农组成的国民党左派。

关于工人加入国民党的问题，马林说：听说有人担心我们让工人加入国民党就扼杀了他们的革命精神。共产党人加入国民党是因为考虑到可用这种策略最有效地增加工人阶级的利益才去加入的。既然共产党人可以跨党，为什么工人、商人就该在国民党之外呢？我相信我们的精神力量，我相信凭这个策略我们能取胜。当我们培养强有力的国民党左翼时，我们应该考虑后果，但我们不必如此缩手缩脚，担心这会妨碍国民党成为国民革命的政党。会上，瞿秋白对马林和陈独秀的观点表示赞同，并列举了16条理由。如他讲，要么我们不许工人参加国民党，让国民党得到资产阶级、军阀等给予的帮助从而日趋反动，要么我们领导无产阶级加入国民党，使后者具有革命性。哪种办法更好？

马林坚持中共应该积极参加国民党，帮助国民党改组，集中力量进行国民运动。实践证明，这些意见是正确的。但马林的主要问题是对中国无产阶级和共产党的力量估计过低，同时过高地估计了中国国民党的力量。他认为，所有共产党员没有例外地都应加入国民党，并在国民党内积极工作，一切工作归国民党。这种观点过于绝对化，不利于保持党的独立性。

张国焘的主要论点是：中国资产阶级不能起革命作用，应该主要依靠工人阶级；共产党员留在国民党内，是为了改造国民党，但应保持自己的独立性。发展共产党的唯一途径是独立行动，而不是在国民党内活动。他指出：即使工人阶级还很年轻，力量还很弱，但是它在斗争中已经显示出相当力量，这支力量不可完全被忽视。中国资产阶级（即工业资本家、银行家及商人），在各方面仍然十分依赖外国资本家，尤其是在经济方面。即使在外国帝国主义和国内资产阶级之间存在一些矛盾，但是，国内的资产阶级除了反对日本的压迫之外，还远不是一支反对外来压迫的自觉力量。我们共产党一方面要作为一个独立的对我们关于目前时局的政治主张进行宣传的组织而存在，另一方面，不要把工会运动从我们手中转到国民党手中。我们留在国民党内工作的目的，是为了创造改组国民党的可能性，或者一般地讲，是为国民运动寻找新的动力。这项工作不是压倒一切的。①

应该说，张国焘在对中国工人阶级和共产党的力量的估计方面以及强调要保持共产党的独立性等问题上的主张基本上是正确的。但是，张国焘没有看到资产阶级和中国国民党的革命性一面，只看到了他们落后的一面，具有一定的片面性。他否认党的中心任务是国民革命，试图在国民运动之外独立地进行工人阶级的劳动运动。事实上，张国焘没有看到工人群众加入国民党对于促进国民党的改造、扩大共产党的影响的积

① 《联共（布）共产国际与中国国民革命运动》（1917～1925），北京图书馆出版社1997年版，第504页。

极意义。

毛泽东也发言说：在中国，资产阶级革命行不通。所有反帝运动都是由饥寒交迫者而不是由资产阶级发动的。我们不应该害怕加入国民党。李大钊在会议上难能可贵地提出了统一战线的领导权问题。他说：过去和将来国民运动的领导因素都是无产阶级，而不是其他阶级。由于这个原因，我们不要害怕参加国民运动，我们应站在运动的前列。①

会议经过激烈的讨论，没有完全采纳马林或张国焘的意见，而是经过民主集中，最后决定：中国共产党党员以个人身份加入国民党，实现国共合作，但党必须在政治上、思想上、组织上保持自己的独立性。大会以少数服从多数的原则，表决通过了《关于国民党运动及国民党问题的决议案》《中国共产党第三次全国代表大会宣言》等文件。

3. 修订党章

党的三大对二大制定的党章进行了修订，通过了《中国共产党第一次修正章程》。三大党章完全保留了二大党章的章节体例，仍然是党员、组织、会议、纪律、经费和附则6章，但从条文的数量上看，由原来的6章29条改为6章30条，增加了1条。在内容上，三大党章与二大党章相比，严格了入党手续，提出要加强对党员的管理。对党的各级组织建制做出了新的规定，集中体现了党开始注意发挥地方党委的作用，尤其是在审批新党员的手续上。修改了会议召开的时间，把二大党章规定的“各区，每半年由执行委员会定期召集本区代表大会一次”，改为中央执行委员会每四月开一次全体委员会，并增加了每5人有一票表决权的规定。

4. 选举中央领导成员

大会选举陈独秀、蔡和森、李大钊、谭平山、王荷波、毛泽东、朱少连、项英、罗章龙为中央执行委员会委员，邓培、张连光、徐梅坤、李汉俊、邓中夏为候补委员，组成新的中央执行委员会。由陈独秀、蔡和森、毛泽东、罗章龙、谭平山组成中央局，陈独秀为委员长，毛泽东为秘书，罗章龙为会计，负责中央日常工作。这样，毛泽东首次进入中央领导核心，并担任中央局秘书。

第三届中央领导成员分工和第二届相比更加明确合理，加强了党中央的领导工作。陈独秀负责“总理党务”，不再兼管行政事务性工作，原来承担的许多工作由中央局秘

---

① 《联共（布）共产国际与中国国民革命运动》（1917~1925），北京图书馆出版社1997年版，第407~471页。

书和会计负责，使他能够集中精力主持开好集体决策的中央局会议和中央执行委员会会议，主抓事关全党的大事。

党的三大选举的中央领导成员具有新的特点：

一是新成员居多。14 人中有 9 名新成员，占 64.3%；中央局 5 人中有 3 名新成员，占 60%。本届成员平均年龄 33 岁，最大的是陈独秀，44 岁；最小的是项英，25 岁。这些领导成员都正当青壮年，年富力强，朝气蓬勃，热情高，干劲足，思维敏捷，易于接受新鲜事物。

二是第一次有产业工人成员。14 人中有 6 人，占 42.9%。除张连光外，均是工人运动中涌现出的受工人拥戴的工人领袖，有机械工、纺织工、司机和印刷工。王荷波兼为中央局委员。工人委员是除第六届外最多的，但素质水平明显超过第六届。

三是出身劳动家庭者居多。实际担当工作的 12 位委员中，出身工农劳动家庭的 8 人，占 66.7%。他们分别来自上海、北京、广州、武汉、长沙、安源、唐山各区委、地委，具有广泛的代表性。他们对中国农村、城市、工厂、铁路、矿山等各地方的实际情况有着深刻的了解，这非常有利于中央决策能够密切结合实际。

四是能力和水平高。他们大都经过实际斗争的锻炼和考验，具有四五年学运、工运、民运经历，任过党、团、工会的基层、中层、地区领导职务，有相当的工作经验。他们大多数理论思想水平高，组织领导能力强，政治坚定，斗争性强，作风深入，重视团结，善于联系群众。①

## 三、党的三大的历史地位与影响

中国共产党第三次全国代表大会是党的历史上第一次专门研究统一战线问题的大会，它明确提出了中国革命现阶段的主要任务、党的中心工作和任务，实现了党的工作重心的第一次战略转变。党的三大以后，广大中国共产党党员和团员纷纷加入国民党，在共产党的帮助下，国民党一大顺利召开，从而揭开了国共合作的序幕。革命联盟不断发展壮大，革命武装开始创建，有力地推动了大革命的发展，开启了运用统一战线之先河。

---

① 王健英：《民主革命时期中共历届中央领导集体述评》（上卷），中共党史出版社 2007 年版，第 37 页。

## （一）党的工作重心实现第一次战略转变

党的三大明确提出中国革命现阶段的主要任务和党的中心工作。从党的三大通过的《关于国民运动及国民党问题的议决案》和《中国共产党第三次全国代表大会宣言》中我们可以清晰地看到这些文字：半殖民地的中国，应该以国民革命运动为中心工作，以解除内外压迫。引导工人农民参加国民革命，更是我们的中心工作，以国民革命来解放被压迫的中国民族，更进而加入世界革命，解放全世界的被压迫的民族和被压迫的阶级。我们希望社会上的革命分子，大家都集中到中国国民党，使国民革命运动得以加速实现。我们须努力扩大国民党的组织于全中国，使全中国革命分子集中于国民党，以应目前中国国民革命之需要。这些文字非常清楚地表明了中国革命现阶段的主要任务是国民革命，党的中心工作是引导工农参加国民革命。没有对当时中国革命形势和任务的正确判断，便不会有党的工作任务的制定，更不会实现党的工作重心的战略转变。

正如陈独秀在党的三大所做的报告中所指出的："我们是在'打倒帝国主义和军阀'的口号下工作的。打倒军阀的口号已得到中国社会上大多数人的响应，而打倒帝国主义的口号还没有产生很大的影响。"① 从民主主义的联合战线到国民革命联合战线，从反对合作到同意合作，从坚持党外联合到接受党内合作，表明了中国共产党对中国革命认识的不断深化，标志着党的工作重心的转移。党的三大后，党开始了为国民革命而努力的新任务。

## （二）揭开国共合作的序幕

经过长久的酝酿、反复的讨论，党的三大正式决定以中共党员加入国民党的方式实现国共合作，使国共合作这一政治构想变成了活生生的现实，从而揭开了国共合作的序幕。

1923 年 11 月 24 日至 25 日的中国共产党三届一次中央执行委员会会议，专门研究了共产党员加入国民党的具体办法。会议决定：全党"当以扩大国民党之组织及矫正其政治观念为首要工作"。扩大其组织，"国民党有组织之地方，如广东、上海、四川、山东等处，同志们一并加入；国民党无组织之地方，最重要的如哈尔滨、奉天、北京、天津、南京、安徽、湖北、湖南、浙江、福建等处，同志们为之创设"。在政治上，促

① 《中共中央文件选集》第 1 册，中共中央党校出版社 1989 年版，第 169 页。

进其宣传，“根据三民主义中之民族主义，促其做反帝国主义的宣传及行动”。会议强调：“我们须努力站在国民党中心地位，但事实上不可能时，断不宜强行之。”① 正是因为有了这些具体部署，进而才有了后来促进国民党改组的成功。

1924 年 1 月 20 日至 30 日，中国国民党第一次全国代表大会由孙中山主持在广州举行。出席开幕式的代表 165 人中共产党员有 20 多人，其中包括李大钊、谭平山、林祖涵（伯渠）、张国焘、瞿秋白、毛泽东等。李大钊被孙中山指定为大会主席团成员。谭平山任共产党团委书记，代表国民党临时中央执行委员会向大会做了工作报告。

大会审议并通过《中国国民党第一次全国代表大会宣言》草案。这个草案是孙中山委托鲍罗廷起草，由瞿秋白翻译、汪精卫润色的。草案对三民主义做出了适应时代潮流的新解释。民族主义对外主张中国民族自求解放，反对帝国主义侵略；对内主张各民族一律平等，反对民族压迫。民权主义主张民主自由权利为一般平民所共有，非少数者所得而私。民生主义的重要原则，一曰平均地权，二曰节制资本。这就是具有新内容和新革命精神的新三民主义。新三民主义的政治纲领同共产党在民主革命阶段的政治纲领的若干基本原则是一致的，因而成为第一次国共合作的共同纲领。国民党一大事实上确立了联俄、联共、扶助农工的三大革命政策。

大会还选举了中国国民党中央执行委员会。共产党员李大钊、谭平山、于树德被选为中央执行委员会委员，毛泽东、林祖涵、瞿秋白、张国焘、于方舟、韩麟符、沈定一被选为候补委员。共产党员约占党员总数的四分之一。在中央党部各部门任重要职务的共产党人有：组织部部长谭平山，组织部秘书杨匏安，农民部部长林祖涵，农民部秘书彭湃，中央工人部秘书冯菊坡。

中国国民党一大的召开，标志着国民革命统一战线正式建立，第一次国共合作正式开始，从而拉开了轰轰烈烈的大革命的序幕。这也是中国共产党开始实践民主革命纲领和统一战线政策的重大胜利。有了大革命时期第一次国共合作，就会有抗日战争时期第二次国共合作。在未来，我们期待着第三次国共合作，让海峡两岸的中国人民携手共商祖国统一大计。

### （三）成为推动大革命的动力

党的三大和第一次国共合作推动了北伐战争的胜利进军，把革命势力从珠江流域推进到长江流域，席卷了半个中国。

---

① 《中共中央文件选集》第 1 册，中共中央党校出版社 1989 年版，第 200 页。

党的三大促进了大革命联盟的发展壮大。改组后的国民党在全国范围内迅速发展，原来只在广东、上海、四川、山东等少数地区活动，到 1926 年，已在全国大部分省、区建立起党部组织。党员数量已由国民党一大时的 1 万左右发展到国民党二大前的 20 多万。工人、农民、学生所占比例大大增加，革命精神也焕然一新。如山东省党部的党员，学生占 40%，工人占 25%，农民占 15%，教师占 15%，其他占 5%。湖北省党部组织部在陈潭秋的主持下，十分注意吸收工农分子参加，到 1925 年 10 月，全省国民党党员中工、农和青年学生已占 75%，而这自然离不开中国共产党的努力。对中国共产党来说，第一次国共合作使党从秘密状态转到公开状态，共产党人得以合法地在工农群众中宣传党的反帝反封建主张，不断扩大自己的政治影响。到 1927 年，共产党人数已由 1923 年时的 420 余人猛增至 5.7 万余人。正是有了国共两党的发展壮大，才有了国共统一战线力量的发展壮大，才能为大革命运动提供强大的推动力。

大革命运动的开展离不开革命的武装。孙中山深深知道，自己领导的中国革命运动之所以会屡遭失败，就是因为没有一支革命的军队。早在 1921 年 12 月共产国际代表马林在广西会见孙中山时，就曾建议他创办军官学校，以建立革命军的基础。到国民党一大时，孙中山决定正式创办陆军军官学校。在中国共产党和苏联的帮助下，这座设在广州黄埔岛上的军校于 1924 年 5 月开学，这就是著名的黄埔军校。

黄埔军校的建立得到了苏联政府的大量援助。苏联为此提供了 200 万卢布现款作为办学经费，从海参崴运来 8000 支枪和 200 万发弹药，而且派来大批经验丰富的军事干部到学校担任顾问。如政治总顾问鲍罗廷，军事总顾问加伦，顾问长契列班诺夫，步兵顾问白扎别列夫，炮兵顾问加列里，工兵顾问瓦林，政治顾问喀扶觉夫等。

黄埔军校不仅得到苏联财力、物力、人力上的帮助，就连组织机构、制度和教学理念也学习借鉴了苏联的经验。军校的最高领导机关是校部，直属国民党中央执行委员会，孙中山兼任校部总理，任命蒋介石为校长，廖仲恺为党代表。校部下设政治、教授、训练、军需、军医五部。黄埔军校实行党代表制度和政治工作制度，并将这一制度贯彻到国民革命军的各级部队中。坚持军事与政治并重、理论与实践结合的教育方针使学校和国民革命军同一切旧军校、旧军队有了本质的区别，成为真正的革命军校和军队。

黄埔军校是国共两党共同创办的学校，中国共产党大力支持，到学校担任、负责各种工作。如周恩来出任政治部主任，聂荣臻为秘书，恽代英为政治主任教官，叶剑英为副主任。在教职员中也有不少共产党员，如金佛庄、毛延桢、严凤仪等。在第一期 500 名学员中，有五六十名共产党员、共青团员，占 10%。他们多数都成为当时黄埔军校的骨干和以后中国共产党军队的著名将领，如陈赓、左权、徐向前等。

近90年前，孙中山在黄埔军校开学典礼上的演说至今仍能让我们感受到他对学员的殷切希望和对国民革命的信心。他说："过去革命所以迟迟不能成功，就是因为没有自己的武装。""只有革命党的奋斗，没有革命军的奋斗。""要从今天起，把革命的事业重新来创造，要用这个学校内的学生做根本，成立革命军。诸位学生就是将来革命军的骨干。有了这种好骨干，成了革命军，我们的革命事业便可以成功。如果没有好革命军，中国的革命永远还是要失败。所以，今天在这地开这个军官学校，独一无二的希望，就是创造革命军，来挽救中国的危亡。"① 历史如孙中山所期望，正是以这里的学生为骨干成立的国民革命军统一和巩固了广东革命根据地，发动了空前规模的反帝反封建的北伐战争，推翻了北洋军阀的反动统治，在中国革命史上写下了光辉壮丽的篇章。

试想，假如没有党的三大，还是否会有第一次国共合作的建立？是否会有孙中山的联俄、联共、扶助农工的三大政策？是否会有革命武装的建立？是否能迎来轰轰烈烈的大革命运动？历史永远没有假设，有的只是发生的合理性。

### （四）开启运用统一战线的先河

马克思恩格斯早就指出，进行革命的阶级仅就它对抗另一个阶级这一点来说，从一开始就不是作为一个阶级，而是作为全社会的代表出现的，它俨然以社会全体群众的姿态反对唯一的统治阶级。这段话告诉我们，革命阶级作为全社会的代表，必须联合社会一切可以联合的力量进行革命，也就是说要组成革命的统一战线。中国共产党第三次全国代表大会根据当时中国的实际情况，做出同国民党合作、建立国民革命统一战线的决策，这是中共在革命关键时期的一个重要抉择。它改变了国民党涣散无力的状态，使国民党获得了新生，成为领导国民革命的中坚力量。它使中国共产党从"二七"惨案的工人运动低潮中走出来，投入到更加广阔的斗争舞台上，从而迅速从弱小的政党发展成从事实际斗争的全国性的大党。从此，国共两党携手，为打倒帝国主义和封建军阀披肝沥胆，所向披靡。中国共产党也开始把统一战线归结为国民革命成功的经验之一。

然而，任何一种理论和决策绝非一开始就是完美无缺的，只有经过实践才会使它愈加完善与成熟，党的三大的统一战线理论亦是如此。由于中共当时的年幼、政治上

---

① 《孙中山选集》，人民出版社1981年版，第917页。

的不成熟，没有很好地认识到统一战线中的领导权问题，认为中国工人阶级尚未成为一个“独立的社会势力”，“中国国民党应该是国民革命之中心势力，更应该立在国民革命之领袖地位”。对国民党内的复杂情况和日后可能发生的变化估计不足，为后来陈独秀右倾错误埋下隐患，最终，第一次国共合作失败。失败亦是一笔财富，它给年幼的中国共产党提供了宝贵的经验和教训。在同右倾投降主义和土地革命时期的“左”倾关门主义错误进行了斗争以后，中国共产党成功地领导了抗日民族统一战线和人民民主统一战线。毛泽东总结建立和巩固广泛的革命统一战线的历史经验时指出：“中国新民主主义的革命要胜利，没有一个包括全民族绝大多数人口的最广泛的统一战线，是不可能的。不但如此，这个统一战线还必须是在中国共产党的坚强领导之下。没有中国共产党的坚强领导，任何革命统一战线也是不能胜利的。”① 因此，统一战线和武装斗争、党的建设一道被概括为中国革命胜利的三大法宝。

① 《毛泽东选集》第4卷，人民出版社1991年版，第1257页。

# 党的四大

## 民主革命领导权与对中国革命基本问题认识的深化

中国共产党的三大确定国共合作方针后，工农运动得以恢复和发展，与此同时，统一战线内部也出现了纷争与分化。面对极其错综复杂、瞬息万变的斗争形势和严峻局面，迫切需要中国共产党为解决各种矛盾，进行理论与实践上的进一步创新与突破。为此，1925 年初中国共产党在上海召开了第四次全国代表大会。大会总结国共合作一年来的经验，加强了对革命运动的领导，回答了党所面临的许多新问题。党的四大做出的各项正确决策，为大革命高潮的到来做了政治上、思想上和组织上的准备。此后，全国的革命形势迅速发展，工人运动风起云涌，农民运动轰轰烈烈，大革命的高潮到来了。

### 一、中国革命，谁是司令官

中国共产党决定以个人身份加入国民党后，国共两党建立首次合作，携手共赴中国革命大业。然而，中国的革命到底该由谁来领导？是年轻而先进的中国共产党，还是被注入了新鲜血液、经过改组的中国国民党？

#### （一）工农运动的恢复和发展

“二七”惨案惊醒了中国共产党，但并没吓倒中国共产党。掩埋好烈士的尸体，擦干悲痛的眼泪，中共继续领导铁路工人运动，并取得了重要成就，从而使全国工人运动很快从低沉中恢复和发展起来。

1924 年 2 月 7 日至 10 日，“二七”惨案发生一周年之际，全国 11 条铁路的代表 40 余人在北京秘密参加全国铁路工人第一次代表大会。全国铁路总工会随即正式成立，并把“改良生活、提高地位、排除工人争端、密切联系全国各界工人”作为自己的宗旨。军阀的压迫与破坏从未停止过，工会的秘密活动与斗争也从未中断过。

在南方，在国共两党的努力下，广东的工人运动也有了新的发展。1924 年 5 月 4 日，广州 200 多个工会的代表 300 余人济济一堂，参加广州工人代表大会的成立。国民党人廖仲恺主持大会，共产党人刘尔崧做了报告。会议通过了关于工人组织、职业保障、劳工管理、工人教育和武装自卫等重大问题的 20 个决议案。组建广州工团军（后称广东工团军），共产党员施卜任团长。这就统一了广州工人的力量，在工会内部形成了统一的主张，为工人运动的顺利开展提供了保障。

7 月 15 日，为了反对英、法帝国主义者提出的不允许中国人夜晚进入沙面的“新警律 12 条”，中国共产党领导广州沙面 3000 多名华工进行了为期一个多月的罢工。面对帝国主义的威胁，孙中山的广东政府给予大力支持。最终，罢工以帝国主义取消“新警律”取得了胜利。这一斗争的胜利沉重打击了帝国主义的反动气焰，是全国工运开始复兴的转机。

在江西，刘少奇领导的安源工会仍坚持斗争，既进行内部整顿又要对付资本家军阀势力的破坏，在消费合作社、工人教育等方面都取得了很大成绩。

在上海，1924 年 8 月，邓中夏、李立三、项英等在工人补习学校的基础上成立沪西工友俱乐部。其活动宗旨是：“联络感情，交换知识，互相扶助，共谋幸福。”俱乐部通过开办工人识字班、文化补习班、演讲会等多种形式传播马克思主义。经常到俱乐部讲课的有：蔡和森、瞿秋白、邓中夏、恽代英、向警予、项英、李立三等。俱乐部培养了一大批工人运动的骨干，如刘华、陶静轩、顾正红等，为领导上海地区工人罢工运动做出了一定的贡献。

在工人运动再次兴起的同时，中国共产党领导的农民运动也在悄然开展。1923 年 9 月，在湖南衡山岳北展开革命运动的共产党员刘东轩和谢怀德，按照安源路矿和水口山工人俱乐部的组织形式建立了岳北农工会，点燃了湖南农民运动的第一把火焰。农工会提出了平粜、减租、减息、退押和创办贫民学校、兴办农民夜校、实行男女平等、动员妇女参政、禁止缠足等主张，并领导开展了平粜与减租减息反封建地主阶级的斗争。同时，广东惠州也有万余农民开展减租斗争运动。尽管遭到反动派的镇压，但这些农民运动中已经蕴含着反抗与斗争的诉求，昭示着农民运动发展的新景象。

第一次国共合作后，中国共产党帮助和推动国民党从事群众运动，得到孙中山和广东革命政府的支持与认可。国民党决定设立中央农民部，由共产党员林伯渠任首位农民部长，共产党员彭湃任秘书。接着又成立了国民党中央农民运动委员会，以“辅助”农民部工作。1924 年 7 月，国民党中央执行委员会为培养农民运动骨干，在广州成立农民运动讲习所。每期学员都要进行为期一个月的学习，之后作为农民运动特派员被派赴各地，开展农民运动。其学习内容由澎湃亲自安排，重点是学习和研究有关农民运动的理论和实施方法，学习国民革命理论知识和军事知识，同时注重对学员实际工作能力的培养，经常组织学生进行军事训练，到社会做调查研究。到党的四大前，澎湃和罗绮园主持了两届农民运动讲习所。为了与广州商团阴谋发动的武装叛乱做斗争，8 月的第二届农民运动讲习所的 225 名学员被编为广东农民自卫军，共产党员彭湃任团长。这是我国建立的第一支农民自卫武装。他们不仅学习政治理论，还去黄埔军校进行军事训练。农民运动讲习所的学员大部分成了各地农民运动的骨干，为中国农民运动和革命事业贡献着自己的力量。中国共产党人为此也付出了艰辛的努力，做出了重大贡献。

### （二）统一战线内部的纷争

党的三大确定国共合作的方针以后，中国共产党全力投入到国民党的工作中去，积累了一些经验，但也出现了一些偏差。正如蔡和森所说：“我们党中就发生了不好的趋向，因为努力于国民党的工作，故对于我们党的工作和组织就忽略了，同时把共产党与国民党弄不清楚，这是由于党尚幼稚的结果。”① 为了总结国共合作以来的工作经验，纠正党在实际工作中的偏差，确定今后党在国民党工作的政策，中国共产党于 1924 年 5 月 10 日至 15 日在上海召开第一次扩大执行委员会会议。会议讨论和确定的主要问题有：一是共产党在国民党内的工作问题。认为过去在国民党的工作偏重于组织，甚至于大部分中央执委都到国民党中去工作，而党的会议停止，有许多问题拿到国民党中去解决，并指出“我们帮助国民党组织上的渗入产业无产阶级”之危险。二是关于工人运动新的责任问题。认为“党的最重要的职任便是继续不断在产业的工人里有规划地创设工会的组织”。中国共产党对于国民党最好的帮助是“先组织纯粹阶级的斗争的工会”，必要时“指挥这些工会赞助国民党所指导的国民革命运动”。三是党与团的关系问题。认为过去不清楚党与团的关系，检讨了团的工作和党的工作未能分

① 中央档案馆：《中共党史报告选编》，中共中央党校出版社 1982 年版，第 52 页。

开的缺点及其原因，并从年龄、职任、工作范围等方面的政策规定，明确了青年团的责任。四是农民、兵士间的工作问题。认为由于党缺乏经验，只决定了许多口号，如组织农民自卫军，反对苛税杂役、反对预征钱粮、反对土豪劣绅及苛租等。同时强调："中央当注意全国范围的农民问题。"并要求"国民党做经常的有规划的农民宣传"。会议要求在兵士中宣传反帝国主义和军阀的主张，在中国北部及中部的军官学校中建立党的组织。蔡和森指出，这次扩大会议的意义在于：第一，把第三次大会的错误纠正了，把未解决的问题确定，同时又把不好的影响洗脱，对于国民党的工作有很正确的答复，即应以宣传工作为主要，而组织工作次之。第二，把国民党与共产党的组织分开，即把中国共产党的组织独立起来。第三，把在国民党中的以专门做组织工作纠正而转到注意做宣传工作。

随着革命的深入发展，统一战线内部矛盾不断加深，国民党内部出现了分化的倾向。其左派赞成改组国民党，同意联俄、联共、扶助农工三大政策。代表人物有：孙中山、廖仲恺、宋庆龄、何香凝等少数。国民党右派主张对共产党进行攻击和排挤。这部分代表大地主、大资产阶级的右派分子公开反对孙中山的正确主张，极力反对国共合作。

其实，早在国共合作酝酿之初，国民党右派分子谢持、居正、冯自由、邓泽如等就极力阻挠，诬蔑共产党员加入国民党是"阴谋"。1923 年 11 月，邓泽如等 11 人在写给孙中山的信中指责国民党的改组实"多出自俄人鲍罗廷之指挥"，"新政纲、政策，全为陈独秀之共产党之议定"。认为改组后的国民党"五年之后，将见陈独秀被选为总理矣"。对此，孙中山表明：党章、党纲等草案稿，为我请鲍君所起，我加审定，原为英文，廖仲恺译之为汉文。切不可疑神疑鬼。改组国民党是为了进步改良。不能因为怕共产党员被选为国民党领导人而放弃容纳共产党和民主选举的政策。针对这股反共思潮，孙中山明确表示："你们愿意跟着我革命的就来，不愿意革命的就走，我不能勉强拉你们来革命，你们也不能拉我不革命。"① 在孙中山坚定拥护国共合作的决心下，国民党右派反对的声音暂时停息。

然而，暂时的停息并不表示彻底的停止。国共合作和工农运动发展后，国民党右派再次加紧争夺领导权的活动。1924 年 6 月，国民党右派邓泽如、谢持、张继以中央监察委员的名义提出所谓《弹劾共产党案》。他们认为，中国共产党党员及中国社会主义青年团员之加入本党为党员者，实以共产党党团在本党中活动，其言论行动皆不忠实于本党，违反党义，破坏党德，确于本党之生存发展，有重大妨害。完全为本党之

---

① 陈旭麓：《五四后三十年》上海人民出版社 1989 年版，第 70 页。

生存发展起见，认为绝对不宜党中有党。① 这是他们明确地反对孙中山的联俄、联共、扶助农工的三大政策的提案。7 月，国民党中央执行委员会发表的《国民党中央委员会宣言》否定了邓泽如的弹劾案。宣言郑重声明：凡有革命勇决之心及信仰三民主义者，不问其平时属何派别，本党无不推诚延纳，许其加入。对于规范党员，不问其平日属何派别，唯以其言论行动能否一依本党之主义政纲及党章为断。8 月，张继等又发表所谓《护党宣言》，更加明目张胆地反共，反对反帝反军阀的政治纲领，诬蔑共产党员加入国民党的目的是消灭国民党。

### （三）同国民党右派的斗争

对于国共合作中出现的反动倾向，陈独秀已觉察到。1924 年 7 月 13 日在给共产国际东方部副主任维经斯基的信中，陈独秀指出，对国民党的支持不能沿用以前的形式，我们应该有选择地采取行动。这就是说，我们不应该没有任何条件和限制地支持国民党，而只支持左派所掌握的某些活动方式。否则，我们就是在帮助我们的敌人，为自己收买反对派。②

对于国民党右派的进攻，中国共产党进行了有力的反击。中共中央 7 月 21 日发出党内通告，国民党右派攻击和排挤共产党日甚一日，各区委、地委必须进行反击，揭露右派分子不反对帝国主义，却加紧反苏、反共、反工农的反动活动。陈独秀、恽代英、瞿秋白、蔡和森等连续发表文章，痛斥国民党右派违背国民党一大政纲、破坏革命队伍内部团结的反动言行。陈独秀在《向导》第 83 期发表《我们的回答》一文，指出：这场争论实在是国民党左派与右派之争，也就是国民党内革命派与不革命派之争。现在世界上反革命的社会民主党和黄色工会，莫不极力排除革命的共产派，恐怕共产派搅乱他们妥协和平的好梦。我们明白普告天下：凡是一个真革命党都不会想到取消别个革命党；凡是一个真革命党人，都没有自己退出一个革命党的权利；中国国民党，是中国各阶级革命分子集合起来进行国民革命的团体，这团体应该是各分子所公有，谁也不配叫谁退出，除若是反革命非革命分子或违背党纲的人。③

恽代英在《中国青年》第 41 期发表《国民党中的共产党问题》一文，批驳所谓共

---

① 中共四大史料编纂委员会：《中国共产党第四次全国代表大会》，中共党史出版社 2004 年版，第 104～109 页。

② 中共四大史料编纂委员会：《中国共产党第四次全国代表大会》，中共党史出版社 2004 年版，第 112～113 页。

③ 《陈独秀文章选编》（中册），生活·读书·新知三联书店 1984 年 6 月版，第 584 页。

产党员在国民党内组织党团会导致国民党亡党的谬论，指出：共产党人为了要促国民革命的早期成功而加入国民党，他们自然要有种种计划，用种种机会影响一切比较进步的国民党员，帮助而且督促国民党员切实地做国民革命的工作。他们为了这些事议决种种议案，这是他们独立的党的活动。国民党若是决心促进国民革命，会因为人家利用这种地位来督促自己而感到有亡党之痛吗?

对于国民党右派的反共倾向，孙中山继续维护国共合作的方针。1924 年 8 月 15 日至 9 月 1 日国民党在广州召开国民党中央执委会一届二次全会，讨论是否继续与共产党合作的问题。孙中山在会上批评那些反对共产党员的人根本不了解国民党的主义，并当场宣布开除煽动一伙人反对共产党的冯自由出党。他还强调指出：民生主义与共产主义之间根本没有任何差别，只是为达到目的所走的道路不同，因此我们决定接受共产党员加入我党。他指责一些国民党员言行不一，气愤地表示：如果所有的国民党员都这样，我将抛弃整个国民党，自己去加入共产党。① 孙中山的这句话一直流传到今天，被认为是他联共政策的最好佐证。

会议最后通过《关于国民党内之共产派问题》《关于国民党与世界革命运动之联络问题》两个决议案。会后，国民党中央执委会发布了《关于容纳共产分子之训令》。冯自由因煽动一伙人反对国共合作而被孙中山开除出党。然而，如果我们通篇全读训令还会发现，孙中山一方面拥护国共合作，另一方面也对共产党人的所谓“党团作用”进行了谴责。孙中山的真实用意是希望共产党完全服从于国民党的领导，并限制和干涉共产党与共产国际的联系。以陈独秀为首的中共中央对以孙中山为首的国民党国共合作的立场表示了深深的怀疑。是继续坚持资产阶级对民主革命的领导还是坚持无产阶级的领导，成为中国共产党思考的重要问题。

### （四）迎接革命运动新高潮

1924 年 9 月，第二次直奉战争爆发，随即直军第三军总司令冯玉祥回师北京，发动北京政变，推翻曹锟军阀政府，组成了张作霖、冯玉祥、段祺瑞反直系派的联合政权，北洋军阀集团内部出现了分化。北京政权电请孙中山北上参加和平会议，共商统一全国大计。

中国共产党起初反对孙中山北上，担心孙中山北上会受反动势力的包围而被军阀

---

① 黄修荣:《共产国际、联共（布）与中国革命档案资料丛书》第 1 册，中央文献出版社 1997 年版，第 526 页。

同化。后来，在共产国际的影响下很快改变了态度，表示全力支持孙中山北上。在孙中山离开广州北上前夕，中国共产党再次表达了对他的殷切希望并奉劝他抵沪后应做三项工作：“根据国民党的政纲发表宣言，拿出自己救国救民的真正主张”；“致电北京的‘摄政内阁’，立刻废除治安警察法及一切束缚人民言论集会自由的法令”；“全力发展长江及黄河流域的党部”，进行“有关的宣传与组织”，必须“造成全国的舆论及民众的后援，庶几进可制胜军阀退可扩大宣传”①。中共中央在《第四次对于时局的主张》中，再次强调指出，只有这种国民会议才可望解决中国政治问题，因为其是由人民团体直接选出，能够代表人民的意思与权能。号召全国民众“促成此国民会议”，并向临时国民政府及国民会议提出目前最低限度的要求十三条。同时，要求各地组织国民会议促成会，发动大的示威运动，为孙中山的北上进行积极配合。可见，中国共产党是希望孙中山借此机会揭破帝国主义者和军阀勾结的阴谋，为结束军阀争斗而努力，并为国民革命而唤起民众。

孙中山接受了共产党的建议，11 月 10 日发表《北上宣言》。宣言重申了国民革命之目的和具体纲领。指出其目的是“造成独立自由之国家，以拥护国家及民众之利益”。纲领是“以民族、民权、民生三主义为基本，而因应时势，列举救济方法，以为最少限度之政纲”。“取消一切不平等之条约及特权。”孙中山采纳了共产党于 1923 年提出的国民会议的政治主张。“以谋中国之统一与建设。”而在国民会议召集以前，主张先召集一预备会议，决定国民会议之基础条件及召集日期、选举方法等事宜。预备会议以下列团体之代表组织：(1) 现代实业团体，(2) 商会，(3) 教育会，(4) 大学，(5) 各省学生联合会，(6) 工会，(7) 农会，(8) 共同反对曹吴各军，(9) 政党。② 11 月 13 日，孙中山偕夫人宋庆龄启程，在北上沿途中宣传革命主张，受到各界群众数万人的热烈欢迎，这对唤起民众参与反帝反封建的活动起到积极作用。在此可以看出，孙中山是希望通过北上在北京召集国民会议，同帝国主义和军阀的反动行为做斗争，并为国民革命做宣传。而孙中山的行动也受到广大民众的欢迎，符合民声，顺应民意。

然而，孙中山北上的革命行动并未能阻止段祺瑞政府的倒行逆施。为了获得帝国主义的支持，段祺瑞在 1924 年 11 月 24 日就任中华民国临时政府临时执政时发表了令人发指的《外崇国信宣言》，表示尊重历来和外国签订的一切不平等条约，维护其在华

① 《蔡和森文集》(上册)，湖南人民出版社 1979 年版，第 338～339 页。

② 中共四大史料编纂委员会：《中国共产党第四次全国代表大会》，中共党史出版社 2004 年版，第 136～138 页。

的一切利益。接着，段祺瑞又在谋划独揽大权，继续实行其军阀统治的善后会议，孙中山的北上革命行动以失败而告终。山雨欲来风满楼，中国的政治形势正在发生巨大的变动，革命高潮即将来临。面对这种革命形势，中国共产党如何领导轰轰烈烈的革命运动？这是中国共产党面临和需要解决的重要问题。

## 二、党的四大的筹备与召开

1925 年 1 月 11 日至 22 日，中国共产党第四次全国代表大会在上海召开。会址在东宝兴路 254 弄 28 支弄 8 号处，是租来的一栋三层楼石库门房子。出席大会的代表有 20 人，有表决权的 14 人，代表全国 994 名党员。会议的主题是总结国共合作的经验，讨论如何加强对中国革命运动的领导权问题。陈独秀主持大会，并做工作报告。维经斯基做了关于世界共产主义运动状况的报告。会议通过了《中国共产党第四次全国大会宣言》《中国共产党第二次修正章程》等 11 个决议案，并选举出新的中央执行委员会。

### （一）比较充分的会议准备

党的二大制定并通过的党章规定党的全国代表大会每年召开一次。但由于 1924 年中国共产党忙于国共合作等事宜，再加上陈独秀邀请维经斯基来华参加中国共产党的四大，因此会议推迟到 1925 年 1 月即列宁逝世一周年纪念日召开。四大的准备工作还是比较充分的。

在党的四大召开前，中共中央分别以钟英为代号，下发了两份会议通知。

第一份是 1924 年 8 月 31 日的为召开第四次全国大会征求对党的政策和实际运动的意见。通知望各区、各地方委员会、各独立组组长发表其所见，并于每个小组会议时将上述各点提出讨论，以其结果报告中央局；同志个人有特别意见者可特别指令他写成意见书由委员会或组长汇寄中央局。①

第二份是召开四大的通知。通知对会议召开的地点、时间、各地代表人数、议案等进行了规定。具体为：会议地点定在上海；时间为 1924 年 11 月 15 日起；因经费及方便之故定为每地方各 1 人，即广州、上海、南京、济南、北京、唐山、天津、武汉、长沙、安源、俄组、法组、少年、特请各 1 人；议案有世界政治经济报告、中国政治

---

① 《中国共产党组织史资料》第 8 卷，中共党史出版社 2000 年版，第 43 ~ 44 页。

经济报告等10项。

从这两份通知可以看出，中共中央在决定召开四大之前，已经对正式会议主要问题进行了考虑，并就革命中的实际问题向各地区征求意见，这也体现了当时中共中央的民主作风。

共产国际为对党的四大进行指导，于1924年11月派维经斯基再次来华。维经斯基到达上海后，参与审定大会的基本材料和提纲，与陈独秀一起准备中央全会，确定了四大的中心议题。维经斯基指出："代表大会的中心议题是党渗透到城市工人群众中去的问题。虽然国共两党关系不能说尽如人意，但我们在会上还是不全面提出这个问题。我认为，我们还应该帮助国民党，以便尽可能广泛地掀起反帝运动浪潮。"①

同时，维经斯基与陈独秀、彭述之等组织起草委员会，草拟四大的所有提案。瞿秋白担任维经斯基的翻译，并将维经斯基起草的决议案和其他文件译成中文。中共旅欧支部代表彭述之给中共旅莫支部报告党的四大的情况的信指出，在起草委员会上对于各种草案都经过一番讨论，其中尤以民族革命运动的草案讨论得更为详细，争点亦较多。关于民族革命的性质问题，各委员的见解颇不能一致。陈独秀、彭述之等认为，民族革命运动是资产阶级民主革命，维经斯基则以为民族革命运动的性质不能确定，须看将来的成功如何，不过后来到审查草案委员会的时候，他亦承认我们的观点了。经过会议前的充分准备，四大终于得以顺利召开。

### （二）四大代表三聚申城

出席四大的中央代表有陈独秀、蔡和森和瞿秋白。博学内向的瞿秋白在这次党的代表大会之后曾两度担任中国共产党的最高领导人。27岁的周恩来作为留法代表于四大召开前的5个月从巴黎回国。尽管初次参加党的全国代表大会，却展现了睿智干练的风采。不苟言笑、善于对有争议的问题进行铿锵有力的总结、被张太雷称为"实力派"的李维汉代表湖南参加会议。此外，还有湖北代表陈潭秋、山东代表尹宽、天津代表李逸、海参崴代表何今亮、安源代表朱锦棠、青年团代表张太雷等，他们代表994名党员。作为陈独秀特别邀请来中国指导工作的共产国际代表维经斯基自然也参加了大会。中国共产党另一创始人李大钊仅仅参加了党的三大，因协助卧病北京的孙中山为废除不平等条约和召开国民会议积极奔走而缺席了党的四大。此时的毛泽东作为中

---

① 《联共（布）、共产国际与中国国民革命运动（1920～1925）》，北京图书馆出版社1998年版，第562～563页。

央局秘书，为筹备四大做了大量的工作，但也因在家乡湖南养病缺席了此次大会。

这是中国共产党继一大、二大之后第三次在申城召开党的全国代表大会。在上海通往吴淞的铁路旁，距北四川路不远的地方有一座三层楼石库门房子。在这里，党的四大秘密召开。据当时中共中央宣传部秘书郑超麟回忆说，会场设在二楼，布置成学校课堂的样子，有黑板，有讲台，有课桌课椅，而且每人有英文课本，准备有人闯进来问时，就说这里是英文补习班课堂。三楼是一部分代表住宿的地方。代表们都在后门出入。党的四大由陈独秀主持，彭述之为秘书长，郑超麟、张伯简为记录。会议的主题是对国共合作以来的工作进行总结。

### （三）四大的议程和主要内容

陈独秀在会上代表第三届中央执行委员会做了工作报告，代表们进行了认真的讨论，对中央一年来的工作进行了全面评价。大会对中央执行委员会对于中国政局的分析完全同意。

彭述之代表中国共产党出席共产国际五大代表团，向大会传达了共产国际五大的决议。大会表示完全同意共产国际第五次大会对于各种政策的决定，特别是第五次大会对于“联合战线”及“工农政府”的解释尤为详尽。

维经斯基做了关于世界共产主义运动状况的报告，并向大会提交了一份关于列宁主义与托洛茨基主义之报告。会议通过了《对于同志托洛茨基态度之决议案》。

蔡和森、瞿秋白在大会上讲话。各区、各地方委员会的代表向大会报告本地区的工作情况。其中周恩来做了军事报告，着重谈了广东的军事情况。

会议分析中国社会各阶级在民族革命运动中的地位，明确提出了无产阶级在民主革命中领导权的问题。会议指出，由中国社会各阶级现状可以看出，越是上层阶级越富有妥协性。最受压迫而最有集合力的无产阶级是最有革命性的阶级。在最近中国民族运动中，它已站在最先进的行列。中国的民族革命运动，必须由最革命的无产阶级的参加并取得领导地位才能够最终取得胜利。

会议强调了工农联盟的重要性，鲜明地提出了农民天然是工人阶级的同盟者。会议指出，中国共产党与工人阶级要领导中国革命至于成功，必须尽可能地、系统地鼓动并组织各地农民逐渐从事经济的政治的争斗。没有这种努力，我们希望中国革命成功以及在民族运动中取得领导地位都是不可能的。为了团结农民、巩固与农民的联盟，大会检查了党的农民运动政策，提出了一系列进一步加强农民运动和保护农民利益的措施。

大会对中国革命的对象做了更加明确、全面的规定，不仅提出反对帝国主义、军阀政治的革命任务，而且把“反对封建的经济关系”“反帝国主义工具之买办阶级”作为中国革命的内容。共产党要做到：在国民党内和党外坚持彻底的民主革命纲领；保持自己的独立性；在思想上、组织上和民众宣传上扩大左派，争取中派，反对右派；既帮助国民党在实际运动和组织上发展，又加紧同国民党内妥协倾向做斗争。此外，会议对中国共产党的宣传工作和组织工作，工人运动、青年运动、妇女运动做了具体的部署。

会议围绕大会的中心议题通过了11个决议案，发表了《中国共产党第四次全国代表大会宣言》。通过的决议案有：《对于出席共产国际第五次大会代表报告之议决案》《对于共产国际执行委员会代表报告世界共产主义运动状况之议决案》《对于同志托洛茨基态度之议决案》《对于中央执行委员会报告之议决案》《对于民族革命运动之议决案》《对于职工运动之议决案》《对于农民运动之议决案》《对于青年运动之议决案》《对于妇女运动之议决案》《对于宣传工作之议决案》《对于组织问题之议决案》。

会议还通过了《中国共产党第二次修正章程》和《中国共产党第四次大会对于列宁逝世一周年纪念宣言》。党章对党员、组织、会议、纪律、经费等问题都做了相应调整和明确规定，使之更趋完善。如：把原党章中“有党员五人至十人均得成立一小组”的规定改为“有三人以上即可组织支部”，把原来先入团而后入党的吸收党员方法改为“直接接入本党”。新党章还规定在国民党及其他重要政治团体中组织党团。第一次明确规定以支部作为党的基本组织，强调党支部建设应当引起全党的高度重视。这就为迎接群众斗争高潮的到来做了组织上的准备。

新党章规定：中央执行委员会须互推总书记一人总理全国党务，各级执行委员会及干事会均须互推书记一人总理各级党务，其余委员协同总书记或各级书记分掌党务。这是在中国共产党历史上第一次把党的最高领导人称为“总书记”，并实行总书记制。这也是中国共产党现行的党的总书记称谓和领导制度的历史源头。

会议选举产生了新的中央执行委员会，陈独秀、李大钊、蔡和森、张国焘、项英、瞿秋白、彭述之、谭平山、李维汉为中央执行委员，邓培、王荷波、罗章龙、张太雷、朱锦堂为中央候补执行委员。接着召开了第一次会议。会议决定由陈独秀、彭述之、张国焘、蔡和森、瞿秋白五人组成中央局，并明确了各位中央执委工作分工：陈独秀任中共中央总书记兼中央组织部主任；彭述之任中共中央宣传部主任；蔡和森、瞿秋白任中共中央宣传部委员；张国焘任中共中央工农部主任；罗章龙、王荷波任铁路总工会负责人；张太雷任社会主义青年团中央负责人。会议同时决定将部分中央执委委员和候补委员分驻各地：李大钊驻北京，谭平山驻广东，李维汉驻长沙，邓培驻唐山，朱锦堂驻安源。

## 三、党的四大的历史地位与影响

中国共产党第四次全国代表大会是在大革命前夕召开的一次重要会议。这次会议明确了无产阶级在民主革命中的地位和作用，第一次明确提出了无产阶级在民主革命中的领导权问题，并进一步论述了农民同盟军问题，对民主革命的内容做了比较完全的规定。这是继党的二大、三大后，党对中国革命基本问题认识的进一步深化，标志着党的理论与策略的重大突破。此后，中国革命在中国共产党的领导下迎来了反帝反封建革命运动的新高潮。

### （一）共识领导权是历史发展的必然

党的四大最重要的贡献、最主要的历史功绩是第一次明确提出了无产阶级在民主革命中的领导权及工农联盟问题。当然，中国共产党对问题的认识是有一个发展过程的。

党的二大在中国革命史上破天荒地提出反帝反封建的民主革命纲领，虽然没有明确提出无产阶级领导权问题，但是，党的二大也并没有过高地估计中国资产阶级的力量，把他们视为民主革命的领导者。党的二大认为，“无产阶级加入民主革命运动，并不是投降于代表资产阶级的民主派来做他们的附属品”，而是“为自己阶级的利益奋斗”，“如果无产阶级的组织力和战斗力强固”，社会主义革命也“能跟着民主革命胜利以后即刻成功”。二大后，党的一些领导人根据革命的实践经验，不断充实和发展了二大关于无产阶级领导权的思想。

党的四大前的一些会议决议和发出的文件中已经注意到无产阶级在国共合作的统一战线中的领导作用问题。譬如，1923 年 11 月中共三届一中全会就提出在全国范围内扩大国民党的组织，凡是有国民党组织的地方我们的同志要加入进去，在没有组织的地方要帮助其建立，并且提出“矫正”国民党的政治观点，“促其做反帝的宣传及行动”，同时批评了党内在国共合作关系上的右倾错误，明确地提出“我们须努力站在国民党中心地位”。实际上，就是强调正确处理共产党与国民党的关系，要使中国共产党处于国民党的中心地位，把国民党改造成为中国共产党领导下的革命统一战线组织。

接着，在 1924 年 5 月召开的中共中央扩大执行委员会上强调巩固和扩大国民党左派，削弱国民党的右派势力，努力贯彻国民党一大宣言提出的反帝反封建原则，强调中国共产党要领导工农运动并提出相应的政策，批评在这些问题上的右倾错误。同年7月，中共中央发出十五号通告，指示各区委和地委必须努力掌握党在工人、农民、学生、市民各团体中的领导权。

显然，党的四大正式提出无产阶级领导权问题是历史发展的必然。如果在四大以前中国共产党和党内同志对无产阶级领导权问题毫无认识，那么，党的四大就不可能明确地提出中国民主革命“必须最革命的无产阶级有力的参加，并且取得领导的地位，才能够得到胜利”的重要思想。

党的四大在通过的决议中对无产阶级领导权问题的阐述并非轻描淡写，相反，会议在通过的文件中反复强调无产阶级领导权问题。例如，四大在通过的《对于中央执行委员会报告之议决案》中，在使用带有总结性的词语之后明确指出：“大会对于中央执行委员会领导本党在国民党及国民运动中的活动，使本党日渐与实际政治生活接近而有可以领导中国国民运动之趋势，大致认为满意。”可见，四大是把无产阶级领导权作为一个要实现的目标来看待的，并寄以深切的期望。又例如，四大在通过的《对于民族革命运动之决议案》中也明确指出：中国的民族革命运动，必须最革命的无产阶级有力的参加，并且取得领导地位，才能够得到胜利。若要民族革命运动得到较彻底的胜利，固然需要最革命的无产阶级站在领导地位，同时这领导阶级也要能够抓住被压迫的各社会阶级的力量，向共同的敌人——帝国主义及其工具（国内军阀及地主买办阶级）——作战，才免得处于孤立地位，这是一个重要问题。在此，四大明确地指出夺取无产阶级领导权是党的“一个重要问题”。

除此之外，党的四大在通过的《对于职工运动之议决案》中，以及在通过的《对于农民运动之议决案》中，也都明确地指出了无产阶级领导权问题。如前者指出：所以在殖民地的中国，工人阶级不仅为本阶级的利益而奋斗，同时还要参加民族革命运动，并且在民族运动中须取得领导地位。又如后者指出：我们民族革命的成功，只有在工人阶级居领导地位条件下，才能取得。这说明，党的四大是将无产阶级领导权问题作为了一项党的中心议题提出来的。而关于工农联盟，《对于农民运动的议决案》中则阐明了农民是无产阶级同盟军的原理，强调了农民在中国民族革命中的重要地位，指出：如果不发动农民起来斗争，无产阶级的领导地位和中国革命的成功是不可能取得的。

### （二）党的理论与策略重大突破

党的四大对中国无产阶级与资产阶级在民主革命中的作用进行了重新评价和定位，

这些分析成了确立无产阶级领导权的重要理论支柱。四大文件用了相当的篇幅分析了中国无产阶级与资产阶级在革命中的地位与作用，并在此基础上最终得出了只有实现无产阶级领导权，中国民主革命才能彻底胜利之结论。

四大对无产阶级在革命中的作用的分析是：工人运动是中国国民运动中的基本，在事实上中国工人运动自“二七”以来，虽在最重压迫之下但仍旧是继续高潮而做国民运动发展的中心。最受压迫而最有集合力的无产阶级是最有革命性的阶级。现在中国无产阶级在客观上的力量虽还幼稚，而他们革命的要求及决战的心理，在最近中国民族运动中，已站在最前进的地位。

四大对中国资产阶级在革命中的定位是：新兴的工业（纺织业、面粉业、火柴等）资产阶级已有民族竞争的必要，然而也正因外国帝国主义阻碍其发展，现在还在由买办官僚的资产阶级到民族的工业资产阶级之过程中，所以还不能参加民族革命运动。

然而对于代表民族资产阶级政党的国民党领袖的评价，党的四大以为，居国民党领袖地位的中派势力正在走向与国民党右派、帝国主义妥协、压迫人民的反动道路，即：国民党中派，是小资产阶级知识阶级中革命分子，他们在数量上虽不甚重要却站在国民党领袖地位，他们总是站在我们和左派之间，操纵取利。四大对中国无产阶级和民族资产阶级与国民党领袖所做的分析说明，中国共产党已经意识到中国无产阶级是民主革命的主要依靠力量，而中国民族资产阶级国民党领袖的革命性是十分有限的，甚至可能走向反动。可以说这些分析为四大确定无产阶级领导权提供了极其重要的理论依据。

党的四大在明确提出无产阶级领导权的同时，也制定了无产阶级如何争取革命领导权的方针与政策。

首先，为实现对革命的领导权，党的四大强调无产阶级在民族革命运动中必须坚持独立自主的地位，认为这是使民族革命运动具有革命性的根本保证。四大在《对于民族革命运动之议决案》中指出：中国的民族革命运动不是一般的反对帝国主义的民族运动，而是“无产阶级参加民族运动是为了推翻全世界资本帝国主义压迫，推翻外国的资本主义，同时也反对本国的资本主义，并且要将民族革命引导到无产阶级的世界革命”。“因此，无产阶级的政党应该知道无产阶级参加民族运动，不是附属资产阶级而参加，乃以自己阶级独立的地位与目的而参加，如此无产阶级在参加民族运动中，方不致失其特性——阶级性与世界性。”另外，在《对于职工运动之议决案》中，党的四大更加明确地提出无产阶级坚持独立自主原则之目的就是为了掌握革命领导权，就是为了保持民族运动具有充分的革命化。该文件指出：照上述的职工运动过去状况及现在趋势来看，中国工人阶级现在最重要的职任，不但理论上在于注意自己独立的职工运动，同时参加民族革命以取得其领导地位，而且实行上也在于能适应民族运动进展中职工运动易于发展，同时亦易于受民族主义者之利用的情形，力争职工运动的独立及进展，而使民族运动充分的革命化。

第二，为实现对革命的领导权，党的四大提出要建立强有力的无产阶级政党与组织，并且无产阶级在参加民族革命运动中，必须把革命的主要依靠力量放在共产党领导的革命力量上。为此，四大文件中分析：因为各被压迫国的封建阶级及资产阶级初亦利用工人、农民，但运动发展到决定胜负时，他们往往欺骗无产阶级而与敌人妥协，使民族解放运动不能到底，所以民族运动必须得无产阶级有力的参加，才能防止其妥协，民族争斗的力量之发展，恒依无产阶级及农民等一切劳动群众阶级争斗的力量之发展为正比例，不但在推翻外国帝国主义的争斗中，须依靠无产阶级及农民等一切劳动群众之努力，即此等争斗得着胜利，亦须无产阶级及农民等一切劳动群众有他们强固的阶级组织及其政党，才能够保障革命的胜利，并抵抗新的反动势力，进行自己阶级的革命。

第三，为实现对革命的领导权，必须与国民党内的反动倾向做坚决的斗争。党的四大在通过的《对于民族革命运动之议决案》中指出，中国共产党参加民族革命运动已经进入了一个新的历史时期，这一新时期的工作方针是：第一，“在国民党中工作，对于各种运动，须努力保存阶级争斗的成分”。第二，“我们固然承认国民党是中国民族运动中一个重要工具，然亦仅仅是一个重要工具，而不是中国民族运动之全部。……指摘国民党中及民族运动中的右派和向右派与帝国主义妥协和反动的军阀妥协和买办地主阶级妥协及压迫农工一切劳动平民的每个反革命事实，并暴露国民党中派游移态度。”第三，对于国民党政治上妥协政策，尤其是不利于工人农民的行动，我们必须暴露其错误，号召工人农民群众起来反抗。

当然，由于历史条件的限制，中国共产党对中国革命的特点和规律的认识毕竟还处在探索的阶段，因而四大对究竟如何实现无产阶级领导权，尤其是怎样正确处理同资产阶级争夺领导权过程中遇到的复杂问题，并未做出非常明确而具体的回答。

### （三）领导五卅运动揭开大革命高潮的序幕

中国共产党第四次全国代表大会后，革命运动迅速发展起来。1925 年 1 月，中国社会主义青年团在上海召开第三次全国代表大会，动员全体青年团员积极开展青年运动，并决定把社会主义青年团改称为共产主义青年团。1925 年，全国各地广大工人在党的领导和推动下，纷纷举行了罢工斗争，其中上海、青岛的日本纱厂工人举行的大罢工，尤其是中国共产党领导的五卅运动，预示着革命高潮的到来。

1925 年 5 月 14 日，上海日本内外棉纱七厂工人为抗议日本资本家无理开除工人举行罢工。15 日，工人代表与日本资本家进行交涉，日本资本家竟开枪打死工人领袖、共产党员顾正红，打伤工人 10 余人。这一事件激起上海工人、学生和广大市民的极大愤怒，成为五卅运动的直接导火线。28 日，中共中央召开紧急会议，决定 5 月 30 日在上海租界举行反帝大示威。5 月 30 日晨，上海各校 2000 余名学生在以恽代英为首的上海学联的指挥下到公共租界散发传单，发表演讲，声援工人斗争。随后，各界市民会集起来举行游行示威。帝国主义巡捕疯狂捕人，愤怒的群众高呼“打倒日本帝国主义”的口号，要求释放被捕学生。上海租界当局向群众开枪，打死学生 4 人，打伤学生 6 人，打伤其他市民 10 余人，制造了“五卅惨案”。当晚，中共中央再次召开会议，决定组成反帝联合战线，把已经发动起来的运动扩大到上海市各个阶层，全面展开一场罢工、罢课和罢市斗争。5 月 31 日，上海总工会诞生，并宣布次日进行全市总罢工。6 月 1 日，上海市 20 余万工人罢工、5 万学生罢课、绝大多数商人罢市，实现了以工人阶级为主体的“三罢”局面。5 日，中共中央发表《为反抗帝国主义野蛮残暴的大屠杀告全国民众》一文，号召民众团结一致打倒帝国主义。7 日，上海工商学联合会成立，提出惩处凶手、取消领事裁判权和撤退外国军队等 17 项交涉条件。北京、青岛、武汉等 500 余个城市、1200 万群众举行不同形式的斗争声援五卅运动。其中，省港罢工规模最大、时间最长、影响最广。五卅运动坚持了 3 个月之久。为保存力量和巩固已经取得的胜利，上海总工会于 6 月 25 日做出决定，各业罢工工人在资方承认一定条件的前提下，于 8 月下旬到 9 月上旬陆续复工。

中国人民反帝斗争得到了国际革命组织、海外华侨和各国人民的广泛同情和支援。莫斯科举行了 50 万人的示威游行，声援中国人民的五卅运动，并为中国工人捐款。在世界各地，有近 100 个国家和地区的华侨举行集会和发起募捐，声援五卅运动。6 月 7 日，日本 30 多个工人团体举行盛大的演讲会，决议声援中国工人团体，同时向日本政府和资本家提出抗议。英国工人阶级积极行动，阻止船、舰、车辆运输军火到中国。五卅运动成为具有广泛国际影响的反对帝国主义的斗争。

五卅运动是一次伟大的群众性的反帝爱国运动，它沉重打击了帝国主义，大大提高了全国人民的觉悟程度和组织力量，在全国范围内为北伐战争准备了群众基础，并将国民革命推向高潮，从而揭开了 1925 年至 1927 年中国大革命的序幕。中国共产党在领导五卅运动的斗争中受到很大锻炼，培养造就了一大批干部，党组织也得到极大发展，一年内党员人数增加了 10 倍。正如著名工人运动领袖邓中夏所说，五卅运动以后，革命高潮一泻汪洋，促成了 1925 至 1927 年的中国大革命。

# 党的五大

## 争取革命领导权与应对大革命危机

1927 年 4 月 27 日至 5 月 9 日，中国共产党 87 名代表会聚江城武汉，① 代表全国 57967 名党员出席中国共产党第五次全国代表大会。这是在大革命面临严重危机的紧急关头召开的一次重要会议。当时，全党上下最焦虑、最关切的问题是怎样正确认识严峻复杂的局势，如何从危难中挽救革命。这次大会尽管批评了陈独秀的右倾机会主义错误，也指出了争取无产阶级对革命的领导权、建立民主革命政权和实行土地革命，特别是加强党的组织建设的一些正确主张，但对怎样争取领导权、如何实行土地革命、怎样对待武汉国民政府和国民党，尤其是如何建立党领导的革命武装这些重大问题都没有做出切实可行的回答，从而没能在危急时刻为全党指明出路、提供坚强有力的领导，没有承担起挽救革命的重任。

### 一、高潮与危机，如何应变

从党的四大到五大这一年多时间里，全国的形势可以说是工农革命洪流与反革命

---

① 本书采用的五大代表人数的数据是方城主编《烟雨莽苍苍——中共五大全景录》最新考证数据，传统的权威著作如《中国共产党组织史资料》、《中国共产党历史》（第一卷）、《中国共产党历史大事记》（1919.5～2005.12），所载数据均为 82 人。

逆流彼此交错，险象环生。一面是北伐疾进，革命中心由广州转移武汉，上海工人打响了三次武装起义枪声，湘鄂赣农民运动高歌猛进；另一面是英美日等国加紧了对中国革命的干预，蒋介石公然举起反共的屠刀，武汉政府处于东面蒋介石、西面杨森、南面广东军阀、北面张作霖的四面包围之中。革命高潮与危机并存，武汉政府日益动摇，阶级关系重新组合，种种危机相继袭来。对此，年轻的中国共产党人应怎样应对？是否继续国共合作？如何巩固和发展已取得的胜利？如何挽救处在危机情势中的大革命？这些非常棘手的问题都一一地摆在了中国共产党人面前，急待召开第五次全国代表大会解决。

### （一）大革命洪流迅猛推进

五卅运动后，中国的革命形势有了突飞猛进的发展，南方和北方的实际状况呈现鲜明的对照。在南方，广东革命根据地统一后革命潮流继续高涨。尽管潜在的逆流已在悄然滋长，但还没有表面化。广州国民政府在全国的地位和影响都在继续增强。在北方，冯玉祥的国民军失败，奉系军阀已取代直系成为北洋军阀中占支配地位的实力派。张作霖同段祺瑞勾结操纵北京政府，排斥冯玉祥的国民军。奉系军阀还把其实力向南扩张到长江流域的苏皖等省。这时，盘踞在北方的北洋军阀的兵力还很强大，对南方广东国民政府虎视眈眈。其中，直系吴佩孚控制着湖北、湖南、河南三省及直隶的保定一带，兵力约20万人；直系孙传芳盘踞在江苏、浙江、安徽、江西、福建5省，兵力20万人；奉系张作霖占据着东北三省、热河、察哈尔和北京、天津地区，兵力30万人。而国民革命军只有8个军，兵力仅10万人左右。从双方总兵力的对比来看，北洋军阀占有很大的优势。但是，北洋军阀的统治已丧失人心，内部矛盾重重。张作霖希望借北伐军的力量打击吴佩孚的势力。孙传芳采取中立观望的立场。吴佩孚主力部队正在北方进攻冯玉祥的国民军，但湖南、湖北的兵力、战斗力相对较弱，这就为北伐军提供了利用矛盾、各个击破的机会。

“打倒列强，除军阀”可以说是南方各种政治派别的共同目标和夙愿。国民党内各派势力的矛盾日益突出，为摆脱矛盾并建立各自的地盘，扩大各自的实力，实现各自的目的，各派都企图借北伐之机向外发展。

在华的苏联顾问和中国共产党人对北伐是积极支持的。早在1925年东征军占领汕头之后，广州革命政府军事总顾问加伦就开始筹划北伐事宜。1926年1月，鲍罗廷在国民党二大期间演说时也强调向北发展的必要性。2月中旬，鲍罗廷在向布勃诺夫使团汇报工作时，更明确地指出北伐刻不容缓的主张，并强调北伐必须和群众革命运动，特别是与农民的土地革命相联系。为此，1926 年 2 月 21 日至 24 日，中共中央在北京召开特别会议，指出党在现时政治上主要的职责是从各方面准备北伐，而北伐的政纲必须以解决农民问题做主干。

国民革命军在以加仑为首的苏联军事顾问的建议下，制定了集中兵力、各个歼敌的战略方针。即首先向湖南、湖北进军，长驱直进，迅速消灭吴佩孚所部。同时和孙传芳进行谈判，并向湖南、江西边境和广东、福建边境分别派出部分兵力进行监视和防备，待两湖战场取得胜利后，再集中兵力消灭孙传芳。最后集中兵力消灭张作霖，统一全中国。根据这个方针，1925 年 5 月，国民革命军第七军一部和第四军所辖叶挺独立团等部为先头部队出兵湖南。

1926 年 7 月 9 日，国民革命军在广州誓师，宣布推翻帝国主义支持的北洋军阀的反动统治，实现中华民族的独立、自由、民主和统一的北伐战争正式开始。国民革命军第四军、第七军主力同第八军会合后，在 7 月 11 日胜利进入长沙，8 月 22 日，占领岳州，随后进入湖北境内。

吴佩孚看到北伐军有直捣武汉之势，急调在北方进攻国民军的直系主力南下，并在武汉外围沿线铁路的汀泗桥、贺胜桥凭险要地势设防固守。吴佩孚亲率卫队，并组织执法队到前线督战。国民革命军第四军、第七军主力和第八军一部经过浴血苦战，终于在 8 月下旬连克汀泗桥、贺胜桥，击溃吴佩孚主力，直指武汉。叶挺独立团敢打敢拼，作战异常英勇，建立了重大功勋。接着第八军挥师武汉，在 9 月 6 日、7 日分别占领了汉阳和汉口。10 月 10 日，第四军主力和第八军一部攻克已被围困月余的武昌，叶挺独立团率先攀登城头，其他各部相继入城，全歼吴佩孚主力。叶挺独立团所在的国民革命军第四军因此赢得了“铁军”的称号。

北伐军在两湖战场取得重大胜利后，原持中立立场的孙传芳改变了初衷，在 8 月底派重兵从江西向两湖侧翼进攻，企图切断北伐军的后路。9 月间，原来负责担任监视孙部任务的国民革命军第二、三、六军和第一军第一师进入江西作战，一度占领南昌。孙传芳调集主力猛烈反扑，重新夺回南昌，使蒋介石亲自指挥的第一军第一师遭受惨重损失。之后，第四军、第七军先后转入江西，与其他各军会合，于 11 月初在南浔铁路一带发动猛烈进攻，终于歼灭孙传芳部主力，占领了九江、南昌，江西战事的局面发生了根本改观。原来留驻粤闽边境的第一军两个师也乘势向福建发动进攻，在 12 月中旬不战而拿下福州。

在北伐军取得巨大胜利的同时，原来从南口退守绥远一带的冯玉祥部国民军在苏联和中国共产党帮助下，于 9 月 17 日在绥远五原誓师，改国民军为国民军联军。刚从苏联回国的冯玉祥任国民军联军总司令，共产党员刘伯坚任国民军联军总政治部副部长，全军集体加入作为革命统一战线组织的国民党，接受国共合作的纲领和“联俄、联共、扶助农工”三大政策，参加国民革命，挥师南下。到11月间，国民军联军已控制陕西、甘肃等省。

国民革命军在誓师北伐以后，只用了半年时间就取得辉煌的成绩。到1926年底，已先后歼灭吴佩孚、孙传芳两大军阀主力，控制了除江苏、浙江、安徽以外的南部各省。冯玉祥也已控制西北地区，准备东出潼关，响应北伐军。至此，北伐战争的胜利大局已定。

北伐战争之所以能够迅速进军，是与战区和后方民众的热烈支持分不开的。当时，两湖地区遭受灾荒严重缺粮，粤汉铁路还未完全修通，如何保证军需运输是一个大问题。在中共广东区委领导下，广东省港罢工委员会组织了3000人的运输队、宣传队、卫生队随军北上。北伐军向长沙开进时，中共湖南区委发动工农群众参加带路、送信、侦察、运输、扫雷、救护、慰劳、扰乱敌人后方等工作，还组织农民自卫军直接参加战斗，广大群众以各种形式支持北伐战争，直接推动了北伐战争的胜利进军。

随着北伐战争的胜利，北伐军所到之处，军阀的反动统治皆被推翻，群众有了集会、结社、罢工、游行示威等政治自由，革命群众运动以前所未有的声势蓬勃发展起来。

1926年9月17日，中华全国总工会在汉口设立办事处，积极指挥湖北及其邻近各省的工人运动。12月，全国工会会员由北伐前的100万增加到近200万人，其中湖南、湖北、江西的发展尤为迅速。12月1日，湖南全省工团联合会按中华全国总工会章程改组为湖南全省总工会。到1927年2月，湖南全省有工会组织533个，会员达32万余人。1926年10月10日，湖北全省总工会在汉口成立，到1927年春，全省共计成立工会约500个，会员达四五十万人。不仅大、中城市建立了统一的工会，而且大部分县也陆续成立了县工会。湖南、湖北、江西等省还组织了相当数量的工人纠察队。长沙、武汉、九江等城市相继出现大规模的罢工，罢工工人提出增加工资、减少工时、改善劳动条件、反对封建性的工头制和包身工制等要求。这些斗争大都取得了胜利。

当时处在孙传芳统治下的长江中下游地区，五卅运动后暂时处于低潮的上海工人运动重新高涨起来。从6月到9月，上海许多行业的工人连续发动700余次罢工斗争，参加的人数超过20万。在北伐胜利进军的凯歌声中，为了以实际行动迎接北伐军进军上海，建立上海市民政府，1926年秋至1927年春，中共中央和上海区委发动和组织上海工人连续举行了3次武装起义。上海工人第三次武装起义胜利后，建立了上海特别临时市政府。

在北伐军占领的地区，农民运动得到了迅猛的发展。1926 年 11 月，毛泽东担任中共中央农民运动委员会书记，领导全国的农民运动，并决定以湖南、湖北、江西、河南的农民运动为重点。湖南农民运动在北伐进军中迅速发展。1926 年 11 月底，湖南有 54 个县已有农民协会，会员共 107 万人。到 1927 年 1 月，湖南农民协会会员增加到 200 万人。湖南农民掀起了一场迅猛异常的革命大风暴，其攻击的主要目标是地主豪绅、贪官污吏，并触及各种宗法的思想和制度。在那些打倒了地主政权的地方，农民协会变成乡村唯一的权力机关，真正做到“一切权力归农会”。与此同时，湖北、江西等省的农民运动也有很大发展。1926 年 11 月，湖北全省的农民协会会员由 1926 年 7 月间的 3 万多人增加到 20 万人左右；江西成立省农民协会筹备处，会员从 10 月的 6000 多人发展到 20 万多人。在湖南、湖北、江西农民运动大发展的推动下，其他各省的农民运动也逐渐兴起。

### （二）武汉成为全国革命中心

随着北伐的胜利进军和工农运动的蓬勃发展，国民革命势力迅速从珠江流域推进到长江流域。1926 年 11 月 26 日，国民党中央政治委员会临时会议正式决定将国民政府和中央党部从广州迁往武汉。1926 年 12 月，国民党中央执行委员暨国民政府委员临时联席会议在武汉成立，暂时代行国民党中央和国民政府的最高职权。武汉逐渐成为大革命的中心。

1927 年初，武汉国民政府顺应民众的要求成功收回汉口、九江英租界，引起中外的巨大震动。1927 年 1 月初，武汉市民庆祝国民政府北迁和北伐战争胜利。3 日下午，中央军事政治学校学员在汉口江汉关附近演讲，英国水兵突然冲出租界，用刺刀向听众乱刺，当场打死 1 人，打伤 30 余人，接着又在九江打死打伤数人。英国军队的暴行激起了武汉、九江的工人及各界群众的极大愤怒。5 日，武汉市民二三十万人举行反英示威大会，由总工会代表李立三任指挥。会后，游行群众愤怒地冲入并占领了汉口英租界。国民革命军独立第二师也接管了九江英租界。国民政府支持群众的正义要求，由武汉政府外交部长陈友仁主持对英交涉的工作。声势浩大的群众反帝运动同武汉政府的外交谈判相配合，迫使英国当局做出让步，于 2 月 19 日同武汉政府签订协定，将汉口、九江英租界交还中国。这是近百来中国人民反帝外交斗争史上的第一次重要胜利，极大地鼓舞了群众反帝的民族士气。

1926 年底到 1927 年初，随着国民政府迁都武汉，中国共产党的一些领导干部吴玉章、林祖涵、恽代英、澎湃、毛泽东、瞿秋白、刘少奇等先后到达武汉。他们同原在湘鄂赣地区工作的董必武、方志敏等会合在一起，引导革命继续前进，把工农运动推向新的高潮。

### （三）中共中央召开十二月特别会议

在北伐战争从珠江流域迅猛地向长江流域推进的过程中，国民党内部的矛盾有了新的发展。1926年3月20日中山舰事件后，蒋介石个人独裁野心逐步暴露出来。他指使许多地方的反动派打击工农群众，用安插亲信和拉拢收买的办法企图控制国民革命军各军和一些党政部门。可他的嫡系部队却一再打败仗。这不仅激起广大革命群众的反对，也引起国民革命军中一些将领的强烈不满。在1926年10月，国民党中央及各省党部联席会议前后，广东内外反蒋迎汪气氛异常浓厚。当时还在欧洲的汪精卫仍被人们看作是国民党左派的领袖。在革命胜利发展形势的鼓舞下，国民党中央一些比较“左”倾的领导人改变了前一时期的消沉状态，积极主张恢复党权，巩固同中国共产党的合作，迎汪复职。

国民政府政治顾问鲍罗廷和共产国际代表维经斯基虽然看到蒋介石已走上军事独裁的道路，但他们并不主张倒蒋，认为若与蒋介石发生争斗，会给广州造成威胁，担心影响蒋介石在前线的工作心态，因而主张蒋汪合作，由汪精卫负责政府工作，由蒋介石负责军队。陈独秀受其影响也认为，采取让步策略是正确的。他还向蒋介石派到上海的代表表示，中共只是在三个条件下赞成汪精卫回国：一是汪蒋合作，不是迎汪倒蒋；二是仍维持蒋之军事首领地位；三是不主张推翻整理党务案。①

1926年底，蒋介石集团加紧压迫共产党和工农革命力量的趋势已越来越明显。在形势突变面前，一方面推翻北洋军阀的任务还有待最后完成，另一方面革命阵营内部的矛盾突出起来，中国共产党有必要将革命任务和政策策略作适当调整。如何处理迫在眉睫的复杂的内部矛盾和外部矛盾？如何对付同盟者的背叛和突然袭击？对年轻的中国共产党人来讲，确实是一个个非常棘手的难题。

在这种形势下，中共中央于1926年12月中旬在汉口召开特别会议。维经斯基、鲍罗廷等出席了会议。会议的中心议题是分析国民革命联合战线中出现的各种危险倾向，据以制定党的斗争策略。陈独秀在12月13日的政治报告中指出，从江西战场胜利后，

---

① 中共中央党史研究室：《中国共产党历史》第一卷（1921～1949）上册，中共党史出版社2011年第2版，第195页。

我们和国民党的关系发生了许多新的变化，出现了许多危险倾向，使联合战线随时随地都有破裂的危险。报告分析造成这种危险的原因时，虽然也承认国民党的右倾，承认蒋介石言论左行动右，但是报告对此拿不出任何有效的办法，反而着重批评所谓党内的“左”倾，即看不起国民党、包办国民党、包办民众运动、否认左派存在、误解党的独立、应付中小商人的政策不好等。报告认为，目前“最主要的严重的倾向是一方面民众运动勃起之日渐向‘左’，一方面军事政权对于民众运动之勃起而恐怖而日渐向右”，这种“左”、右倾距离日远，“是破裂一般联合战线及国共两党关系之主要原因”。这种说法，一方面把工农运动中出现的过激倾向夸大成主要危险，甚至把一些正确的做法也说成是“左”倾，另一方面有掩盖了新右派准备叛变革命这个根本危险，这种认识完全颠倒了事情的主次关系。报告中提出挽救危机的七项措施的中心思想，即“防止党外的右倾，同时反对党内的‘左’倾”，显然严重偏离实际，其认识是错误的。

会议通过的《关于国民党左派问题议决案》，规定应从各个方面帮助国民党左派，使之形成一个强大的政治力量，以同右派势力的反动倾向做斗争。议决案认为，国民党左派虽然软弱动摇，但仍然应该团结他们，支持他们。决议案实际上把同右派斗争的希望全部寄托在国民党左派身上，而且把一些做出某些“左”倾表示的军人政客也看作可以依靠的国民党左派，特别是对汪精卫给予过高的希望，不仅主张把国民党的党权、政权交给他，甚至要把一向在共产党领导下的群众运动也让他们来领导。这就不能不在日后时局陡然逆转的关键时刻挫手不及、造成严重的后果。

总的看来，这次会议所提出的挽救危机的政策的立足点不是放在尽力巩固并加强共产党自己力量的基础上，未能在思想上和实际工作中做好应付突然事变的各种准备，而把希望寄托在汪精卫和其他国民党军事将领身上，幻想以退让求团结。这种政策在客观上产生了两个严重后果：一是在群众中散布了有害的幻想，似乎已经磨刀霍霍的蒋介石还可能回心转意，由右向左，似乎软弱动摇、投机性很大的汪精卫能够组成一个强大的左派集团，担负起完成国民革命的重任。二是给正在热火朝天的发展的工农革命运动泼了冷水，打击了群众的积极性，压制了群众运动。这种政策实质上是以牺牲工农群众的根本利益去迁就国民党右派的要求，客观上为蒋介石、汪精卫夺取国民党领导权提供了方便。

汉口十二月特别会议没能解决党在迫在眉睫的危局中如何生存并坚持斗争这个极其重要的问题，反而做出了错误的判断和决策。这次会议的决定得到中央政治局和共产国际代表联席会议的同意。这无疑给党今后的工作带来极为被动的局面和不利的影响，表明仅6年党龄的中国共产党人还不善于纵横捭阖地驾驭局势，缺乏应对复杂事物的能力。

## （四）蒋介石发动反革命政变

1927年4月初，从国外回来的汪精卫同蒋介石等在上海进行密谈。他们在对待共产党的态度和主张上并无本质区别，只是在反共的时机和方式上有些分歧。这时，陈独秀摸不透汪精卫内心的真实意图，却书生气十足，为表诚意主动找到汪精卫，与其进行会谈。4月5日，陈独秀征得汪精卫的同意，将会谈结果写成《汪精卫、陈独秀联合宣言》公开发表。这个宣言只字不提蒋介石的反革命活动言行，反而说什么“国民党领袖将驱逐共产党，将压迫工会与工人纠察队”等都是“不审自何而起”的谣言。宣言说：“国民党最高党部最近全体会议之决议已昭示全世界，绝无有驱逐友党摧残工会之事。上海军事当局表示服从中央，即或有些意见与误会，亦未必终不可解释。”联合宣言希望国共两党的同志“立即抛弃相互间的怀疑，不听信任何谣言，相互尊敬，事事开诚协商”，“开诚合作，如兄弟般亲密”。

汪陈宣言是共产国际和中共对蒋介石态度缓和、主张“汪蒋合作”的必然产物。陈独秀自以为国共关系从此可以好转，随即和汪精卫都离开上海前往武汉。中共中央大多数主要领导人也已先后来到武汉，这时中共中央机构便正式移驻武汉。

汪陈宣言的发表，在客观上解除了党和人民的思想武装，使许多人误以为局势已经缓和下来。原来在武汉整装待发的第四军、第十一军不再东下南京，接近共产党的第六军、第二军的绝大部分受蒋介石的压迫，离开南京开往江北，使蒋介石得以控制南京。

此时，联共（布）和共产国际领导人一直试图推迟同蒋介石的决裂，或者使这一决裂尽可能带来较少的痛苦，直到四一二反革命政变发生时才停止这种尝试。

鲍罗廷因国民政府驻地问题，与蒋介石发生了冲突。1927年2月17日，联共（布）中央政治局指示鲍罗廷，不要突出他自己，免得人们认为这场冲突是他与蒋介石为争夺影响而进行的斗争；不要把事态发展到与蒋介石决裂的地步，以蒋介石完全服从国民政府为限。①

1927年2月22日和23日，蒋介石与维经斯基在九江会谈，提出国民政府迁都武

---

① 李颖：《路在何方——中国共产党第五次全国代表大会》，万卷出版公司2008年5月版，第23～24页。

汉的两个先决条件：一是要求鲍罗廷离开中国和国民党，因为鲍罗廷留在中国会造成两个政府的危险方针；二是必须在党内确立严格的纪律，即要共产党服从蒋介石个人的全面控制。蒋介石声称，他现在反对鲍罗廷，但并不等于他反对共产国际。他巧妙地把决裂责任推给共产国际。

共产国际试图采取坚决方针，以维持国共形式的统一或者说尽可能拖延国民党势在必行的分裂。3 月 3 日，联共（布）中央政治局关于“就中国共产党的政策和工作制度做必要改变的问题”的决定是对蒋介石最后通牒的答复。决定要点有：坚决执行发展工农运动、吸收工人群众加入共产党，吸收工农群众加入国民党的政策；坚决大力为国民党左派建立农民、小资产阶级和工人的基础；必须在这一基础上实行排挤国民党右派的方针，从政治上使他们声誉扫地并有步骤地自下而上地撤销他们担任的领导职务；必须坚决加强提拔国民党左派和共产党担任军队、军校、重要军事技术等部门干部职务的工作；必须实行武装工农、把各地农民委员会变成拥有自卫武装等的实际政权机构的方针；必须使共产党在各地公开进行活动；坚定不移地实行开展群众运动的方针，共产党不能成为群众运动的障碍。

尽管联共（布）、共产国际以及中共中央总书记陈独秀如何试图推迟与蒋介石的决裂，羽翼渐丰的蒋介石还是急不可耐地要行动了。

4 月初，蒋介石在上海约集国民党将领李宗仁、白崇禧、黄绍竑、李济深和国民党要员张静江、吴稚晖、李石曾等 10 余人举行反共秘密会议，污蔑共产党要打到国民党，打到三民主义，贻害北伐军，主张立即以暴力手段“清党”。

4 月 12 日凌晨，大批青帮武装分子冒充工人，从租界冲出，向分驻上海总工会等处的工人纠察队发动突然袭击。工人纠察队奋起抵抗。双方激战中，刚刚倒戈参加国民革命军的周凤岐第二十六军第二师到来，声称要调解“工人内讧”。工人纠察队员看到军队将青帮武装分子的枪械收缴，便热情地欢迎这些“调解者”。结果，在毫无戒备的情况下，2000 名纠察队员被军队强行缴械。一部分工人纠察队员进行抵抗，因寡不敌众，遭到失败。上海总工会委员长、共产党员汪寿华已在前一天被杜月笙骗去，遭到秘密杀害。4 月 13 日上午，上海总工会在闸北青云路广场举行有 10 万工人参加的群众大会，会后整队游行，要求释放被捕工友，交还纠察队枪械。游行队伍进到宝山路时，埋伏在里弄内的第二十六军士兵突然冲出，用机枪向密集的游行群众扫射，打死 100 多人。此后，疯狂的搜捕和屠杀继续进行。4 月 15 日，上海工人 300 多人被杀，500 多人被捕，5000 多人失踪。这就是震惊中外的四一二反革命政变。

继上海的四一二反革命政变后，江苏、浙江、安徽、福建、广东、广西等省也发生以“清党”为名的对共产党人和革命人士进行大屠杀的事件，著名共产党人李启汉、刘尔崧、萧楚女、邓培、熊雄等英勇就义。阎锡山在山西，刘湘在四川也纷纷举行“清党”，并表示拥护南京政府。与此同时，北方的奉系军阀张作霖也在捕杀大批共产党员和革命群众。4月28日，中国共产党主要创始人之一李大钊在北京英勇就义。大革命遭受局部失败。

## 二、党的五大的筹备与召开

1927年4月27日，蒋介石发动四一二反革命政变后的第15天，中国革命处在最危急的关头，中国共产党第五次全国代表大会在武昌高等师范第一附属小学礼堂开幕。被蒋介石通缉的共产党“首要分子”几乎都在这里。正式代表、共产国际代表、非正式代表及大会工作人员约100多人。中共第四届的九名中央委员只有一人未到会，他就是李大钊。中共五大开幕这天，正是他临刑的前夜。

### （一）斯大林坐镇莫斯科遥控指挥

早在1926年4月27日于莫斯科召开的共产国际执行委员会远东会议上，蔡和森就提出应该立即召开党的五大和尽快成立远东局的建议。当时，蔡和森关于召开党的五大的建议虽然被维经斯基否决，但尽快成立远东局的建议却受到共产国际的重视。共产国际执委会很快决定成立远东局，以加强对中国、日本、朝鲜革命和共产党的领导，就近解决有关问题。6月18日，共产国际执委会派出以维经斯基为首的俄国代表团在上海举行会议，宣布成立共产国际执委会远东局。远东局成员以俄国代表团成员为主，维经斯基任主席，拉菲斯任书记，其他成员由中共中央派出的常任代表和常任副代表、朝鲜和日本共产党代表组成。陈独秀、瞿秋白分别为中共中央选派的常任代表和常任副代表。

远东局俨然成了中共和朝共、日共的“管家婆”。上海远东局成立会议决定：远东局以共产国际执委会驻中国、日本和朝鲜代表团的身份领导这些国家共产党的政治、工会和组织活动；维经斯基作为共产国际执委会代表进入中共中央执行委员会参加日常工作；中共中央代表应定期向远东局报告中央工作，必要时还应就主要政治问题同远东局预先协商；拉菲斯参加中共中央机关报《向导》周报编辑部的工作。

共产国际远东局成立后，很快就将召开党的五大的问题纳入议事日程。9月18日至21日，远东局在上海召开会议，就筹备党的五大的召开正式做出决定：最紧要筹备党的五大的召开，目的是通过党代会筹备工作集中精力加强对中共的总的政治领导，了解和帮助加强中央的整个机构。同时，确定党的五大不晚于1927年1月召开。会议还决定立即着手起草党的五大提纲，并提名陈独秀起草总纲，瞿秋白起草关于资产阶级作用的提纲，托切尔尼亚克起草关于无产阶级运动的提纲。接着，11月5日，共产国际远东局正式向共产国际执委会提出了于1927年1月召开党的五大的问题，并且首次明确了大会的议程：一是中央的政治报告，二是共产国际执委会代表的报告，三是关于国民党的问题，四是农民问题，五是工人运动问题，六是党的建设，七是陈独秀关于党纲起草问题的报告。

共产国际也称第三国际，由列宁领导创建于1919年3月，是世界各国共产党和共产主义团体的国际联合组织，总部设在莫斯科。1922年7月，党的二大决定中国共产党加入共产国际，成为其一个支部。在很长一段时间里，共产国际成了中共的实际领导者，中共也从共产国际那里获取援助。共产国际对中共抓得很紧，不断地派人前来中国，耳提面命，人们戏称其为“婆婆”。

此时，共产国际的书记虽然是布哈林，但实际领导者却是联共（布）中央政治局书记斯大林。中国共产党作为共产国际的一个支部，理应接受共产国际的领导，实际上几乎所有的重大决定或者由联共（布）中央发出，或者经过联共（布）中央政治局批准。作为联共（布）的掌门人，斯大林对中共具有最后的决定权。因此，维经斯基要经常向共产国际执委会或直接向斯大林汇报中共和中国革命的有关情况，斯大林也正是通过这个决定权对中共和中国革命发挥主导作用的。

有了斯大林的亲笔旨意，远东局乃至共产国际总部都为召开党的五大忙碌起来。对于党的五大的筹备，共产国际颇费心血。从确定召开五大，到何时何地召开、参加人数、议事日程，再到大会纲领的起草、政治决议和组织决议原则的确定，所有的一切无一不是斯大林和共产国际的旨意。

1926年11月22日至12月16日，共产国际执委会第七次扩大全会在莫斯科召开，中国革命问题成为此次会议的中心议题。布哈林在全会做的政治报告以及斯大林和布哈林在全会中国委员会的发言，为全会在中国问题上的政治方针定下了基调。斯大林还积极参与了全会于12月16日所通过的《关于中国形势问题的决议》的审订。斯大林和布哈林的发言以及全会关于中国问题的决议指出，中国革命要向非资本主义发展轨道即社会主义轨道过渡，今后革命的动力是无产阶级领导下的工人、农民和小资产阶级的联盟，革命的中心任务是开展土地革命。根据这一战略，确定了近期的策略方针。对于基本策略的探索是围绕一个问题进行的，即如何把国民革命统一战线策略同农民土地革命方针结合起来。

1927 年 1 月，共产国际执委会政治处正式任命了共产国际执委会出席党的五大代表团的成员：维经斯基、多里奥和罗易。不久，联共（布）中央政治局会议决定，给在中国的共产国际执委会代表团拨款 9000 卢布作为代表团活动经费。1 月 19 日，共产国际执委会为举行党的五大给维经斯基、多里奥、罗易发出指示，正式确定了代表大会的日程、遵循的原则、需讨论的问题。其中，特别明确了两条原则性的指令：一是党的五大的一切政治决议都完全应以共产国际执委会第七次扩大全会关于中国问题的决议为依据；二是党的五大的组织决定则以上述共产国际执委会政治处《关于中国共产党的组织任务》的决议为依据。另外还提出需要五大特别认真讨论的几个问题，即农民问题、共产党员参加国民革命军的方法问题、中国共产党和国民党的关系问题、共产党如何能真正加入国民政府的问题、青年工作和妇女工作问题等。

4 月 12 日，蒋介石在上海发动反革命政变。4 月 21 日，联共（布）中央发表斯大林的《中国革命问题》提纲，提出蒋介石叛变后应采取的新的方针，其中有两点尤为突出：一是武汉革命的国民党将真正变成无产阶级和农民的革命民主专政机构；二是国民革命转入土地革命。斯大林的意思非常明确，共产党联合国民党的方针不变，只是由联蒋改为联汪，而且更加激进。这个新方针，也为六天后举行的党的五大定下了基调。

1926 年 4 月提出召开党的五大到 1927 年 4 月正式召开，党的五大的酝酿筹备工作持续了一年时间，显然，斯大林及共产国际在其中起着主导作用。

### （二）全党加紧筹备五大

党的五大的筹备工作是在共产国际的直接主导和组织下完成的，以陈独秀为首的中共中央只能按照共产国际的指示精神加紧筹备五大。

1926 年 9 月，远东局俄国代表团第一次出台召开党的五大的决定。1927 年 1 月，共产国际执委会第七次扩大全会决议传到中国，时在上海的共产国际代表维经斯基马上着手组织将决议翻译成中文并布置中央加以讨论，他极力促使决议的分析部分必须为党员骨干理解遵循。于是，中共中央很快做出《中央政治局对于〈共产国际执行委员会第七次扩大全体会议关于中国问题的决议案〉的解释》，决定接受这个决议案，不必在第五次全国大会讨论，一切政策及工作计划，必须依此提案的方针和方略进行。

中共中央把共产国际的决议案和中央政治局关于接受国际决议的解释发至各区委、地委和特支认真讨论。如湖南区委为此开过三次讨论会，一致赞同共产国际的决议和中央政治局的解释，也提出了自己一些见解，认为国际决议指出中国革命的非资本主义前途的发展方向是非常必要的。同时也认为现在是国民革命时期，不是社会革命工农专政时期；分配土地作为党的中心工作完全符合湖南农村的实际需要，农民运动绝不是超越国民革命的运动；土地问题的解决是推翻封建阶级的最后胜利，是民主革命的最后结果。

全党这次对国际决议的讨论为党的五大的召开做了思想上的准备，对肃清党内普遍存在的“二次革命论”的思想、增强全党在国民革命运动中与资产阶级争夺领导权斗争的自觉性有一定的帮助。但在批判“二次革命论”的同时，又出现了所谓“一次革命论”的偏差，助长了在工农运动中存在的某些“左”的情绪。另外，对于武装斗争仍然没有什么认识，在讨论中也没有引起足够的重视。

1927 年 1 月 21 日，维经斯基致电共产国际，提出拟于 3 月 15 日在汉口或长沙举行党的第五次代表大会，大会将半公开举行，每300 名党员选出1 名代表，大会将通过中央政治报告、关于组织问题的报告、关于党章问题的报告等 7 个报告。

4 月 4 日，中共中央执行委员会、中共湖北省委员会和共产国际代表团在汉口召开联席会议，最终确定了党的五大的召开日期和大会议程即共产国际代表关于国际形势和共产国际执委会第七次扩大全会对中国的总结的报告、中央执委会的政治报告、中央执委会的组织报告、关于中共土地纲领的报告、中共的工人政策、关于青年的报告。后经协商，为了使参加五大的代表能迅速回到省里工作，共产国际代表同意将代表大会议程缩减为中央委员会政治报告、关于共产国际执委会全会及提纲的报告、土地问题分组讨论和工会问题的议程。

4 月中旬，陈独秀从上海到汉口。22 日至 26 日，陈独秀主持了中共第四届中央执行委员会全体会议，讨论确定了五大议事日程、中央委员会向大会提交的报告和其他事项。

会议最终敲定的五大议程共九项：（1）共产国际执委会第七次全会上的中国问题；（2）中央政治报告；（3）组织问题；（4）农民工作问题；（5）中国共产党与国民党；（6）中国共产党与国民革命政府；（7）党在青年方面的任务；（8）军队工作；（9）妇女工作。

至此，党的五大筹备工作基本就绪。

### （三）八十七位代表会聚江城

1927 年 4 月的武汉，桃花盛开，春意盎然。此时，中国共产党来自全国 11 个地区或省代表团的80多位代表，代表着57900多名党员从四面八方奔向武汉。这时的武汉处在新老军阀包围之中，敌人在水陆交通要道盘查很严，因此，代表们的旅途皆险象环生，如履薄冰。

4月20日，一艘从上海开往武汉的英商怡和公司轮船拉响汽笛，缓缓地离开了码头，向上游驶去。船上的乘客三教九流，有买“大菜间”船票的大老板，也有做水果生意的、开渔行的、做茶叶生意的、坐庄的、贩瓷器的。这些人上船后大都沉默寡言，有的还躺在铺位上蒙头睡大觉，只有两个穿一样西装的青年男子不时在统舱、房舱、客舱、甲板上走动，人们都以为这是两兄弟。可第二天，这“两兄弟”也躲进了船舱，因为他们听说浦口和下关常常开枪扫射。直到过了九江，这些客人才活跃起来，开始高谈阔论起来。一个奇怪的现象是，他们的政治水平都超乎寻常，有的人对时局简直了如指掌。原来这些乘客都是前往武汉出席党的五大的代表或工作人员。他们中有被称为“罗大口”的罗亦农，被称为“李大炮”的李立三，装成“渔行老板”的王荷波，被称为“矮胖子”的王明，住“大菜间”的是共产国际代表维经斯基，那“两兄弟”是在中共中央宣传部工作的陆定一和郑超麟。

据武汉革命博物馆工作人员考证，出席五大的代表共96人，除了9名代表因各种原因未到武汉参会，其余87名代表以及列席代表和部分工作人员皆有惊无险地到达武汉，出席党的五大。

### （四）五大的议程和主要内容

党的五大于1927年4月27日至5月9日在江城武汉召开。不过，这时的武汉形势危急，会议只好采取公开和秘密相结合的方式进行，代表们侃侃而谈，洋洋洒洒，会议花絮不断，最终完成了它应承载的历史使命。

1. 史无前例的开幕式

1927年4月27日，中国共产党第五次全国代表大会开幕式在武昌高等师范第一附属小学礼堂隆重举行。该校校长王党新特意身着西装，春风满面地出来招待来宾和与会代表。

出席五大的代表有陈独秀、蔡和森、瞿秋白、毛泽东、任弼时、刘少奇、邓中夏、张国焘等87人，代表全国57967名党员。他们肩负着挽救革命的重任，带着工农大众的企望从四面八方来到白云黄鹤的故乡。这是民族精英的聚会，这是民族希望的寄托。

共产国际代表罗易、多里奥、维经斯基出席了大会。国民党代表徐谦、孙科、谭延闿应邀出席。苏、英、美、法等国的共产党代表也应邀出席了大会。

按照大会安排，湖北代表团坐代表席第一排，其他各省代表团依次往后坐。坐在正式代表后面的是列席代表，再往后就是大会工作人员和经大会同意参加大会的中央机关工作人员及各省有关人员。

开幕式主席台上高挂着马克思和列宁的画像。陈独秀穿着笔挺的西装走向主席台主持会议，他以中共中央总书记的身份宣布：中国共产党第五次全国代表大会现在开幕！接着致开幕词。共产国际代表团团长罗易讲了话。徐谦代表国民党中央致祝词。工会、学生会、青年团、童子军的代表也先后致辞祝贺。

下午，由张国焘主持选举大会主席团。湖北代表团的罗章龙首先站起来提出主席团名单。经过几位代表提议和一番激烈讨论，大会选举陈独秀、张国焘、蔡和森、瞿秋白、罗章龙、周恩来、李立三、李维汉、谭平山、苏兆征、顾顺章、向忠发、张金保、彭述之、张太雷 15 人为主席团成员，蔡和森为秘书长。在全体代表和来宾的热烈掌声中，主席团成员依次走上主席团席位就座。

接下来，宣布成立大会政治委员会、农民土地委员会、职工运动委员会和秘书处。政治委员会由陈独秀等 13 人组成，瞿秋白为秘书。土地委员会由瞿秋白等 10 人组成，毛泽东为秘书。职工运动委员会由李立三等 9 人组成，邓中夏为秘书。大会秘书处由蔡和森、张太雷等 5 人组成，蔡和森为秘书长。

党的第五次全国代表大会开幕式上，来自党内外、国内外的嘉宾如此之多，场面宏大，气氛热烈，可以说是史无前例的，是中国共产党全国代表大会历史上的一道绚丽的风景线。

2. 陈独秀做报告：侃侃而谈 6 小时

为了防止反动派的袭击，五大的正式会议是秘密举行的，武昌的大会只起烟幕作用。第二天，武昌高等师范第一附小就没了代表的踪影。

4 月 29 日，也就是李大钊英勇就义的第二天，党的五大转移到汉口，在黄陂同乡会馆举行第二次全体会议。黄陂同乡会馆呈长方形，一头开着大门，一头是三间平房，中间是大厅，被布置成会场。右边房间是秘书处办公的地方，可在里面油印文件。从大厅至大门隔着一个长方形院子，当中有一条鹅卵石小路。两边是草地，草地之外就是围墙。大门旁边住着警卫。门外的一片荒地上天天有唐生智部下的士兵在早操练习。不难看出，此处是个安全僻静、适合召开重要会议的场所。

五大会场的主席台上并排悬挂着马克思和列宁的画像，旁边墙上张贴着很长的红标语。这是大会秘书长蔡和森精心布置的。标语大致是“工人小资产阶级联盟”“争取非资本主义前途”一类的口号。这是以前未曾有过的新的宣传。

上午，陈独秀代表第四届中央执行委员会向大会做《政治与组织的报告》。陈独秀穿着一袭长衫，这位前北京大学著名教授、文科学长俨然又回到了大学的讲台上，他操着一口略带安徽口音的普通话，音调不高，慢条斯理，整整讲了6个小时。

陈独秀的报告至今没有发现中文原件，展示在党的五大会址纪念馆的是一份英文版的陈独秀报告。我们现在看到的中文稿是从俄文本翻译的。这份中文稿约2万字，共11部分。陈独秀在报告中回顾了1925年1月党的四大以来中国革命的发展进程和统一战线工作，汇报了党内目前的情况，着重论述了革命形势及其发展、党的策略、资产阶级的作用、对小资产阶级的态度、土地问题、无产阶级领导权、国民党问题，还讲到了无产阶级与小资产阶级的关系、共产党和国民党的关系以及军事、政权、财经等问题。

陈独秀认为，从北伐军占领上海到蒋介石叛变，这个时期的事件具有特殊的性质。这些事件与过去的事件不同，因为资产阶级已退出革命阵线。尽管革命队伍的数量减少了，但革命群众的质量却提高了。工农和小资产阶级的联合战线得到极大的巩固。四一二反革命政变后，资产阶级完全脱离了革命，因而与小资产阶级建立联盟就成了革命成败的关键；无产阶级为了巩固联盟，就必须对小资产阶级做出某些妥协和让步。

陈独秀还在报告中极力为自己对中山舰事件的错误决策进行辩护。他强调："共产党的退让是由于力量不足和党没有适当的准备而引起的。在广东发生这样的错误应该认为是可以宽恕的"。"我们的力量不足以镇压蒋介石。因此党中央坚决主张采取退守——让步的策略。这就是说，我们允许资产阶级力量留在联合战线里。我的意见是，共产党和国民党左派的力量当时的确不能够镇压蒋介石，况且蒋介石也还没有公开暴露出自己的反革命面目，社会舆论也不会同意进行镇压。因此，我认为中央的策略是正确的。"

谈起上海三次武装起义，陈独秀则颇有微词。他指出，上海三次工人武装起义"有革命方法的错误"，"是冒险地举行胜利暴动"。

总的来说，陈独秀的报告对过去错误没有做出深刻而彻底的检讨，辩解意味比较浓，对当前的局势也没有进行明确的分析，这不能不让在会场长时间听取报告的代表们心情沮丧，大失所望。

大会休息时，代表们三三两两在会场四周议论着。罗亦农来到主席台后面的休息室，凑到瞿秋白面前，咧开大嘴连声说："糟糕！糟糕！糟糕！"瞿秋白则抽着烟，长久地沉默着。

尽管不少代表对陈独秀的报告不满，也提出了一看法，但最终还是举手同意了。

这就意味着同意仍把汪精卫控制的武汉国民政府和国民党中央看作是“工农和小资产阶级的联盟”，同意联合汪精卫去反对蒋介石，挽救中国革命。

29 日下午，陈独秀做完报告后罗易接着向大会做《关于共产国际执委会第七次扩大会议对中国问题的报告》，这是他在党的五大所做的第一个报告。罗易要向全体与会代表通报共产国际对中国问题总的政治方针，说服中国共产党人接受共产国际执委会《关于中国形势问题的决议案》。在他看来，对共产国际决议案达成共识是完成今后一切议题的前提。

3. 瞿秋白发难：第三国际还是〇国际

4 月 30 日，大会继续在黄陂同乡会馆举行。代表进入会场后惊奇地发现，每个代表座位上放在一本小册子，封面上印着“《中国革命中之争论问题》　瞿秋白著”的字样，扉页上印着：“第三国际还是〇国际？——中国革命中之孟什维克主义”。当时，恽代英戴着一副金丝边眼镜，第一眼见到这本书就一边笑一边对瞿秋白的爱人杨之华说：“这个标题写得好，写得尖锐。目录上的五大问题也提得鲜明：中国革命吗？谁革谁的命？谁能领导革命？如何去争领导？领导的人怎样？问得实在好！”

《中国革命中之争论问题》这本小册子是瞿秋白 1927 年 2 月用了两个星期写的。当时，随着革命运动的发展，他与陈独秀、彭述之在有关革命领导权、农民问题等一系列重大问题上有着原则性的分歧，他感觉有责任促使这些争论得到正确的解决。因此，他系统地研究了历次革命运动和重大事件中党内发生的争论以及他和陈独秀、彭述之等有关的文章，经过反复考虑写成了这本小册子。

瞿秋白指出，中国革命有两种前途：一种是资产阶级取得领导权，使革命毁于一旦，人民仍旧受帝国主义的侵略和奴役；一种是无产阶级领导，使革命走向胜利，并为社会主义准备条件。

彭述之虽然也说无产阶级对革命的领导权，却认为这种领导权是“天然”的。因为否定中国民族资产阶级的客观存在，所以认为“工人阶级天然是国民革命的领导者”。既然是“天然”领导者，自然就不用去力争领导权。

针对彭述之的论点，瞿秋白辛辣地说：“彭述之虽然一口咬定没有民族资产阶级，民族资产阶级等于似有实无的鬼，实际上却去和这个‘鬼’联合，以备反抗他认为是买办阶级的新右派。如此说来，资产阶级是有的，不过是‘鬼’而不是人，他的力量很小，不妨和他联合。这真是彭述之的‘有鬼论’！可以和‘鬼’联合，其势便会失去‘人’的联盟——小资产阶级和农民。”

瞿秋白对农民问题给予极大的重视。他指出，陈独秀、彭述之等“抑制农村阶级斗争”，错误地“规定农民武装‘不可超出自卫范围’，‘不可有常备的组织’”，对“农民政权的要求，也没有明了爽快的指定行动方针”。

瞿秋白对彭述之主义的批判针砭时弊，尖锐泼辣，旗帜鲜明，酣畅淋漓，因而得到党内不少同志的赞同，引起很多代表的共鸣。但由于顾全陈独秀的领袖地位，没有公开点陈独秀的名字。

正当大家对瞿秋白的小册子议论纷纷时，大会主席团执行主席张太雷宣布共产国际代表罗易讲话。

罗易就此发表了《中国革命问题和无产阶级的作用》的第二次讲话。罗易在蒋介石叛变革命、大革命局部失败的形势下，还一意孤行地大讲革命形势处于高潮。他在这天的讲话中说：“革命形势已经提出了下一个时期是低落还是进一步发展的问题。非常清楚，革命的下一个时期是发展时期，而不是低落时期。快要到来的时期将是一个衰退时期的理论在共产党内没有市场。”“在国际形势方面，没有什么迹象预示在即将到来的时期里中国革命会趋向低落。相反，形势有利于革命的高涨。如果情况不是这样，如果国际形势并不是有利于革命的发展，那么共产国际的决议就与实际情况不符了。”

在国共两党的关系上，罗易显得异常天真而不切合实际：“我们就要求所有有关国民革命目前和将来的决议的通过，都要有共产党代表无产阶级自觉参与其事……共产党必须实现无产阶级在革命中的领导权。这应该通过国民党内的共产党党组的工作来实现……使国民政府的每项决议都必须经过工农同意和他们的影响之下通过。”①

同时，罗易在讲话中多次批评陈独秀报告的观点，主要抱怨陈的报告只讲过去，不讲未来。显然，罗易对陈独秀的报告也不满意，但这种不满意和陈独秀的不满意有明显不同。

除瞿秋白以外，向陈独秀的报告开炮的还有蔡和森、任弼时、谭平山、张国焘、张太雷、罗章龙、陈乔年、彭湃、维经斯基等人，据史料记载，会上一共有38位代表签名要求发言。

4. 毛泽东：农民运动提案遭到拒绝

毛泽东是中国共产党内继彭湃之后最早从事农民运动的领袖，因此他和彭湃被并称为“农民运动大王”。在筹备党的五大期间，他提出将湘、鄂、赣、粤4省农协联席

① 中共中央党史研究室第一研究部译：《联共（布）、共产国际与中国革命档案资料丛书》第5卷，北京图书馆出版社1998年版，第365～385页。

会议形成的关于“广泛地重新分配土地”和“迅速加强农民斗争”的提案提交大会讨论，却被陈独秀否决。他感到非常失落，心情沮丧。

毛泽东始终十分重视农民和土地问题。1926 年 2 月，毛泽东被任命为国民党中央农民部农民运动委员会委员，3 月任广州第六届农民运动讲习所所长。9 月 1 日，毛泽东发表了《国民革命与农民运动》一文，指出“农民问题乃国民革命的中心问题”，“所谓国民革命运动，其大部分即是农民运动”。11 月，毛泽东又担任中共中央农民运动委员会书记。

12 月，他以中央农委书记身份参加中共中央在汉口的特别会议。陈独秀在会上做政治报告，认为当前主要的危险是“民众运动勃起并日益‘左’倾，蒋介石因恐惧民众运动而日益向右，‘左’右距离日远，会使联合战线破裂而危及整个国民革命运动”。会议规定党的策略是限制工农运动发展，反对“耕地农有”，以换取蒋介石由右向“左”，同时扶持汪精卫取得国民党中央、国民政府和民众运动的领导地位，以制约蒋介石的军事势力。陈独秀还在会上斥责湖南农民运动“过火”“幼稚”“动摇北伐军心”“妨碍统一战线”。陈独秀的意见得到了共产国际代表维经斯基的支持。

毛泽东坚决反对中央的农民政策，在会上主张土地革命，并支持湖南区委关于土地革命的建议。但是，会议在陈独秀主持下没有讨论毛泽东的建议。

1927 年 1 月 4 日到 2 月 5 日，毛泽东回湖南参加第一次全省农民代表大会之后，用了 32 天的时间，到湖南的湘潭、湘乡、衡山、醴陵和长沙五县考察农民运动。他在乡下、在县城召集有经验的农民和民运工作的同志开各种类型的调查会，获得大量在武汉、长沙接触不到的第一手材料。在此基础上，毛泽东撰写了著名的《湖南农民运动考察报告》。

在报告中，毛泽东用极大的热情赞扬农民在农村大革命中办的 14 件大事，热烈赞颂大革命中的农民群众打翻乡村封建势力的革命行动和历史功绩，尖锐地批驳党内外责难农民运动的各种谬论，阐明农民斗争同革命成败的密切关系。他明确指出：“国民革命需要一个大的农村变动，辛亥革命没有这个变动，所以失败了。现在有了这个变动，乃是革命完成的重要因素。”因此，他号召一切革命的党派、革命的同志，都应当站在农民的前头领导他们前进。他还强调，必须依靠广大贫农做“革命先锋”，团结中农和其他可以争取的力量，把农民组织起来，从政治上打击地主，彻底摧毁地主阶级的政权和武装，建立农民协会和农民武装，由农民协会掌握农村一切权力，然后进行减租减息、分配土地等斗争。最后他明确指出，解决农民问题就是要解决土地问题，这已经不是宣传的问题，而是要立即实行的问题。

从3月5日起，这篇报告先后在中共湖南区委机关报《战士》周报、汉口《国民日报》《湖南民报》等报纸连载。3月，中共中央机关刊物《向导》发表了这个报告前两章后就被陈独秀、彭述之（时任中央宣部长）禁止继续刊登。之后，主管中央宣传工作的瞿秋白非常重视这个报告，在他的努力下，4月，汉口长江书店以《湖南农民革命》为书名出版单行本。瞿秋白为这本书写了序言，他在序言中号召“中国革命者都要代表三万万九千万农民说话做事，到战线去奋斗，毛泽东不过开始罢了。中国的革命者个个都应当读一读毛泽东这本书，和读彭湃的《海丰农民运动》一样。”

党的五大前，毛泽东对于党的政策，特别是关于农民运动的政策很不满意。他向大会提出农民运动决议案，主张解决农民急需解决的土地问题，建议广泛地重新分配土地。大会既拒绝讨论，也不采纳。

共产国际及其代表以及陈独秀当时由于害怕通过与国民党的决议距离太远的土地纲领，想同国民党保持牢固的关系，党的五大不仅拒绝讨论毛泽东关于农民和土地问题的提案，而且还认为毛泽东推动湖南等地农民运动加剧了武汉的困难形势。大会选举时，毛泽东只当选上了中央候补委员。

5. 5月4日：两个非中国共产党人成了大会的主角

5月3日，正当代表们热烈讨论的时候，有一个意外消息传来——汪精卫明天要到大会发表演说。大会只得改变原先的议程。秘书长蔡和森忙碌起来，赶紧撤换布置墙面，把旧的拿下来，换上“国共合作，革命必胜”一类的标语。主席台正面，马克思和列宁的画像移到两边，孙中山的画像被挂在中间。

5月4日上午，汪精卫带着两个手握盒子枪的卫兵来了。当时汪精卫被视为党的五大的贵宾，因为他是中共和共产国际眼中的小资产阶级政治家和国民革命的希望。瞿秋白穿着一套新的中山装站在会馆门口，笑容满面地迎接汪精卫的到来，陪他走进会场。

汪精卫登上主席台，在全场一阵热烈的掌声和欢呼声之后，开始他慷慨激昂的演讲。

“蒋介石等反对共产党加入国民党，违反了孙中山的‘三民主义’，必须反对这样的态度，并驱逐这样的人离开国民党。”

“因为在反对帝国主义的统一战线中，工人和农民是核心力量，共产党代表了工人和绝大部分农民。国民党为了革命，就必须与共产党合作。”

“国民革命应该遵从孙先生的‘三民主义’：民族、民权、民生。这意味着我们不需要建立一个资本主义阶段，而可以直接将革命带入社会主义阶段。因此，国共一定要合作。”①

汪精卫的讲话既迎合共产国际代表的心意，也似乎给共产党人一颗定心丸，这就是：国共合作一定进行到底。

汪精卫演讲完毕，罗易发表题为《中国革命的前途和性质》的讲话。罗易说，中国革命的前途“是非资本主义发展的道路”，而不是“一个循着资产阶级民主道路发展的前途”。无产阶级应竭力争取革命领导权，要“取消资产阶级领导权，把领导权转到革命的阶级（无产阶级、农民和小资产阶级的联盟）手里，使中国革命成为世界革命不可分割的一部分”。他还强调，革命军队是中国革命极其重要的因素，武装的革命反对武装的反革命是中国革命的特点和优点之一。

罗易的讲话对国民党的革命性做了很高的评价。汪精卫听得很专注。罗易话音刚落，汪精卫就又立即站起来发表第二次讲话。汪精卫进一步向罗易表白：“国民党完全接受共产国际关于革命的非资本主义发展的解释。没有人能够指责国民党支持资产阶级利益。相反，国民党正遵循一条革命的道路。”②

接着，汪精卫要共产党回答如何看待小资产阶级，也就是试探共产党对待武汉国民政府的态度。

在汪精卫讲话之后，陈独秀有一段简短讲话。但他没有正面回答汪精卫的问题，只是强调无产阶级和小资产阶级应该联合起来。

也许是陈独秀回答得不够诚恳，罗易随即又发表题为《中国革命和社会主义》的讲话，作为对汪精卫第二次讲话又一次回应。他说，听了汪精卫同志的讲话，共产国际代表团认为有必要把意思表达得更清楚一些，就是共产国际没有向中国共产党提出立即实现社会主义而斗争的任务。

罗易在讲话中郑重向汪精卫宣示：“我代表共产国际代表团向汪精卫同志并通过他向整个国民党保证，我们时刻不会忘记这一点……因为国民党正在进行反帝斗争，所以它现在是一个革命组织。正由于这个原因，无产阶级同国民党合作，直到最后胜利。”

汪精卫在罗易第二次讲话之后又第三次站起来讲话。几个回合的一唱一和，俨然使这两位非中国共产党人成了这天大会的主角。

---

① 方城：《烟雨莽苍苍——中共五大全景录》，湖北长江出版集团、湖北人民出版社 2001 年版，第 93～94 页。

② 【美】罗伯特·诺思、津尼亚·尤丁编著，王淇等译：《罗易赴华使命》，中国人民大学出版社 1981 年版，第 82 页。

6. 罗易：五大的实际主导者

1926年6月，共产国际远东局在上海宣布成立。远东局的主要精力放在对中共中央的领导及整个党的工作上，直接负责党的五大的筹备工作。起初，远东局主席维经斯基是筹备召开党的五大的关键人物。后来，由于维经斯基和远东局书记拉菲斯之间不和，被拉菲斯告到斯大林那里，拉菲斯建议“应派一位负责的领导同志作为共产国际执委会的代表出席代表大会”，其建议得到了共产国际总部和斯大林的重视。

本来因为拉菲斯的报告，斯大林已对维经斯基失去信任，后来又由于维经斯基与鲍罗廷不和，二人相互打小报告告对方的状，更引起信任鲍罗廷的斯大林对维经斯基的不满。1927年4月初，根据莫斯科方面的指示，新派到中国的罗易、多里奥与维经斯基共同组成共产国际驻中国代表团。这一组织实际上取代了远东局，成为共产国际又一个指导中国共产党的机构。随着共产国际驻中国代表团首席代表罗易的赴华，中国革命的舞台上又出现了一位叱咤风云的人物。

罗易，1892年出生，印度孟加拉（今孟加拉国）人。1917年到墨西哥。1919年10月主持成立墨西哥共产党，加入共产国际。在共产国际二大上被选为执行委员，三大后担任共产国际东方局领导工作，四大上被选为候补执行委员。

1926年11月，罗易受共产国际委托参与共产国际执委会第七次扩大全会关于中国问题的提纲和决议起草工作。在这次全会上，罗易关于土地革命的主张不仅为斯大林所赏识，而且为全会所接受，从而成为全会通过的关于中国土地问题决议的基本思想。由于这一贡献，罗易被任命为共产国际执委会新派中国代表团的首席代表。

罗易到武汉后就抓紧进行五大的筹备工作。为了使中共领导人真正领会共产国际执委会第七次扩大会议决议的精神，罗易向中共领导人提出，在党的五大上要对党以前的错误开展讨论。这一要求遭到陈独秀的抵制。这便成为罗易把陈独秀列为改造对象的原因之一。

罗易通过对中央领导层的了解，发现其有右倾倾向，党内有相当一部分人对陈独秀的领导不满，陈独秀对一些问题的认识与共产国际指示和共产国际代表意见不一致等问题。于是，罗易想改变中共中央领导层的状况。他提出两项措施：一是党的五大扩大中央执行委员会和政治局的人数；二是派陈独秀以中共中央代表名义去莫斯科工作6个月，以观其能否布尔什维克化。然而，他的这一想法却难以变成现实，因为“如果推翻老领导，没有谁能代替他”，在中共党内“还没有形成可以代替老领导的新领导"。[①] 所以，陈独秀也没有因为罗易的提议而去莫斯科，仍然是五大的主持者。

罗易不仅为陈独秀代表第四届中央执委会所做的政治报告起草大纲，而且党的五大上通过的一系列重要决议案都是在罗易为首的代表团的指导和参与下完成的。

按照常理，陈独秀在五大上所做的政治报告为主报告，是会议的主角。但实际情况却不然，罗易俨然成为会议的主角，是中共的"太上皇"。作为共产国际代表团的首席代表，罗易在五大上先后有七次讲话或报告。

罗易的讲话和报告涉及了与会代表激烈争论的一系列问题。尽管陈独秀的报告提纲是根据罗易规定的大纲起草的，罗易还是认为陈独秀的报告语焉不详，有些问题悬而未决。

尽管罗易的讲话或报告提出关于无产阶级争取领导权、建立革命根据地和进行土地革命等理论原则是正确的，但由于他所依据的共产国际执委会第七次扩大全会通过的中国问题决议案在很多问题上自相矛盾，很多决策不适合当时的中国革命形势，使他的这些理论原则不能解决国共两党关系所面临的日益严重的危机。正如蔡和森所说的那样："鲁易（罗易）同志所说的一些原则都是很对的，很可宝贵的，只可惜没有说出办法，每次开会都会像上课一般，只空空洞洞地教我们一些原则，这是不够的。"[②]

虽不能说罗易包办了党的五大，但罗易在党的五大所起的重大作用是显而易见的，可以说他是五大的实际主导者。共产国际和罗易的主张在党的五大上得到了彻底的贯彻。正如罗易在5月5日的结论性发言中指出："我对于共产国际的决议案在这里既没有遭到反对也没引起严重怀疑表示满意。这意味着中国共产党第五次代表大会已经同意共产国际决议案，并由于以这个决议案为基础开始工作，中国革命史开始了新篇章。"

与之相反，陈独秀的任何主张都必须与共产国际代表直接见面，并且直接受制于共产国际代表。鲍罗廷、罗易等对一些问题看法不同，又都以国际路线为依据，这种情况使陈独秀左右为难，无所适从。陈独秀并不是大会的实际主导者，但也没有心悦诚服地接受共产国际的决议和罗易的主张。这就是当时年轻的中国共产党人所面临的令人尴尬又无奈的现实，在某种程度上讲，也许这是年幼的党在成长过程中必须要付出的代价吧！

---

① 中共中央党史研究室第一研究部译：《联共（布）、共产国际与中国革命档案资料丛书》第4卷，北京图书馆出版社1998年版，第446～447页。

② 中共中央党史研究室第一研究部译：《联共（布）、共产国际与中国革命档案资料丛书》第5卷，北京图书馆出版社1998年版，第527页。

7. 陈独秀：在争议中仍然当选中共中央总书记

党的五大召开时，全国中共党组织有8个区委、6个地委，党员有57967人，共产主义青年团员有3.5万人。面对着迅速发展的党员队伍，如何从制度和组织上保证中央推行民主集中制领导成为五大的重要议题。

针对四届中央领导工作存在的“很不健全”的问题，陈独秀和罗易在五大都主张增加中央委员人数，加强中央的集体领导。罗易曾向共产国际提出：“我们认为最重要和最困难的将是选举新的中央委员会。应当改变和加强党的领导。我们建议这个拥有5万多名党员的党的新一届中央委员会设30名委员。”但是，他主张让陈独秀让位，“应在代表大会后立即将陈独秀作为党的代表召到莫斯科”。①

既然罗易有意要撤换陈独秀，那么，在新选举中央委员会的时候，陈独秀能否连任就成为一个非常敏感的问题。

在中共党内，对于陈独秀的错误大家早有不满。五大上，就有38位代表对其提出严厉批评，但是，没有谁要诚心地推翻他的领导，只是希望他能改正错误。当时，也确实没有更孚众望的人物，只好由他继续领导。大家看到“如果推翻老领导，没有谁能代替他”，中共党内“还没有形成可以替代老领导的新领导”，所以选举时“没有一个起来反对陈独秀”。② 在全体党员心目中，似乎由陈独秀这位党的主要创始人之一来主持中央工作是天经地义的事。

陈独秀当选的另一个原因是共产国际及其代表团没有找出更合适的人选。

罗易到达汉口之初，曾认为中国实际上存在两个共产党的中心——一个中心在上海（以中央委员会为代表），另一个中心在汉口（以若干中央委员为代表）。汉口的中心要求立即召开代表大会，认为党内存在领导危机，要求非撤换领导不可，普遍对中央委员会表示不满。

可是后来，共产国际代表团通过召开会议和同个别同志私下谈话，逐渐发现中共上海中心和武汉中心之间不存在任何原则分歧或政治分歧。既然中共党内不可能“形成对抗老领导的实实在在的反对派”，又找不到替代陈独秀的人选，共产国际及其代表只好委曲求全，让陈独秀连任。

以共青团代表身份出席党的五大的陆定一后来对陈独秀仍然当选总书记的原因做

---

① 中共中央党史研究室第一研究部译：《联共（布）、共产国际与中国革命档案资料丛书》第4卷，北京图书馆出版社1998年版，第210页。

② 中共中央党史研究室第一研究部译：《联共（布）、共产国际与中国革命档案资料丛书》第4卷，北京图书馆出版社1998年版，第447页。

出概括：一是全体代表对右倾机会主义错误的危害性认识不足；二是鉴于陈独秀是党的缔造者之一，大家仍然敬重他，希望他能改正错误，继续担当党的领袖这个重任；三是当时党内还没有出现更孚众望的人物，只好由他继续领导全党。①

罗易最初设想改变中共中央现有领导格局的办法，一是撤换陈独秀，二是增加中央委员会的人数。既然陈独秀退出领导岗位不可能，罗易便提出从下面省里提拔一些新成员参加中央委员会。于是，在他的策划下，大会决定扩大党的中央委员会并建立中央和省监察委员会。

1927 年 5 月 9 日，党的五大最后一天会议通过了《中国共产党接受共产国际第七次大会关于中国问题决议案之决议》《政治形势与党的任务议决案》《组织问题议决案》《土地问题议决案》《职工运动议决案》《对于共产主义青年团工作决议案》和《中国共产党第五次全国代表大会宣言》等决议案。大会还发表了《中国共产党第五次全国代表大会为“五一”节纪念告世界无产阶级书》和《中国共产党第五次全国代表大会为“五一”节纪念告中国民众书》。根据五大的决定，中共中央政治局会议还于 6 月 1 日通过了《中国共产党第三次修正章程决议案》。

在通过各项决议案和宣言以后，大会选举产生 31 名中央委员和 14 名中央候补委员组成第五届中央委员会。大会同时选举产生由 7 名委员、3 名候补委员组成的中央监察委员会，这是在党的历史上的第一次。

接着，召开五届一中全会，选举产生由 8 名委员、2 名候补委员组成的中央政治局，由 3 名委员组成的中央政治局常委，以及中央委员会总书记。

中央政治局委员 8 人：陈独秀、蔡和森、李维汉、瞿秋白、张国焘、谭平山、李立三、周恩来。中央政治局候补委员 2 人：苏兆征、张太雷。中央政治局常务委员 3 人：陈独秀、蔡和森、张国焘。中央委员会总书记：陈独秀。

对于这样的选举结果，共产国际和党的五大代表各执一词，议论纷纷。但党的五大确定的组织制度和领导体制一直沿用至今，已被实践证明是合理、有效的。

## 三、党的五大的历史地位与影响

在大革命面临严重危机的紧急关头召开的党的五大，是中国共产党历史上的一次

---

① 陆定一：《回忆大革命前后——陆定一谈中共党史（之一）》，《中共党史研究》2000 年第 2 期。

重要会议。就当时全党的水平而言，五大的功绩是主要的。其历史地位与影响主要体现在以下两个方面。

### （一）党的第一次历史性转变的“起始点”

如果说八七会议是大革命失败到土地革命兴起的转折点，那么五大就是党的第一次历史性转变的“起始点”。就是说，经过八七会议，再到井冈山革命根据地的建立，从而实现了从大革命失败到土地革命战争兴起的历史性转变。具体地讲，党的五大是转变认识的开始，八七会议是方针政策的制定，武装起义和井冈山革命根据地则是转变的实现。①

党的五大召开时，蒋介石已经发动四一二反革命政变，形势急转直下，国民革命处在局部失败的境地。针对这种客观形势，五大通过的《政治形势与党的任务决议案》很明确地指出，革命的敌人已经由大革命时期的帝国主义和封建军阀势力，演变为帝国主义、旧军阀以及代表大资产阶级利益的新军阀势力。革命任务也由“打倒军阀除列强”发展为反对帝国主义、封建主义和反对国民党新军阀。这表明中国革命开始向一个新阶段转变，即由大革命局部失败、完全失败到土地革命兴起的转变。

陈独秀在五大所做政治报告对其所犯的右倾错误做了检讨，但不够彻底，很多代表对此表示不满。这表明共产国际和中共对陈独秀所领导中央的右倾错误有一定的认识。尽管陈独秀仍然当选总书记，但那不过是权宜之计或者说是一个暂时的过渡罢了。1927 年 7 月中旬，在共产国际的建议下，临时中央政治局常委就把陈独秀调整下去了。因而，八七会议结束陈独秀右倾错误在中央的统治就成了顺理成章的事情。

五大所通过的中国共产党历史上第一个《土地问题决议案》虽说在会上引起广泛的争论，也曾拒绝毛泽东比较彻底的农民运动提案，还有同武汉国民政府土地纲领相妥协之处，但它毕竟使中共对土地问题又有了进一步的认识。

《土地问题决议案》明确指出：“中国农民运动，依粤、湘、鄂等省的经验，大半都是以贫农（佃农、半佃农、雇农及地少的自耕农）为中枢。农民运动的这种社会基础，很明显的指示农民运动的前途，必然是土地革命。最迫切的、现时的运动趋势，已经是铲除宗法封建的政权，而建立农民政权。自然在这种斗争中农民武装问题是非常重要的问题。这种总的趋势中，有些地方已经进一步而到了实际开始解决土地问

---

① 张春英：《中共五大是民主革命时期党的第一次历史性转变的起点》，《甘肃理论学刊》2007 年第 5 期。

题。”“中国农民运动，大部分都在无产阶级的指导之下，不得无产阶级的领导，它的发展不能有正确的革命道路。”“现在革命的趋势，是要推翻土豪乡绅的政权，没收大地主及反革命派的土地，以贫农为中坚，建立农民的政权，实行改良农民的经济地位，一直到分配土地。”

由此可见，五大对土地问题、建立农民政权和农民武装以及无产阶级对农民运动的领导权的认识是准确而到位的，只是当时幻想通过汪精卫的国民政府去实施，这显然过于天真，其策略是错误的。汪精卫一旦反动，中共必将付出惨重的代价。八七会议汲取了血的教训，才有了中国共产党独立领导土地革命和武装反抗国民党反动派的总方针出台。

### （二）初步建立和完善了党的组织建设

共产国际向来就比较注重党内组织建设问题，在党的五大召开前专门做出了《关于中国共产党的组织任务》的决议，提出了中共在组织建设方面面临的十项极其重要的具体任务。党的五大决定设立中央政治局和中央政治局常务委员会、中央监察委员会，将中央的日常工作与决策机构分开。

在实际操作过程中，党的五大以及五届一中全会选举产生的中央委员会、中央监察委员会、中央政治局及其常委和总书记都是依照共产国际及其代表的要求和中国共产党的实际需要而进行的。

五大选出的中央领导机构称为“中央委员会”，这在党的历史上是第一次。党的一大考虑到党员人数少和地方组织尚不健全的情况，决定暂不成立中央委员会。在二大上，根据党章选举产生了中央执行委员会。三大和四大都沿用中央执行委员会的名称。五大第一次使用“中央委员会”的名称后，我们党从六大到十八大均沿用“中央委员会”这个称谓，这说明五大对党的组织建设有着深远的影响。

五届一次会议选举产生中央政治局及其常委会，首次将中央的日常工作与决策机关分开。五大以前的历次代表大会上仅选举产生中央局或中央执行委员会及其中央局，而且人数很少。五大通过的党章对新成立的中央政治局以及政治局常委、总书记的职责做了规定：政治局是决策机关，常委处理日常工作，总书记是常委之一，既领导决策机关也领导负责日常工作的机关。这在党的历史上也是第一次，表明党的发展与壮大。中央政治局及常委会对于加强中央的领导是很重要的。这个组织制度自建立以来的 80 多年中，除了个别的调整外，一直沿用至今，保证了党的领导和民主集中制作用的发挥。

在五大召开的时候，中共党员不仅数量剧增，而且很多人参加了武汉国民政府及各省的党政领导工作。中共党员掌握一部分权力后，能否很好地运用手中的权力为革命事业服务就成为摆在中共面前的一个重要挑战。当时绝大多数党员能忠于职守，廉洁奉公，但也存在某些不容忽视的不良现象。这就要求中共能对自己的党员实行有效监督。为了杜绝不良现象的发生，五大成立中央监察委员会，并选举王荷波为书记的10人组成中央监察委员会。这是中国共产党第一次建立中央纪检机构，是中共纪检工作的光辉起点和良好开端。它是根据列宁建党思想确立的一套科学的党内监督制度，如中央监察委员由党的代表大会选举产生、监察委员可以参加同级党委会议等至今仍在沿用。

五大在重视组织制度建设的同时，还首次明确提出了集体领导和民主集中制的原则。五大通过的《组织问题议决案》明确指出："中央应该强毅地实行集体的领导。"决议还要求修改四大章程。五大党章明确规定："党部的指导原则为民主集中制。"以后党的历次代表大会均把民主集中制作为一项原则写入党章。

五大《党章》修正案将全国的地方组织统一设置为省委、市（县）委、区委三个层次。这种党的地方组织机构名称和设置方式直到今天仍被沿用。

五大通过的《组织问题议决案》第二项中明确规定："中央应该尽力使党的基础建立在产业支部上面，并使所有大工厂铁路码头等都有我们的以支部为基础的组织。"这表明五大比过去更加重视地方各级党组织和基层党支部建设，明确党支部是真正开展工作的基层组织。

总的说来，五大关于党的组织制度的建设具有开创性的积极意义，初步建立和完善了党的组织建设。

# 党的六大

## 确定民主革命新路线与探寻中国革命新道路

1928 年 6 月 18 日至 7 月 11 日，中国共产党代表及与会者 142 人在莫斯科聚会，出席中国共产党第六次全国代表大会。这是在大革命失败到土地革命战争兴起的历史转折关头党所举行的一次重要会议，是中共“史无前例”且也可以说是“空前绝后”的一次在国外召开的党的全国代表大会。这次大会正确地分析了革命形势，总结了大革命前后的经验教训，集中解决了中国社会性质和革命性质、革命形势和党的任务问题上的错误认识，确定了党在新形势下的方针和任务，对有关中国革命的一系列存在严重争论的根本问题做出了基本正确的回答。

### 一、大革命失败，如何复兴

1927 年大革命失败以后，中国共产党进入了极为艰苦的斗争年代。当时，中国革命形势非常严峻：一面是汪精卫步蒋介石后尘，举起反共屠刀，大批中共优秀党员和革命群众被屠杀，中华大地笼罩着白色恐怖；一面是中国共产党人并没有被国民党反动派屠杀政策吓倒，毅然举起城市武装暴动的旗帜。八七会议确定了挽救革命的总方针，但理论上的迷误和实践中的盲动，使共产党人仍然没有走出困境。中国共产党人应怎样应对白色恐怖？如何正确地把握中国革命的形势？如何开辟一条适合中国国情的革命道路？这些不可回避的问题需要中国共产党人去进行理性的思考和探索，因此，此时急待召开一次新的全国代表大会解决。

### （一）大革命失败，白色恐怖

党的五大后，武汉地区的形势急剧恶化，反革命活动迅速表面化。以汪精卫为首的武汉国民党中央和国民政府也迅速走向反动。

1927年5月9日，党的五大闭幕当天，驻四川东部的国民革命军第二十军军长兼川鄂边防司令杨森发出反共、讨伐武汉政府的通电，率部占领宜昌，解散宜昌总工会、农民协会等革命群众组织，屠杀工农群众，并向武汉进逼。

5月13日，驻宜昌的国民革命军第十四独立师师长夏斗寅与杨森配合，通电联蒋反共，反对武汉国民政府，于17日率部进逼武昌附近的纸坊镇。这两部叛军在所占之地与土豪劣绅勾结，残酷镇压革命农民，被杀害者有四五千人。

5月21日，驻湖南的国民革命军第三十五军第三十三团团长许克祥率部在长沙发动反革命叛乱，捣毁国民党湖南省党部、省总工会、省农民协会，收缴工人纠察队枪械，杀害共产党人和革命群众100多人，史称“马日事变”。

5月底6月初，驻江西的国民革命军第五方面军总指挥、江西省政府主席朱德培叛变，宣布南昌戒严，禁止工农运动，并用礼送出境的办法，驱逐共产党员和国民党左派。

6月底，唐生智的主力部队及何健的三十五军从河南的北伐前线撤回两湖，公开站在反动军官一边血腥镇压工农运动。

在国民革命军中的反动军官纷纷叛变的同时，主持武汉国民政府的汪精卫集团也日趋反动。汪精卫是在蒋汪矛盾的背景下离开上海到武汉的，应当说是权宜之计。由于他当时表示反蒋，实行孙中山的新三民主义，因而得到了共产党和国民党左派的支持，掌握了武汉国民党中央和国民政府的领导权。

汪精卫主持的国民政府，当遭受帝国主义和以蒋介石为首的国民党反动派的挤压，其控制地区形势恶化、经济困难、社会动荡，特别是共产党领导的工农运动高涨、革命正向深入发展时，他害怕了，政治立场迅速发生变化。他虽然口头上仍然坚持联俄、联共、扶助农工三大政策，表示他是革命的，但实际上从内心里并不赞成工农运动，而认为共产党和工农运动是危害其利益的。因此，他不断指责工农运动过火，千方百计地限制工农运动，要把民众运动纳入他的控制之下。对国民党反动军官的叛变，汪精卫则从包庇纵容到支持和策动。如许克祥的叛变，汪虽下令要查办，但认为许的叛变与工农运动过火有关，实际上并没有查办许克祥，反而下令查办工农运动。1927年6月，武汉政府的北伐军与冯玉祥部会师后，6月10日至12日，汪精卫、唐生智与冯玉祥在郑州召开会议，就反共达成了一致意见。冯玉祥对汪精卫、唐生智提出的反蒋主张不予接受，而希望蒋汪合作北伐。会后，冯玉祥在蒋介石的极力拉拢下，完全倒向蒋介石一边，与蒋介石达成在共同反共的基础上继续北伐的协议。蒋冯合流加速了汪精卫反共的步伐。郑州会议后，汪精卫以共产国际的紧急指示“根本危害国民党”为由，煽动“分共”。7月15日，汪精卫主持武汉国民党中央召开“分共”会议，决定同共产党决裂。随后，汪精卫步蒋介石后尘，对共产党人和革命群众实行了残酷的大屠杀。至此，国共合作的大革命完全失败了。

在形势迅速恶化的紧急关头，共产国际于1927年5月18日至30日召开了执委会第八次会议，着重研究了中国革命的性质、统一战线的策略以及如何挽救中国革命的危机等问题，通过了关于中国问题的决议，并在会议结束的当天把决议发给在中国的鲍罗廷、罗易和苏联驻汉口总领事柳克斯三人。其主要内容是：（1）不进行土地革命，就不能取得胜利，国民党领导机关就会变成不可靠将领手中的玩物。坚决主张通过农会，从下面实际没收土地，同时必须同过火行为做斗争，但不能动用军队。（2）对手工业者、商人和小地主做出让步是必要的。只应没收大、中地主的土地。如果形势需要，暂时可以不没收中地主的土地。不要触及军官和士兵的土地。（3）改变国民党领导层人员的构成，从下面多吸收一些新的工农领导人加入国民党中央。同时依靠工农组织中的数百万人扩大国民党地方组织。（4）动员两万共产党员，再加上湖南、湖北的五万革命工农，组建自己可靠的军队。（5）成立以著名国民党人和非共产党人为首的军事法庭，惩办和蒋介石保持联系或唆使士兵迫害人民、迫害工农的军官。① 这就是五月紧急指示。

五月紧急指示提出了开展土地革命、建立中共自己的革命武装等挽救时局的重要主张，指出了克服革命危机的关键所在，反映了共产国际对中国革命指导上的进步，在理论上是有积极意义的。但是，斯大林等却寄希望于汪精卫集团能同中国共产党合作执行这个指示，显然这只能是一厢情愿的幻想。共产国际代表对大革命后期汪精卫的日益反动视而不见，罗易却轻易地把共产国际五月紧急指示拿给汪精卫看，而汪精卫却把五月指示当成他反共清共的借口，这种匪夷所思的事件的出现正是因为共产国

① 中共中央党史研究室第一研究部译：《联共（布）、共产国际与中国革命档案资料丛书》第4卷，北京图书馆出版社1998年版，第298～299页。

际把汪精卫看作是国民党左派的代表。直到6月23日，汪精卫叛变革命已经十分明显的情况下，联共（布）中央政治局还决定继6月16日给武汉政府汇款100万卢布后，再给武汉政府拨款200万卢布，并在同一天发出的致汪精卫的信中恳请他利用其威望来减少国民党中央内的动摇，对国民党其他中央委员施加影响，使国民党支持土地革命。① 实际上，武汉政府并非如共产国际所认为的是工、农和小资产阶级的政府，武汉国民政府和国民党的主要领导人汪精卫、谭延闿、徐谦、孙科、唐生智等人代表着地主资产阶级的利益，武汉党、政、军的领导机构基本上掌握在这些人手里。很显然，共产国际把挽救中国革命的希望寄托在汪精卫之流所谓“左派”身上，终究是要落空的。

在共产国际的这种充满矛盾的指示下，陈独秀为首的中共中央进退失据。陈独秀在讨论接受共产国际五月指示的中央政治局会议上，认为共产国际的指示从道理上说是正确的，他表示赞成，但认为实际上无法贯彻执行。6月中旬，中央政治局常委会好不容易下决心要在两湖发动暴动，开展土地革命，建立共产党的政权和武装，但因为共产国际顾问鲍罗廷的反对而胎死腹中。6月底，当驻守武汉的国民党第三十五军何健部要制造反革命政变，形势十分危急时，中央又以消除何健叛变的借口，取得国民政府谅解为由，决定让工人纠察队自动缴械。7月3日，中央又通过《关于国共两党关系的决议》，决议要求：为了减少冲突，共产党的部长可以暂时离开政府；工农群众组织必须接受国民党的领导；根据国民党的命令，工农纠察队必须置于国民政府的监督之下；为了减少冲突的可能性，武汉现有的纠察队可以减少或者编入军队等。中共中央自6月以来做出的种种让步，目的都是企图用退让的办法拉住汪精卫、唐生智，维持统一战线不破裂。但是，以退让求团结的办法不仅不能解决问题，反而助长了反动派的气焰，使共产党及其领导的革命力量处在万劫不复的悲惨境地。

汪精卫叛变后，在“宁可错杀千人，不可使一人漏网”的口号下疯狂屠杀共产党人和革命群众。在白色恐怖下，除了少数信念不坚定者退党、叛党外，成千上万的共产党人牺牲，革命者的尸体堆成了山，鲜血流成了河。据中国共产党第六次全国代表大会的不完全统计，从1927年3月至1928年上半年，被国民党反动派杀害的中国共产党人和革命群众达31万多人。其中共产党员2.6万多人，汪寿华、萧楚女、熊雄、陈延年、赵世炎、杨闇公、李大钊、夏明翰、郭亮、罗亦农、向警予、陈乔年等一大批

---

① 中共中央党史研究室第一研究部译：《联共（布）、共产国际与中国革命档案资料丛书》第4卷，北京图书馆出版社1998年版，第345~346页。

党的著名活动家先后牺牲。除了党员人数急剧减少，党的组织被迫转入地下，失去公开活动的余地外，党领导的各地革命工会和农民协会等也被查禁。工会会员由革命高潮时期的300万人减至几万人。拥有1000多万会员的农民协会也基本上解散。但是，中国共产党人并没有被国民党反动派屠杀政策所吓倒、被征服、被杀绝，他们从地上爬起来，擦干身上的血迹，掩埋好同伴的尸体，又继续前进了。

### （二）八七会议确定挽救革命的总方针

中国共产党人要继续革命是毫无疑问的，但是怎么革命？采取什么策略？在革命的危急关头，迫切地需要党中央做出回答。1927年7月，在共产国际的指示下，中共中央进行改组，结束了陈独秀在中央的领导，成立了由瞿秋白、张国焘、张太雷、李维汉、李立三5人组成的中央临时政治局常委会。7月13日，临时中央发布《中国共产党中央委员会对政局宣言》，谴责武汉国民党的反动罪行，宣布撤回参加国民政府的共产党员，声明中共将继续支持反封建的革命斗争。临时中央决定发动湘、鄂、粤、赣四省秋收暴动，并决定召开中央紧急会议，清算大革命后期的错误，总结失败的教训，确定新时期党的路线和政策。

1927年8月7日，中共中央在湖北汉口召开紧急会议（即八七会议）。出席会议的有部分中央委员、中央候补委员、中央监察委员，还有中央军委，共青团中央，中央秘书处，湖南、湖北的代表和负责人。共产国际驻中国代表罗米那兹等也参加了会议。会议由瞿秋白、李维汉主持。在极其险恶的环境下，会议只开了一天。会议听取了共产国际代表罗米那兹做的主报告和瞿秋白代表临时中央政治局常委会做的报告。毛泽东在会议上两次发言，讲了三个问题：一是领导权问题，二是农民问题，三是军事问题。他强调共产党人以后要非常注意军事，提出了枪杆子里面出政权的重要思想。会议总结了大革命失败的教训，许多同志发言批评了陈独秀为首的党中央在处理国民党问题、农民土地问题、武装斗争问题等方面的右倾错误，讨论了党的任务，确立了实行土地革命和武装反抗国民党反动派的总方针。

会议选举了新的中央领导成员。中共中央临时政治局委员为苏兆征、向忠发、瞿秋白、罗亦农、顾顺章、王荷波、李维汉、澎湃、任弼时；政治局候补委员为邓中夏、周恩来、毛泽东、彭公达、张太雷、张国焘、李立三。8月9日，中央临时政治局第一次会议选举瞿秋白、李维汉、苏兆征为政治局常委，瞿秋白为中央临时政治局负责人。

党的五大虽然提出了争取无产阶级领导权、土地革命和组织工农武装的思想，但是其主要策略是依靠汪精卫武汉国民政府去实现，结果遭到严重挫折和重大损失，付出了惨痛的代价。八七会议正是在深刻总结大革命失败的惨重教训的基础上做出中国共产党独立领导土地革命和武装斗争的决定，指明中国革命的新出路，为挽救党和革命做出了不可磨灭的贡献，推动中国革命实现了从大革命失败到土地革命战争兴起的重大历史转折，使党的事业大大向前进了一步。

但是，由于受共产国际及其代表的“左”倾思想及党内“左”倾情绪的影响，八七会议也存在着明显缺陷。其主要表现有以下几个方面：一是在反右倾错误的同时，没有注意防止和纠正“左”的倾向。会议没有认识到革命形势已处于低潮的现状，认为中国革命形势之高涨不但在近期内是可能的，而且不可避免，因而不顾敌我力量对比的悬殊，制订了一系列以夺取大城市为目标的暴动计划。二是在总结党在大革命后期所犯错误的教训时，认为党的领导机关里绝大多数是知识分子和小资产阶级的代表，是犯错误的一个重要原因，因而要求提拔工人同志到党的委员会担负重大责任。这种不适当的强调领导机关和党员单纯工农成分的指导思想脱离中国社会和党的实际状况，对日后党的组织建设产生了消极影响。三是会议不通知陈独秀到会，只是指责犯错误的领导人，没有从思想上、理论上对所犯错误的教训进行认真总结。四是在中国革命基本问题的认识上把反对帝国主义、反对封建主义和反对资产阶级并列。这些错误认识在相当长的时期内对党的理论和组织建设以及实际斗争都产生了重大的影响。

### （三）城市暴动，点燃星星之火

在革命遭受严重失败的严峻形势下，要不要坚持革命？如何坚持革命？这是摆在中国共产党人面前的两个根本性的问题。临时中央常委会决定以武装起义的实际行动对此做出初步而明确的回答。

1. 南昌起义：打响武装反抗国民党反动派的第一枪

在国共两党分裂的时候，中国共产党人已认识到军队的重要性。共产国际的“五月指示”也明确要求中国共产党动员2万名共产党员，再加上两湖5万革命工农建立自己的军队。然而，怎样才能建立起一支自己的军队？在当时的危急情势下，争取北伐军中可靠的力量是唯一的快速可行之路。

1927年7月中旬，中共中央临时政治局常委派遣李立三、邓中夏、谭平山、恽代英等赴江西九江，准备组织中国共产党掌握和影响的张发奎部第四军、第十一军的一部分力量，联合第二方面军总指挥张发奎重回广东，以建立新的革命根据地，实行土地革命。

7月下旬，张发奎感到军中形势不妙，开始动摇，并暗中与汪精卫勾结。7月29

日，他与汪精卫在庐山召开反共会议，议定分共计划：要叶挺、贺龙到庐山开会，将部队集中于德安，以便解除二人兵权；驻在九江的军官教导团缴械；驱逐共产党员，在第二方面军“清党”。

情况万分危急！中共得知消息，在九江的谭平山、邓中夏、李立三等于7月20日举行碰头会，决定立即抛弃依然依靠张发奎的政策，提议独立发动反对南京和武汉的国民党政府的军事行动，即南昌起义。中央临时政治局常委在获悉李立三等人的提议后，正式确定了在南昌举行武装起义的部署。随后，向共产国际报告了起义的计划。

7月27日，周恩来从武汉经九江到达南昌。根据中央的决定，中共前敌委员会（简称前委）成立，由周恩来、李立三、恽代英组成，周恩来任书记。前委决定于7月30日起义。

正当起义准备工作紧张进行时，中共中央收到共产国际根据联共（布）中央政治局决定发来的电报。内容大致是：如毫无胜利的机会，则可不举行南昌起义。将张发奎军队中的同志退出，派到各地农民队伍中去。

共产国际这一措辞模糊的指示是因为不了解具体情况。究竟有无“胜利的机会”需要中共自己判断决定。中共中央决定派张国焘以中央代表身份赴南昌传达共产国际的指示。7月30日晨，张国焘赶到南昌。当天，前委会召开会议，由于张国焘仍对张发奎存有幻想，所以在前委会上主张一定得到张发奎同意后方能举行起义。因此，前委会的同志进行了激烈的争论。

31日，形势急转直下。前委再次开会，正争吵不休时叶剑英前来报告，汪精卫、张发奎、孙科等人要来南昌。这时，张国焘才不得不“服从多数”。会议决定，8月1日凌晨举行起义。

8月1日凌晨，在以周恩来为首的前委领导下，贺龙、叶挺、朱德、刘伯承等率领党直接掌握和影响下的军队2万余人，举行南昌起义。经过4个多小时的激烈战斗，起义军全歼守敌3000余人，占领南昌城。聂荣臻、周士第在南昌附近的回马岭将第二十五师的大部分部队也拉出来参加起义，于8月2日赶到南昌。

为了争取和团结国民党中一部分愿意继续革命的人士，揭露蒋介石和汪精卫背叛孙中山革命精神的面目，这次起义仍然使用国民党左派的旗帜。起义胜利后，成立中国国民党革命委员会，以宋庆龄等人的名义发表《中央委员宣言》。《宣言》痛斥蒋介石、汪精卫等背叛国共合作，毁弃三大政策，号召一切革命者，团结一致，继承孙中山的遗志，继续为反帝反封建而奋斗。

8月3日，起义部队按照中共中央原定计划相继撤离南昌，取道临川（抚州）、宜黄、广昌，以期南下广东，继续开展土地革命，建立根据地，重新北伐。后来，起义部队在广东三河镇、潮汕等地遭受重创，一部分转入海丰、陆丰与当地农民军会合，一部分由朱德、陈毅率领转战闽粤赣湘边区，后来奔赴井冈山与毛泽东领导的工农革命军会师，共同创建井冈山革命根据地。

南昌起义打响了武装反抗国民党反动派的第一枪，用血与火的语言宣告了中国共产党人不畏强暴、坚持革命的坚强决心。它在全党和全国人民面前树立起一面革命斗争的旗帜，标志着中国共产党独立地领导革命战争、创建人民军队和武装夺取政权的开始，因而具有重大的历史意义。

2. 湘赣边界秋收起义：毛泽东率部走向井冈山

八七会议前，中共中央临时政治局常委会在决定举行南昌起义的同时，还决定在工农运动基础较好的湘、鄂、粤、赣四省发动秋收起义。

八七会议后，毛泽东以中共中央特派员身份回到湖南，传达八七会议精神，改组湖南省委，发动和领导湖南的秋收起义。8 月 18 日，改组后的湖南省委在长沙市北郊沈家大屋开会研究部署起义。毛泽东和湖南省委一致认为，国民党已变成新军阀，屠杀工农，丧失民心，不能再用国民党左派的旗帜，而应公开以共产党的名义来号召群众，立即坚决地树立起共产党的旗帜。会议经过反复讨论，决定首先集中力量，组织以长沙为中心，包括湘潭、醴陵、浏阳、平江、岳阳、宁乡和江西安源 7 县（镇）的起义。会后，毛泽东以湖南省委名义就起义应打出共产党旗帜等问题致信中央请示。8 月 23 日，中央复信同意湖南省委的决定。

之后，毛泽东离开长沙，赶到安源、铜鼓等地，传达八七会议精神和湖南省委秋收起义计划，成立以他为书记的中共前敌委员会（简称前委），将没赶上南昌起义的原武汉国民政府警卫团、平江和浏阳两县工农义勇队、安源工人武装和萍乡、醴陵等县的农民自卫军集中，组建成工农革命军第一军第一师。

9 月 9 日，震撼全国的湘赣边界秋收起义爆发。起义军分三路分别在平江、浏阳、安源、醴陵、萍乡实行武装暴动。第一路于 12 日攻克醴陵县城，14 日转向浏阳前进，15 日攻克浏阳，后遭醴陵敌人袭击，人枪损失过半。第二路由修水出发，进攻平江县城，损失人枪 200 余，遂停止进攻。第三路由铜鼓出发，于 11 日攻克长沙、占领东门，却于 14 日遭敌反击，伤亡惨重。鉴于三路进攻受挫，毛泽东当机立断，于 17 日下达停止进攻、向浏阳文家市撤退的命令。

9 月 19 日晚，毛泽东在文家市里仁学校主持召开前敌委员会会议。起义军向哪里去？是继续攻打长沙，还是后撤转战湘南？大家各抒己见，展开激烈的讨论。毛泽东根据敌强我弱的情况，提出放弃会攻长沙，迅速脱离平、浏这个靠近中心城市、反动力量强大的地区，改向罗霄山脉转移，以寻求立足点，保存革命力量。起义军总指挥卢德铭在发言中表示支持毛泽东这个建议。经过激烈讨论，会议接受了毛泽东的主张。

9 月 20 日，前委在里仁学校操场举行工农革命军大会，毛泽东发表重要讲话。他说，目前革命处于低潮，敌强我弱。我们要积蓄力量，寻找敌人统治力量薄弱的地区，建立根据地。罗霄山脉群众基础和地形条件都很好，在那里，敌人纵有几万也无可奈何我们。只要积蓄力量，待机破敌，最后的胜利一定是属于我们的。毛泽东的讲话鼓舞了广大指战员的斗志。

按照前委决定，起义军放弃攻打长沙等大城市的计划，在毛泽东的率领下向罗霄山脉中段进军。9 月 24 ~25 日，部队艰难破敌，辗转到泸溪、莲花等县。27 日，到达江西省永新县三湾村。这时，部队严重减员，已不足千人，组织很不健全，思想混乱，悲观动摇情绪蔓延。前委决定在这里对工农革命军进行整顿改编：在部队中建立党组织，连以上设立党支部和党代表；建立士兵委员会，参与部队管理，协助做政治工作和群众工作；遣散部分不愿留队的人员，将原来的三个团缩编成一个团，称为工农革命军第一军第一师第一团。这就是著名的“三湾改编”。部队经过整顿改编，从思想上、政治上、组织上确立了党对军队的绝对领导，为建立一支无产阶级的新型的革命军队奠定了基础。

10 月 3 日，工农革命军到达宁冈古城。毛泽东主持召开前委扩大会议，决定团结、教育、改造井冈山的地方武装——袁文才、王佐的部队，在井冈山建立根据地。

10 月 27 日，工农革命军到达井冈山茨坪，开始了创建井冈山革命根据地的伟大斗争。

毛泽东等领导的湘赣边界秋收起义，首先在武装起义中打出中国共产党的旗帜，在全国人民面前进一步表明了中国共产党独立领导革命战争的坚强决心。起义受挫后，毛泽东毅然改变中共中央和湖南省委进攻中心城市的方针，率领工农革命军进军井冈山，为发展革命军队和创建革命根据地、长期开展武装斗争开辟了一条崭新的道路。这条道路，代表了 1927 年大革命失败后中国革命发展的正确方向。

3. 广州起义：城市暴动的不成功尝试

广州起义是由张太雷、叶挺、叶剑英、周文雍、黄平等领导发动的。与南昌起义及秋收起义不同的是，这是一次主要由士兵和工人武装合作的起义。起义的动议较早，原来是准备配合南昌起义军南下回广东，因南昌起义军在潮汕失败而推迟发动。

10月中旬，国民党新军阀李宗仁、唐生智之间的战争爆发。11月，粤系军阀张发奎与桂系争夺广东矛盾激化。驻广州的张发奎部主力的一部分去江西迎战黄绍竑部，另一部准备对付由东部进攻的陈铭枢部，广州城内空虚。

广东省委根据中央指示进行大量的准备工作，成立了革命军事委员会作为起义领导机关，省委书记张太雷为委员长。随后又成立起义军总指挥部，负责作战指挥，叶挺任总指挥，叶剑英任副总指挥。

12月11日凌晨3时，起义爆发。经过10个小时的激战，起义军占领了广州大部。起义成功后成立了以苏兆征为主席的广州苏维埃政府（苏兆征到广州前由张太雷代理），颁布了一系列政纲和法令。起义当晚，叶挺就主张趁粤军主力没回到广州前把起义军撤出广州，但遭到共产国际代表诺依曼的反对。他认为起义只能以城市为中心，进攻进攻再进攻，退却就是动摇。由于未能及时退出广州，起义军虽同帝国主义支持的国民党军激战3日，但终因寡不敌众，遭到失败。总指挥张太雷及许多起义者英勇牺牲。国民党军队攻占广州后，对未能撤走的起义军和革命群众进行了惨绝人寰的大屠杀。据当时的报纸报道，被杀的有5700人。起义领导者之一周文雍被敌人逮捕。在狱中他受尽酷刑，坚贞不屈，写下了就义诗；在敌人刑场上，他视死如归，把敌人的枪声当作婚礼的礼炮，宣布和自己的爱人陈铁军举行刑场上的婚礼。

起义失败后，撤出去的部分武装力量转入海陆丰坚持斗争。少数转入广西，参加了左右江起义。还有极少数北撤韶关，加入朱德、陈毅率南昌起义保留下来的部队，后来上了井冈山。

除上述三大起义外，到党的六大召开前，党领导的起义还有下列：贺龙、周逸群等领导的湘鄂边起义；潘忠汝、戴克敏、吴光浩等领导的黄麻起义；方志敏、邵式平、黄道等领导的弋横起义；朱德、陈毅等领导的湘南起义；彭德怀、滕代远等领导的平江起义；张鼎丞、邓子恢、郭滴人等领导的闽西起义；刘志丹、谢子长、唐澍等领导的清涧、渭华起义；彭湃等领导的海陆丰起义；杨善集、冯平、王文明、冯白驹等领导的琼崖起义等多次起义。起义大部分被国民党反动派镇压了，小部分起义部队在失败后转入农村，在农村开展武装斗争、土地革命，建立红色政权，为革命的复兴奠定了基础。

### （四）临时中央的迷误与盲动

八七会议后，中国共产党领导起义，开展武装斗争，实现了斗争形式的转变。然而，这时的中共中央并没有认识到革命形势已经转入低潮，而是错误地估计形势，不顾主客观条件，盲目地要求一些地区举行武装起义。因此，党内的“左”倾情绪逐步滋长起来。

中国共产党内出现的这种“左”倾情绪，是在斯大林“中国革命三阶段论”的指导下，党对中国革命的认识上出现了“左”的错误造成的。1927 年中国大革命失败前后，斯大林曾多次在文章和讲话中谈到这个问题。斯大林认为中国革命经历了三个阶段：第一阶段是 1927 年四一二蒋介石叛变前，中国革命的性质是全民族联合战线的革命，革命任务主要是反帝，革命动力是工、农、小资产阶级和民族资产阶级四个阶级。第二阶段是从四一二到七一五政变前，蒋介石叛变表明民族资产阶级离开了革命阵线，革命的动力是工、农、小资产阶级三个阶级，革命性质是土地革命。第三阶段是七一五政变后，民族资产阶级和上层小资产阶级都成了敌人，革命的动力只有工农两个阶级。革命的目的是要成立工农苏维埃，准备从资产阶级民主革命过渡到社会主义革命。根据这一理论，当时把民族资产阶级和小资产阶级都当成革命的对象。共产国际代表罗米那兹于 1927 年 7 月下旬到达中国后，不但积极贯彻斯大林关于中国革命三阶段论，而且有所发展。

临时中央负责人瞿秋白完全接受了斯大林的理论，形成了“无间断革命论”。在这个理论指导下，通过十一月政治局扩大会议形成政治路线，在实际工作的指导中犯了“左”倾盲动错误。临时中央的错误指导主要表现在：一是混淆了民主革命和社会主义革命的界限。认为中国革命是工农、小资产阶级下层的反帝、反封建、反民族资产阶级及上层小资产阶级的革命，制定了一系列“左”的政策。二是错误地估计形势。不承认革命已处于低潮，认为革命潮流高涨，已出现直接的革命形势，因而确定了以城市为中心，实行全国武装暴动的总策略。不顾敌我力量对比悬殊，盲目暴动，结果是使大革命失败后幸存的革命力量又遭受严重损失。

中共“左”倾盲动的失败促使共产国际重新审视中国革命的理论和政策。1928 年 2 月 25 日，共产国际执行委员会第九次扩大会议通过了《关于中国问题的议决案》，阐述了中国革命的性质、形势和任务，批评了罗米那兹所谓“不断革命”的错误观点。

共产国际执委会九次扩大会议通过的中国问题决议，基本正确地分析了形势，明确了中国革命的资产阶级民主主义性质，对纠正中国共产党内“左”的错误发挥了重要作用。

## 二、党的六大的筹备与召开

大革命失败后，中国革命进入共产党独立领导的新时期。在如何认识这一时期的社会性质，以及革命的性质、对象、动力、前途等关系革命成败的重大问题上，党内存在着认识上的分歧和争论。这就迫切需要召开一次党的全国代表大会认真加以解决。1927 年 11 月党内出现的“左”倾盲动错误更加表明正确估计形势，认识中国革命基本问题的极端重要性。因此，尽快召开党的第六次全国代表大会已刻不容缓。

### （一）六大不得不在异国他乡召开

1927 年 7 月大革命失败到 1928 年 6 月党的六大召开，这是中国共产党历史上一个十分艰难的转折年份。在大转折的历史环境中，如何正确地总结大革命失败的教训，正确认识形势，认识中国革命的性质、特点和规律，制定符合中国实际的路线方针政策，对于共产党的生存发展和革命成败至关重要。

党的六大的召开经过了近一年时间的酝酿和准备。最早提出召开党的六大的是八七会议，中央临时政治局针对当时急剧变幻的局势提出要在六个月内准备召开六大。

11 月，中央临时政治局扩大会议通过了《关于第六次全国代表大会之决议》，决定六大于 1928 年 3 月初至 3 月中旬之间召集，大会会期和地点由中央临时政治局常委决定。《决议》提出大会代表的选举办法是：一是各省党部得选举有表决权的代表。代表应由各省党部代表大会选出，如秘密组织的环境关系不能开代表大会的，则由各省委全体会议派出代表，应当尽可能由扩大的省委全体会议选派。二是各省党部选派代表以 500 名党员选出 1 名代表为标准。500 名以下的党部，亦得选 1 名有表决权的代表。无表决权的代表各省党部亦得选派，但必得中央的同意。三是中央委员或中央候补委员如果没有被某一省党部选为代表，因而无表决权，则可以无表决权参加大会。四是共产主义青年团中央委员会派 5 人出席大会。五是出席大会代表必须入党 1 年以上的方能当选。《决议》规定了六大的议程：（1）国际代表报告共产国际的任务和策略；（2）中央的政治与党务报告；（3）中国革命过去的分析及将来之前途与党的任务和策略；（4）土地问题党纲；（5）革命工会的任务；（6）党的组织任务；（7）共青团工作；（8）选举中央委员会及出席共产国际第六代表大会的中共代表团。

由于国内白色恐怖严重，很难找到一个能够保证安全的地方召开党的全国代表大会。1928 年 1 月 18 日，中央临时政治局常委会讨论筹备召开六大时，确定六大定在 1928 年 3 月底召开。但在确定开会地点时则颇费周折。瞿秋白提出会议地址在澳门，多数人主张在香港，未能取得一致的意见。

正在踌躇不决时，中共中央获知赤色职工国际第四次代表大会和共产国际第六次代表大会将分别于当年春天和夏天在莫斯科召开，少共国际也将在莫斯科召开代表大会，考虑到届时中国共产党都要派代表团出席上述大会，而且中共也迫切需要得到共产国际的及时指导，因此认为六大在苏联境内召开比较合适。1月下旬，共产国际驻中国代表米特凯维奇在给共产国际的信中说明了中国共产党召开代表大会的必要性和迫切性，阐述了在中国召开代表大会非常困难，提出了在苏联境内召开的三点理由：一是如在中国境内召开有遭受破坏的危险；二是因为这里没有共产国际执委会的重要代表；三是因为环境不安宁会带来焦躁情绪，不可能心平气和地、认真地进行工作。同时还对会议召开的时间和人数及如何组织等问题提出了建议，认为应该不晚于4月份召开。鉴于在苏联境内召开可能要冒在紧要关头脱离党内积极分子的危险，因此应使同志们花在代表大会上的时间尽量少，包括旅途在内最多只能用一个半月到两个月的时间。参加代表大会的应该有一个100人的代表团。①

2月13日，中共中央也在给共产国际的信中提出在苏联境内召开党的六大的请求。2月22日，联共（布）驻共产国际执委会委员代表团召开会议，听取了关于中国共产党代表大会问题的报告，决定“不反对中国共产党于4月底或5月中旬在西伯利亚境内召开代表大会”②。3月底，共产国际来电正式同意党的六大在莫斯科召开，并要求当时中央领导人瞿秋白、周恩来等提前来莫斯科做会议的各项准备工作。

### （二）六大代表秘密奔赴莫斯科

六大的代表本来是准备按照11月中央政治局扩大会议确定的选举办法进行选举的。但是由于当时环境十分险恶，再加上时间仓促，4月份代表就得启程，而这时多数省份还没有选出代表，因此来不及按照原定办法进行选举。3月15日，临时中央政治局会议讨论了代表名额的分配问题。4月2日，临时中央政治局会议再次讨论代表人选问题，传达了共产国际的意见。共产国际提出代表人数应为100至110人。根据这个总人数，会议决定共产党员多的省份和大省，每500名党员选派1名代表。各省青年团出席六大的人数为：广东、江西、湖南、江苏、顺直6省各2人；河南、山东、陕西、四川、福建、浙江、满洲7省各1人。会后，正式发出通告给各省，进行代表的推举。据李维汉回忆，实际上出席大会的代表，除了广东、河南等省的代表是开会选出来的，其余大多数是中央指定的。

---

① 中共中央党史研究室第一研究部译：《联共（布）、共产国际与中国革命档案资料丛书》第7卷，北京图书馆出版社2002年版，第296页。

② 中共中央党史研究室第一研究部译：《联共（布）、共产国际与中国革命档案资料丛书》第7卷，北京图书馆出版社2002年版，第334页。

据王健英考察核实，出席六大的正式代表（有表决权的代表）共84人。其中广东15人，广西1人，江苏12人，浙江5人，福建3人，江西3人，湖南8人，湖北7人，安徽1人，河南2人，顺直9人，山东3人，满洲5人，内蒙古1人，陕西1人，四川2人，云南1人，共青团中央5人。其中，工人44人，占与会代表总人数的52.4%；农民6人，占7.1%；知识分子34人，占40.4%。中央委员4人。特约代表1人。列席和旁听代表53人。总计与会代表142人。①

对中央领导人谁去开六大，中央专门做了研究。4月2日，临时中央政治局会议决定，李维汉、任弼时留守，主持中央日常工作，邓小平为留守中央秘书长。4月下旬起，瞿秋白、周恩来等中央领导人和100多位参加六大的代表相继分批秘密前往莫斯科。

代表确定后，怎样才能安全地到达莫斯科？这在中苏两国断绝了外交关系，中国国内白色恐怖严重，国民党蒋介石到处捕杀共产党人的情况下是一个难题。为了保证代表们能够安全抵达，共产国际和苏联共产党给予了大力支持。共产国际驻中国代表米特凯维奇参加了大会的准备工作。共产国际工作人员洛蜀莫夫具体负责保证代表们的旅途安全。他们和临时中央密切配合，在哈尔滨和满洲里等地安排了地下交通站，接送代表们过境。

1928年4月下旬至5月上旬，各省代表冒着生命危险先后到达上海。中共中央将他们编成若干小组，除少部分乘船到海参崴再到莫斯科外，大部分是经陆路去莫斯科的。经陆路的代表为了避开特务跟踪，到哈尔滨后再兵分两路，一路去绥芬河过境，另一路由满洲里出境。党的领导机关在哈尔滨设立了接待站，接送过往代表。代表们离开哈尔滨时，每人领了一根折断的火柴棍作为接头信物。到满洲里下车后，由苏联人驾驭有“67”和“69”号码的两辆马车负责接送。因此只要交上火柴棍，不必说话就可以上车。然后换乘火车，要整整7天才能到达莫斯科，再坐马套车到开会的地方。

去参加会议的周恩来、邓颖超扮作古董商夫妇乘坐了一艘日本客轮，由上海出发。在大连码头，他们正要下船，被警察拦住带到水上警察厅。狡猾的特务拿出照片对看了半天，猛地醒悟，“你是周恩来？”机警的周恩来沉着地说：“你认错人了，我姓王。”并一一回答了敌人的盘问。警察找不到破绽，只好把周恩来放了。上岸后，周恩来、邓颖超住进了大连一家旅馆。为了安全起见，他们把接头的东西也处理掉了。不料，到了哈尔滨却无法与接待站接上关系，只好等李立三赶到后才接上了头。

① 王健英：《中共六大及其后的中央机关》，《上海党史与党建》2004年8月号。

瞿秋白也有过类似的经历，凭着长期白区斗争的经验，他同样甩掉了敌人，闯过了险关。

从5月上旬开始，代表们陆续前往苏联。他们经历了千难万险，历时一个多月，到6月中旬大都安全到达莫斯科。

### （三）斯大林直接指导中共六大

斯大林虽说不具体主管共产国际部的工作，也不是共产国际部的书记，但共产国际关于中国问题的重要指示最后都必须得到他的认可，斯大林实际上是共产国际的真正主导者。就中共在莫斯科召开的六大而言，斯大林直接指导并影响了六大的主要进程和会议成果。

1928年2月，共产国际第九次执行委员会扩大会议关于中国问题的决议，经过斯大林、布哈林和米夫看过、修改并认可后发给中共。中共中央政治局收到后，立即于1928年4月28日开会讨论，并于4月30日发出《中央通告第四十四号——关于共产国际执委会二月会议中国问题的决议案》，表示接受这一决议案的一般方针，要切实执行决议案必要的具体步骤，以争取群众、建立城乡的群众组织和巩固并健全党的组织为当前最重要的工作，准备以后暴动。与此同时，共产国际执委会关于中国问题的决议案自然就成为党的六大的基本依据，中共中央为六大起草的各种文件均以此决议案的精神而行。

共产国际也非常重视党的六大的筹备工作，在确定六大在苏联境内召开后，决定由东方书记处负责人米夫负责，由沃林、约尔克、塔尔汉诺夫、弗雷耶尔、加伦、马马耶夫等人参加大会的筹备。为了准备党的六大的各项文件，东方书记处分11个小组负责起草文件工作。文件起草后，交中共中央政治局讨论。6月14日，米夫将起草好的11个决议分送斯大林、布哈林、皮亚特尼斯基、伏罗希洛夫、加拉罕等共产国际和苏共领导人征求意见。

1928年5月间，党的六大代表陆续到达莫斯科后，立即投入了为大会起草决议草案的工作。瞿秋白、周恩来、李立三、苏兆征、向忠发等分别参加了起草工作。6月7日，瞿秋白、苏兆征、周恩来召集已到莫斯科的近60名六大代表开会，讨论了政治、组织、职工、农运等决议草案的起草问题，确定6月12日前后成立大会秘书处和各个委员会并开始工作。

共产国际执委会主席团成员与中共领导人举行了多次会谈，为统一思想认识做了许多工作。6月9日，斯大林会见中共领导人瞿秋白、苏兆征、李立三、向忠发、周恩来，就中国革命的形势和任务，发表了意见。他针对中国代表在中国革命性质问题上的混乱看法，指出中国革命仍然是资产阶级民主革命。关于革命形势，针对李立三等人不承认低潮，认为中国各地都在不断发生工人、农民的斗争，革命形势是好的看法，斯大林明确表示不赞成这种革命高潮快要到来了的乐观估计，认为现在只是革命的准备时期。如一壶水在未开前，亦有波动，但不是高潮。虽然高潮有了信号，但只是证明将来有高潮至，而不是现在已高涨了。中国革命是处在两个高潮之间，假使我们抓住主要城市，此时才可以说高涨。斯大林进而指出，目前中国共产党的任务是要争取群众，准备暴动。要做的是“传播知识，工人运动，农村斗争，培养军事人才等等”，而“最重要在于农民土地革命的重要结果在（是）建立红军”。① 同样的意见，斯大林在几次会见中国共产党人时反复强调，说明中国共产党内在上述问题的认识上意见不统一，比较混乱。

为了加强对党的六大的指导，共产国际执委会政治书记处成立了由布哈林、安贝尔·德罗、库西宁、艾尔科里和米夫组成的委员会。6 月 14 日和 15 日，共产国际负责人布哈林和东方部负责人米夫同瞿秋白、周恩来、蔡和森、李立三、苏兆征、张国焘、邓中夏、王若飞、项英、夏曦、向忠发等 21 位中共代表举行了政治谈话会。布哈林提出三个问题，要求与会者发表意见，即：（1）关于当前革命形势的估计；（2）关于过去的经验教训，即党的机会主义错误问题；（3）今后党的方针和任务。这次会议还讨论了瞿秋白的政治报告。项英、张国焘等在会上发了言，对党的错误的发生、发展和形成的过程及其教训，对八七会议后党的路线、政策的评价，对当时革命形势的分析与估量，对党的组织改造与建设问题，对职工运动等，都表明了自己的看法。

在斯大林及共产国际的直接指导下，经过反复讨论，党内对中国革命形势、性质、任务等重大问题基本达成了共识，初步明确中国革命性质是资产阶级民主革命，革命形势处于两个高潮之间，目前的任务是争取群众，准备暴动。武装暴动目前在全国范围内只是宣传口号而不是直接行动口号。这些共识写进了为大会准备的文件中，为开好六大奠定了基础。

### （四）六大的议程和主要内容

党的六大于 1928 年 6 月 18 日至 7 月 11 日在莫斯科州纳罗福明斯克地区五一村的

① 中共中央党史研究室第一研究部译：《联共（布）、共产国际与中国革命档案资料丛书》第 7 卷，北京图书馆出版社 2002 年版，第 480、482 页。

银色别墅内召开。这时的五一村，阡陌葱绿，呈现着莫斯科郊外的初夏景色。中共142位与会者在异国莫斯科相聚，会商中国革命问题，在中国共产党历史上独此一举。

1. 异国他乡的开幕式

莫斯科州纳罗福明斯克地区五一村的银色别墅是坐落在莫斯科郊外的一座乡间别墅。五一村的原名为“旧尼科利斯基村”，是沙皇时代大贵族穆辛·普希金的庄园。十月革命后更改为五一村。

1928年6月18日，在莫斯科郊外的这座银色别墅二层，雄壮的国际歌结束后，大会主持人向忠发宣布：中国共产党第六次全国代表大会开幕了。参加会议的有中共代表及工作人员142人，苏共、共产国际以及其他国家共产党代表斯大林、布哈林、米夫等出席了会议。

这座银色别墅是一座相当宏大的建筑，底层由餐厅、厨房和多个房间组成。大会秘书处的办公室就设在这些房间中，秘书处的工作人员负责用手抄写和复写文件，保管大会记录。别墅二楼是装饰华丽的客厅，可容纳七八十人，别墅原来的主人大概是在此款待宾客的。六大就在此处召开。二楼其他房间供大会代表和其他工作人员居住。三楼是顶楼，全当宿舍。会议期间，斯大林、布哈林、瞿秋白、李立三等苏共和中共领导人就住在楼后面的一座小别墅中。这座别墅为党的六大的召开增添了些许异国情调和氛围。

开幕式由向忠发主持，瞿秋白代表中国共产党第五次中央委员会致开幕词。他回顾了大革命失败以来中国共产党的艰难处境，肯定了八七会议以来党领导人民进行的英勇斗争，指出了党的工作中存在的一些问题和错误倾向，明确大会一方面要肃清机会主义的残余，另一方面也要肃清一切变形的机会主义，使党完全布尔什维克化。

在开幕式上，安贝尔·德罗代表共产国际执行委员会，福金代表青年共产国际，埃尔柯里代表意大利共产党，布哈林代表俄共（布），分别到会向大会致辞祝贺。

最后瞿秋白做了讲话，除表示对共产国际、苏共和与会各国共产党代表表示感谢外，还表示了中国共产党人的革命决心，提出了大会的任务，指出中国革命已经进入了一个新阶段——苏维埃阶段。新阶段农民、工人阶级不仅胜利地继续进行反对帝国主义、军阀和地主的斗争，而且也要为推翻资产阶级反动政权加强斗争。为此，要在这次大会上尽快讨论中国革命的一切基本问题，为革命的继续发展确定一条正确路线，以便在中国建立苏维埃政权。

2. 布哈林、瞿秋白做政治报告

做政治报告是大会最重要的议程。6月19日，布哈林代表共产国际在会上做了

《中国革命与中国共产党的任务》的政治报告。报告着重说明中国革命现阶段的性质是资产阶级民权革命，目前革命的两大任务是推翻帝国主义及完成土地革命。布哈林指出，这些任务都没有超出资产阶级制度范围之外的，是因为它的任务只在于肃清封建制度，而不在于一切大资产阶级。因此，现在的中心任务不在于很快地去建设无产阶级专政，而在于实现无产阶级及工农专政，不在于很快地没收工厂，而在于去发展土地革命，驱逐帝国主义出境。布哈林认为，在打倒资产阶级政权后的相当的时间内，我们是不动摇它的经济基础的。

关于革命形势问题，布哈林认为中国目前面临的主要敌人——帝国主义力量比以前格外强大，国内各反动阶级尽管彼此有矛盾，但他们压迫中国革命的目的则相当一致。中国面临三个反动力量的联合，即帝国主义、中国的地主军阀和民族资产阶级。布哈林指出，中国共产党不能过低估计敌人的力量，过高估计自己的力量，否则就会采取不正确的路线。因而他进一步指出，革命的勇气不在于时时刻刻，在一切条件之下、一切情形之下都要去开战，革命的勇气是在一定情况下，或一定的阶级力量对比关系之下必须开战的时候才开战的。布哈林认为目前革命形势处于两个高潮中间的低潮时期，现在没有直接革命的形势，现在的主要任务是巩固革命力量。

关于中国共产党的总路线，布哈林在报告中把反对盲动主义列在首位。他指出，没有相当的准备，没有一定的成熟的形势，没有广大群众高潮的条件而开始暴动，这便是玩弄暴动。这种暴动应该受到批评，因为它可以使党走上将来失败的痛苦道路。

布哈林的报告也存在一些问题，主要是把资产阶级当成敌人，主张反封建的同时，在政治上反对资产阶级。这种超越阶段的认识则决定了不能从根本上纠正自大革命失败以来党内长期存在的"左"倾倾向。

6月20日，瞿秋白代表第五届中央委员会做了题为《中国革命与共产党》的政治报告。报告包括五部分：一是中国革命问题，二是机会主义，三是盲动主义与暴动政策，四是革命形势，五是党的任务。他在报告中阐述了党的历史，分析了中国革命的一些重大问题。

在中国革命问题上，瞿秋白明确指出中国革命是反对帝国主义的资产阶级民权革命，社会内容主要的、在现阶段是土地革命，有确定转变成为社会主义革命的趋势。报告回顾了自五四运动以来中国革命经历的三个阶段的历史演进，分析了大革命失败的原因，批评了党内的机会主义，阐述了苏维埃革命阶段的政纲。

针对党出现的盲动主义与暴动政策，瞿秋白分析了八七会议以来党内争论的问题，充分肯定了八七会议和十一月政治局扩大会议的决策。对于八七会议后党内出现的盲动倾向，他在承认存在盲动主义、先锋主义错误的同时，也进行了辩解，认为中央发现错误后已立即开始纠正这种倾向。

在中国革命面对的形势上，瞿秋白认为从五卅运动到广州暴动失败，革命客观上是向上的形势，是上升的，而不是低落。其结论是：一是广州暴动开始革命的新阶段——苏维埃的阶段；二是革命客观上是走向高潮，是向上涨而非低落，亦非停滞；三是现在革命的高潮还没有，但是许多高潮将到的象征已经可见。

最后，瞿秋白阐述了党的任务。指出我们在新的高潮到来之前必须以准备暴动为总方针。党的中心工作是争取群众，包括要用新的方式去团聚组织群众；领导农民实行土地革命，抗租抗税乃至游击战争，直至进一步的割据；领导工人、农民以及小资产阶级的反帝、反军阀斗争；加强党的组织建设，使党正确估量形势，明确革命任务，迎接新的革命高潮的到来。

在听取了布哈林和瞿秋白的报告后，与会代表进行了长达一周的充分讨论。

6 月 22 日，蔡和森在发言中详细总结了大革命失败后党所犯的右倾错误和八七会议以后"左"倾错误的教训，阐述了他对形势和任务的看法。他明确指出政治问题决议案和瞿秋白对形势仍是"一直高涨"的看法是不妥的。认为这种分析不是从实际出发，而是从大毛子那米那则（即罗米那兹）的不间断革命论那里来的，是非马克思主义非列宁主义的。他认为判断革命是否高潮必须有四个条件：一是有全国普遍性，二是有相当持久性，三是运动发动于主要大城市，四是我们力量对敌维持优势。用这四个条件来观察现在中国局势显然还不是革命高潮。他认为瞿秋白的报告偏于否认敌人的力量和作用，只看见敌人的弱点，没有看见敌人的强点，只有估计了自己的强点，没有估计到自己的弱点，是非马克思主义非列宁主义非辩证法的分析。他认为瞿秋白坚持认为革命有高潮，是害怕承认低潮会犯右倾取消主义错误，更是不对的，容易出现盲动主义。在反对倾向斗争上，他不同意瞿秋白的以为现在盲动主义已减少了、不成问题了的意见，明确指出现在摆在大会面前的危险主要是盲动主义。

接着，邓中夏在发言中指出，八七会议后的暴动政策是正确的，而盲动主义是于十一扩大会议的前后发现的，不断革命论是在十一月扩大会议才决定的，所以不能说盲动主义的根源是不断革命论。总结起来，中央大体上是比较好的，不过在实行中间对盲动主义和农民意识的解释太模糊。针对中国革命的性质，他说完全同意斯大林同志的演讲，他现在才知道资产阶级革命与资产阶级民权革命是不同的。资产阶级民权革命就是解（决）民主的任务，这些革命的阶段是不能超越的，现在也不致怀疑资产阶级民权革命就是资产阶级革命或社会主义革命。他认为，武装暴动是不能动摇的，要知道割据局面是客观形势所决定的，是总暴动中必要的前途。不能因为广东暴动后两湖、江西割据局面计划失败而怀疑，总方向是不能动摇的。他强调要建立红军自己的武装，固然中国革命是要领导广大群众，可是军事问题却不能忽视。

6月28日，瞿秋白做关于政治报告讨论的结论。他在结论发言中肯定这次大会充分发扬党内民主，开展了批评和自我批评。他认为各地代表在讨论过程中对中央进行批评是过去党的生活所没有过的新现象。以前，所谓党即执委会，执委会即常委，常委即书记，可以决定一切！这次大会就不同，不仅受共产国际指示，并且受各地群众代表的指导。瞿秋白在结论中进一步剖析了机会主义错误，特别着重探讨了盲动主义和命令主义产生的社会根源和思想根源，进一步认识了“左”倾错误的危害。

瞿秋白归纳代表们的意见，着重阐述了中国革命的性质和前途，以及中国革命目前的任务。在革命性质和前途上，重申了政治报告的观点，明确中国革命的一般性质——现存中国革命还是（反资产阶级）资产阶级民权革命，社会革命的主要内容是土地革命，有确定的转变成为社会主义革命的趋势。并且说这革命的完成及其完成的过程之中，就要有转变为社会主义革命的可能性，或者说客观上确定的转变成为社会主义革命的趋势。在确定革命的性质的基础上，瞿秋白在结论中提出了七条政纲，并阐述了党对小资产阶级、对农民和对土地问题的政策。提出要反对上层小资产阶级，争取下层小资产阶级；对农民，目前一般来说应当领导整个农民打倒地主，到将来也许要组织贫民委员会，反对富农；对土地问题，没收一切土地对自耕农是极笨的策略，大会要纠正这个错误。瞿秋白提出党目前的十项任务，核心是争取群众，准备暴动。

在谈到对于大革命失败的责任和陈独秀的功过责任问题，瞿秋白在结论中进行了说明。他认为，大革命失败，中共中央应负责，而不能诿过于共产国际，还是要怪我们自己。从中共中央本身看，对作为总书记的陈独秀的责任以及他在中国革命历史上的功过，应该采取实事求是的态度。他指出，是否责任由他一人负呢？大家说不应该，又说他应负一点。这是法律的观点。他的思想是有系统的，常有脱离马克思列宁主义的观点，在政治意义上说，是他要负责的。但他的作用在中国革命中始终是伟大的。在武汉他有机会主义的政策，妨害甚至于出卖了工人阶级，这是不错。但当时的中央政治局是和他共同负责的。至于过去，从五四运动的《新青年》杂志以来，他对中国革命有很大的功绩。现在，只说他个人犯了错误，在政治上，机会主义应由政治局负责。

7月9日下午，大会修改通过了《政治决议案》。《政治决议案》由瞿秋白起草，米夫、布哈林修改，而后瞿秋白又进行修改。大会通过《政治决议案》时，先由瞿秋白逐段宣读，大会边讨论边修改，全体一致通过。

六大政治决议案指出，中国革命现阶段的性质是资产阶级民主革命，如认为中国革命目前阶段已转变到社会主义性质的革命，这是错误的。当前的政治形势是处在两个革命高潮之间，中国共产党的总任务是争取群众，准备武装暴动。实现革命任务，必须用武装起义的革命方法，推翻帝国主义的统治和地主军阀及资产阶级国民党的政权，建立工人阶级领导下的苏维埃的工农民主专政。

3. 周恩来做军事报告

7 月 3 日，周恩来向大会做军事报告。报告总结党自从事军事活动以来的经验教训，指出目前的任务是夺取成千成万工农群众。在军事方面，开始军事组织、军事技术工作。强调在现在中国军事新局面下，武装暴动准备是非常重要的。在准备武装暴动中，军事力量是主要元素。

报告还总结了上海三次武装起义、南昌起义、广州起义的经验教训，肯定了海陆丰、琼崖，特别是毛泽东、朱德在井冈山建立并发展工农红军的重要意义。不过，这时开展武装斗争，还是以城市为中心的思想。而关于重视乡村工作、在农村里搞武装割据等问题只有毛泽东等个别同志认识到，而周恩来报告没有讲到，也就是说当时六大还没有认识到。至于把工作中心放在乡村，共产党代表无产阶级领导农民游击战争，当时毛泽东也还没有这个思想，认为是以城市为中心的。

周恩来在报告中进一步阐述了建立红军的问题，指出红军的来源应包括游击队的扩大和军阀军队的倒戈。一定要建立地方苏维埃政权方能有巩固的红军组织，否则只能是游击队形式。红军的建军原则是：改变雇佣军性，由志愿兵到征兵；军官要无产阶级化；一定要有政治工作。为了适应革命战争的需要，周恩来提出“党员军事化”应成为大会的口号。

在周恩来做军事报告后，刘伯承做军事问题的补充报告。

刘伯承的报告主要分析敌军工作。报告指出，中国式的豪绅封建军阀是帝国主义压迫剥削中国的主要基础，国民党新军阀在本质上和北洋军阀一样反动，这两种反动军队在敌视工农方面是完全一样的。军阀制度由于本身存在种种无法克服的矛盾，所以必然崩溃。刘伯承在报告中分析了军阀军队的成分和一般状况，阐述了党对军阀军队的工作任务。刘伯承也强调了党员军事化的重要性，他指出，党员军事化才能夺取政权，才能夺取中国革命的胜利。

4. 陈独秀拒绝出席莫斯科党的六大

1928 年 3 月，共产国际致电中共中央同意在莫斯科召开党的六大，并特意点名让陈独秀参加大会。中央领导人瞿秋白多次出面同陈独秀谈，并动员陈独秀的故旧和身边的工作人员张国焘、王若飞、郑超麟、黄文容等做陈独秀的工作，劝他能赴莫斯科出席六大。但是陈独秀本人断然拒绝参加。为什么陈独秀拒绝出席党的六大?

一是他对共产国际把大革命失败的责任都推到他身上非常不满。中国大革命失败后，托洛茨基趁机攻击共产国际和斯大林，认为他们的错误指导导致了中国革命的失败，他们应当负失败的责任。斯大林为了回击托洛茨基，提出了中国革命三阶段论为自己辩解，说明共产国际在中国革命中的指导是正确的，错误的是陈独秀为首的中共中央。他们指责陈独秀不执行共产国际的正确指示，犯了右倾机会主义错误，导致了大革命的失败。陈独秀认为大革命失败的责任应当由共产国际来负，是共产国际文过饰非，拿他和谭平山当替罪羊。①

二是他对共产国际和中共中央对他的组织处理非常不满。在把大革命失败的责任诿过于陈独秀的同时，共产国际和中共中央在组织处理上，没有经过正当的程序就把陈独秀排除在中央领导层之外。1927 年 7 月 12 日，党中央任命张太雷、张国焘、李维汉、李立三、周恩来 5 人组成临时中央政治局，实际上撤销了陈独秀总书记的职务。八七会议召开时陈独秀就在武汉，不但不通知他到会，还对他缺席审判，不给他辩解的机会。

三是就当时共产国际与中国革命的关系来讲，一般犯了错误的同志，往往以送莫斯科“学习”作为惩罚。再加上当时苏联党内斗争十分激烈，中共党内也必然受到影响，出现整人的现象。以陈独秀的错误，即使态度再好也可能受到“残酷斗争”和“无情打击”，何况他还不会轻易地认错呢!

正因为上述想法，陈独秀对共产国际和中共中央要他去莫斯科的决定坚决拒绝。

5. 向忠发：工人出身当选为中国共产党的领袖

多少年来，人们对工人出身的向忠发在六大上当选为中央政治局主席、政治局常委会主席一事及其后来他的被捕叛变一直难以理解。实际上，只要我们回到当时的真实情境中，一切便豁然开朗。

大革命失败后，党在总结经验教训时，相当一部分人为某些表面现象或正在燃烧的愤怒情绪所左右，致使把党犯右倾错误归因于领导人是知识分子，从上到下逐渐形成一种强烈的反知识分子倾向。1927 年 12 月广州起义的失败使部分干部和群众把愤怒情绪完全发泄到知识分子领导干部身上，把起义失败的主要原因归结为“知识分子把

---

① 刘晶芳：《异国聚会——中国共产党第六次全国代表大会》，万卷出版社 2008 年版，第 117 页。

持领导机关”。这样一种浓烈的反知识分子气氛甚至影响到党的全国代表大会。在党的六大上，一些知识分子在发言前不得不先要表示：“同志们！我照会场的规则，首先声明我是知识分子。”在批判右倾错误中形成了反知识分子倾向的同时，党内逐渐提出“干部工人化”和“党的指导机关工人化”的方针。到党的六大，已明确提出“两化”：“党的指导机关工人化”和“干部工人化”，并认为这是“唯一正确的方针”。在这种党内背景下，工人出身的向忠发当选为中共中央政治局和政治局常委会主席就顺理成章了。

共产国际作为中国共产党的上级机关，对中国共产党的影响是不言而喻的。六大上，张国焘和瞿秋白不断地争吵，共产国际书记布哈林当面就讲：“就是你们两个大知识分子在吵架。再吵，就把工人干部提拔起来代替你们。”这句话对会议产生了重要作用。在六大会议上，斯大林也曾经批评中国共产党还是由张国焘、瞿秋白等几个大知识分子起领导作用。他说，应当更多地选拔工人到党中央来。因此，党的六大和六届一中全会的选举过分强调了工人成分。大会选出的23名中央委员和13名中央候补委员中，工人出身的就有21人，占总人数的58.3%。

向忠发原在武汉任湖北总工会委员长，汪精卫发动七一五政变后，率工人代表团访问莫斯科，后又任驻共产国际的中共代表。在莫斯科期间，他到处发表演讲，有着很好的口才和一定的处理事务的能力，被共产国际视为中国无产阶级的象征。在六大期间，共产国际及米夫等人极力吹捧向忠发，因而向忠发的当选就不足为怪了。

7月初，在共产国际的帮助下，大会及各个委员会在对其决议报告讨论的基础上进行审查表决，最后通过了《政治决议案》《土地问题决议案》《农民问题决议案》《职工运动决议案》《关于民族问题的决议》《苏维埃政权组织问题决议案》《宣传工作决议案》《共产主义青年团工作决议案》《妇女运动决议案》《关于组织问题草案之决议提纲》《军事工作决议案（草案）》《定“广州暴动”为固定纪念日的决议》以及经过修改的《中国共产党党章》等17个决议，还通过了《对国内工作指示的电稿》。六大因而成为民主革命时期中共历次全国代表大会中形成文件最多的一次大会。

大会在讨论审查通过各项决议的同时，也开始酝酿中央委员会委员的选举工作。7月4日晚上，六大主席团召开第十一次会议。成立由蔡和森、李立三、瞿秋白等7人组成的六届中央委员选举委员会，负责提出六届中央委员人选的初步名单。

7月8日至9日，大会对第六届中央委员会的候选人进行了反复酝酿，通过了六届中央委员会选举法。10日，大会选出中央委员23人，中央候补委员13人。大会还选举了中央审查委员会（代替五大中央监察委员会——作者注），正式委员3人：刘少奇、阮啸仙、孙津川，候补委员 2 人：叶开寅、张昆弟，书记为刘少奇。

7 月 19 日，中共六届一中全会召开。会议选举向忠发、周恩来、苏兆征、项英、瞿秋白、张国焘、蔡和森 7 人为中央政治局委员；选举李立三、彭湃、杨殷、罗登贤、关向应、徐锡根、卢福坦 7 人为政治局候补委员；选举向忠发、周恩来、苏兆征、项英、蔡和森 5 人为中央政治局常委，李立三、徐锡根、杨殷 3 人为候补常委。向忠发为中央政治局主席、政治局常委会主席。

7 月 20 日，中央政治局举行第一次会议。项英、向忠发、苏兆征、周恩来、瞿秋白、蔡和森、张国焘等政治局委员和李立三、杨殷、徐锡根等政治局候补委员出席了会议。会议研究和确定了中央领导机构的设置及人事分工：向忠发为中央政治局主席兼中央政治局常务委员会主席，周恩来为中央秘书长兼中央组织部长，蔡和森为中央宣传部长，苏兆征为中央职工运动委员会书记，李立三为中央农民运动委员会书记，杨殷为中央军事部长，张金保为中央妇女运动委员会书记。

会议决定，向忠发、李立三、蔡和森等第一批回国，项英、周恩来、杨殷、苏兆征等第二批回国。会议还决定在莫斯科的政治局委员瞿秋白、张国焘、苏兆征、项英、周恩来为出席共产国际第六次大会代表团的主席团，并委托主席团办理党的六大未了事宜。

在党的六大召开期间，共产国际鉴于以往派驻中国的代表屡犯错误和中国白色恐怖严重的情况，决定改变派代表到中国指导革命的办法，采取在莫斯科设中共驻共产国际代表团，协助共产国际指导中国革命的新措施。六大结束后，瞿秋白、张国焘、邓中夏、王若飞等人即作为中共常驻共产国际和赤色职工国际、农民国际的代表留驻莫斯科，瞿秋白为代表团负责人。

## 三、党的六大的历史地位与影响

党的六大距今已过去 80 多个春秋，随着岁月的流逝，其“庐山真面目”与功过是非逐渐清晰。回望评说六大是为了缅怀先辈们艰辛探索的历程，探寻历史规律，汲取经验教训，引领历史发展的航向。

### （一）功大于过的六大

关于党的六大的评价，80 多年来从未曾间断过。总的来说，肯定的意见占多数，认为六大在中国革命和中国共产党的历史上起的作用是积极的，功大于过。

1945 年 4 月 20 日，中共中央扩大的六届七中全会讨论并通过了《关于若干历史问题的决议》，《决议》总结了建党以来的历史经验，对党的六大做出了客观的评价。《决议》指出，1928 年 6 至 7 月间召开的党的第六次全国代表大会的路线基本上是正确的。它肯定了中国社会是半殖民地半封建社会，指出了引起现代中国革命的基本矛盾一个也没有解决，因此确定了中国现阶段的革命依然是资产阶级民主革命，并发布了民主革命的十大纲领。它正确地指出了当时的政治形势是在两个革命高潮之间，指出了革命发展的不平衡，指出了党在当时的总任务不是进攻，不是组织起义，而是争取群众。它进行了两条战线的斗争，批判了右的陈独秀主义和“左”的盲动主义，特别指出了党内最主要的危险倾向是脱离群众的盲动主义、军事冒险主义和命令主义。这些都是完全必要的。另一方面，六大也有其缺点和错误。它对于中间阶级的两面性和反动势力的内部矛盾缺乏正确的估计和应对政策；对于大革命失败后党所需要的策略上的有秩序的退却、对于农村根据地的重要性和民主革命的长期性也缺乏必要的认识。这些缺点和错误虽然使得八七会议以来的“左”倾思想未能根本肃清，仍然不足以掩盖六大本身主要方面和路线的正确性。

1944 年 4 月 20 日，毛泽东在延安高级干部会议上做了《学习和时局》的讲话，对党的六大进行评价总结。他指出，第六次全国代表大会的路线是基本正确的，因为它确定了现时革命的资产阶级民主主义性质，确定了当时形势是处在两个革命高潮之间，批判了机会主义和盲动主义，发布了十大纲领等。第六次全国代表大会亦有缺点，例如没有指出中国革命的极大的长期性和农村根据地在中国革命中的极大的重要性，以及其他若干缺点或错误。但无论如何，第六次全国代表大会在我党历史上是起了进步作用的。

周恩来作为一位六大当时的主要负责人和亲历者，对六大的认识和体会更加全面深刻。1944 年 3 月 3 日至 4 日，周恩来为延安中央党校做了《关于党的六大的研究》报告。报告分 6 个部分：一是中国革命的性质、任务和前途，二是中国革命的动力和阶级关系，三是大革命的经验教训，四是革命形势和党的策略，五是党的各项政策，六是六大本身及其影响。前 5 个部分主要讲事实，第六部分主要谈六大的影响和总的评价。

周恩来谈到共产国际对六大的影响，具体涉及斯大林、布哈林和米夫三人。关于斯大林，周恩来说，六大正确的地方主要来自于斯大林同志的影响。这里有两点证明：一是 1928 年 2 月间共产国际第九次执行委员会扩大会议关于中国问题的决议，是经过斯大林同志看过、改过的，其为六大的基本依据。主要的问题都是这个决议上有的，如革命的性质、动力等。二是斯大林同志在六大前也曾和中国共产党的几个负责人谈话，具体地解释了革命性质和革命形势这两个问题。

关于布哈林，周恩来说，布哈林是共产国际书记，在六大做实际工作和做报告，对大会也有影响。一是他做报告骂张国焘和瞿秋白，说他们是大知识分子，要让工人干部来代替他们。二是布哈林对中国苏维埃、红军运动的估计是悲观的。三是在对农民问题的决议中强调富农的封建性，又说不要故意加紧反对富农，没有多大坏的影响。

关于米夫，周恩来说，米夫是共产国际东方部副部长，在六大做实际工作和做报告。他起的主要作用是：一是他散布了一些对中国共产党负责人轻视、不相信的话，有影响。他在筹备选举六大中央委员过程中说，中国共产党负责人理论上很弱，现在有些较强的同志如王明、沈泽民等，暗示可以提拔他们进入中央。二是造成了工学界限。例如他对向忠发极力地捧，利用他放炮，要他反“江浙同乡会”等。三是在组织上起了些作用，但不是主要的。例如，在六大工作人员的人选上，东方部的人员多，这是有宗派的意味的。

周恩来在讲到六大代表成分时说，很不健全，主要有三个弱点：一是太重视工人成分；二是没有把当时有革命经验的干部集中起来参加六大；三是有失败情绪、“山头”倾向和人身攻击等。在选举中，有多选工人为中央委员的倾向，许多有实际经验的优秀知识分子如恽代英等却没选上，这和后来中央很弱有关系。

周恩来最后说，总的说来，六大关于革命的性质、动力、前途、形势和政策方针等问题的决定基本是对的。但错误的方面也不少，在具体的实际的问题上犯了许多错误：一是不认识中国革命的特点是农民斗争与武装割据，中国革命的中心问题是农民土地问题。二是不认识中国阶级关系变化的复杂性，没有把策略观点着重放在争取中间阶级上。三是不认识革命形势发展的不平衡性，因而没有重视农村工作和建党工作。四是没有更认真地总结过去的经验教训，从而认识武装的重要，以武装建党、建政、做群众工作，这些，毛泽东同志当时已经做了。所以说，六大是有原则性的错误，对以后发生了坏的影响。①

### （二）六大确定的组织路线的不良影响

六大在党组织建设上片面强调党员成分无产阶级化和“指导机关之工人化”。在这个问题上出现的错误既有对无产阶级政党建设规律的教条式的理解，也有对中国特殊

① 《周恩来选集》（上卷），人民出版社1980年版，第157～187页。

国情带来的中国共产党的特殊党情缺乏认识，还有错误地总结大革命时期党犯错误的教训等多方面原因。

中国是一个农业大国，农民占人口绝大多数的基本国情决定了中国共产党的建设必然与西方资本主义和苏联有不同的特点。其最明显的特点是党员成分不同。大革命失败后，中国共产党被迫转到农村开展武装斗争和土地革命，党员成分发生巨大变化，由工人出身的党员占多数变为农民和非无产阶级出身的党员占绝大多数是一个正常现象。正视这种现象，努力探索农民党员占绝大多数的情况下如何保持党的无产阶级先进性，是党的六大面临的必须解决的课题。

然而六大却没有正确解决这个问题。大会强调吸收产业工人入党，增加党员的工人成分，建立坚强的工厂支部的办法。建立党的无产阶级基础，以大量提拔工人干部到中央领导岗位上来，实现党的领导工人化来克服所谓的机会主义错误，保证党的路线的正确。在这种思想指导下，六大代表和六大选出的中央委员会及中央政治局片面追求工人化。尤其是第六届中央政治局选举理论水平不高、工作能力不强的工人出身的向忠发为党的最高领导人则更是组织上的一大错误。

后来的事实是，向忠发无法驾驭党的全面工作，不能起到应有的领导作用，在党内只是一个摆设。这就造成六大后李立三能掌握中共中央实际权力，使“左”倾冒险主义错误在中央占统治地位，使刚刚恢复元气的中国革命再次遭受严重的损失。

### （三）六大的缺点与斯大林和共产国际的关系

六大在斯大林及共产国际的直接帮助和指导下，经过 24 天紧张的工作，取得了重大成就。在肯定斯大林及共产国际对六大做出的贡献和成绩的同时，也应该看到六大存在着严重的错误，而这些错误都与斯大林及共产国际的指导或者说插手干涉有直接的关系。

一是对中国社会的阶级关系缺乏正确的认识，否认存在中间营垒，仍把民族资产阶级当作最危险的敌人，这是造成中共“左”倾错误难以彻底纠正的理论根源。斯大林在对党的六大的指导中，虽然否定了“无间断革命论”，也明确了中国革命是资产阶级民主革命，但没有认识到导致中国共产党对革命基本问题产生错误认识的正是他的中国革命“三阶段论”对中国社会阶级分析上的公式化和定型化，尤其是大革命失败后把资产阶级不加分析地当作敌人的理论。这个理论上的重大错误并没有因为否定“无间断革命论”而得到纠正，反而被认为是正确的，反对资产阶级的资产阶级民主革命被当作是中国革命的特点固定下来。这是党的六大的一个根本性的错误，影响中国革命至深至远。

党的六大以斯大林的这个理论做指导，在实践中不可避免地导致在策略上把应当争取和可能争取的广大中间阶级、阶层推到敌人那一边，在政策上出现混淆革命性质、超越革命阶段的“左”倾错误。这也正是党的六大以后，党贯彻正确的路线和政策策略，刚取得一些成效就又放弃，接连出现两次“左”倾错误，而且一次比一次更严重的情况的重要原因。

二是斯大林及共产国际代表在没有完全了解中共党内干部队伍实际情况的前提下提出领导机关工人化的方针，插手中共中央领导层的人事安排，这既造成中共组织路线的错误，又使横加干涉中共党内事务成为惯例。大革命时期的第五届中央政治局成员绝大多数是知识分子，党的总书记陈独秀更是学界泰斗。大革命失败后，斯大林及共产国际总结经验教训，认为中国大革命之所以失败是因为陈独秀为首的中共中央违背共产国际的指示，犯了严重的错误。而中共中央之所以犯了严重错误，一个重要原因是党的领导人都是知识分子，领导机构中的工人成分太少。他们认为工人革命坚决，而知识分子却脱离实际，政治立场不坚定，左右摇摆。大革命失败后，八七会议纠正了右的错误，接着又犯了“左”倾盲动错误。而这一时期临时中央负责人瞿秋白仍然是大知识分子。新中央的主要领导成员李维汉、周恩来、蔡和森、张国焘、李立三等几乎都是知识分子。这又一次强化了共产国际对知识分子的厌恶感，于是他们认为要正确进行中国革命，必须大力提拔工人干部，实行领导机关工人化。

正是在上述认识的基础上，斯大林、布哈林以及米夫在六大上都公开表示要提拔工人干部。在米夫的具体操纵下，六大选出的中央委员和中央候补委员36人中有21人是工人，占总数的近60%。工人出身的向忠发竟被选为中国共产党的领袖，而在米夫眼里一向立场坚定的向忠发在被国民党逮捕后就立即叛变，更是闹出惊天的笑话。米夫有了六大的第一次插手，于是就有了中共六届四中全会第二次插手中共中央领导层人事安排的情况：把不懂中国实际国情的王明一伙推上中共中央的领导岗位，结果使“左”倾冒险主义错误在中央的统治长达四年半之久，其损失是无法估量的，其教训也是刻骨铭心的。

### （四）六大后中国革命的恢复和发展

党的六大明确了中国的社会性质和革命性质：中国革命仍然处于低潮；党的总路线是争取群众，党的中心工作不是千方百计地组织暴动，而是做艰苦的群众工作，积蓄力量。这两个重要问题的解决，基本统一了全党的思想，对中国革命的复兴和发展起了积极的作用。

党的六大选出的中央委员会回国后，非常注意党的组织建设。中央政治局多次常委会讨论广西、河南、安徽、湖北、湖南等省委的组织问题，对这些地方党组织的改组、重建、充实，做出了切实可行的指导。经过不懈的努力，党组织有了较大发展。到1929年6月党的六届二中全会召开时，全国党员已增加到6.93万余人，产业支部达到近百个。

党的六大以后，中共中央对国民党严密控制的城市中党的秘密工作加强了指导，强调党的工作必须切实地深入群众，从下层做起；力求使秘密工作和公开工作结合起来；党的干部要做到“职业化”和“社会化”等。这些指导意见和措施的实行有利于处在困难境况下的各地党组织和群众斗争的逐步复兴。突出表现为工人运动得到了恢复和发展。1928年济南惨案发生后，许多城市的工人群众不顾国民党当局的阻挠和禁止，纷纷开展抵制日货以至罢工等多种形式的反日斗争；各地党组织和革命工会在领导工人日常经济斗争方面做了大量艰苦的工作，取得一定成效；中国共产党领导的工人组织有所恢复，党在工人中的影响进一步扩大。当然，从总体上看，工人运动的规模不是很大，斗争取得完全胜利的不是很多，工人斗争还带有明显的防御性质。党领导的有组织的革命力量仍然很弱小，远没有实现党的六大争取工人阶级大多数的目标。

党的六大以后，各地党组织抓住国民党新军阀混战的有利时机，发动农民开展游击战争，实行土地革命，建立革命政权，红军和根据地不断巩固和扩大。其中影响比较大的有：毛泽东、朱德领导开辟的赣南、闽西根据地，彭德怀、黄公略领导开辟的湘赣、湘鄂赣根据地，周逸群、贺龙领导开辟的湘鄂西根据地等。至1930年夏，全国已建立大小十几块农村革命根据地，红军发展到约7万人，连同地方武装共约10万人，分布在湖南、湖北、江西、福建、广东、广西、河南、安徽、江苏、浙江、四川等10多个省的边界地区或远离城市的偏僻山区。

大革命失败后的中国共产党人在偏僻农村非常艰苦的条件下创建红军和红色政权，开展武装斗争，实行土地革命，经过艰苦卓绝的战斗，使红军游击战争和农村革命根据地日益扩大和巩固起来。武装斗争已成为中国革命斗争的主要形式，农村根据地已成为积蓄和壮大人民革命力量的主要战略基地。

# 党的七大

## 毛泽东思想指导地位确立与新中国政治蓝图设计

1945年4月23日至6月11日，中国共产党第七次全国代表大会在延水河畔的革命圣地延安召开，这是党在民主革命时期召开的一次极其重要的且也是中共历史上会期最长的一次全国代表大会。“七大是我们党为中国革命走向全国胜利做好了准备的标志。”① 正是在七大上，中国共产党制定了党的打败日本侵略者、建立新中国的政治路线，规划了建设“独立、自由、民主、统一和富强”的新中国的政治蓝图，确立了毛泽东思想为全党的指导思想，从而对中国共产党的发展、中国革命的胜利，产生了巨大的作用。

### 一、中国前途，如何抉择

从1928年党的六大到1945年党的七大，其间长达17年，为历次党的代表大会中间相隔时间最长的。在这漫长的17年中，中国共产党历经考验，由幼年的党变为成熟的党，多次就关系党和国家前途命运的大政方针做出正确的政治决断和战略抉择。

---

① 龚育之：《八大的历史地位和研究八大的现实意义》，《中共党史研究》1996年第6期。

## （一）遵义会议，党走向成熟的转折点

1931 年 1 月，以王明为代表的“左”倾教条主义路线开始在中央占据统治地位，并长达四年之久。王明的“左”倾错误使党在白区的力量遭受严重损失。1933 年 1 月，中共临时中央从上海迁到中央苏区，使中央根据地和红军的工作也受到极大影响，导致最直接、最严重的后果就是红军第五次反“围剿”的失败，红军开始了长征。长征初期，“左”倾统治者又惊慌失措，犯了军事上的逃跑主义的错误，处处被动挨打，不到三个月，红军就损失了三分之二左右，面临被消灭的险境。在此危急关头，党和红军应走向何处？

在红军面临覆灭危险的紧急关头，毛泽东力主改向敌人力量薄弱的贵州进军，争取到了主动，于 1935 年 1 月强渡乌江，攻下了遵义城，得到了休整时间。中共中央就利用此空隙召开了扩大的中央政治局会议，即遵义会议。

遵义会议内容丰富，成就巨大，成为党走向成熟的转折点。

第一，遵义会议确立了毛泽东在全党全军的领导地位，并从此逐步形成了比较稳定的可信赖的以毛泽东、周恩来、朱德等为核心的党中央的集体领导，标志着党走过了自己的幼年时期而转向成熟。

第五次反“围剿”的失败与红军长征初期的失利引起了广大红军将士的强烈不满，人们对中央的军事领导产生了怀疑。在全军干部特别是高级干部中酝酿着要求纠正错误、改变领导的意见。党在正反两方面的经验教训中终于选择了自己最信赖的领袖毛泽东，肯定了以毛泽东为代表的正确路线。这“是中国共产党自产生以来历史选择的结果。毛泽东以他的聪明才智和丰富经验，多年来的英勇奋斗和卓越成就，赢得了全党的信赖。人们不仅在胜利中认识毛泽东，而且在失败中认识毛泽东”。遵义会议上，毛泽东领导地位的被确立表明中国共产党人在革命遭受严重失败的紧要关头做出了正确选择，“这是我们党由不成熟走向成熟的标志”①。

第二，遵义会议开始确立了毛泽东正确的军事路线及其战略战术原则在党中央的领导地位，表明党中央在军事领导方面开始走向成熟。

遵义会议从实事求是的思想路线的高度总结了中国革命战争的经验，第一次客观而系统地阐述了中国革命战争的特点，以及由这些特点规定的战略战术，而且在阐述

① 聂荣臻等：《伟大的转折——遵义会议五十周年回忆录专辑》，贵州人民出版社 1984 年版，第 110 页。

中生动体现了毛泽东军事思想的许多重要内容，以及毛泽东关于中国革命战争战略问题的许多基本思想，批判了“左”倾教条主义在军事领导和指挥上的错误，表明马克思主义理论同中国革命实际相结合的思想成为党中央领导工作的指导思想。这是党中央领导科学化和党中央领导开始成熟的重要标志。

第三，遵义会议既结束了“左”倾教条主义在中央的统治，又团结了大多数且避免了分裂。

由于遵义会议是在军事上对红军非常不利且是异常险恶的战争环境的情况下召开的，摆脱敌人的围追堵截成为当务之急。会议鉴于当时紧张的战斗环境和党内的认识程度，全力以赴地解决了当时最具决定意义的军事问题和组织问题，而暂不涉及政治路线，这样既结束了王明“左”倾教条主义在党中央长达四年之久的统治，使几乎陷于绝境的中国革命获得新生，也为以后政治路线的解决创造了条件，同时，这样还能有效地团结大多数同志，避免因为干部们认识上的分歧而引起的政治路线的争论甚至党的分裂的危险。这从另一方面说明了党的成熟。

第四，遵义会议开创了中国共产党人独立自主地解决自己问题的先例，从遵义会议开始，党摆脱了幼年的稚气，在政治上成熟起来了。

中国共产党作为共产国际的一个支部，以前的重要会议都要接受共产国际的指令。共产国际的指导既有有益的，也有许多错误的，曾使中国革命受到严重损失。长征途中，中国共产党与共产国际的电台联系中断了。遵义会议是在中国共产党无法接到共产国际指令下自己解决问题的重要会议。遵义会议独立自主地制定了党的正确路线与行动方针，独立自主地选择了自己的领袖。会议对“左”倾教条主义的批评以及对李德军事指挥的批评实际上也是对共产国际错误指导的批评。它证明了中国共产党人完全有独立自主地解决自己内部复杂问题的能力，表明中国共产党在政治上已经完全成熟，有本领领导中国革命战争取得胜利。

概而言之，遵义会议标志着党在政治上走向成熟，也标志着党中央的领导走向成熟。因此，中共十一届六中全会通过的《关于建国以来党的若干历史问题的决议》认为，长征途中举行的遵义会议“确立了毛泽东同志在红军和党中央的领导地位，使红军和党中央得以在极其危急的情况下保存下来”，“这在党的历史上是一个生死攸关的转折点”。

### （二）长征胜利，党走向胜利的奠基礼

中国共产党及其领导的中国工农红军历尽艰难险阻，纵横 14 个省，跨越万水千

山，征服雪山草地，进行了600多次重要战役战斗，实现了震惊世界的从东南至西北的战略大转移。红军长征的胜利产生了深远的影响，开创了中国革命从胜利走向胜利的新局面，奠定了中国革命走向不断胜利的基础。

首先，红军长征的胜利结束了中国革命长期在胜利和失败相互交织中发展的徘徊局面，开创了中国革命进入不断胜利的新起点。

由于中国革命面临的敌人非常强大，尤其是年轻的中国共产党在政治上不可能一下子达到成熟等各方面的原因，中国革命最初是在胜利和失败的相互交织中发展的。土地革命战争兴起后，工农红军和农村根据地曾发展迅速，并取得四次反“围剿”战争的胜利，但第五次反“围剿”战争的失败以及长征初期的失利使中国共产党和中国革命事业受到了严重的挫折与损失。

1936年10月，红军三大主力胜利会师，结束了长征。从此摆脱了国民党的围追堵截，处于相对稳定的状态，保存了中国革命的火种，使中国共产党与中国革命转危为安。中共中央和红军长征胜利落脚陕北后，中共中央采取了一系列措施，巩固和扩大陕北革命根据地，建立了取得全国革命胜利的大本营，使其成为中国革命的政治中心，为党和红军的发展创造了必要条件。中国共产党经历了严峻的考验和锻炼后，积累了正反两个方面的经验教训，逐步认识了中国革命的规律，也摆脱了共产国际对中国革命的一些脱离实际的指导与影响，使中国共产党人能够独立自主地运用马克思列宁主义思考和解决中国革命中的理论和实际问题。

红军长征胜利落脚陕北后，中国已处在大变动的前夜，中共中央根据变化了的形势，不失时机地调整改变了原来的一些不合时宜的政策与措施。1935年12月召开的瓦窑堡会议，分析了华北事变后国内阶级关系的新变化，讨论了抗日民族统一战线、国防政府和抗日联军等问题，总结了两次国内革命战争时期政治策略方面的基本经验，批判了“左”倾关门主义，初步形成了抗日民族统一战线的策略路线，“指出了中国革命的长期性，批判了党内在过去长时期存在着的狭隘的关门主义和对于革命的急性病。这些错误，都是党和红军在第二次国内革命战争时期遭受严重挫折的基本原因。遵义会议是在红军长征途中召集的，所以只能够对于当时最迫切的军事问题和组织问题做了决议。红军长征到达陕北之后，党中央、毛泽东同志才获得可能系统地阐明政治策略方面的问题”①。瓦窑堡会议后，毛泽东又做了《论反对日本帝国主义的策略》的报

---

① 聂荣臻等：《伟大的转折——遵义会议五十周年回忆录专辑》，贵州人民出版社1984年版，第11页。

告，他在报告中总结了两次国内革命战争时期的经验，制定了党的政策，系统地提出了建立抗日民族统一战线的问题。此后，中国共产党积极开展抗日民族统一战线工作，推动了抗日民族统一战线的形成，为实现中国革命从土地革命战争向民族革命战争的转变奠定了基础。随着全民族抗战的开始，中国共产党领导的抗日根据地从北方开始，很快遍布全国，形成以陕甘宁边区为中心的大后方，陕北成为中国革命的大本营与象征，成为中国革命走向胜利的起点。红军长征胜利落脚陕北，打开了中国革命的新局面，从此，中国革命从一个胜利走向另一个胜利。

其次，红军长征的胜利，千锤百炼出了一大批中国革命的领导骨干和正确的领导核心，为中国革命的全国性胜利造就了中坚力量，为中国革命走向不断胜利提供了最有力的保证。

参加长征的有红军主力、党政机关，几乎包括了当时中国共产党所有党政军领导人。红军长征的严峻考验，清除了革命队伍中那些意志不坚强、革命信念不坚定的懦夫和投机分子，考验和锻炼出了最坚强的人物。尽管三支主力红军会合时已不足三万人，但他们是经过锤炼而保存下来的中国革命力量中极可宝贵的精华。长征胜利后保存下来的力量成为中国革命和建设的中坚，构成了以后领导抗日战争和人民解放战争的主干。

红军长征的胜利，千锤百炼出了中国革命的领袖人物和一大批领导骨干，造就了毛泽东、周恩来、朱德等一批党的杰出领袖，有力地促进了以毛泽东为核心的中国共产党第一代领导集体的形成。正是在危难重重的长征中，中国共产党和红军才发现和找到了自己的领袖。正是在长征这个特定的舞台上，毛泽东才得以显露出过人的才华和不凡的领袖气质，领导红军演出了许多影响巨大的剧目。在中国革命生死存亡之际，遵义会议结束了“左”倾错误的统治，确立了毛泽东在党中央和红军中的实际领导地位。正是在毛泽东的正确领导指挥下，红军四渡赤水，巧渡金沙江，彻底扭转了长征初期的被动局面，取得了战略转移中具有决定意义的胜利，红军长征才能从能被动到主动、踏上胜利道路，实现了中国革命由失败到胜利的伟大转折。

伟大的红军长征形成了中国革命成熟的坚强的领导核心。有了这样正确的领导核心和一些优秀的干部，革命的胜利就有了根本保证。长征是中国革命的熔炉，它锤炼出了打败蒋介石、夺取全中国的坚不可摧的革命队伍，造就了大批栋梁之材，增强了党的凝聚力和战斗力，为党的队伍和革命力量的壮大、为革命事业的发展培养了基本骨干。没有红军长征的胜利，很难设想会有后来的抗日战争乃至新民主主义革命的胜利。

### （三）六届七中全会，对历史是非做决议

1944 年 5 月到 1945 年 4 月召开的中共六届七中全会是目前为止中共党史上召开时间最长的一次全会。这次全会的重要性并不在于其创纪录的长会期，而在于通过了一项在中国共产党历史上意义重大、影响深远的重要决议——《关于若干历史问题的决议》。

这个决议之所以重要，是由于它是在党内指导思想上还存在分歧，一些党员认识模糊、分辨不清是非的情况下制定的。

20 世纪二三十年代，中国共产党内先后发生了三次“左”倾错误，尤其是以王明为代表的第三次“左”倾教条主义错误最为严重，给党和革命事业带来最为严重的损失。

1935 年的遵义会议解决了当时党内面临的最为迫切的组织问题和军事问题，确立了毛泽东在中共中央的领导地位，结束了“左”倾教条主义错误在中央的统治，是完全正确的。但是由于当时客观环境的影响，这次会议对于“左”倾错误在思想上的残留没有进行彻底的清算，也来不及对党的历史经验进行系统的总结，更未能从世界观和方法论上彻底清算历次错误的实质及其根源，因此党内在指导思想上仍存在分歧，许多党员认识模糊，分辨不清是非。

抗战全面爆发后，王明从共产国际回国。王明狭义地理解统一战线，在党内和以毛泽东为代表的正确思想形成争论。从 1937 年开始，中国共产党曾几次酝酿召开七大，但几次都未能如期召开，其中一个很重要的因素就是在党内，特别是党内高层领导中对党内路线问题在认识上存在重大分歧。1938 年 9 月至 11 月，在党的六届六中全会上，毛泽东针对王明的右倾错误强调指出在抗日民族统一战线中坚持独立自主原则的重要性。针对王明拒不承认自己的右倾错误的情况，毛泽东在会上再次强调：“我们一定不要破裂统一战线，但又决不可自己束缚自己的手脚”，“我们的方针是统一战线中的独立自主，既统一，又独立”。①

面对着错综复杂、变化多端的国内外各种矛盾，伴随着客观形势的发展，迫切要求党内有统一的认识，对形势做出科学的分析，制定出正确的路线和策略。为了实现党内思想上、政治上的团结统一，1942 年，中共中央决定在全党范围内开展一次以反对主观主义特别是教条主义为最主要任务的整风运动。整风运动是一次普遍的马克思

---

① 《毛泽东选集》第 2 卷，人民出版社 1991 年版，第 540 页。

主义的思想教育运动，对于加强无产阶级政党建设具有重大的意义。通过整风，形成了全党新的团结与统一。

为了巩固整风运动的成果，1944 年 5 月 21 日至 1945 年 4 月 20 日，中国共产党在延安召开了扩大的中央全会即六届七中全会。全会是与全党的整风运动紧密联系在一起的，会期长达 11 个月，期间先后召开了 8 次会议。出席会议的中央委员和中央候补委员有毛泽东、朱德、刘少奇、任弼时、周恩来、康生、彭德怀、张闻天等 17 人。列席会议的有各中央局、分局和其他方面的负责人 12 人。选举毛泽东、朱德、刘少奇、任弼时、周恩来组成主席团，毛泽东为主席团主席。决定在全会期间由主席团处理中共中央日常工作，政治局和书记处停止行使职权。

会议讨论通过了《关于若干历史问题的决议》。这个决议以毛泽东 1942 年所写的《历史问题草案》为蓝本，从 1944 年 5 月开始起草。党的六届七中全会开始时，即成立了由任弼时主持，有刘少奇、康生、周恩来、张闻天、彭真、高岗、博古参加的党的历史问题决议准备委员会，起草工作历时 1 年，数易其稿，后来由毛泽东直接主持并多次修改。在六届七中全会期间，党内许多高级干部参加了决议的修改与讨论工作。此外，还提交出席党的七大的各代表团讨论。

《关于若干历史问题的决议》（以下简称《决议》）第一次以文件的形式，总结了建党以来特别是六届四中全会至遵义会议前这一时期党的历史及其基本经验教训，对若干党内历史问题，尤其是六届四中全会到遵义会议期间中央的政治路线、军事路线、组织路线、思想路线做出了正式结论。同时，全面详尽地阐述了历次“左”倾错误在政治、军事、组织、思想方面的表现和造成的严重危害，并着重分析了产生错误的社会根源和思想根源。在总结开展党内思想斗争的经验时，强调要坚持“惩前毖后，治病救人”，“既要弄清思想，又要团结同志”的方针。《决议》提出全党今后的任务是为争取抗日战争的彻底胜利和中国人民的完全解放而奋斗。

《决议》还高度评价和肯定了毛泽东运用马克思列宁主义解决中国革命问题的理论、路线、方针、政策以及杰出贡献，指出在全党确立毛泽东领导地位的重大意义。高度评价了毛泽东对中国社会性质、基本国情、阶级关系以及革命性质、革命任务和革命道路、革命策略等方面所做的突出的理论贡献；高度评价了毛泽东摸索和制定的人民军队的理论、人民战争的理论等。

《决议》对毛泽东的历史地位和毛泽东指导思想的认识和论述，是对毛泽东党内领导地位和毛泽东思想历史地位的确认，表明毛泽东思想已经成为全党的指导思想，这是 1945 年 4 月党的七大召开的思想基础，也是刘少奇做《关于修改党的章程的报告》，代表全党确认毛泽东思想为党的指导思想的最重要的准备。《决议》为党的七大正式确立毛泽东思想的指导地位奠定了基础。

六届七中全会及其通过的《决议》，表明全党在以毛泽东为代表的正确路线的基础上达到了思想上、政治上的统一。这次全会及其通过的《决议》为党的七大的召开做了充分的准备工作。

### （四）抗日战争基本胜利，中国前途的抉择

1944年，是世界反法西斯战争取得决定性胜利的一年，处在历史转变时期的国共两党，围绕中国向何处去的问题展开了复杂而又激烈的斗争。这场斗争不仅关系着当时国共关系的变化，而且决定着中国的前途命运。

早在抗战爆发后，国共两党就存在着两条抗战路线的斗争。国民党虽然承认各党派共同抗日救国，但在实质上却不放弃一党专政，不承认各党派的平等关系。中国共产党始终认为，坚持抗战、坚持统一战线，必须同时进行政治改革，保障人民民主权利，给予各党派以合法地位，改善人民生活，取消国民党一党专政。

1944年9月15日，中共代表林伯渠在三届三次国民参政会上正式提出："国民党立即结束一党统治的局面，由国民政府召集各党各派、各抗日部队、各地方政府、各人民团体的代表，开国事会议，组织各抗日党派联合政府。"① 10月10日，周恩来又发表《如何解决》的著名讲演，把共产党成立联合政府的主张进一步具体化，指出取消一党专政，组织各党派联合政府是挽救目前危机的唯一方案，并提出了实施这一主张的六项步骤和办法。

中共的主张迅速在全国引起强烈反响。中共的主张为团结抗战和战时中国的政治指明了出路，因而得到人民群众的衷心拥护。各民主党派、国民党民主人士也明确赞成这种主张。

当中国共产党提出联合政府主张的时候，美国开始介入国共谈判问题。美国总统特使赫尔利来华进行"调解"国共关系的活动。10月，中共代表林伯渠、董必武与赫尔利就调整国共两党关系、成立民主联合政府等问题在重庆进行商谈。11月，已被任命为驻华大使的赫尔利到延安同毛泽东等会谈。双方经过协商，共同草拟并签署了改组国民政府为各党派联合政府、改组军委会为联合军委会、保障人民权利、各党派合法存在和统一全国军队以击溃日寇等五点协议。接着，中国共产党委派周恩来与赫尔

---

① 四川大学马列教研室：《国民参政会资料》，四川人民出版社1984年版，第196页。

利一起到重庆，准备在五点协议的基础上同国民党进一步谈判。但是，国民党方面拒绝了五点协议，提出三项“反建议”作为答复，其主要内容是：中共交出武装，竭诚拥护国民政府，国民党承认共产党合法，中共高级军官可参加军委会。赫尔利此时也反过来劝诱共产党接受国民党的三项“反建议”，参加政府。中共五点协议要求的是国共和其他党派及无党派人士共同组成联合政府，而且各党派要有职有权，以改变国民党一党专政局面；在联合政府中，仍为第一大党的国民党由独揽大权的唯一执政党降为组成政府的政党之一，国家政权不再处于国民党一党控制之下。国民党的三项“反建议”的如意算盘却是：中共把军队和根据地交给国民党政府去领导，吸收几个中共领导人参加政府和形同虚设的军事委员会，然后空头承认中共的合法地位。如果共产党接受三项“反建议”，不仅国民党一党专政原封不动地保留下来，而且中共的力量也要消亡。对于这种坚持国民党一党专政，以封官做引诱来吞并共产党领导的人民军队的“建议”被共产党拒绝了。我党表示：“牺牲联合政府，牺牲民主原则，去几个人到重庆做官，这种廉价出卖人民利益的勾当，我们决不能干。”①

此后，在赫尔利的一再要求下，1945 年 1 月，国共之间重开谈判。国民党在三项“反建议”之外又提出：邀请共产党参加附设于国民政府行政院的一个机构，将共产党军队交给国、共、美三方面委员会改编，并由蒋介石委派美军军官指挥。对此，中共谈判代表周恩来当场予以拒绝。到 2 月初，周恩来同国民党代表王世杰共同主持草拟了一项建议案，提出由国民政府召集各党派的政治协商会议，讨论解决政治民主、军队统一和成立联合政府等问题。但这一建议很快又被蒋介石拒绝，国共双方仍达不成协议。1945 年 3 月 1 日，蒋介石又发表谈话，反对党派会议和联合政府，坚持一党专政，并宣布要在 11 月单方面召开“国民大会”。至此，延续半年的国共谈判归于失败。

国共谈判中断以后，两党关于成立联合政府的斗争仍在继续。此后，中国两种命运、两种前途的斗争更加激烈。

## 二、党的七大的筹备与召开

在抗日战争胜利的前夜，在两个中国前途斗争激烈的背景下，中国共产党召开第七次全国代表大会，制定了党的正确路线、纲领和方针、政策，为抗战胜利后的政治进程进行规划，以争取光明的中国之前途。

① 《南方局党史资料大事记》，重庆出版社 1996 年版，第 258 页。

## (一) 七大，筹备七年

从 1928 年 6 月中国共产党在莫斯科召开第六次全国代表大会，到 1945 年 4 月召开第七次全国代表大会，其间相隔了 17 年。在此期间党曾先后多次提出筹备召开七大，但因种种原因，终未能如期举行。

早在 1931 年 1 月党的六届四中全会决议案就提出，把召开七大、总结苏维埃运动经验、通过党纲和其他文件作为“最不可延迟”的任务。但不久，国民党军队连续对苏区和红军进行“围剿”，此后战事连绵，致使七大没能如期召开。

抗战爆发后，1937 年 12 月的中共中央政治局会议做出了关于召开中国共产党第七次全国代表大会的决议，指出“在最近时期内召集党的第七次全国代表大会，对于全中国人民解放斗争和党的工作，均有严重的意义”，“党七次大会应当对于自党六次大会以来的革命斗争经验作一个基本的总结”。① 并宣布成立一个由毛泽东为主席、王明为书记的七大准备委员会，“但事实上，这个委员会并没有开展工作”②。1938 年 3 月召开的中央政治局会议又讨论了召开七大的问题，但实际上这次会议也没有形成正式文件。由于抗日战争正在紧张进行，党中央对抗日中的一些问题存在严重分歧，使召开七大的计划又一次落空。

1938 年 11 月，党的六届六中全会通过了关于召开党的七大的决议，认为在不久的将来召开党的七大，对于抗战的胜利、中国的解放和党的工作具有重大的历史意义。会议还对代表名额分配、选举代表的方法做了规定，并号召全党要注意调查研究，为召开七大做好准备工作。但从这时起，国民党相继发动了两次反共高潮，随后日军又加紧向敌后抗日根据地进攻，七大筹备工作受到影响，七大的召开又往后延期。

再一次研究召开七大，是在 1941 年 3 月 12 日的中央政治局会议上。会议初步议定召开七大的一切准备工作在“五一”前完成，“五一”开会。大会还议定七大议程只要三个报告，即毛泽东的政治报告、朱德的军事报告和周恩来的组织报告，并相应做出三个决议等等。这是准备工作讨论得比较具体的一次，也曾有部分代表到延安等候了半年，但不久中共中央又决定延期召开七大。在 1941 年 9 月政治局整风会议以后，曾打算在 1942 年上半年召开七大，后因部署整风运动、大生产运动以及其他工作而未能举行，只好再次延期。

---

① 《中共中央文件选集》第 10 册，中共中央党校出版社 1985 年版，第 400 页。

② 胡乔木：《胡乔木回忆毛泽东》，人民出版社 1994 年版，第 363 页。

又一次讨论召开七大，是在1943年7月17日的中央书记处会议上。这时整风运动早已全面展开，书记处会议向政治局提议在8至9个月内召开七大。1943年8月1日，中共中央政治局发出了《关于“七大”代表赴延安出席大会的通知》，指出七大准备在年底召开。同时中央政治局致电各地分局，要求彭德怀等人来延安参加七大，“来延诸人交代职务后即行动身，近者九月内，远者十月内，到达延安参加预备会”①。但后来由于国民党发动第三次反共高潮，加之党内正进行审干工作，高级干部的路线学习也没结束，大会筹备工作仍在进行之中，因而一直不能确定召开的具体时间。

从1943年开始，国际反法西斯阵线转入对法西斯阵线的进攻。在中国战区，解放区已度过最困难时期并开始了局部反攻。经过整风运动，全党统一在正确的思想路线之上，这一切表明召开中共第七次全国代表大会的条件已经成熟。为此，1944年5月10日的书记处会议决定，立即着手各方面的准备，在7月内开预备会，8月内开大会。这样，召开七大就实实在在地提上了日程。1944年5月21日，中共中央召开了六届七中全会，为七大的召开做了进一步的准备。

七大一再延期举行，其原因是多方面的。

首先，战事连绵是大会推迟的重要原因。在中共六大和七大之间的17年间，全党处于严酷的战争环境，中国共产党面临着生死存亡的重大考验，召开七大的条件和时机尚不成熟。加之军情紧急，斗争频仍，且交通阻隔，与会代表难以在规定的时间内迅速集中。七大代表们要经过重重艰险才能到达延安，是七大推迟的重要原因。正如在1945年4月21日举行的七大预备会议上，任弼时在报告大会筹备工作情况时所说：“七大早应举行，但因战争关系，交通分割，迟至今日才开。”②

其次，党内特别是高级干部需要思想路线上的统一，为此，就必须在党内整风，以彻底清除党内大量存在的主观主义、宗派主义和党八股的流毒，清算王明的错误及其恶劣影响，分清路线是非，这是开好七大的前提。胡乔木曾经谈到七大筹备时间较长的原因，认为“最初一个主要的原因是战争，后来不是战争，主要的原因就是整风，就是要研究历史问题。把历史问题研究清楚了才能开。”③ 七大代表柳运光回忆：“到了延安以后，七大不能马上开会。为什么？后来才知道，党中央内部对于党的路线问

---

① 中共中央文献研究室：《毛泽东年谱》（1893～1949）中卷，人民出版社、中央文献出版社1993年版，第461页。

② 中共中央党史研究室第一研究部：《忆七大——七大代表亲历记》，黑龙江教育出版社2000年版，第80页。

③ 胡乔木：《胡乔木回忆毛泽东》，人民出版社1994年版，第76页。

题认识上还有分歧。关于统一战线的策略问题，有的人不同意……当时中央有同志有不同意见，所以七大就不能开，只好延期。”① 经过整风学习后，党内统一了认识，弄清了是非，这就为召开七大做好了思想准备。

尽管七大的召开一再往后延期，但自1938年六届六中全会后的7年来，七大的筹备工作一直在进行着。

首先，推选代表和审查代表资格。根据六届六中全会的决定，中央书记处在1939年6月和7月两次通知各地党组织推选代表，各地也据此进行了推选代表的工作，所选出的代表分批向延安集中。从1940年5月29日起，在任弼时的主持下开始对代表进行资格审查。各地选出的代表有的来自抗日根据地，有的来自敌占区和国民党统治区，由于根据地分散，且受日军和国民党包围封锁，审查工作相当困难。到1941年4月，共审查了252名正式和候补代表的资格。1945年3月中下旬，任弼时又连续主持七大各代表团负责人会议，再次对代表资格逐个进行审查。七大上彭真做了代表资格审查报告，他说明了代表选举的产生“有原则性又有灵活性，有严肃性谨慎性，又要照顾到具体性”。审查的结果是：正式代表544名，候补代表208人，其中增补的为246名。他们代表着全党121万名党员。取消代表资格49名。②

其次，准备召开七大的文件和相关材料。文件的准备，包括组织工作、宣传工作、军事工作、职工运动、青年运动、妇女运动、财政经济工作、统一战线和华侨工作、政权工作和锄奸工作以及各根据地和国统区的工作等，由中央各部和地方的负责同志分别准备。同时，为了总结过去的政策，为了给七大准备材料，1940年12月4日，中央政治局会议决定由任弼时、博古、凯丰等组成专门委员会（任弼时主持）研究政策（包括对六大以来文件的收集和研究）。七大的各种材料的准备工作非常繁杂，担任七大秘书长的任弼时对这方面的准备工作抓得很紧，为七大的召开做了前期准备。在召开七大的条件已经成熟的背景下，1944年5月10日中央书记处会议决定，立即着手召开七大的各种准备工作。这次会议确定了大会各个报告的准备委员会成员（政治报告由毛泽东撰写）：组织问题报告委员会的成员为刘少奇（负责召集）、周恩来、彭真、高岗、谭政、王若飞；军事问题报告委员会的成员是朱德（负责召集）、彭德怀、林彪、刘伯承、陈毅、叶剑英、谭政、徐向前、贺龙、聂荣臻。周恩来准备在大会上做关于统一战线工作报告，其报告委员会成员有周恩来（负责召集）、邓颖超、陈毅、王

---

① 中共中央党史研究室第一研究部：《忆七大——七大代表亲历记》，黑龙江教育出版社2000年版，第295页。

② 李蓉：《中共七大轶事》，人民出版社2009年版，第110页。

若飞、薄一波、贾拓夫、林伯渠、林彪。会议还决定在七大召开前举行七中全会。1944年5月21日至1945年4月20日，中共中央在延安举行了扩大的六届七中全会，为七大的召开做了进一步的准备。1945年3月31日，六届七中全会举行全体会议，在讨论为七大准备的政治报告草案和党章草案中，与会的同志完全同意毛泽东的报告和说明意见，一致通过刘少奇准备提交七大讨论的党章草案。4月20日，六届七中全会举行最后一次会议，讨论通过军事报告、历史问题决议和七大的议事日程等问题，朱德就军事报告做了说明，会议通过朱德拟向七次大会所做军事报告的基本内容。全会后期，还讨论通过了七大主席团名单草案、代表资格审查委员会候选人名单和会场规则草案等。

另外，初步形成的以毛泽东为核心的中央领导集体保证了党的七大的顺利召开。遵义会议虽然初步确立了毛泽东在党和军队中的领导地位，但在组织形式上，中央书记处仍由张闻天负责。随着整风运动的开展，以毛泽东思想统一了全党的思想认识，伴随着王明“左”倾路线的被揭发和批判，对这条错误路线负有较大责任的王明、博古、张闻天很难在中央书记处继续工作，因此，调整中央领导机构的问题就成为必须解决的问题。1943年3月召开的中央政治局会议一致推选毛泽东为政治局主席和书记处主席，并且规定书记处会议由主席召集，会议中所讨论的问题，主席有最后决定之权。以毛泽东为核心的新的中央领导集体的初步形成为七大的顺利召开奠定了良好的政治与组织基础。

### （二）七大方针：团结和胜利

毛泽东在七大预备会上曾明确指出：七大的工作方针是“团结一致，争取胜利。简单讲，就是一个团结，一个胜利。胜利是指我们的目标，团结是指我们的阵线、我们的队伍。我们要有一个团结的队伍去打倒我们的敌人，争取胜利。”① 他说，我们现在还没有胜利，前面还有困难，必须谨慎谦虚，不要骄傲急躁，全党要加强团结。在中国共产党的历史上，将团结确定为一次全国代表大会的工作方针，七大是第一次。这在当时有其特定的含义：既表明从党的“六大以来，其间经过了这么多的曲折，终于达到思想上政治上的一致”②，也说明七大要通过“团结”去组织队伍，进而实现“胜利”这个目标。

---

① 中共中央文献研究室：《毛泽东在七大的报告和讲话集》，中央文献出版社1995年版，第1页。

② 胡乔木：《胡乔木回忆毛泽东》，人民出版社1994年版，第76页。

七大召开时，中国革命正面临新的发展形势，摆在党面前的艰巨而复杂的任务是：领导全国人民打败日本侵略者，争取中国革命的胜利，建立一个新中国。如何才能完成这一任务呢？其中重要一点就是团结。毛泽东曾指出："有两种团结是绝对必要的：一种是党内的团结，一种是党同人民的团结。这些就是战胜艰难环境的无价之宝，全党同志必须珍爱这两个无价之宝。"又说："只有经过共产党的团结，才能达到全阶级和全民族的团结，只有经过全阶级全民族的团结，才能战胜敌人，完成民族和民主革命的任务。"①

毛泽东所说的党的团结，是在分清是非的基础上有原则的团结。他在七大上指出："我们这次大会强调团结精神，就是要在一个原则下团结起来，在正确路线的基础上团结起来。"② 毛泽东曾把党的团结比作一个和睦的家庭。他在修改《关于若干历史问题的决议》时，在结尾部分加上了一句话，即"团结全党同志如同一个和睦的家庭一样"③。在此以前，无论在党的文件上还是在个人的讲话中，关于党的团结常被说成是全党"团结得像一个人一样"。毛泽东在七大上说："过去常说，团结得像一个人一样，那是写文章的辞藻。我们这回说，团结得像一个和睦的家庭一样。家庭是有斗争的，新家庭里的斗争，是用民主来解决的。我们要把同志看成兄弟姊妹一样，从这里能得到安慰，疲劳了，可以在这里休息休息，问长问短，亲切得很。"④ 将"团结得像一个人一样"改为"团结得像一个和睦的家庭一样"，表面上看只是一个词语的变换，实际上它体现了"从团结的愿望出发，经过批评和斗争，达到新的团结。"⑤

在党的七大上，团结的方针最生动地体现在中央委员会的选举上。第七届中央委员会的选举正是从行动上生动地体现了"团结全党同志如同一个和睦的大家庭"。

与会代表们普遍关心的问题是如何选举新的中央委员会。当时议论最多的是选举的标准，也就是按照什么原则来进行选举。争论主要集中在以下问题上：犯过错误的同志要不要选；这届中央委员会要选拔许多新同志时还要不要照顾各个方面，即各个山头；候选人是不是必须要有完全的知识才能当选。其中又以犯过错误的同志要不要选的问题讨论最为激烈。在小组讨论中很多人表示犯过错误的同志不应当选。

针对这种情况，毛泽东代表七大主席团做关于选举方针的报告时，特别强调要团

---

① 《毛泽东选集》第1卷，人民出版社1991年版，第278页。

② 中共中央文献研究室：《毛泽东在七大的报告和讲话集》，中央文献出版社1995年版，第228页。

③ 胡乔木：《胡乔木回忆毛泽东》，人民出版社1994年版，第314页。

④ 中共中央文献研究室：《毛泽东在七大的报告和讲话集》，中央文献出版社1995年版，第12～13页。

⑤ 胡乔木：《胡乔木回忆毛泽东》，人民出版社1994年版，第72页。

结犯过路线错误但已承认错误并决心改正错误的同志。毛泽东指出，犯过路线错误的同志，如果承认了错误并且决心改正错误，就可以选他们进中央委员会，就应该选他们。这样做，当然不是只关系到一两个人选上选不上的问题，而是关系到能否以宽广的胸怀对待一切犯过错误的人的问题，这是团结全党同志的一个关键性环节。至于犯过错误的同志会不会再犯错误，毛泽东说："过去犯过错误的同志如果不谨慎，还可能再犯错误；没有犯过错误的同志，如果不谨慎，更可能犯错误。"由于毛泽东的耐心说服，犯过错误的李立三、王明当选为中央委员。

关于照顾各个方面的问题，毛泽东认为，我们要反对的是山头主义、宗派主义，而不是山头。毛泽东指出："中国革命有许多山头，有许多部分，内战时期，有苏区、有白区，在苏区之内又有这个部分那个部分，这就是中国革命的实际。离开了这个实际，中国革命就看不见了。"他还指出："整风以来，我们提出要认识山头、照顾山头，在政策上反映了这一点，但在组织成分上还没有反映这一点。这是一个缺点，是不好的。鉴于这一点，我们这次选举就要注意这个问题。新的中央委员会应该反映这方面的情况，要成为一个缺陷最少的中央。"照顾山头，实际就是承认当时中国革命发展的客观现实情况。照顾山头，是为了缩小山头，消灭山头。这是一个辩证法。这也是加强党内团结的一个重要环节。

关于中央委员会是不是要通晓各方面的知识的人？毛泽东指出，任何一个人都只能通晓一个方面或几个方面的知识，不可能通晓各方面知识。他主张把通晓一个方面或几个方面知识的人集中起来，就变成了通晓各方面知识的中央委员会。

毛泽东的上述主张紧紧地围绕着一个基本出发点，即把党内各方面的力量都团结起来，形成一个强大的合力，去夺取抗日战争的最后胜利。

七大确定了团结的方针并且很好地贯彻了这个方针。七大提出的联合政府主张充分体现了党与人民的团结，体现了共产党团结全国人民，夺取抗战胜利，争取光明前途的诚意。毛泽东在七大开幕词中指出："在中国人民面前摆着两条路，光明的路和黑暗的路。有两种中国之命运，光明的中国之命运和黑暗的中国之命运……或者是一个独立、自由、民主、统一、富强的中国，就是说，光明的中国，中国人民得到解放的新中国；或者是另一个中国，半殖民地半封建的、分裂的、贫弱的中国，就是说，一个老中国。一个新中国，还是一个老中国，两个前途，仍然存在于中国人民面前。"①

① 中共中央文献研究室：《毛泽东在七大的报告和讲话集》，中央文献出版社1995年版，第18页。

毛泽东指出，如果我们能够团结全国人民，努力奋斗，并给以适当的指导，我们就能够胜利，赢得光明的前途。毛泽东还指出："中国人民配合同盟国打败日本侵略者的时机，已经迫近了。但是中国现在仍然不团结，中国仍然存在着严重的危机。在这种情况下，我们应该怎样做呢？毫无疑义，中国急需把各党各派和无党无派的代表人物团结在一起，成立民主的临时的联合政府，以便实行民主的改革，克服目前的危机……然后，需要在广泛的民主基础之上，召开国民代表大会，成立包括更广大范围的各党各派和无党无派代表人物在内的同样是联合性质的民主的正式政府，领导解放后的全国人民，将中国建设成为一个独立、自由、民主、统一和富强的新国家。一句话，走团结和民主的路线，打败侵略者，建设新中国。"① 七大的联合政府主张广泛团结了全国人民，使他们在联合政府旗帜的指引下，为争取抗战胜利、争取光明前途而努力奋斗。

### （三）七大的议程和主要内容

1945 年 4 月 23 日，中国共产党第七次全国代表大会正式开幕。会议主会场设在延安杨家岭的中央礼堂。会场简朴而庄重。在礼堂的主席台上悬挂着毛泽东和朱德的两幅画像，画像两侧插着鲜艳的红旗。会场的后墙上写着"同心同德"4 个大字，两侧的墙上写着"坚持真理"、"修正错误"8 个字。而最引人注目的是主席台顶端的横幅，上面写着："在毛泽东的旗帜下胜利前进"。主席台的陈设，朴素庄严，只有几张条桌和十几把木椅。

会场内外，一片庄严肃穆的景象。出席大会的正式代表共 547 人，候补代表 208 人（无表决权），合计 755 人，代表着全党 121 万名党员。许多代表是第一次参加党的全国代表大会，心情非常激动。出席七大开幕式的陈毅感慨万分，当天就作了题为《七大开幕》的颂诗："百年积弱叹华夏，八载干戈仗延安。试问九州谁做主？万众瞩目清凉山。"

七大由任弼时主持。他首先代表大会主席团宣布七大开幕，并发表简短演说。毛泽东在大会上致开幕词，这就是后来被收入《毛泽东选集》第三卷的《两个中国之命运》。

开幕词虽然不长，但它明确指明了当下中国面临的形势变化和关键问题所在，为整个七大的议题奠定了基调。毛泽东在开幕词中指出：我们处在反法西斯战争最后胜

① 中共中央文献研究室：《毛泽东在七大的报告和讲话集》，中央文献出版社 1995 年版，第 21、22 页。

利的前夜，中国面临着两种命运和两个前途的斗争，“我们应当用全力去争取光明的前途和光明的命运，反对另外一种黑暗的前途和黑暗的命运”①。

接着，朱德、刘少奇、周恩来、林伯渠等相继发言。此外，彭真还在大会上做了代表资格审查的报告。

七大原计划在半个月内完成，在毛泽东、朱德、刘少奇和周恩来讲演之外，各地区、各部门代表的发言也只安排了9人。但是，由于代表们踊跃要求发言，人数最终增加到20人，会期因此而延长，从4月23日开到6月11日结束，进行了一个多月的时间。会议的主要议程为：听取大会报告，进行大会讨论和大会发言，酝酿和选举新的中央委员会。

七大召开期间，毛泽东做了《论联合政府》的报告。《论联合政府》是毛泽东为七大所写的书面政治报告，4月24日发给大会代表，每人一册。这也是会议期间代表们学习讨论的最重要的报告之一。这个书面报告分析了当时所处的国内外形势，总结了抗战中两条路线的斗争，阐述了中国共产党的一般纲领和最高纲领。

朱德做了《论解放区战场》的军事报告。朱德的军事报告总结了党领导武装斗争特别是抗日战争的经验，论述了解放区战场创建、发展和壮大的历程以及人民战争的战略战术。报告指出了中国人民武装抗日的军事路线的具体内涵，认为这是解放区战场在军事上取得胜利的关键所在。

刘少奇做了《关于修改党章的报告》。《关于修改党章的报告》即后来收入《刘少奇选集》的《论党》，从9个方面论述了毛泽东思想的基本内容，体现了当时全党对毛泽东思想认识的最高水平。

周恩来做了《论统一战线》的发言。周恩来系统地回顾和阐述了抗日民族统一战线的形成和发展过程，总结了统一战线工作的经验教训。周恩来的发言全面发挥了毛泽东关于抗日民族统一战线的策略思想，成为中国共产党统一战线理论的重要经典著作之一。

上述报告和发言都贯穿着理论和实践相结合的原则，是中国革命斗争历史和党的建设经验的科学总结，是对党经历过的革命斗争实践的高度概括。

在讨论大会的报告和发言中，代表们畅所欲言，对本地区、本部门、本单位在长期革命斗争中积累起来的经验教训进行了总结，并从团结的愿望出发，对过去党内所犯的错误，特别是以王明为代表的“左”倾教条主义的错误进行了深入的批评。一些

---

① 中共中央文献研究室：《毛泽东在七大的报告和讲话集》，中央文献出版社1995年版，第18页。

过去曾犯过错误的同志也进行了自我批评。代表们的讨论与发言都体现了“团结一致，争取胜利”的会议精神。

大会的报告总结结束之后，余下的任务就是选举中央委员会。6 月 9 日大会开始选举。中央委员与中央候补委员分两次选举。6 月 9 日这天选举中央委员，6 月 10 日宣布选举结果，毛泽东、朱德等 44 人当选为中央委员。接着酝酿中央候补委员的选举。毛泽东在会上做了关于选举中央候补委员的报告。毛泽东谈到中央候补委员的作用重大，希望大家重视这个选举。也谈到王稼祥同志的功过问题，认为王稼祥同志是犯过错误的，但是也是有功劳的，认为他是能够执行大会路线的，希望大家选他。毛泽东的报告结束之后，大会进行了选举中央候补委员的投票。6 月 11 日公布选举结果，廖承志、王稼祥等 33 人当选为中央候补委员。

在会议的各项议程进行完毕之后，6 月 11 日，七大举行闭幕式。大会表决基本通过了《关于军事问题的决议（草案）》，通过了《中国共产党党章》（5 月 19 日主席团会议决定关于修改党章的报告，不另做决议），并决定以大会的名义召开中国革命死难烈士追悼大会。毛泽东致闭幕词，其主要内容后来经过修改，收入《毛泽东选集》第三卷时题为《愚公移山》。中国共产党第七次全国代表大会历时 50 天，至此胜利闭幕，从而也成为党的历史上会议时间最长的一次全国代表大会。

6 月 19 日，在杨家岭，七届一中全会召开。出席会议的有中央委员 27 人，中央候补委员 17 人。全会由任弼时主持，并报告了主席团会议的酝酿情况。最后全会一致选举毛泽东、朱德、刘少奇、周恩来、任弼时、陈云、康生、高岗、彭真、董必武、林伯渠、张闻天、彭德怀 13 人为中央政治局委员；选举毛泽东、朱德、刘少奇、周恩来、任弼时为中央书记处书记；选举毛泽东为中央委员会主席、中央政治局主席和中央书记处主席；选举任弼时为中共中央秘书长，李富春为副秘书长。至此，以毛泽东为核心的新的中央领导集体基本形成。这是一个由各个地方、各个岗位、各种有经历的优秀人物会集的、有威信的、空前团结的领导集体。

## 三、党的七大的历史地位与影响

党的七大在中国革命史上是一次承上启下的会议，是中国共产党在新民主主义革命时期开得最成功的一次全国代表大会，是作为“团结的大会、胜利的大会”而载入史册的。这次大会为争取抗日战争的胜利和新民主主义革命在全国的胜利提供了最可靠的保证。

### （一）制定了走向未来的路线和纲领

抗战胜利后，中国应成为一个什么样的国家，成为中国共产党面临着的重大问题。根据中国国情，党的七大首次描绘了新中国的蓝图，提出了建立新中国的宏伟目标，并围绕这一目标制定了走向未来的正确的路线和纲领，为中国共产党领导全国人民取得新民主主义革命在全国的胜利做了充分的准备。

七大提出了党的政治路线："放手发动人民群众，壮大人民力量，在我党领导下，打败日本侵略者，解放全国人民，建立一个新民主主义的中国。"这条政治路线包含着四个方面的内容：中国共产党应该担负起革命斗争的领导责任；革命的任务是打倒中国人民的大敌日本帝国主义，解放全国人民；取得胜利的途径是放手发动群众，壮大人民力量；革命的目标是夺取抗日战争的胜利和建立一个新民主主义的中国。七大"主张在彻底打败日本侵略者之后，建立一个以全国绝大多数人民为基础而在工人阶级领导之下的统一战线的民主联盟的国家制度，我们把这样的国家制度称之为新民主主义的国家制度"。七大对于新民主主义国家在政治、文化、经济等方面的政策做了具体而全面的说明。

为了有利于中国社会的发展，七大主张在新民主主义社会制度下，在发展国家经济、合作经济的同时，让那些不是操纵国计民生而是有利国计民生的私人资本主义有发展的自由，保障一切正当的私有财产。尤为可贵的是，在《论联合政府》的最初版本中，毛泽东提到了利用资本主义发展经济的问题。毛泽东指出："为着发展工业，需要大批资本。从什么地方来呢？不外两方面：主要地依靠中国人民自己积累资本，同时借助于外援。在服从中国法令，有益中国经济的条件之下，外国投资是我们所欢迎。……外国投资的容量将是非常广大的。"① 中国经济落后，"拿资本主义的某种发展去代替外国帝国主义和本国封建主义的压迫，不但是一个进步，而且是一个不可避免的过程。它不但有利于资产阶级，同时也有利于无产阶级，或者说更有利于无产阶级"②。

"七大在党的文件上首次明确提出要以生产力标准来评判一个政党的历史作用。"③

---

① 胡乔木：《胡乔木回忆毛泽东》，人民出版社1994年版，第377页。

② 中共中央文献研究室：《毛泽东在七大的报告和讲话集》，中央文献出版社1995年版，第55页。

③ 中共中央党史研究室：《中国共产党历史》第1卷下册，中共党史出版社2011年版，第654页。

毛泽东指出："中国一切政党的政策及其实践在中国人民中所表现作用的好坏、大小，归根到底，看它对于中国人民的生产力的发展是否有帮助及其帮助之大小，看它是束缚生产力的，还是解放生产力的。"因此，他把发展生产力，发展经济，努力实现中国的工业化和农业近代化视为革命胜利后的重要工作。

七大强调指出，为了建立新中国，建立民主联合政府是当前最重要、最迫切的任务。七大对联合政府这一具体纲领进行了深入探讨和阐释，阐明了中共在这一问题上的立场和观点，认为联合政府是具体纲领，它是统一战线政权的具体形式。七大还提出了结束国民党一党专政，成立联合政府的两个步骤："第一个步骤，目前时期，经过各党各派和无党无派代表人物的协议，成立临时的联合政府；第二个步骤，将来时期，经过自由的无拘束的选举，召开国民大会，成立正式的联合政府。"也就是说在抗战胜利前，为了团结抗日，先由各党派和无党派人士的代表协商成立临时联合政府；抗战胜利后，则通过自由的选举，召开"真正民选的国民大会"，产生"真正民选的政府"。

七大系统地总结了党的统一战线的经验，指出："新民主主义的统一战线，就是无产阶级领导的反帝反封建的统一战线"，"要建立一个巩固的新民主主义的统一战线，就是要认清楚敌人、队伍和司令官这三个问题"①，并分析了党内"左"右倾错误在这三个问题上的表现，提出了正确解决这三个问题的立场和方法，为正确寻找和处理同盟军问题提供了理论指导。

七大制定了新民主主义革命时期最为完整的新党章，增加了总纲，第一次把党的纲领作为有机部分写进党章，使党章在体例结构上分为总纲和条文两大部分，明确规定了党员的义务和权利，进一步强调了党的群众路线，完善了党的民主集中制原则。

七大把理论和实践相结合的作风、和人民群众密切地联系在一起的作风以及自我批评的作风概括为中国共产党的三大作风。认为"我们共产党人区别于其他政党的又一个显著标志，就是和最广大的人民群众取得最密切的联系。全心全意地为人民服务，一刻也不脱离群众"。七大强调，"共产党人的一切言论行动，必须以合乎最广大人民群众的最大利益，为最广大人民群众所拥护为最高标准"②。

七大作为一次辉煌的历史盛会，为中国共产党领导全国人民取得新民主主义革命在全国的胜利做了充分的准备。七大代表们在回忆这段往事时，谈得最多的是七大对中国历史发展所产生的重大影响，认为七大为中国革命的胜利奠定了巩固的基础。七

① 《周恩来选集》上卷，人民出版社1980年版，第207页。

② 中共中央文献研究室：《毛泽东在七大的报告和讲话集》，中央文献出版社1995年版，第93、94页。

大代表戴镜元在《一本珍贵难忘的纪念册》中说："1945年4月23日至6月11日，在延安举行的中国共产党第七次代表大会是我党历史上具有重大意义的会议，是一个决定中国前途和命运的大会，是打败日本侵略者、建立新中国的动员大会，是一个团结的大会，胜利的大会，这次大会对中国的历史发展产生了重大而深远的影响，是我党历史上一个伟大的里程碑。"师哲在《共产国际派我参加七大》一文中回忆道："七大召开的时机也是非常好的，正是抗战胜利的前夕，为解放战争的胜利奠定了组织上和思想上的坚实基础。"萧克高度评价党的七大，认为"七大是一次有重要历史意义的会议，它迎来了抗日战争的胜利，也为解放战争的胜利奠定了思想和组织基础"。王毅之的《在延安出席七大》一文认为："这次大会为民主革命在全国的胜利奠定了基础。特别是《论联合政府》的报告，全面地总结历史经验，系统地分析国际、国内形势，着重提出了新民主主义中国的建国方略、纲领、路线、方针、政策，构思了新民主主义中国的国体与政体等等，为打败日本侵略者，解放全中国，建立新中国做了理论、思想、组织方面的准备。这次大会的历史功绩是巨大的、永存的。"①

与七大的召开相隔11年后，党的八大开幕的当天，《人民日报》发表社论说："11年前党的第七次全国代表大会曾经在思想上、政治上、组织上准备了中国革命的胜利。"②《中国共产党中央委员会关于建国以来党的若干历史问题的决议》认为，"党的第七次全国代表大会，总结了历史的经验，为建立新民主主义的新中国制定了正确的路线、方针和政策，使全党在思想上、政治上、组织上达到空前的统一和团结"③。邓小平在中国共产党第十二次全国代表大会开幕词中高度评价了党的七大，他说："一九四五年在毛泽东同志主持下召开的党的第七次全国代表大会，是建党以后民主革命时期我们党最重要的一次代表大会，那次大会总结了我国民主革命二十多年曲折发展的历史经验，制定了正确的纲领和策略，克服了党内的错误思想，使全党的认识在马克思列宁主义、毛泽东思想的基础上统一起来，达到了全党的空前团结。那次代表大会，为新民主主义革命在全国的胜利奠定了基础。"④

### （二）确立了毛泽东思想的指导地位

七大第一次把毛泽东思想写进党章，在全党确立了毛泽东思想的指导地位。七大

① 中共中央党史研究室第一研究部：《忆七大——七大代表亲历记》，黑龙江教育出版社2000年版，第17、24、126、228页。

② 《人民日报》，1956年9月15日。

③ 《关于建国以来党的若干历史问题的决议》，人民出版社1981年版，第4页。

④ 《邓小平文选》第3卷，人民出版社1993年版，第1~2页。

党章对毛泽东思想博大精深的科学内涵和本质特征进行了比较全面、系统的概括，指出："毛泽东思想，就是马克思列宁主义的理论与中国革命的实践之统一的思想，就是中国的共产主义，中国的马克思主义。""毛泽东思想，从他的宇宙观以至他的工作作风，乃是发展着与完善着的中国化的马克思主义，乃是中国人民完整的革命建国理论。"七大把毛泽东思想的内容概括为九个方面："关于现代世界情况和中国国情的分析，关于新民主主义的理论与政策，关于解放农民的理论与政策，关于革命统一战线的理论与政策，关于革命战争的理论与政策，关于革命根据地的理论与政策，关于建设新民主主义共和国的理论与政策，关于建设党的理论与政策，关于文化的理论与政策等。"① 这些概括代表了当时全党对毛泽东思想的完整认识和深刻理解水平，反映了全党思想上、政治上的成熟。高举毛泽东思想的伟大旗帜对统一全党的思想、指导全党的行动、实现党的政治路线具有重要而深远的意义。党的七大之后，中国共产党高举毛泽东思想的伟大旗帜，团结一致，领导全国人民为完成新民主主义革命的任务而不断奋斗。

对于七大的历史功绩，出席七大的代表们一致认为：七大确立了毛泽东思想在全党的领导地位，这是最大的历史功绩。七大代表李士英说："七大把毛泽东思想作为我党的指导思想是七大最重要的功绩。七大党章的总纲中明确规定：以毛泽东思想作为我党一切工作的指针，反对任何教条主义的或经验主义的错误。这是全党同志的共同心声，也是24年来党的历史发展的必然结论。"杨文认为，七大"确立了毛泽东思想是指导全党行动的指南。在七大会议上，刘少奇的《关于修改党的章程的报告》对毛泽东思想做了正确的阐述，宣布为中国革命运动和全党行动唯一的正确的指导思想，这就把全党团结到毛泽东思想的旗帜下。在七大以前，实际上毛泽东思想已经形成，也为全党多数同志所公认，许多同志不断提出要明确毛泽东思想是中国革命的指导思想（也有人提出毛泽东主义，为毛主席所反对），但在党的文件中，特别在党章中，还没有正式确立毛泽东思想的地位。七大通过的党章，解决了这个重大问题，不但保证了七大会议的成功，而且全党团结在毛泽东思想旗帜下，形成强大的力量，为中国革命在全国取得最后的胜利奠定了坚实的基础"。罗琼回忆道："我在大会期间，专心致志聆听大会的报告、讲话、发言，认真学习，领会其中的精神实质。我比初来延安时，在政治、理论上、思想上有了进步……我在学习体会中认为，七大的最大历史功绩，是全体代表一致同意在党章的总纲上明确规定，我党以马克思列宁的理论与中国革命

① 《刘少奇选集》上卷，人民出版社1981年版，第333、335页。

实践之统一思想——毛泽东思想作为党一切工作的指针，反对教条主义、经验主义偏向。”戴镜元认为：七大“取得的一个重要的成果，就是确立毛泽东思想在全党的领导地位。”

七大的最大功绩是完整、系统地阐述了毛泽东思想及其体系。七大的召开标志着毛泽东思想的成熟及其在全党指导地位的确立。邓小平曾说：“七大规定毛泽东思想为全党的指导思想。我们党用毛泽东思想教育了整整一代人，使我们赢得了革命战争的胜利，建立了中华人民共和国。”①

### （三）充分发扬民主，实现空前团结

党的领导人全面谋划、精心组织，确保了七大的胜利召开。出席七大的代表们也为大会的圆满成功付出许多心血。这些代表们后来时常回忆起当年参加七大的情形。

七大突出的特点是在高度民主的基础上达到高度集中，尤其是七大召开前后过程中洋溢着的民主的气氛是代表们感受最深的。七大代表高扬文在《难忘七大》一文中指出：“民主精神，也是大会成功的保证。七大在会议准备期间和会议全过程，充分发扬民主，也是大会成功的重要保证。”他说：“在讨论决议中代表们通过摆事实、讲道理，充分发表意见，开展批评与自我批评，分清是非，消除分歧，取得统一认识，共同接受经验教训，达到在思想上、政治上的坚强团结。讨论会洋溢着民主气氛。会议的几个报告，特别是《论联合政府》主题报告，事先都经过代表们认真讨论，吸取大家的意见，做了多次修改……大会的民主作风，还表现在会议期间除各代表团在小组会上充分自由地发表意见外，对其他代表团的某一同志有意见，也可以到那位同志所在的代表团或其他代表团发表意见。”杨泽江认为：“七大会议的选举最充分体现高度民主基础上的集中，高度集中指导下的民主，是民主集中制的生动实践。”白志民也说：“七大的选举是我经历的最民主的一次。”

七大之所以开得成功，还在于全党已达到思想上政治上的高度统一与空前团结。参加过七大的代表后来经常回忆并谈到七大的高度统一与空前团结。李士英说：“七大是我党在民主革命时期召开的最盛大、最圆满的一次全国代表大会。七大是在全党经过整风运动，达到思想统一，空前团结的基础上于世界反法西斯战争最后胜利的前夜召开的。七大前夕，党中央又举行了扩大的七届六中全会，通过《关于若干历史问题的决议》，为七大的召开奠定了思想基础。”在七大的召开过程中，全党的认识更加统

---

① 《邓小平文选》第2卷，人民出版社1994年版，第300页。

一，也更加团结。吕正操说："在七大上，还听取朱德《论解放区战场》的报告、周恩来《论统一战线》的发言、刘少奇《关于修改党的章程的报告》，以及彭德怀、陈毅、聂荣臻、陈云、刘伯承、李富春、叶剑英等同志的发言，深受教益，并感到全党思想统一，认识一致，团结坚强，因而对中国革命的任务更明确，胜利的信念更加坚定。"段德彰也感慨地说："七大胜利结束后，我们党统一了认识，正确地分析形势，明确了路线和政策，真是让人感到团结一心、同心同德、轻装上阵的劲儿。"

关于整风运动与七大的关系，也是代表们谈得较多的一个问题。刘英说："就我个人的体会，只有经过全党整风，经过对党的历史经验和路线是非的讨论学习，经过对历史问题决议的起草讨论，全党才可能达到在毛泽东思想基础上空前的统一和团结，七大召开的条件才成熟。"宋平认为："延安的整风学习，把我们党的思想理论水平提到了空前的高度，奠定了革命胜利的基础。"莫文骅认为，整风运动"为七大的胜利召开奠定了基础"，"可以说，没有这次整风运动，就没有七大的圆满成功"。

### （四）国共逐鹿，中国革命胜利

党的七大是在抗日战争即将取得胜利的前夜举行的。七大闭幕后仅仅两个月，曾经不可一世的日本帝国主义于1945年8月15日宣布无条件投降。中国人民经过八年的艰苦抗战，终于取得了反侵略战争的胜利。抗战胜利后，中国"两种命运、两个前途"的斗争依然存在，国共之争逐渐浮出水面，解决国共问题成为当务之急。长期饱受战争之苦的中国人民和各民主党派极力反对国共内战，主张和平、民主。

顺应历史潮流和代表广大人民利益的中国共产党积极响应向往和平、渴望民主的呼声，把社会普遍心态作为制定路线方针政策的根据。1945年8月25日，中共中央发表《对目前时局的宣言》，提出了"和平、民主、团结"三大口号，以及实现和平、避免内战、召开党派会议、成立举国一致的联合政府等六项紧急建议。为了表示争取和平、避免内战的诚心和态度，由毛泽东、周恩来、王若飞等组成中共代表团赴重庆同以蒋介石为首的国民党政府进行谈判。国共双方代表在10月10日签订的《政府与中共代表会谈纪要》（即"双十协定"）反映了全国人民和平建国的心声。

1946年1月，政治协商会议在重庆召开。在政协会议上，中国共产党对于政权问题和军队问题坚持了自己的原则立场，同时也做出了多方面的让步。经过有关各方的共同努力，政协会议终于通过了政府组织案、国民大会案、和平建国纲领案、军事问题案、宪法草案等五项决议。政协决议的主要精神就在于动摇了国民党一党专政的政治制度，确定了民主改革的总方向。

以蒋介石为首的国民党政府尽管在抗战胜利后的一段时间里迫于各方面的压力，不敢撕下其虚伪的面纱，因此才有了重庆谈判的进行和政协会议的召开，并在形式上取得一些成果。但由于蒋介石为首的国民党政府坚持一党专政的态度并未从根本上改变，因而虽然勉强签订了上述决议，但待其完成了发动全面内战的准备后，就又完全撕毁了上述决议。

1946 年 6 月 26 日，以国民党军进攻中原解放区为标志，全面内战爆发了。全面内战爆发初期，在国共两党力量的对比表上，无论从哪方面看都是国民党占着绝对的优势。国民党控制着占全国 70% 以上的地区和人口，占据着几乎所有的大城市和交通要道，武器装备精良，陆海空兵种齐全，拥有 430 万的军队，还有美国提供的各种援助。相比之下，共产党领导的解放区地少人稀，不到全国的 1/4，且部队主力被分割在十几块根据地内，武器装备简陋，亦无外援。

国共双方力量的悬殊对比使得集党、政、军大权于一身的蒋介石及其他国民党要人对全面内战的前景十分看好，对打赢这场战争也是信心十足，企图速战速决，尽快消灭共产党。

中共中央正确估计了国内外形势，确定了以自卫战争粉碎国民党军队的进攻方针，并制定了打败国民党军队进攻的正确的政治方针、军事原则与经济措施。

1946 年 6 月全面内战爆发后，尽管国民党累计向各解放区发动兵力高达 200 万人之多，但由于解放区军民在中共中央正确的政策与方针指引下，奋起自卫，国民党军队损兵折将。蒋介石不得不将对解放区的"全面出击"改为"重点进攻"。在东北、晋察冀、晋冀鲁豫战场上，国民党军改攻为守，集中兵力进攻陕北和山东这两个东西相距较远的解放区，企图先控制这两个地区后，再向其他地区进攻，达到各个击破的目的。在陕北，20 多万国民党军队来势汹汹，而人民解放军兵力总计不到 3 万。对此，毛泽东和中共中央决定将中共中央一分为三：一部分由刘少奇、朱德率领组成"中央工委"，前往晋察冀边区，进行中央委托的工作；一部分由叶剑英等率领组成"中央后委"，东渡黄河负责中央和各地的通信、联络工作；剩下的一部分由毛泽东、周恩来、任弼时率领，继续留在陕北，指挥西北和全国的人民解放战争。西北野战军采用"蘑菇战术"，转战陕北，寻机歼敌，先后取得青化砭、羊马河、蟠龙三次歼灭战的胜利，基本稳定了陕北战局。在山东战场，华东野战军继续执行内线作战方针，取得了孟良崮战役等胜利，国民党军不得不暂停对山东解放区的重点进攻。在国民党军对陕北和山东实行重点进攻的同时，其他解放区相继转入局部战略反攻阶段。

战争进行了一年多，人民解放军不断壮大。随着敌我力量的消长与形势的变化，中共中央决定进行全局性的战略反攻，把战争引向国民党区域，这样就可以在国统区建立新的根据地，就地解决人民军队的兵源、粮食、物资等问题。这样，一方面可减轻解放区的负担，另一方面可给国民党军队造成较大的威胁，迫使其从解放区的前线抽兵回援自己的后方，便于解放军在运动中寻机歼敌。中共中央决定战略进攻的方向是中原地区，特别是地处豫皖鄂三省交界的大别山地区。为完成这一伟大的战略部署，从1947年8~9月间开始，刘伯承、邓小平便率领晋冀鲁豫野战军主力千里跃进大别山；陈毅、粟裕率领华东野战军主力挺进豫皖苏地区；陈赓、谢富治率领晋冀鲁豫太岳兵团挺进豫西。三支部队在江淮河汉地区构成“品”字阵型，互为犄角、互相配合，就像一把尖刀直插敌人的胸膛。陕北、山东两战场则继续牵制吸引敌人，分散敌人兵力，以配合完成整个战略计划的实施。“三军配合、两翼牵制”战略部署的实现，标志着人民解放军由战略防御阶段转入战略进攻阶段。

在这一新的阶段，中共中央于1947年10月10日提出了“打倒蒋介石，解放全中国”的行动口号，为全党、全军、全国人民指明了行动方向与奋斗目标。这表明中国共产党的战略指导思想已从内战爆发初期的坚决进行自卫战争以争取重新议和，转变为决心以人民战争彻底推翻蒋介石国民党在全国的统治，建立新中国。

到人民解放战争的第三个年头即1948年秋季，国共双方军事力量的对比已经发生了显著的变化：人民解放军由战争开始时的120万人增加到280万人，人民解放军形成了野战军、地方军、游击部队三者结合的完整体系，而且在军政素质、战术水平、装备方面均有较大提高。与此形成鲜明对比的是，国民党军队由战争开始的430万人减少到365万人，其中能够用于第一线的只有170万人。另外，国民党军队在整体上已被人民解放军分别牵制在西北、中原、华东、华北、东北五个战场上，除某些地区还有一部分兵力可做战略机动外，大都处于被动挨打的状态。中共中央敏锐地抓住了决战的时机，相继发动了辽沈、淮海、平津三大战役。三大战役从1948年9月12日开始至1949年1月31日结束，共歼灭国民党军队154万余人。

经过三大战役的角逐，人民解放军在军事战场上取得了绝对优势，解放战争的胜利基本成为定局，中国革命在全国的胜利已指日可待。

### （五）七届二中全会，描绘新中国蓝图

在中国革命即将全面胜利之际，1949年3月5日到13日，中共中央在“最后一个农村指挥所”——西柏坡召开了具有重大意义的七届二中全会。基于安全的考虑，会场选择了中央机关食堂，一个普通的伙房。伙房是中央机关到达西柏坡后修建的，土

坯垒就，白灰砸顶，面积不足85平方米。北墙上挂着一块两面绣有“中国共产党”字样的党旗，党旗上方是毛泽东主席和朱德总司令的挂像。出席七届二中全会的有中央委员34人，中央候补委员19人，列席人员11人，毛泽东做了工作报告。

会议确立了新中国立国治国的基本政治原则即社会主义道路，人民民主专政，共产党的领导，马列主义、毛泽东思想等。这些原则“四位一体”地出现在党的重要会议的文献中，成为中国共产党的建国基本原则和治国之本。这是建立新中国的政治前提和政治保障，是七届二中全会建国治国之策的核心内容。

七届二中全会确定了建立新中国和其基本政策。全会对新中国的中央人民政府应怎样产生，产生的新国家是怎样的经济基础，实行什么样的外交政策做了明确规定。全会做出了召开政治协商会议和成立民主联合政府的决定，确定了共产党领导的多党合作和政治协商的基本政策，提出：我党同党外民主人士长期合作的政策必须在全党思想上和工作上确定下来。这一决策启动了中国共产党领导的多党合作和政治协商的政治历程。

关于新中国的经济政策，全会指出，人民共和国掌握了国家的经济命脉，使国营经济成为整个国家的领导成分。这一部分经济是社会主义性质的经济。合作社经济是半社会主义性质的，加上私人资本主义，加上个体经济，加上国家和私人合作的国家资本主义经济，这些就是人民共和国的几种主要的经济成分，这些就构成新民主主义的经济形态。

全会确立了新中国成立后政治经济建设的三项基本目标即国家建设的总目标和工业、农业方面的两项具体目标。把中国建设成为一个伟大的社会主义国家是新中国建设的总目标、总纲领。关于中国工业方面的主要战略目标是建立先进的工业国。毛泽东曾在党的七大宣布：建设新中国，必须发展工业。七届二中全会再次强调“在革命胜利以后，迅速地恢复和发展生产，对付国外的帝国主义，使中国稳步地由农业国转变为工业国，把中国建设成一个伟大的社会主义国家”。关于农业发展目标，党的七届二中全会提出：要废除封建的土地制度，使农业和手工业逐步地向着现代化发展；要将个体经济逐步引导到合作化、集体化经济，而不是放任自流。因为“占国民经济总产值百分之九十的分散的个体的农业经济和手工业经济，是可能和必须谨慎地、逐步地而又积极地引导它们向着现代化和集体化的方向发展的，任其自流的观点是错误的”。

全会着重讨论了党的工作重心的战略转移，即工作重心由乡村转移到城市的问题。全会指出，党的工作方式从现在起到达了由城市到乡村并由城市领导乡村的时期。提出，在领导城市工作时，要以城市和生产建设为中心，必须全心全意地依靠工人阶级，吸收大量工人入党，团结其他劳动群众，争取知识分子，争取尽可能多的能够同共产党合作的民族资产阶级及其代表人物。同时，党要立即开始着手建设事业，动员一切力量，恢复和发展生产事业，恢复和发展文化教育事业，改善工人生活和一般人民的生活，并一步一步地学会管理城市，并将恢复和发展城市中的生产作为中心任务。

在新民主主义革命即将在全国取得胜利，中国共产党即将成为执政党的时刻，为了保证党在新的历史条件下永不变色，七届二中全会强调要加强党的思想建设，防止资产阶级思想侵蚀党的队伍，有预见性地提出了防止“糖衣炮弹”进攻的重大问题，并进一步提出了“两个务必”的著名论述。毛泽东在会上的报告中告诫全党：“我们很快就要在全国胜利了……因为胜利，党内的骄傲情绪，以功臣自居的情绪，停顿起来不求进步的情绪，贪图享乐不愿再过艰苦生活的情绪，可能生长。”“夺取全国胜利，这只是万里长征走完了第一步……以后的路程更长，工作更伟大，更艰苦。这一点现在就必须向党内讲明白，务必使同志们继续地保持谦虚、谨慎、不骄、不躁的作风，务必使同志们继续地保持艰苦奋斗的作风。”

在中国革命转折的历史关头召开的七届二中全会，研究讨论了如何建设新中国的问题，确定了要完成三个转变的问题，即从战争向和平的转变、从农村向城市的转变、从革命向建设的转变，在宏观上构建了新中国的建国方略，描绘了革命胜利后一个崭新的中国的宏伟蓝图。

# 党的八大

## 大展宏图与开始全面建设社会主义

1956年9月15日至27日，中国共产党第八次全国代表大会在北京召开。从党的七大到八大中间相隔已11年。在这十多年的时间里，中国发生了天翻地覆的变化，打败了日本侵略者与国民党反动派，建立了人民当家做主的新政权，进行了社会主义改造。从1956年起中国进入了社会主义社会。如何大展宏图，建设社会主义的新中国，成为党的八大所要解决的重要问题。

### 一、建设方略，如何规划

中国1949年所发生的一切震撼了世界。就在这一年，统治中国22年的国民党政府逃离了中国大陆。中华人民共和国中央人民政府成立典礼于10月1日在北京天安门隆重举行。摆在中国共产党与全国人民面前的任务是非常艰巨的：一个百废待兴的中国要如何去建设？一个全新的中国要怎样去规划？

#### （一）新中国初期的辉煌

中华人民共和国成立时，面临着极其复杂的国内外形势与严峻的考验。革命虽已基本取得胜利，但还有一部分任务没有完成，严重的经济困难需要共产党人去克服，特别是如何在较短的时间内巩固新生的人民政权，便成为共产党人必须解决的重要问题。

面对复杂的政治经济形势，中国共产党与中央人民政府领导中国人民出色地完成了各项艰巨的任务，创造了无数的奇迹，取得了辉煌的成就。到1950年10月，中国人民解放军解放了除西藏、台湾和少数几个海岛以外的全部中国领土。为了完成统一大业，1950年1月初，中共中央做出了进军西藏的决策，确定了争取和平解放西藏的方针。1951年5月23日，中央人民政府与西藏地方政府签订了《中央人民政府和西藏地方政府关于和平解放西藏办法的协议》，根据协议的规定，人民解放军分路进入西藏，10月进驻拉萨。至此，除台湾及一些沿海岛屿外，中国大陆全部解放。

正当中国共产党领导中国人民为大陆统一与巩固新生人民政权而奋斗的时候，1950年6月25日，朝鲜战争爆发。面对外部敌对势力的严重威胁，执政不久的中国共产党毅然做出抗美援朝、保家卫国的重大决策，领导中国人民同美国等外部敌对势力进行了一场严峻的较量，付出了沉重的代价，赢得了这场战争的胜利，巩固了新生的人民政权，为进行大规模的经济建设提供了安定和平的社会环境。

随后，通过镇压反革命运动，肃清了各类反革命分子，铲除了敌对势力大规模进行反革命破坏活动的各种社会条件，摧毁了旧社会遗留的残余反动势力，巩固了人民民主专政，使各界群众安居乐业，保证了恢复国民经济等工作的顺利进行。

制止通货膨胀，稳定金融物价，是中国共产党为巩固新生的人民政权所必须着力解决的紧迫任务之一。面对建国初期严重混乱的经济局面，党中央采取极为有效的经济措施和政治手段，开展打击投机资本的斗争，以保证新生的人民政权在经济上从而在政治上站稳脚跟。通过“银币之战”，沉重地打击了投机商的不法活动，有效地制止了银圆涨风而引起的物价波动，开始树立了人民币的地位和威信，从而很快扭转了港币、金银以及美钞长期统治市场的局面，使人民币占领了市场。通过开展“粮棉大战”，刹住物价大涨风，打得投机资本一蹶不振，已没有能力在市场上兴风作浪。稳定的币值和稳定的物价是经济正常运行的前提条件。对投机资本的严厉打击是新中国成立后党对资产阶级的斗争中取得的第一回合的胜利。仅在短短几个月内，党和政府就一举战胜了投机私商，消除了不利于经济发展的消极因素，不仅为促进国民经济的尽快恢复创造了有利的条件，而且也为新生人民政权的巩固奠定了经济基础，同时也证明了共产党领导的人民政府有能力控制物价，稳定经济形势。

通过打击投机资本，物价是暂时稳定了下来。但要实现从根本上稳定物价，就必须实现财政收支的平衡与市场物资供求的平衡。因为造成物价不稳定的重要因素还在于政府的收支不平衡。1950年3月3日，政务院颁布《关于统一国家财政经济工作的决定》，以统一全国财政收入，使国家收入的主要部分集中到中央，用于国家的主要开支，并将国家掌握的重要物资从分散状态集中起来，合理使用。同时，政府还采取统一全国现金管理，紧缩编制、清理仓库、加强税收、发行公债、节约开支等措施，都收到明显效果。

由于党和人民政府关于统一财经管理等一系列重大决策的出台和实施，1951 年国家财政收支已基本平衡。而这一切都是在抗美援朝战争正激烈进行，军费开支大幅度增加的情况下取得的。稳定市场物价和统一全国财经是我国处于重要的历史转折时期取得的成就，是建国初期党和政府在经济战线上的巨大胜利。毛泽东曾高度评价这一胜利，认为意义“不下于淮海战役”。这个胜利表明，党和政府能够管好经济。实现稳定物价和全国财经统一，为安定人民生活，恢复经济和发展工农业生产创造了有利条件。正如陈云所说：“统一国家财经工作，将不仅有利于克服今天的财政困难，也将为今后不失时机地进行经济建设创造了必要的前提。”①

在市场物价趋于稳定后，社会虚假购买力消失，昔日的虚假繁荣也随之销声匿迹。进入 1950 年 3 月以后，私营工商业的经营出现了困难，不少工厂停工减产，商店歇业，工人失业增加。中共中央及时地提出了“调整工商业”的正确方针。1950 年 6 月以后，全国范围内调整工商业的工作便大规模地展开。调整工商业的主要内容是调整公私关系、调整劳资关系和调整产销关系。重点是调整公私关系，也就是调整国营经济和私营工商业之间的关系。由于采取了一系列坚决而有效合理的调整措施，有利于国计民生的私营工商业克服了严重困难，在国营经济的领导下恢复了正常的生产和经营，得到较快的发展，不利国计民生的私营工商业也受到了限制。调整工商业的各项措施收效以后，市场很快出现繁荣景象。

随着经济的恢复与发展，出现了一些资本家中的不法分子通过不正当的手段进行各种违法活动的现象。这些违法活动被简称为“五毒”，即行贿、偷税漏税、盗骗国家财产、偷工减料和盗窃国家经济情报。在资产阶级腐朽思想与不法资本家的拉拢下，一些党员干部身上存在的贪污、浪费和官僚主义的“三害”现象暴露出来。为了惩处和肃清“五毒”与“三害”，一场轰轰烈烈的“三反”“五反”运动于 1951 年底开展起来。运动巩固了社会主义国营经济的领导地位，有力地打击了不法资本家的“五毒”行为。在这场打击不法资本家“反限制”的斗争中，共产党较好地贯彻了对资本主义经济利用限制的政策，既配合了政治上的斗争，经济上又取得了主动。

---

① 《陈云文选》(1949～1956)，人民出版社 1984 年版，第 75 页。

中国共产党取得革命胜利后，为了巩固政权，建立代表农民利益的农村基层政权，恢复经济，必须通过土地改革，以促进农业和农村经济发展，进而实现国家财政经济状况的根本好转。1950 年 6 月 30 日，中央人民政府颁布《中华人民共和国土地改革法》。《土地改革法》明确规定：中华人民共和国废除地主阶级封建剥削的土地所有制，实行农民的土地所有制，没收地主的土地、耕畜、农具、多余的粮食及其在农村中多余的房屋，统一地、公平合理地分配给无地、少地及缺乏其他生产资料的贫苦农民所有，借以解放农村生产力，发展农业生产，为新中国的工业化开辟道路。土地改革运动改变了几千年来土地占有极不合理的状况，带来了农村生产力的极大解放，促进了农村经济的发展与农村社会的进步。

由于中国共产党和人民政府始终把发展生产作为一切工作的中心环节，加之全国各族人民忘我劳动、艰苦创业和团结奋斗，在 1949 年到 1952 年的短短三年多时间里，就完成了恢复国民经济的任务。1952 年，中国工农业总产值达到 810 亿元，比 1949 年增长 77.5%，比新中国成立前最高水平的 1936 年增长 20%。其中，工业总产值比 1949 年增长 145.1%，年递增率为 34.8%。农业总产值比 1949 年增长 53.5%。工农业主要产品的产量已超过新中国成立前的最高水平。随着生产的恢复和发展，国家财政状况根本好转，城乡人民收入逐年增长，生活普遍得到改善。在经济恢复的同时，国民经济结构也发生了深刻的变化。3 年中，国民经济的各种成分都得到发展，国营经济的发展更为迅速，

由于党和政府坚定不移地把恢复国民经济作为这一时期的中心任务，正确地处理了政治和经济的关系，能够紧紧围绕着恢复国民经济这个中心任务制定各项重大政策，在建国初期短短的 3 年中，国民经济奇迹般地全面恢复，取得了辉煌的成就。

### （二）1956 年新中国发展的历史坐标

1956 年是新中国发生重大变化的一年。全国绝大部分地区基本上完成了生产资料私有制的社会主义改造，进入了社会主义社会。1956 年被认为是新中国发展的历史坐标，是因为“1956 年在党和国家的历史发展上也有重要地位”。从中国国内来看，“至少有三个因素对八大的召开产生了重要影响”，即：“社会主义改造的基本完成”“既反保守又反冒进的建设方针的制定”“执政党建设的良好态势”。①

其一，社会主义改造基本完成。

---

① 石仲泉等：《中共八大史》，人民出版社 1998 年版，第 2～5 页。

中共中央借鉴苏联社会主义建设的经验，根据中国的具体情况，于1953年提出了过渡时期总路线。其具体内容包括两方面：一方面是逐步实现国家的社会主义工业化，即“一化”。“一化”其核心就是发展先进的生产力。另一方面是对农业、手工业和资本主义工商业进行社会主义改造，也就是“三改”。“三改”的重心则是改变旧的生产关系，以确立社会主义生产关系。

1953年10月至11月间，中央农村工作部召开全国第三次互助合作会议。会议通过了《中共中央关于发展农业生产合作社的决议》。决议明确把互助组、初级社、高级社三种形式有机衔接起来，要求各地农村工作的重点应更多地转向举办初级农业生产合作社。到1956年年底，高级社已达到54万个，入社农户已达10742.2万户，占总农户数的87.8%。至此，全国基本实现了农业合作化，农村生产资料所有制的社会主义改造任务已经基本完成。

1953年11月至12月，全国合作总社召开第三次全国手工业生产合作会议，朱德代表中央做了《把手工业者组织起来，走社会主义道路》的重要讲话，确定了对手工业进行社会主义改造的方针和政策。自此，手工业合作化运动在全国普遍展开。手工业社会主义改造的方针是：“统筹兼顾，全面安排，积极领导，稳步前进”。到1956年6月，组织起来的手工业者已占手工业者总数的90%。同年底，全国组织起来的手工业合作社（组）经过调整为9.91万个，社（组）成员达到509.1万人，占全部手工业从业人员的92%。至此，中国手工业基本完成了社会主义改造任务。

对资本主义工商业的社会主义改造，则采用了由低级到高级、逐步过渡的改造步骤，即先是将私人资本主义改变为国家资本主义，然后再将国家资本主义转变为社会主义全民所有制经济，通过采取委托加工、计划订货、统购包销、委托经销代销、公私合营与全行业的公私合营等形式，把原来落后、混乱、畸形发展、唯利是图的资本主义工商业逐步引上社会主义改造的道路。

1956年初，全国出现了全行业公私合营的高潮，北京、上海、天津、西安等大中城市相继实行了全行业的公私合营。到1956年底，工业方面，全国原有私营工业88000多户，已有99%实现了全行业公私合营，占私营工业生产总值的99.6%；商业方面，40万户实行了公私合营，140万户实行了合作化，10万户转入国营或供销社，全国私营商业从业人数的85%实行了公私合营。至此，我国基本上顺利地完成了对资本主义工商业的社会主义改造。

社会主义制度的基本建立意味着中国实现了从新民主主义社会到初级阶段的社会主义社会的过渡、从私有制社会到以生产资料公有制为基础的社会的转变。这就为党的八大确定工作重点的转移提供了基本决策依据。

其二，既反保守又反冒进的建设方针的制定。

由于三大改造进展得出人意料的迅速和顺利，促使毛泽东开始思考如何加快经济建设步伐的问题了。1955年11月30日、12月1日，毛泽东主持中央政治局会议，中心议题就是在各项工作中反对右倾保守主义，加快建设速度，并且提出，党的八大的准备工作应以反对右倾保守主义为中心。12月5日，刘少奇召集中央座谈会，传达了毛泽东的这些讲话，并要求以此作为党的八大的主题。

由于反右倾保守的压力和追求高速发展的热情，各部门纷纷修改1955年夏天国务院在北戴河会议上所确定的、接近实际的各项经济指标，争相提出不切实际的高指标，整个国民经济出现了急躁冒进的过热现象。具体表现为：基本建设规模过大，投资过多，导致资金和原材料供应的极大紧张；职工人数增加过多，工资总量增长过大；信贷突破计划，造成信贷失去平衡，最终被迫靠动用历年结余款和增发钞票来解决。

经济建设中潜伏着的这种急躁冒进倾向很早就引起了周恩来、陈云等中央领导同志的注意。他们提出要防止冒进，在一些会议上慎重要求干部不可盲目冒进，不要搞那些不切实际的事情，并及时采取了果断而稳妥的措施，纠正了这种倾向的发展。

1956年6月召开的全国人大一届三次会议，在肯定各个部门工作成绩的基础上，强调克服急躁冒进是经济工作中亟待解决的问题，从而对全国过热的经济形势起了降温作用。6月10日，刘少奇主持召开的中共中央政治局会议，讨论并通过了经国务院修改的预算报告初稿，确认了我国经济发展要实行“既反保守又反冒进即在综合平衡中稳步前进”的方针。两天后，周恩来在国务院全体会议上说：“从去年反保守到现在，注意了发掘群众的积极性……迎来了整个社会主义建设的高潮。”“但也带来了一些不实际的主观主义的要求，带来了急躁冒进。”“去年十二月以后冒进就冒头了”，现在“已经不是预防而是需要反对冒进了！”① 6月20日，《人民日报》发表了宣传政治局会议精神的《要反对保守主义，也要反对急躁情绪》的社论。社论列举了急躁冒进在工农业生产和基本建设等方面的表现以后，尖锐地指出：“急躁情绪所以成为严重的问题，是因为它不但是存在在下面的干部中，而且首先存在在上面各系统的领导干部中，下面的急躁冒进有很多就是上面逼出来的。”② 社论强调，在反保守和反冒进的问题上，在贯彻多快好省的方针时，一定要采取实事求是的态度，使自己的计划、步骤

---

① 中共中央文献研究室：《周恩来年谱》上卷，中央文献出版社2007年版，第587页。

② 《要反对保守主义，也要反对急躁情绪》，《人民日报》1956年6月20日。

符合于客观实际的可能性。

中共中央关于经济建设的正确方针不仅对于纠正急躁冒进倾向起了重要的作用，而且使得党中央有可能在党的八大上最后确立“既反右倾又反冒进即在综合平衡中稳步前进”的经济建设方针。这一方针，正确地提出了经济工作应防止的两种错误倾向，突出了经济建设的一个根本条件，即综合平衡，这是符合我国的实际状况的。这一方针为八大的召开做了重要的思想准备。

其三，执政党建设的良好态势。

随着中华人民共和国的成立，中国共产党的建设进入了新的发展时期。执政党的建设关系到党的生存、发展，更关系到新中国的前途和命运。中共执政后，党的自身建设在思想、作风和组织上还有很多问题亟待解决，面临着严峻的考验。党的队伍迅速发展壮大，使得建国初期党员干部队伍的成分更加复杂，这是当时党面临的现实挑战。革命胜利后，党也面临社会地位变化的挑战。

早在1949年3月的七届二中全会上，毛泽东就告诫全党要防止党内骄傲自满、脱离群众和突出个人的倾向的发生。事实上，虽然中共中央正确预见了党执政后面临的新情况并采取了预防措施，但仍有少数党员领导干部经不起执政的考验，脱离了人民群众，滋长了命令主义、官僚主义作风。新中国成立后，为了克服已经产生的腐败现象，中国共产党先后开展的整风整党和“三反”运动使全党受到了一次深刻的反资产阶级思想腐蚀的教育，加强了党同群众的联系，取得了较好的效果。对刘青山、张子善事件的处理和对高岗、饶漱石事件的揭露加强了党的建设。中央从延安整风和七大形成的坚强团结的作风继续得以保持和巩固，“这为八大的召开提供了较好的党内氛围”①。

总之，1956年在新中国发展的历史坐标上处于非常重要的位置，无论从哪方面来看，社会主义改造的基本完成、既反保守又反冒进的建设方针的制定、执政党建设的良好态势，都是八大能够做出正确决策的客观基础。

### （三）苏共二十大引起的国际震荡

1956年2月，苏联共产党召开第二十次代表大会。会上，赫鲁晓夫向大会代表做了《关于个人崇拜及其后果》的秘密报告。这个报告指责斯大林违背集体领导原则、破坏社会主义民主、践踏社会主义法制、奉行个人崇拜、滥用职权、使肃反扩大化等，

---

① 石仲泉等:《中共八大史》，人民出版社1998年版，第5页。

此外，还指出了斯大林在农业、卫国战争、国内民族关系和对外政策等方面的一系列错误，暴露了苏联在斯大林领导下社会主义建设中所走的弯路。

苏共二十大，尤其是对斯大林的批判对国际社会产生了广泛的影响。

西方帝国主义者在世界范围乘机掀起反苏、反共、反社会主义的浪潮，对社会主义阵营产生巨大冲击。在当时东西方冷战的局势下，过度否定斯大林在客观上加剧了西方反苏反共的恶浪。西方帝国主义者叫嚷要利用它作为武器来摧毁共产主义运动的威望和影响，攻击无产阶级专政、社会主义制度的声音一时间甚嚣尘上。

秘密报告在东欧一些社会主义国家也引起巨大反响。东欧的一些社会主义国家由于长期学习苏联的经验，照搬苏联的社会主义建设的模式，片面强调发展重工业而忽视农业、轻工业，使群众生活水平下降，加之没有处理好社会主义建设中的各种关系和矛盾，引起人民群众的不满。苏共二十大后，除南斯拉夫一片喝彩声外，其他国家多半是疑虑、震惊和茫然。其中波兰和匈牙利不满情绪日益加剧，反应最强烈。6 月，波兰发生波兹南事件，工人罢工，群众上街游行示威并出现骚乱。波兹南事件后，东欧一些国家社会动荡加剧。10 月，又发生了匈牙利事件，在布达佩斯等地出现大规模罢工、游行示威，在外国敌对势力的插手下，导致暴力活动升级。这些事件给国际共产主义运动带来了严重困难。

苏共在没有做好充分思想准备和组织准备的情况下突然抛出斯大林问题，特别是有关斯大林问题提出方式的草率性以及对斯大林功过评价的片面性，加上斯大林问题传达的步骤之乱、范围之广和速度之快都脱离了广大共产党人的接受能力，事后又缺乏周全的解释和教育工作，在国际共运内部产生了严重的负面影响。因为斯大林在相当长的时间里是国际共运的实际领袖，但苏共二十大尤其是对斯大林的批判，暴露了苏联在斯大林领导下社会主义建设中的问题，这就打破了长期以来人们对斯大林的神话，让人们认识到苏联社会主义并非完美无缺，像斯大林这样伟大的人物也会犯极其严重的错误，这就使得资本主义国家的共产党不知所措。英国共产党中央于 1956 年 4 月 1 日通过一项决议，要求苏共中央就赫鲁晓夫的报告发表一个公开声明。6 月 22 日，英国《工人日报》又刊登英共中央声明，对苏共中央没有就赫鲁晓夫的报告问题发表公开声明表示遗憾。法国、意大利的共产党二战后曾一度成为本国最大的政党，但在秘密报告传播后，特别是匈牙利事件之后，共产党员大批退党，共产党的力量和影响迅速削弱。全世界许多资本主义国家的共产党也因此发生信仰危机，大批党员纷纷失望退党，其中影响较大的就是当时的美国共产党领袖法斯特公开谴责苏共对匈牙利人民的暴力镇压，并宣布退出共产党。苏共二十大尤其是对斯大林的批判，使得许多资本主义国家的共运陷入了十分困难的境地。

相对于资本主义国家共产党队伍的巨大混乱，亚洲国家各党的做法比较谨慎，如在朝鲜、越南和印尼共产党内，严格限制关于个人崇拜问题的传达和讨论，因而受到的影响相对较小。

尽管苏共二十大引起激烈的国际震荡，但毋庸置疑，它也有一定的积极影响，在一定意义上有助于破除社会主义国家对斯大林模式的迷信，推动各国探索适合本国国情的社会主义发展道路，促使各国严肃思考自己与苏联及斯大林的历史关系。

中共中央对苏共二十大的态度是比较慎重的，多次开会讨论研究苏共二十大及其影响，并于1956年4月以《人民日报》编辑部的名义发表《关于无产阶级专政的历史经验》，阐明了自己的原则立场。中国共产党既全面评价了斯大林的历史功过，肯定了苏共二十大对个人崇拜的批判，分析了斯大林后期错误的产生及其根源，又表示中国共产党一直反对突出个人，主张集体领导与群众路线。在中央讨论这篇文章时，毛泽东强调指出：对苏共二十大，重要的“问题在于我们自己从中得到什么教益。他认为最重要的是要独立思考，把马列主义的基本原理同中国革命和建设的具体实际相结合。民主革命时期我们在吃了大亏之后才成功地实现了这种结合，取得了中国新民主主义革命的胜利。现在是社会主义革命和建设时期，我们要进行第二次结合，找出在中国怎样建设社会主义的道路”①。

苏共二十大所引起的大震荡以及对斯大林功过是非的讨论推动了中国共产党人进一步探索中国自己的社会主义建设道路的进程。毛泽东提出把马列主义的基本原理同中国革命和建设的具体实际进行“第二次结合”，“这个任务的提出，对八大路线的制定产生了重要影响，具有深远的意义”。②

### （四）中国共产党探索建设道路的起步

1956年社会主义改造基本上完成，建立了社会主义制度。这意味着全面建设社会主义的新时期的到来。在社会主义改造和社会主义建设取得重大成就的同时也暴露出了某些缺点和错误。摆在中国共产党面前的一系列新情况、新问题迫切需要去熟悉，尤其是要研究社会主义全面建设的理论、路线、方针、政策和新的发展道路。党中央

---

① 吴冷西：《忆毛主席——我亲身经历的若干重大历史事件片断》，新华出版社1995年版，第9页。

② 中共中央党史研究室：《中国共产党历史》第2卷（1949～1978）上册，中共党史出版社2011年版，第379页。

已经开始考虑找出一条适合中国国情的社会主义建设道路问题。当时的提法是建设社会主义要走自己的道路。它的提出与当时的历史形势密切相关。新中国成立以来，中国主要模仿苏联模式。中国第一个发展国民经济五年计划期间，采用了苏联一些比较好的经验，但也照搬了不少不适合我国情况的办法。苏联在斯大林执政时期形成了弊端很多的高度中央集权的计划经济管理体制，斯大林去世后，这些弊端逐渐暴露出来。

在这样的历史背景下，中共中央通过对斯大林错误的思考，重新认识苏联的经验，领导全党开创了探索中国式社会主义建设道路的伟大历史进程。

为了以苏联为借鉴，总结我国社会主义革命和建设的经验，探索适合我国国情的社会主义道路，从 1956 年 2 月开始，毛泽东连续听取了工业、运输业、农业、商业、财政等 34 个部门的汇报，边听汇报边议论。最后由毛泽东汇总成十大问题，形成探索中国社会主义建设道路的重要报告，即《论十大关系》。《论十大关系》初步探讨了建设社会主义的一些基本原则和一系列重大方针问题，论述了正确处理社会主义社会中的各种矛盾，成为社会主义建设道路探索的起点。

其一，要把国内外一切积极因素调动起来，为社会主义建设服务。《论十大关系》分析了国内外的各种情况，初步提出了中国社会主义经济建设的若干新方针与经济建设中的许多重大政策，它是正确处理社会主义社会各种矛盾的准则。正确处理这些矛盾，实际上就是在消除苏联模式带来的种种弊端中走出一条中国式的社会主义建设道路。它是中国共产党探索具有中国特色的社会主义建设道路的良好起点，是指导社会主义建设的重要理论之一。

其二，要正确处理经济建设中的各种关系。《论十大关系》所提出的思想是关于中国社会主义经济建设的根本性问题的指导思想。要着重处理好经济方面的五个关系：在处理重工业、轻工业和农业的关系上，要吸取苏联片面地注重重工业，忽视农业和轻工业的教训，适当地调整重工业和农业、轻工业的投资比例，在坚持重工业为国家建设重点的同时，还要更多地发展农业和轻工业，以更好地满足人民生活的需要，更快地增加资金积累，使重工业发展的基础稳固些；在处理沿海工业和内地工业关系问题上，要使工业布局逐步平衡，必须更多地利用和发展沿海工业基地，以促进内地工业的发展；在处理经济建设和国防建设的关系问题上，要确保国家的独立、领土的完整、人民的安全，必须建设强大的国防，在集中力量发展经济建设的同时，必须对国防建设给予足够的重视，保证国防建设与经济建设协调发展；在处理国家、生产单位和生产者个人的关系上，三者必须兼顾，不能只顾一头，无论只顾哪一头，都不利于社会主义建设；在中央和地方的关系上，要充分发挥中央和地方两个积极性，应当在巩固中央统一领导的前提下，扩大一点地方的权力，给地方更多的独立性，不要像苏联那样，把地方卡得死死的，一点机动权也没有。

其三，如何调动一切积极因素为社会主义建设服务。在《论十大关系》中毛泽东在政治方面谈到了四个关系，都是围绕着如何调动一切积极因素为社会主义建设服务：在汉族和少数民族的关系上，着重反对大汉族主义，同时也反对地方民族主义，要诚心诚意地积极帮助少数民族发展经济建设和文化建设，巩固各民族的团结；在党和非党的关系上，中国共产党和其他民主党派实行“长期共存，互相监督”的方针，要团结一切善意地向我们提意见的民主人士，这对党、对人民和对社会主义比较有利；在革命和反革命的关系上，一定要分清敌我，采取正确的政策，给他们以自新转变的机会；在是非关系上，强调党内党外要分清是非，对犯了错误的人，采取“惩前毖后，治病救人”的方针。尽管《论十大关系》中没有“人民内部矛盾”和“敌我矛盾”这样的表述，但上述观点已经孕育了严格区分和正确处理两类不同性质矛盾思想的萌芽。其后，随着各种矛盾的进一步暴露和发展，毛泽东对社会主义社会的各种矛盾有了更加深刻的认识。这些构成了毛泽东后来在《关于正确处理人民内部矛盾的问题》中进一步论述的基本思想。

为了更好地建设社会主义，调动一切积极因素为社会主义建设服务，充分地发展科学文化，调动广大知识分子的积极性，中共中央于1956年1月14日至20日在北京召开了关于知识分子问题的会议。周恩来在会议上所做的《关于知识分子问题的报告》中，分析了新中国成立以来知识分子的状况，认为绝大多数知识分子经过学习改造，政治觉悟和业务水平都有了提高，知识界的面貌发生了根本的变化。报告正式宣布：知识分子中的绝大部分已经成为国家工作人员，已经是工人阶级的一部分。要充分地动员和发挥他们的力量，为伟大的社会主义建设服务。周恩来在报告中还分析了我国科学技术的现状，明确提出力争在不太长的时间里迅速地扩大和提高我国的科学文化力量，赶上世界先进水平的任务。会议最后一天，毛泽东在会上的讲话中号召全党努力学习科学知识，同党外知识分子团结一致，为迅速赶上世界先进科学水平而奋斗。

在讨论十大关系问题时，针对新中国成立后在科学文化工作中存在的宗派主义、教条主义和形式主义的不良倾向，毛泽东在1956年4月28日中共中央政治局会议上正式提出“百花齐放，百家争鸣”的方针。他说：“艺术问题上的百花齐放，学术问题上的百家争鸣，我看这应该成为我们的方针。”① 5月26日，中共中央宣传部部长陆定一

① 《毛泽东文集》第7卷，人民出版社1999年版，第54页。

在中国科学院和中国文联联合召开的报告会上做了题为《百花齐放，百家争鸣》的报告，系统阐述了“双百”方针问题。他说：要使文学艺术和科学技术工作得到繁荣的发展，必须采取“百花齐放，百家争鸣”的政策。

知识分子问题会议与“双百”方针的提出鼓舞了广大知识分子，激发了他们的政治热情，充分调动了他们工作的积极性。

其四，关于学习外国的问题。在中国和外国的关系问题上，毛泽东提出了“向外国学习”的口号。对新中国成立初期只注重学习社会主义苏联经验的情况，毛泽东指出：我们的方针是一切民族、一切国家的长处都要学。但是，必须有批判地学，不能盲目地学，不能一切照抄，机械搬运，更不能学他们的短处和缺点。学习苏联也不要迷信，对的就学，不对的就不学。毛泽东论述了向外国学习的必要性和长期性，及向外国学习的方针、方法、内容和目的。

其五，关于扩大人民民主问题。这一时期，中央领导人还考虑过如何扩大社会主义民主问题。周恩来于 1956 年 7 月 21 日在中共上海市第一次代表大会上的讲话中提出了“专政要继续，民主要扩大”的政治方针。他说：我们的专政应该继续，但是由于我们的专政更加巩固了，工人阶级的力量更加强大了，所以我们的民主就更应该扩大了，不应该缩小。他强调我们要时常警惕，注意扩大民主。周恩来的这个主张是探索中国社会主义建设道路问题的重要组成部分。

另外，中共中央开始探讨经济建设的正确方针。1956 年 6 月 10 日，刘少奇主持召开中共中央政治局会议，讨论并通过了经国务院修改的预算报告初稿，确认了“既反保守又反冒进即在综合平衡中稳步前进”的经济发展方针。

以上关于社会主义建设道路的初步探索，尽管只是初步涉及如何在中国建设社会主义的问题，但它为中国共产党第八次全国代表大会的召开和一系列正确方针的制定做了思想和理论上的准备。

## 二、党的八大的筹备与召开

1956 年是中国社会主义建设的起步之年。就在这一年，党的八大胜利召开，设计了社会主义建设的宏伟蓝图。

### （一）准备八大及其三大工程

早在夺取全国政权并在大局甫定后的 1952 年，中共中央就考虑召开党的八大的问题，但最终确定这件事是在 1955 年。1955 年 3 月 31 日，毛泽东在中国共产党的全国代表会议的讲话中代表中共中央宣布：中央决定 1956 年下半年召开第八次大会，有三个议程：中央委员会的工作报告；修改党章；选举新的中央委员会。他要求 1956 年 7 月以前完成代表的选举及文件的准备工作，并号召全党为胜利地召开党的第八次全国代表大会而斗争。按照中共七大通过的党章规定，党的全国代表大会“在通常情况下，每三年召集一次。在特殊情况下，由中央委员会决定延期或提前召集”①，但党的八大与七大间却隔了整整 11 年。对此，毛泽东在这次会议上做过一段解释。他说：“党的代表大会，十年没有开了。当然头五年不应当开，因为兵荒马乱，又开了‘七大’，后五年可以开而没有开。没有开也有好处：高饶问题搞清楚再开，不然他们要利用‘八大’大做文章。同时，我们的五年计划也上了轨道，过渡时期总路线也提出来了，又经过这次代表会议使大家在思想上更加统一了，为召开党的第八次全国代表大会准备了条件。”②

中国共产党的全国代表会议结束后，八大的各项准备工作随即展开。邓小平作为当时的中共中央秘书长，具体负责八大的筹备工作。

1955 年 10 月 4 日至 11 日，中共中央举行了扩大的七届六中全会，讨论和通过了《关于召开党的第八次全国代表大会决议》与《关于党的第八次全国代表大会名额和选举办法的规定》。会议决定，党的八大于 1956 年下半年召开，但在下半年哪一个月开，没有具体规定，只是提出，召开八大的具体时间由中央政治局决定。会议规定的八大的主要议程比毛泽东在党的全国代表会议讲话所说的议程多了一项，即关于“二五”计划的指示。在这次会上，邓小平还代表中央政治局做了《关于召开党的第八次全国代表大会的决议草案的说明》，并就召开党的八大的酝酿过程做了具体说明。

七届六中全会后不到两个月，1955 年 12 月 5 日，中共中央政治局在北京中南海西楼召开座谈会，出席座谈会的包括在京的中央委员、中央党政军各部门和各省市的负责人。这次会议就是布置召开八大的筹备事宜。会议由刘少奇主持。他传达了中央政治局准备于 1956 年 9 月召开八大的决定。1956 年 7 月 6 日，中共中央通过新华社向全国发出了中国共产党第七届中央委员会关于召开党的第八次全国代表大会的通知。通知宣布，中共中央已经决定八大于 1956 年 9 月 15 日在北京召开。

既然要准备召开八大，怎样筹备八大的工作问题早就被提上了日程。筹备八大最

---

① 《中共中央文件选集》第 15 册，中共中央党校出版社 1991 年版，第 126 页。

② 《毛泽东文集》第 6 卷，人民出版社 1999 年版，第 406 页。

重要的准备工作就是准备大会文件、选举与会代表和筹备中央领导机关的选举。

关于大会文件的起草准备工作，实际上从党的全国代表会议之后就陆续展开了。中共中央非常重视这项准备工作，早在1955年就组织了三个写作班子。各项文件的起草工作顺利进行。毛泽东、刘少奇、周恩来、朱德、陈云、邓小平等多次讨论研究，分别对相关文件草稿进行重要修改。党中央还组织了中央级与省级党组织对修改后的党章草稿进行讨论，征求意见，并据此加以修改。八大的各项文件准备工作到1956年8月中旬基本完成。

在中央准备八大各项文件的同时，选举与会代表、筹备中央领导机关的选举的工作也在有条不紊地进行着。

早在1955年10月，七届六中全会通过了召开党的八大和代表名额选举方法的规定，要求出席八大的代表由各省、自治区、直辖市、中直机关、中央国家机关和解放军分别召开党的代表大会选举。代表的选举一律按党章规定，采取无记名投票的方式进行。代表名额为每1万名党员选代表1名，同时，照顾到各地区党员分布不平衡的情况，每个选举单位分别增选代表4至8人。人口在200万以上的大城市可分别另行增选代表10至15人。所有代表于1956年6月底以前选出。

1956年4月至6月，各省、市、自治区分别召开了各自地区与系统的党的代表大会，选举产生了出席党的八大的代表。为了进行新的中央委员会委员的选举，1956年7月30日，中央政治局决定成立一个负责选举工作的委员会。这个委员会由陈云、彭真、彭德怀、董必武、邓小平等20人组成，以陈云为第一召集人，邓小平为第二召集人。这个委员会主要负责研究八大的选举问题和中央机构的组织形式问题，并向中央政治局提出报告。

党的八大的筹备工作到1956年8月基本告一段落。

### （二）七届七中全会和八大预备会议

1956年8月22日、9月8日、9月13日，中共七届七中全会在北京召开。与此同时，8月30日至9月12日，还召开了八大预备会议。两个会议交叉进行，均是为八大的召开做最后的准备。

8月22日，中共七届七中全会第一次会议在中南海举行，出席会议的有中央委员、中央候补委员共计67人，中央各部委负责人及各省、自治区、直辖市党委第一书记共计42人列席了会议。毛泽东主持会议并做了讲话。他说：“这次全会的任务就是为八大做准备，有三大工程：文件、选举、发言。第一，文件问题。有五个文件要审查：

一个是政治报告，一个是党章草案，一个是修改党章的报告，一个是第二个五年计划的建议，一个是关于“二五”计划建议的报告。”第二，关于八大新的中央委员会的选举问题。第三，发言问题。毛泽东在讲话中还说：“七次大会后，我们得到革命的胜利，并且开始了建设。这一次大会我们要得到建设的胜利，建设一个伟大社会主义国家的胜利。我们的基本方针，就是把马克思主义同中国的实际情况相结合，团结党内、国内、国际一切可以团结和应该团结的力量，为建设一个伟大的社会主义国家而奋斗。”①

邓小平在会上代表中央书记处、政治局就有关八大的准备工作和相关文件做了说明。关于大会的几个主要文件，邓小平要求各个代表团既要抓紧时间，在9月7日以前把修改意见提出来，又要注意如何修改的问题。关于大会的发言问题，邓小平要求发言一般不超过20分钟，发言稿无论如何要以8000字左右为限度，最多不超过一万字。他表示会上最少要八九十个人发言，争取有100人发言。尽管代表发言不是八大的主要议程，却是大会的重要内容，它在一定程度上代表着大会成功与否。因此毛泽东针对邓小平讲到的大会发言的准备问题，从时间、内容等都谈了自己的看法，认为既要有重点发言，也要有精彩的小稿子，“原则是不要太长，内容要精彩一点”。关于大会的选举工作，邓小平认为，选举工作是这次大会很重要的一件工作，原则是先提一个名单，先由下而上，然后由上而下，再由下而上，最后才提出正式候选名单。邓小平还就有关八大筹备的六个文件草案进行了说明，六个文件草案分别是：关于大会的日程；大会的规则；关于预备会议的安排；关于选举工作的建议；关于代表团团长、副团长名单；资格审查委员会名单。

在邓小平做了说明之后，毛泽东又讲了一些注意的问题。其中之一是关于常任代表制的问题。毛泽东说：“我们这个党章草案上有个常任代表制”，过去十一年党的全国代表大会没有开会的原因之一就是惰性，现在要改变那种惰性，要每年开，开成习惯，成为条件反射。“这样，就可以经常展开批评，民主生活可以发展。”另外，毛泽东提出：“关于中央的组成，主要是为了国家的安全，为了工作的有利，中央准备设几层屏障，并设有总书记。中央政治局准备向新的中央委员会建议，推举邓小平同志当总书记。”毛泽东谈到，想在政治局和它的常委会之下组织一个书记处。“这个书记处，就是管中央日常工作，如准备文件，审查工作的执行等。中央政治局还设一个常委会，常委会相当于过去的书记处。我们认为组织一个小的常委会，一个小的‘内阁’，是有

① 《中共八大文献选载》，《党的文献》2006年第5期。

必要的。还有中央副主席、主席。过去只有中央主席，没有副主席，没有总书记，现在设总书记，又设副主席。副主席是设一个，还是设几个？这个问题也考虑过，也跟一些同志谈过，觉得还是几位比较好。我们这么一个大国，六亿人口，一千一百万党员，一个主席、一个副主席总觉得孤单。准备向新的中央委员会建议，过去的几位书记都当副主席”，“此外还有，在必要时要设名誉主席”。①

八大预备会议于8月30日晚在中南海怀仁堂举行了第一次会议，出席的代表946人。毛泽东主持会议。邓小平代表中央政治局对七届七中全会决定的六个文件草稿做了说明。关于七届七中全会对八大选举工作的建议，邓小平对此进行了详细说明，并确定大会选举的时候采用无记名投票的方式，确定这次选举同七大一样，先选举正式委员，后选举候补委员。关于大会的发言，邓小平要求大会的发言要短，争取比较多的发言。要求各省市要根据代表的多少准备相应数量的发言。邓小平谈到这次会议讨论的中心问题是国家建设，大会政治报告的中心问题也是国家建设。

在邓小平做报告之后，毛泽东在会上做了《增强党的团结，继承党的传统》的讲话。在讲话中毛泽东谈了三个问题：“第一点，关于大会的目的和宗旨。这次大会要解决什么问题，达到什么目的？总的说来，就是总结七大以来的经验，团结全党，团结国内外一切可以团结的力量，为建设伟大的社会主义中国而奋斗。”毛泽东说：“我们团结党内外、国内外一切可以团结的力量，目的是为了什么呢？是为了建设一个伟大的社会主义国家。”“第二点，关于继承党的传统。这次大会应当继续发扬我们党在思想方面和作风方面的优良传统，把主观主义、宗派主义这两个东西切实反一下，此外，还要反对官僚主义。”“第三点，关于中央委员会的选举。”“第八届中央委员会的名额为一百五十到一百七十人。七届中委是七十七人，这次加一倍多一点。这样恐怕比较妥当。”②

毛泽东谈到八届中委仍希望大家选举王明、李立三时说：“我们选举王明路线和立三路线这两位代表人物是表示什么呢？这是表示我们对待这种犯思想错误的人，跟对待反革命分子和分裂派（像陈独秀、张国焘、高岗、饶漱石那些人）有区别。”“如果我们八大对他们两位采取的态度还是同七大的态度一样，那我们党就可以得到一种利益，得到一种好处，就是对于改造全国广大小资产阶级比较容易些。这在全世界也有影响。”③

---

① 《中共八大文献选载》，《党的文献》2006年第5期。

② 《毛泽东文集》第7卷，人民出版社1999年版，第86~95页。

③ 《毛泽东文集》第7卷，人民出版社1999年版，第95~97页。

八大预备会议第一次会议同意邓小平关于八大六个事项的说明，通过了七届七中全会提交的六个文件。

9月8日，七届七中全会召开第二次会议，中央委员、中央候补委员56人出席了会议。会议由毛泽东主持，讨论确定八届中央委员的候选人名单。这个候选人名单共170人，其中七届中央委员67人，新提名的103人，没有分正式或候补委员。

9月10日下午，毛泽东在中南海怀仁堂主持召开八大第二次预备会议，出席代表1021人。会上，陈云代表中央做了《关于第八届中央委员会预选名单的说明》。他详细介绍拟定这个名单的过程及所经过的3个阶段，介绍了第三个阶段提出的名单，注意到了党务工作与群众工作、省市工作、国家机关、军队工作、文化工作、妇女工作、民族工作、外交工作8个方面。陈云报告后，薄一波、李先念、谭震林分别代表华北、中南和华东代表团发言。

9月10日，毛泽东在会上的讲话中说："现在是搞建设，搞建设对于我们是比较新的事情。早几年在中央范围内就谈过，我们希望建设中所犯的错误，不像革命中所犯的错误那么多、时间那么长。我们搞建设，是不是还要经过十四年的曲折，也要那么多筋斗呢?""搞经济，我们也有了一些经验，现在搞这些新的科学技术我们还没有经验。安排经济，对人、对资本家、对民主党派、对知识分子的工作，我们比较学会了，我们有二十二年根据地的经验。世界上新的工业技术、农业技术我们还没有学会，虽然我们已经有了六年的经验，学会了许多东西，但是从根本上说，我们还要做很大的努力，主要靠第二个五年计划和第三个五年计划来学会更多的东西。"① 毛泽东提出搞建设要造就知识分子。他说："我们要造就知识分子，现在我们只有很少的知识分子。旧中国留下来的高级知识分子只有十万，我们计划在三个五年计划之内造就一百万到一百五十万高级知识分子（包括大学毕业生和专科毕业生）。到那个时候，我们在这个方面就有了十八年的工作经验，有了很多的科学家和很多的工程师。那时党中央委员会的成分也会改变，中央委员会中应该有许多工程师，许多科学家。现在的中央委员会，我看还是一个政治委员会，还不是一个科学中央委员会。""现在我们这个中央的确有这个缺点，没有多少科学家，没有多少专家。"②

八大第二次预备会议经过充分的讨论，通过了七届七中全会所提出的八届中央委员会候选人名单。

9月13日，七届七中全会在中南海怀仁堂举行第三次会议。出席会议的中央委员、

---

①② 《毛泽东文集》第7卷，人民出版社1999年版，第101~102页。

中央候补委员共62人，中央各部委负责人及各省、自治区、直辖市党委书记37人列席了会议。毛泽东主持会议，邓小平对大会主席团名单、大会发言等问题做了说明。会议对八大的几个主要文件的草案及大会主席团名单、大会秘书处名单草案进行了认真讨论。

会上，毛泽东再次就大会的文件、八届中央委员会的选举和中央机构的设立等问题讲话。关于中央领导机构的设立问题，毛泽东专门谈了中央准备设4位副主席和总书记的问题，他认为为了国家的长治久安，设副主席和总书记是非常必要的。他向与会者推举和介绍邓小平和陈云。他说："我看邓小平这个人比较公道，他跟我一样，不是没有缺点，但是比较公道。他比较有才干，比较能办事。""他比较周到，比较公道，是个厚道人，使人不那么怕。""你说邓小平没有得罪过人？我不相信。但大体说来，这个人比较顾全大局，比较厚道，处理问题比较公正，他犯了错误对自己很严格。"至于陈云同志，"我看他这个人是个好人，他比较公道、能干，比较稳当，他看问题有眼光……不要看和平得很，但他看问题尖锐，能抓住要点"①。毛泽东还表示说：我是准备了的，就是到时候就不当主席了，请求同志们委任我一个名誉主席。名誉主席是不是不干事呢？照样干事，只要能够干的都干。

这次会议为八大的顺利召开做好了相应的准备。

## （三）八大盛况空前

1956年9月15日至27日，中国共产党第八次全国代表大会在刚刚落成不久的全国政协礼堂隆重召开。这是中国共产党执掌全国政权后召开的第一次全国代表大会。出席大会的正式代表1021人，列席代表107人，代表全国1073万名党员。

八大是一次规模空前的盛会，新中国的第一代领导人毛泽东、刘少奇、周恩来、朱德、陈云、邓小平等（除已去世的任弼时外），十大元帅、十位大将等全部出席会议，是一次开国元老出席的最全的会议。

在热烈的掌声中，毛泽东宣布党的八大开幕，并致开幕词。毛泽东在开幕词里开宗明义，指出："我们这次大会的任务是总结从七次大会以来的经验，团结全党，团结国内外一切可能团结的力量，为了建设一个伟大的社会主义的中国而奋斗。"毛泽东强调指出："把马克思列宁主义的理论和中国革命的实践密切地联系起来，这是我们党的一贯的思想原则。"他还提出："要把一个落后的农业的中国改变成为一个先进的工业

---

① 《毛泽东文集》第7卷，人民出版社1999年版，第111~112页。

化的中国，我们面前的工作是很艰苦的，我们的经验是很不够的。因此，必须善于学习。”“即使我们的工作得到了极其伟大的成绩，也没有任何值得骄傲自大的理由。虚心使人进步，骄傲使人落后，我们应当永远记住这个真理。”① 毛泽东的开幕词博得了经久不息的掌声。整个会场充满了热烈、激动的气氛，开幕词中的“虚心使人进步，骄傲使人落后”后来成为脍炙人口的名言。

接着，大会通过了由毛泽东、王稼祥、邓小平、习仲勋等63人组成的大会主席团，由邓小平为秘书长组成的大会秘书处，由董必武为主任组成的大会代表资格审查委员会，并通过了大会的主要议程和会议规则。

大会的主要议程有：刘少奇代表第七届中央委员会向大会做政治报告；邓小平做关于修改党章的报告；周恩来做关于发展国民经济的第二个五年计划建议的报告；选举中央委员会。大会还听取了朱德、陈云、董必武等代表的发言。

与以往不同的是，这次代表大会还邀请了苏联、南斯拉夫、法国、意大利等50多个国家的共产党和工人党的代表列席大会，这表明中国共产党在国际共产主义运动中已经成为一支具有重大影响的力量。八大也受到了国际舆论的普遍关注。八大召开的当天，世界各社会主义国家的主要报刊都发表社论和专文，祝贺并称赞这次大会，认为这不仅是“中国共产党和全体中国人民的一件大事。同时，也对国际共产主义和工人运动有巨大的意义”②。

各民主党派领导人和无党派民主人士代表应邀参加了大会，这象征着全国人民的大团结与人民民主统一战线的空前巩固。9月17日大会举行第三次全体会议时，李济深代表国内各民主党派和无党派民主人士致辞，祝贺大会胜利召开。李济深致辞结束时，各民主党派和无党派人士的代表沈钧儒、黄炎培、郭沫若、马叙伦、章伯钧、陈其尤、许德珩、谢雪红等在热烈的掌声中走到主席台前，向大会敬献礼品。礼品是象牙雕刻的工艺品，雕刻的是在二万五千里长征中红军英雄胜利渡过大渡河时的情景。李济深说：我们用这件礼品来象征我们各民主党派在中国共产党领导下“同舟共济”，胜利地过渡到繁荣幸福的社会主义和共产主义社会。9月26日下午，宋庆龄做了大会发言。她感慨地说：“像我这样一个非共产党员能够列席这次具有历史意义的大会，这是我毕生中感到最光荣和最愉快的事。”

大会经过认真讨论，通过了《关于政治报告的决议》、《中国共产党章程》和《关

---

① 《毛泽东文集》第7卷，人民出版社1999年版，第114~117页。

② 杨胜群、陈晋：《五十年的回望：中共八大纪实》，生活·读书·新知三联书店2006年版，第321页。

于发展国民经济第二个五年计划的建议》。八大在社会主义建设的一系列问题上提出了重要的思想。

经过认真酝酿，大会在充分发扬民主的基础上，选举产生了第八届中央委员会，中央委员97人，中央候补委员73人。同时，根据党的事业发展的需要，八大决定中央委员会增设副主席和常委，中央书记处增设总书记和候补书记，并加强中央监察委员会的机构，设书记、副书记。9月28日，举行了八届一中全会，选举产生了新的中央领导机构：毛泽东为中央委员会主席；刘少奇、周恩来、朱德、陈云为副主席；邓小平为总书记。中央政治局委员17名，候补委员6名。中央政治局常委有毛泽东、刘少奇、周恩来、朱德、陈云、邓小平。

八大顺利地完成了预定的各项议程，取得了圆满的成功，同七大一样，八大是以团结的大会、胜利的大会载入了史册。

## 三、党的八大的历史地位与影响

八大是中国共产党领导中国革命取得全国胜利后的首次全国代表大会。会议总结了七大以来的经验，分析了国内外形势和国内的主要矛盾变化，宣告了社会主义革命的基本完成和社会主义制度的基本确立以及全面建设社会主义新时期的开始，明确提出了党在今后的根本任务是把全党的工作重心适时转移到集中力量发展生产力上来，在探索中国自己的建设社会主义道路上迈出了重要一步，因而在党的历史上占有极其重要的地位。八大的路线是正确的，所做的决策准确地把握着时代的脉搏，其意义与影响是深远的。

### （一）对社会主义建设问题的认识与决策

八大集中全党的智慧，对国内外形势和面临的任务做出了正确的判断，在建设社会主义的一系列问题上提出了重要的思想。

首先，大会对国内基本矛盾做了新的判断，规定了党和国家的主要任务，做出了党的工作重点转移的正确决策。会议指出：社会主义制度在我国已经基本建立起来，无产阶级同资产阶级的矛盾已经基本解决，我们国内的主要矛盾已经是人民对于建立先进的工业国的要求同落后的农业国的现实之间的矛盾，已经是人民对于经济文化迅速发展的需要同当前经济文化不能满足人民需要的状况之间的矛盾。这一矛盾的实质，在我国社会主义制度已经建立的情况下，也就是先进的社会主义制度同落后的社会生产力之间的矛盾。党和全国人民今后的主要任务就是要集中力量，发展社会生产力，实现国家工业化，逐步满足人民日益增长的物质和文化生活的需要。这就在实际上做出了党和国家的工作重心转移到经济建设方面的重大决定。而这正是八大路线的基础与核心，也成为当时全党的共识。

在主要任务被明确后，八大进一步制定了社会主义建设的战略目标："尽可能迅速地实现国家工业化，有系统、有步骤地进行国民经济的技术改造，使中国具有强大的现代化的工业、现代化的农业、现代化的交通运输业和现代化的国防。"① "八大实际上确定中国社会主义建设分两步走的构想：第一步，用三个五年计划的时间初步实现工业化；第二步，再用几十年的时间接近或赶上世界最发达资本主义国家。"② 这是在初步意义上提出中国实现社会主义现代化建设的目标和分步实施的战略步骤。

其次，提出了适合中国实际的经济建设方针。大会总结了"一五"期间经济工作的重要经验，特别是1956年反冒进的实践，正式通过了周恩来《关于发展国民经济的第二个五年计划的建议的报告》，并肯定了他对"一五"计划执行情况的估计和反冒进的措施，坚持了既反保守又反冒进，即在综合平衡中稳步前进的经济建设方针。大会决议还指出，要合理地规定国民经济的发展速度，把计划放在既积极又稳妥可靠的基础上，以保证国民经济比较均衡地发展。周恩来等领导人关于既反保守、又反冒进，在综合平衡中稳步前进的思想和方针是党对建国初期经济建设经验的初步而又十分重要的总结，是当时经济建设的正确方针。这一思想与方针的提出和形成体现了党对经济工作规律的初步认识，同时对开展第二个五年计划的编制工作，特别对指导来年的经济建设工作产生了积极影响。

再次，提出了初步改进经济体制问题。身处财经第一线的陈云较早地发现了初步建立的社会主义经济体制的一些弊端。他在八大上的发言中指出，大量非社会主义的经济成分迅速转变为社会主义经济成分带来了两方面的问题：第一方面，在社会主义改造已经完成的情况下，国家经济部门在过去几年中为限制资本主义工商业而采取的一些措施已经没必要了。例如，国营商业对资本主义工业实行的加工订货、统购包销的办法，国营批发公司上下之间大部分实行的自上而下的派货，市场管理中限制私商采购贩运，由当地供销合作社或国营商业独家采购的办法等。第二方面，在社会主义

① 中共中央文献研究室：《建国以来重要文献选编》第9册，中央文献出版社1994年版，第315~316页。

② 中共中央党史研究室：《中国共产党历史》第2卷上册，中共党史出版社2011年版，第397页。

改造高潮中，由于形势发展过快，具体组织指导工作中也存在一些局部的错误。针对各部门提出的具体问题，陈云更明确地提出了“三个主体，三个补充”的社会主义经济体制新格局。他指出：“我们的社会主义经济的情况将是这样：在工商业经营方面，国家经营和集体经营是工商业的主体，但是附有一定数量的个体经营。这种个体经营是国家经营和集体经营的补充。至于生产计划方面，全国工农业产品的主要部分是按照计划生产的，但是同时有一部分产品是按照市场变化而在国家计划许可范围内自由生产的。计划生产是工农业生产的主体，按照市场变化而在国家计划许可范围内的自由生产是计划生产的补充”；“在社会主义的统一市场里，国家市场是它的主体，但是附有一定范围内国家领导的自由市场。这种自由市场，是在国家领导之下，作为国家市场的补充，因此它是社会主义统一市场的组成部分”①。陈云提出在所有制、生产和流通领域实行以公营经济、计划生产和国家市场为主体，以个体经济、自由生产和自由市场为补充的“三个主体、三个补充”的经济体制创见得到大会的采纳，这就初步提出了以计划经济为主、商品经济为辅的社会主义经济模式新格局，从理论上和实践上突破了过去的社会主义模式，表明党在探索社会主义经济体制的所有制结构、经济运行的调节机制和市场结构方面有了新的进展。会议还依据毛泽东《论十大关系》的探索成果，决定按照“统一领导、分级管理”的原则划分中央和地方的管理职权，并保证企业在国家的统一领导和统一计划下，在计划管理、财务管理、干部管理、职工调配、福利设施等方面有适当的自主权。这些皆是党在探索适合中国国情的社会主义建设道路中的重大贡献，是探索经济体制改革道路的重要尝试。

第四，规定了扩大人民民主、加强社会主义法制等任务。大会报告专门论述了进一步扩大民主生活，健全社会主义法制，开展反对官僚主义斗争，加强国内各民族的团结，继续巩固人民民主统一战线的问题，把系统地制定比较完备的法律、健全国家的法制作为国家工作中的迫切任务之一。

第五，在文化科学领域，制定了发展科学和文艺事业的正确方针，即毛泽东提出的“百花齐放、百家争鸣”。八大的报告和决议提出：科学上的真理愈辩愈明，艺术上的风格必须兼容并包。党不应靠行政命令，而要通过提倡自由讨论和自由竞赛来推动科学和艺术的发展。毛泽东在会上还提出要进行技术革命、文化革命，号召全党努力学习科学知识，同党外知识分子团结一致，为迅速赶上世界科学先进水平而奋斗。

---

① 《陈云文选》第3卷，人民出版社1995年版，第13页。

## （二）重视和加强执政党建设

八大在执政党建设方面也提出了一些新方针与新设想，取得了巨大的成就。

八大召开时，党员人数比七大时增加了8倍，达到1073万人，已处于执政党地位的中国共产党担负着领导社会主义建设的重任，必须重视和加强自身建设。八大认真分析党和国家的状况，根据形势和任务的变化提出了加强执政党建设的新思路，在党的建设方面通过了诸多富有远见的重要决定。

邓小平在《关于修改党的章程的报告》中分析了党在进入社会主义建设时期所处的大势和党的建设的大局，指出，为了加强执政党的建设，必须认真贯彻执行党的群众路线和民主集中制原则，加强集体领导，加强对党的组织和对党员的监督。监督的关键在于发展党和国家的民主生活，发扬我们党的优良传统。

刘少奇在八大所做的政治报告中强调了党的集体领导和扩大党内民主的原则问题："为了力求党的领导工作符合于客观实际，便利于集中群众的经验和意见，减少犯错误的机会，必须在党的各级组织中无例外地贯彻执行党的集体领导原则和扩大党内民主。"① 强调一切重大问题的决定都要经过充分讨论，容许不同观点的争论，坚决接受合理的反对意见或者反对意见中的合理部分。

大会还把防止和反对个人崇拜问题提到重要地位。邓小平在《关于修改党的章程的报告》中提出，马克思主义从来没有否认领袖人物对政党的作用，然而领袖人物"不是在群众之上，而是在群众之中，不是在党之上，而是在党之中"②。党的主要任务是要坚决地执行中央反对把个人突出、反对对个人歌功颂德的方针，继续坚持集体领导和个人负责相结合的制度，全面贯彻民主原则。会议也酝酿了废除实际存在的领导职务终身制问题。在此前后，毛泽东多次提出要辞去国家主席的职务，并考虑适当时机，不再继续担任党的主席。另外，按照毛泽东的多次提议，即"如果把毛泽东思想同马列主义并提，有人会以为是两个东西，为了不使发生误会，就不提毛泽东思想"③。因而八大党章在党的指导思想上就没有再提毛泽东思想。在党的全国代表大会上明确提出反对个人崇拜，始于八大。

八大继承了七大选出的党中央领导集体，并有新的成分加入，为以后的新老交替做了准备。在党的八届二中全会上，周恩来、刘少奇还以波匈事件为借鉴，强调反对

---

①《刘少奇选集》下卷，人民出版社1985年版，第270页。

②《邓小平文选》第1卷，人民出版社1994年版，第234~235页。

③《毛泽东文集》第6卷，人民出版社1999年版，第387页。

党内存在的各种不正之风，取消干部特权。

### （三）八大后的继续探索

党的八大分析了社会主义基本制度建立以后的形势，提出了全面开展社会主义建设的任务，开始了对中国自己的建设社会主义道路的艰辛探索。八大期间党对社会主义的经济认识方面有重要深化，其中一些重要构想如“三个主体，三个补充”的方针初步在传统的单一公有制和计划经济体制上注入了某种借助市场机制和整合市场调节作用的新元素。

八大后，对于如何按照“主体——补充”模式调整经济关系，特别是如何对待出现的自发经营的、较大规模的手工业个体户和手工工场即“地下工厂”“地下商店”等问题，中央领导人根据国情和现实需要，对这些问题又有了新的认识。

1956 年 12 月，毛泽东同中国民主建国会及全国工商联负责人和中共中央统战部负责人多次谈话，并就“地下工厂”“地下商店”等问题进行讨论，提出：只要社会需要，就发展起来；要使它成为地上、合法化。只要有市场、有原料，这样的工厂还可以增加。毛泽东强调：“可以搞国营，也可以搞私营。可以消灭了资本主义，又搞资本主义。”① 1957 年 4 月，周恩来也曾提到：“主流是社会主义，小的给些自由，这样可以帮助社会主义的发展。工业、农业、手工业都可以采取这个办法。”“大概工、农、商、学、兵除了兵以外，每一行都可以来一点自由，搞点私营的。文化也可以搞一点私营的。这样才好百家争鸣嘛！在社会主义建设中，搞一点私营的，活一点有好处。”“一切东西都靠国家生产不行，各方面都应该有百分之几的自由活动，太死了不行，不仅商业方面如此，工业方面也可以如此。”② 5 月，刘少奇在一次谈话中提出社会主义经济不但要有计划性，还要有多样性与灵活性的问题。他说：“研究社会主义经济，还要特别注意一个问题，就是使社会主义的经济既要有计划性，又要有多样性和灵活性。苏联在这方面的教训是很值得我们注意的，他们只有社会主义经济的计划性，只讲究计划经济，搞得呆板，没有多样性、灵活性。”“我们一定要比资本主义经济搞得更多样，更灵活。如果我们的经济还不如资本主义的经济灵活、多样，而只有呆板的计划性，那还有什么社会主义的优越性呢？我们一定要使社会主义经济的多样性、灵活性

---

① 《毛泽东文集》第 7 卷，人民出版社 1999 年版，第 170 页。

② 中共中央文献研究室：《建国以来重要文献选编》第 10 册，中央文献出版社 1994 年版，第 164、165 页。

超过资本主义，使我们人民的经济生活丰富多彩，更方便、更灵活。”① 毛泽东等党的领导人这些关于搞活经济的新思路是在八大探索的基础上对社会主义经济体制的新认识，它反映了党的领导人对八大路线的肯定与发扬。

八大后，中共中央领导人不仅对八大后确立的社会主义的经济体制方面有新的想法，而且在其他方面的探索也有了新进展。《关于建国以来党的若干历史问题的决议》曾对此进行过总结：“毛泽东同志在一九五七年春提出必须正确区分和处理社会主义社会两类不同性质的社会矛盾，把正确处理人民内部矛盾作为国家政治生活的主题。接着，他提出要‘造成一个又有集中又有民主，又有纪律又有自由，又有统一意志、又有个人心情舒畅、生动活泼，那样一种政治局面’的要求。一九五八年，他又提出要把党和国家的工作重点转到技术革命和社会主义建设上来。这些都是八大路线的继续发展，具有长远的指导意义。”

八大闭幕后的近一年中，中共中央领导人继续就八大路线进行探索，八大路线发挥了巨大的威力。刘少奇在中国共产党中央委员会向第八届全国代表大会第二次会议的工作报告中谈到：“这次会议距离本届代表大会的第一次会议有一年多的时间。在这段时间内，党正确地执行了并且发展了本届代表大会第一次会议所决定的方针和政策，在各方面的工作中取得了巨大的成就。”但遗憾的是，不久形势就发生了转折，1957 年反右派斗争后，党内“左”倾思想不断发展，八大路线没有能在实践中坚持下去。

### （四）八大路线中断的原因

党的八大取得了巨大的成就，这是中国共产党集体智慧的结晶，是中国共产党在社会主义时期对马克思列宁主义的创造性的运用，是毛泽东思想的新发展。“八大是全党探索中国自己的建设社会主义道路的开始，但是这个探索后来在几个关键的时刻和环节上走入了歧途。”② 八大路线之所以没能在实践中坚持下去，总的说来主要是由于党的领导人缺乏社会主义建设的实践经验，缺乏对经济发展规律和中国基本情况的深刻了解，没有提出一套为全党所牢固接受的系统的社会主义建设理论。

第一，八大对什么是社会主义的认识并不完全清楚。虽然八大路线对建设社会主义道路的探索已蕴含了党对社会主义认识的进步，但同时党对社会主义的认识还包含着八大宣布中国社会进入社会主义社会的标准即生产资料私有制社会主义改造的基本

---

① 《刘少奇论新中国经济建设》，中央文献出版社 1993 年版，第 350 页。

② 龚育之：《八大的历史地位和研究八大的现实意义》，《中共党史研究》1996 年第 6 期。

完成及其关于今后的任务。八大通过的新党章明确规定了今后的任务是继续消灭资本家私有制的残余和劳动者个体私有制的残余，彻底消灭剥削制度，并且杜绝产生剥削制度的根源。它表明党把建立一个更加单一、更加纯粹的社会主义社会作为今后的任务。这样，八大在如何建设社会主义的认识上形成了两种思路：一种是对已建立起来的社会主义进行改革；另一种是把消灭私有制残余作为建设社会主义的现实任务，以建立纯而又纯的社会主义经济。这种认识不会允许个体经济与市场经济的存在，把它们看作是非社会主义的、产生新的资产阶级和资本主义的经济基础。这就决定了八大确定的新方针和新政策未能一直贯彻下去。

第二，党的领导层的认识上未能形成牢固共识。八大虽提出了正确的经济建设方针却未能真正统一全党的思想。由于民主革命的胜利和社会主义改造的提前实现，党内不少人滋生了急于求成的急躁冒进思想。既反保守又反冒进，在综合平衡中稳步前进的经济建设方针是周恩来等领导人通过总结1956年急躁冒进错误的经验教训提出来的。而毛泽东在八大上虽然没有反对，但对反冒进却仍持保留态度。所以在反右斗争后，他大批反冒进，鼓动大跃进，从而否定了八大的正确方针。

第三，党的领导层对改革经济管理体制的认识仍然受着传统观念和苏联模式的影响。虽然毛泽东等领导人提出了改革旧的经济体制的任务，但对苏联模式的弊端仍然缺乏深刻的认识，指导思想上仍然受着以产品经济为基础的计划经济模式的束缚，不可能完全跳出旧模式，建立适合中国特点的新模式。虽然从灵活性、多样性考虑认为需要有一些非公有制经济成分和自由的商品经济，但在思想深处仍将其当作资本主义的东西加以提防，因而八大改革经济体制的努力只停留在中央与地方的分权等问题上，而不可能将企业当作商品生产和经营的独立单位给予其应有的自主权。所以后来在大跃进的“左”倾思潮冲击下，经济管理体制的改革也走上歧路。

第四，八大对于社会主义时期主要矛盾的认识也有不完善的地方。八大对主要矛盾的认识，其基本精神是正确的，但是把我国社会主要矛盾的实质概括为先进的社会制度同落后的社会生产力之间的矛盾，这种提法在理论上不够准确，它没有全面地提出：社会主义的生产关系已经建立起来，它是和生产力的发展相适应的；同时它又还很不完善，这些不完善的方面和生产力的发展是相矛盾的。八大关于我国国内主要矛盾实质的表述容易使人们误解为刚刚建立起来的社会主义制度在各方面都超越了生产力，也容易使人们误解为我国的社会主义制度和生产关系已很完善了，不存在继续改进的问题，从而影响对主要矛盾的认识。

第五，八大对社会主义建设时期阶级斗争的规律和特点缺乏正确的分析。八大对阶级关系变化的认识还不够清楚，对阶级存在的范围、性质、特点等缺乏准确、清醒的判断，没有指出社会主义改造基本完成后资产阶级作为一个剥削阶级已经被消灭了，仍认为知识分子是属于资产阶级和小资产阶级范畴的。这一认识上的偏差和不足很容易导致一遇到某些范围内矛盾激化的情况时，就习惯性地用长期所熟悉、所常用的对敌斗争的办法观察和处理问题，将以新的形式出现的人民内部矛盾当成敌我矛盾处理，从而导致阶级斗争扩大化的“左”倾错误泛滥。

另外，由于缺乏经验和对苏联的经验教训认识不足，党的八大虽然正确地提出了健全党的民主集中制，加强民主法制建设和思想文化建设的正确方针及加强党的集体领导和反对个人崇拜的任务，但对此没有能够给予充分的重视并及时制定有效的措施，缺乏制度上的保障。八大虽然强烈地反对个人崇拜，但又强调领袖的作用。这种矛盾的情况在毛泽东的威望不断增高的情况下不可避免地导致对毛泽东个人的崇拜，走到了八大路线要求的反面。

总的说来，八大路线未能始终一贯地贯彻执行，与八大自身的局限性有很大的关系，同时也是由于党领导社会主义建设的时间很短，缺乏全面建设社会主义的思想理论准备与经验导致的。

### （五）科学评价八大的历史功绩

八大路线尽管中断了，但八大的历史功绩与作用并没有因此而受到影响。

1979 年 9 月 29 日，叶剑英在庆祝中华人民共和国成立 30 周年大会上的讲话明确肯定了八大功绩，认为八大的主要文献“是我国社会主义革命社会主义建设的指针，它们的基本内容至今还有重要的指导意义”①。

1981 年 6 月，中共十一届六中全会通过的《关于建国以来党的若干历史问题的决议》澄清了关于八大的历史是非，对八大进行了更全面的肯定和科学的概括，认为：“一九五六年九月党的第八次全国代表大会开得很成功。大会指出：社会主义制度在我国已经基本上建立起来；我们还必须努力解放台湾、为彻底完成社会主义改造、最后消灭剥削制度和继续肃清反革命残余势力而斗争，但是国内主要矛盾已经不再是工人阶级和资产阶级的矛盾，而是人民对于经济文化迅速发展的需要同当前经济文化不能满足人民需要的状况之间的矛盾；全国人民的主要任务是集中力量发展社会生产力，实现国家工业化，逐步满足人民日益增长的物质和文化需要，虽然还有阶级斗争，还

---

① 《三中全会以来重要文献选编》上册，人民出版社 1982 年版，第 216 页。

要加强人民民主专政，但其根本任务已经是在新的生产关系下面保护和发展生产力。大会坚持了一九五六年五月党中央提出的既反保守又反冒进即在综合平衡中稳步前进的经济建设方针。大会着重提出了执政党的建设问题，强调要坚持民主集中制和集体领导制度，反对个人崇拜，发展党内民主和人民民主，加强党和群众的联系。八大的路线是正确的，它为新时期社会主义事业的发展和党的建设指明了方向。”

1982 年 9 月，邓小平在党的十二大所致的开幕词中更加全面地评价了党的八大：“一九五六年召开的党的第八次全国代表大会，分析了生产资料私有制的社会主义改造基本完成以后的形势，提出了全面开展社会主义建设的任务。八大的路线是正确的。但是，由于当时党对于全面建设社会主义的思想准备不足，八大提出的路线和许多正确意见没有能够在实践中坚持下去。八大以后，我们取得了社会主义建设的许多成就，同时也遭到了严重挫折。”①

党的十一届三中全会后，八大制定的路线得以恢复和发展。十一届三中全会提出的党的基本路线的实质就是对党的八大路线的继承和发展。党的八大是中国共产党人探索中国特色社会主义建设道路的起点，正如胡锦涛在纪念建党 85 周年重要讲话中所指出的：社会主义基本制度的建立是以八大召开为标志，而对中国建设社会主义道路的探索，又是以八大为开端。

党的八大是新中国成立后召开的第一次党的全国代表大会，这次会议盛况空前，意义深远。出席八大的代表们多次回忆八大的盛况，谈到八大的历史地位与影响。

代表们在回忆中谈得较多的是八大的民主与团结，认为八大继承了七大的传统，是高度民主的、团结的、胜利的大会。代表们多次回忆到八大召开过程中会上的那种热烈、友好、民主、团结的气氛，回想起代表们快快乐乐、畅所欲言的情形。叶飞回忆道：“党的八大开得庄严、隆重，小组讨论的气氛也十分活跃。当时党内的民主空气是比较好的，大家发言不是照本宣科，讲些套话漂亮话。”② 于光远说：“这次代表大会期间，大会开得很多。开幕式、闭幕式、政治报告和专门报告、选举中央委员和候补委员都在大会上举行不必说了，还有许多代表的发言也在大会上举行。”“从这次会议本身的开法和会上所做的报告、所通过的决议中，我们可以看出党非常重视发挥党内高度的民主，可以看出，党的工作对社会高度的公开性和强调国内和国外一切可以

① 《邓小平文选》第 3 卷，人民出版社 1993 年版，第 2 页。

② 杨胜群、陈晋：《五十年的回望：中共八大纪实》，生活·读书·新知三联书店 2006 年版，第 30 页。

团结的力量是这次代表会最大的特色。”① 八大代表林萍曾讲过：“我认为党的八大在中国共产党会议历史上是一次空前伟大的盛会，是一次团结、民主、生动的大会。在当时，全国解放不久，就提出以建设社会主义现代化中国为奋斗目标，是很了不起的，表现出我党第一代领导人的远见卓识。”②

对于八大的历史功绩及其影响，也是代表回忆得比较集中的一个问题。八大代表李雪峰说：“我党第八次全国代表大会是一次具有历史意义的成功大会。……八大总结了社会主义建设初期的经验和教训，制定出新的方针、政策。”赵健民说：“历史表明，八大的路线、方针是正确的，它既是中国共产党人自己探索建设社会主义道路取得的初步成果，又为新时期社会主义事业的发展和党的建设指明了方向。八大以后，全党继续努力探索建设社会主义的道路。但由于种种原因，这种探索不幸而中断，八大的路线、方针没有得到贯彻执行。”伍修权感慨地表示：“以后的事实也证明，凡按照八大正确的方针路线去做的，就取得了进展和胜利，而发生的各种挫折和失误，往往是由于我们违反甚至抛弃了八大正确方针。”③

---

① 于光远：《难忘党的八大》，《中共党史研究》1996 年第 4 期。

② 杨胜群、陈晋：《五十年的回望：中共八大纪实》，生活·读书·新知三联书店 2006 年版，第 115 页。

③ 杨胜群、陈晋：《五十年的回望：中共八大纪实》，生活·读书·新知三联书店 2006 年版，第 8、34、104 页。

# 党的九大

## 建设转向“继续革命”与严重后果

“月初圆忽被阴云，花正发频遭骤雨。”历史的长河从来就不是笔直的。党的八大结束后，根据大会确定的把党和国家的工作重点转移到经济建设上来的重要决策，中国共产党领导全国各族人民在经济、政治和科学文化各个领域继续探索，并取得初步成果，大规模的社会主义建设热火朝天地全面展开。然而，1957 年以后，从对国内阶级形势估量不当和对国内主要矛盾的误断开始，党内“左”倾思潮不断发展，最终导致了一场以“无产阶级文化大革命”为名的摧梁折柱的政治大风暴。在此背景下，1969 年 4 月 1 日至 24 日中国共产党第九次全国代表大会在北京召开。

### 一、“和平演变”，如何防止

1969 年 4 月 1 日晚 9 时，中央人民广播电台播出了党的九大开幕的新闻公报。人们屈指一算，这次大会与八大相隔了 13 年。而八大党章规定：“党的全国代表大会每届任期 5 年”。为什么九大不能按照党章的规定如期召开？这与党内政治生活不正常，“反修防修”、防止“和平演变”一直没有达到毛泽东的预期有着密切的关系。进入 20 世纪 60 年代以后，面对当时社会主义各国、国际共产主义运动内部正在发生的深刻变化，面对经济调整中党的领导层对国内形势和调整政策的不同认识，毛泽东认为，世界上绝大多数共产党、工人党变成修正主义了，中国也面临着出修正主义的问题。“文化大革命”的运筹、发动和展开，是继社会主义教育运动之后国内“反修防修”、防止“和平演变”的又一具体步骤，也是为九大的召开做准备。

## （一）八届三中全会，否定八大的主要矛盾理论

党的十一届六中全会通过的《关于建国以来党的若干历史问题的决议》指出：“历史已经判明，‘文化大革命’是一场由领导者错误发动，被反革命集团利用，给党、国家和各族人民带来严重灾难的内乱。”① 这个评价是实事求是、恰如其分的。人们不禁要问：在20世纪60年代的社会主义中国，在中国共产党执掌政权的条件下，为什么会发生这样一场内乱？

风起于青萍之末。从客观的历史进程看，八大后党逐渐偏离并改变了八大对国内主要矛盾正确判断开始的“左”倾理论和实践的恶性发展，是导致“文化大革命”发生的一个重要根源。

正确认识和把握社会主要矛盾，是制定正确的路线、方针、政策的理论基石和主要依据，是关系社会主义事业前途命运和兴衰成败的重大问题。八大通过的关于政治报告的决议中指出：“我们国内的主要矛盾，已经是人民对于建立先进的工业国的要求同落后的农业国的现实之间的矛盾，已经是人民对于经济文化迅速发展的需要同当前经济文化不能满足人民需要的状况之间的矛盾。这一矛盾的实质，在我国社会主义制度已经建立的情况下，也就是先进的社会主义制度同落后的社会生产力之间的矛盾。”这一论断正确认识和客观分析了我国社会主要矛盾，为党制定全面建设社会主义新时期的正确路线提供了坚实的理论依据。但是，自八届三中全会上毛泽东提出当前我国社会的主要矛盾是“无产阶级和资产阶级的矛盾，社会主义道路和资本主义道路的矛盾”之后，党的指导思想、理论基础以及工作方式等都随之发生改变，造成严重后果。

毛泽东改变八大关于主要矛盾的论断，有着主观客观和国际国内等多方面的原因。主要的还是八大召开前后国际、国内的形势发生了变化，他对这些变化认识上的偏差导致了对八大正确论断的看法改变。

从苏共二十大后，东欧一些社会主义国家对斯大林时期以来苏联的大国沙文主义

---

① 中共中央文献研究室：《十一届三中全会以来党的历次全国代表大会中央全会重要文件选编》上，中央文献出版社1997年版，第181页。

表示不满。特别在波兰和匈牙利，党内和人民群众中要求在独立平等的基础上调整对苏关系，在政治、经济上实行变革的呼声非常强烈，一些意欲利用对斯大林错误的揭露改变本国社会主义制度的势力也四处活动，一度局势严重恶化，引起了流血冲突甚至暴乱。1956 年秋冬，中国国内也出现了有人罢工，有人罢课，还有合作社的社员闹退社等一些不安定的情况。所有这些，不能不引起毛泽东等党和国家领导人的反思和警醒，考虑怎样避免在中国出现类似波匈事件的事情。

有史料表明，毛泽东从一开始对八大关于主要矛盾的论断就不怎么认同。据《毛泽东传》介绍，八大决议中关于我国国内主要矛盾的这样一句话："这一矛盾的实质，在我国社会主义制度已经建立的情况下，也就是先进的社会主义制度同落后的社会生产力之间的矛盾。"在决议的历次修改稿上都没有，9 月 27 日凌晨大会主席团常委会通过的稿子上也没有，是在大会闭幕式前临时加上的。"急急忙忙地送毛泽东看过，就印发大会了。"八大闭幕不久，毛泽东对决议中的这一句话的提法就表示"怀疑"。① 1967 年 11 月 5 日，在与中央"文革"成员谈关于九大和整党问题时，毛泽东也明确地说："刘、邓互相合作，'八大'决议不通过大会主席团，也不征求我的意见就通过了。刚通过，我就反对。"② 据王光美回忆，当年国庆节，在天安门城楼上，毛泽东对刘少奇说，八大决议关于我国主要矛盾的提法不正确。③ 这时距八大闭幕才 4 天。

但是，从总体上看，当时毛泽东并没有改变八大对国内主要矛盾和阶级斗争形势基本判断的意图和动作，还是试图以波匈事件为鉴戒，从整顿党的作风入手，克服主观主义、官僚主义和宗派主义，正确处理人民内部矛盾，以缓解党和人民群众关系间的某些紧张状态。在此期间，毛泽东围绕国内主要矛盾问题，在北京和外地发表多次讲话，认为现在阶级斗争这件工作基本结束了④。在他同年发表的《关于正确处理人民内部矛盾的问题》一文中，还从理论的高度对党的工作中心转移问题进行了阐述，指出："我们的根本任务已经由解放生产力变为在新的生产关系下面保护和发展生产力。"⑤ 他认为："一九五六年，在个别地方发生了少数工人学生罢工罢课的事件"，"直接的原因，是有一些物质上的要求没有得到满足"，"更重要的因素，还是领导上的

---

① 中共中央文献研究室：《毛泽东传》（1949～1976）上，中央文献出版社 2003 年版，第 537 页。

② 毛毛：《我的父亲邓小平："文革"岁月》，中央文献出版社 2000 年版，第 62 页。

③ 黄峥执笔：《王光美访谈录》，中央文献出版社 2006 年版，第 166～167 页。

④ 席宣、金春明：《"文化大革命"简史》，中共党史出版社 2006 年版，第 6 页。

⑤《毛泽东著作选读》下册，人民出版社 1986 年版，第 771～772 页。

官僚主义”。“少数合作社社员闹社的事件，主要原因也是领导上的官僚主义和对于群众缺乏教育”。① 但是，毛泽东又认为，“东欧一些国家的基本问题就是阶级斗争没有搞好”，这就不可避免地影响到他以后对国内发生的矛盾和事件的分析与决断。一般认为，毛泽东认识的转折，主要还是发生在全党整风期间。

在八届二中全会上，中共以波匈事件为鉴戒，强调必须警惕和防止干部特殊化和脱离人民群众，决定1957年开展全党整风。1957年5月1日，《人民日报》公开发表了同年4月27日中共中央发出的《关于整风运动的指示》，全党整风运动由此开始。

随着整风运动的迅猛展开，一些怀疑、否定共产党领导和社会主义制度的右倾思潮借机开始冒头和蔓延。面对这种事先没有估计到的复杂局势，党的领导人在长期激烈的阶级斗争历史中形成的政治经验作用下，还是习惯地做出有很大一批右派分子向党向社会主义猖狂进攻的判断，从而走上开展对敌斗争的大规模群众性政治运动的熟路。5月15日，毛泽东开始撰写题为《走向反面》的文章，后把题目改为《事情正在起变化》，于6月12日署名“中央政治研究室”印发党内高级干部，第一次提出右派猖狂进攻的问题。运动主题开始由正确处理人民内部矛盾转向对敌斗争，由党内整风转向反击右派进攻。尽管中共中央、毛泽东试图把反右派斗争在政治上打击的范围缩小到极右派，加大争取中间派的力度，但由于当时党对整个阶级斗争的形势做了过分严重的估计，群众运动一经广泛发动便往往很难加以控制，反右派斗争出现了扩大化，把思想和言论存有某些片面性但真诚地帮助党整风的人错当成“右派分子”来处理，把历史转变时期新出现的大量人民内部矛盾特别是意识形态领域的人民内部矛盾，误判为敌我矛盾加以错误处理。到1958年夏季反右派斗争结束，全国共划右派分子55万多人②。许多同党有长期合作历史的朋友，许多有才能的知识分子，许多政治上热情而尚不成熟的青年，还有党内许多忠贞的同志，由于被错划为右派分子，经受了长期的冤屈和磨难，不能在社会主义建设中发挥应有的作用。

反右派斗争的严重扩大化，不但造成错划人员个人及家庭的悲剧，而且通过八届三中全会和八大二次会议，改变了八大关于我国社会主要矛盾的论断，使中共探索适合中国情况的建设社会主义道路的良好开端受到挫折，给整个党和国家的事业造成巨大的损失。

---

① 《毛泽东著作选读》下册，人民出版社1986年版，第791页。

② 中共中央党史研究室：《中国共产党历史》第2卷（1949～1978）上册，中共党史出版社2011年版，第457页。

1957年9月20日至10月9日召开的中共八届三中全会，是一次扩大的中央全会，出席会议的除中央委员和候补委员外，还有中央各部门和各省市以及地、县的领导干部参加，毛泽东因此说“实际是三级干部会”。会议的主要议题是：总结前一段整风、反右派的经验，部署下一段的整风、反右派工作。9月19日，毛泽东召集中央同志讨论关于三中全会问题时指出：“整个过渡时期，总的矛盾是社会主义与资本主义，即工人阶级与资产阶级的矛盾。”毛泽东的这个提法，当时许多同志感到不理解。会议中与会人员对这个问题进行了热烈的讨论，有两种不同的意见。一种意见认为，根据反右派斗争的情况，无产阶级与资产阶级的矛盾、社会主义与资本主义的矛盾，仍将是今后国内的主要矛盾。即同意毛泽东的观点。另一种意见认为，虽然目前的重要任务是反右派，但不应把国内政治生活中的一个时期的主要矛盾作为整个过渡时期的主要矛盾，仍然坚持八大的基本观点。在讨论过程中，持这种看法的人不少。① 10月7日，毛泽东在全会的组长会议上讲话，再次谈他对主要矛盾的观点，对改变八大论断的原因做了说明，并提出这一改变暂时“报上不要发表”，只讲社会主义和资本主义两条道路的斗争。这一讲话经过传达、讨论后，10月9日，毛泽东在会议上对主要矛盾问题做了结论。他非常肯定地说：“无产阶级和资产阶级的矛盾，社会主义道路和资本主义道路的矛盾，毫无疑问，这是当前我国社会的主要矛盾。”毛泽东的“新论断”始为全会所接受。

1958年5月，在党的八大二次会议上，刘少奇代表中央做工作报告，宣布：“整风运动和反右派斗争的经验再一次表明，在整个过渡时期，也就是说，在社会主义社会建成以前，无产阶级同资产阶级的斗争，社会主义道路同资本主义道路的斗争，始终是我国内部的主要矛盾，这个矛盾，在某些范围内表现为激烈的、你死我活的敌我矛盾”②。这就确认了毛泽东对八大关于主要矛盾论断的改变，给阶级斗争扩大化的错误提供了理论依据，使党在阶级斗争方面“左”的错误愈来愈严重起来。

八大通过的关于政治报告的决议中指出：“社会主义改造已经取得了决定性的胜利，这就表明，我国的无产阶级同资产阶级之间的矛盾已经基本上解决。”这一论断经实践证明是正确的，是切合我国国情的。在社会主义基本政治经济制度确立后，仍然坚持“以阶级斗争为纲”是错误的。然而，毛泽东认为，不搞阶级斗争，人们的精神面貌振奋不起来，还是搞不好生产。多少年来，他形成了通过抓阶级斗争、抓革命来

---

① 薄一波：《若干重大决策与事件的回顾》下卷，中共中央党校出版社1993年版，第624~629页。

② 薄一波：《若干重大决策与事件的回顾》下卷，中共中央党校出版社1993年版，第631页。

振奋人们的精神，调动各方面积极性，来推动经济建设的思想①。事实上，这样做不但不能推动经济建设，反而干扰了经济建设，也冲击了政治建设、文化建设和社会建设。

### （二）八届十中全会，阶级斗争扩大化

经过全党整风、开展反右派斗争，中央认为，政治思想上的社会主义革命和经济战线上的社会主义革命都已经取得伟大胜利，广大人民群众热情高涨，经济建设应该搞得快一些。为此，党中央、毛泽东酝酿并制定了社会主义建设总路线，并在这个过程中相继发动了“大跃进”和人民公社化运动。

1958年秋冬之间，中央发现“大跃进”和人民公社化运动中出了不少乱子，开始领导全党纠正已经觉察到的“左”倾错误。在初步纠“左”的过程中，中共中央、毛泽东提出若干重要理论观点和比较符合实际的政策措施，对社会主义问题产生了一些新的认识，为建设社会主义道路的探索提供了很有价值的思想积累。但不久后发生了从纠“左”到反右的逆转，给党和国家的政治生活以及国民经济的发展造成严重后果。

进入20世纪60年代，国内经济形势十分严峻。党中央决心认真调查研究，纠正错误，调整政策，与人民群众同甘共苦，克服困难。经过全党上下的艰苦努力，国内形势逐步好转，同时，为进一步探索中国自己建设社会主义道路积累了新的经验。但是党在指导思想上的“左”倾错误并没有从根本上纠正，党内尤其是党的中央领导层对形势和政策的许多看法还存在分歧。这种分歧在形势逐步好转以后，随着国内政策调整的进一步深入，以及国际局势出现一定程度的紧张和中苏争论的进一步激化而逐渐发展起来，党探索建设社会主义道路的进程，又发生了新的波折。这一新的波折的起点是党的八届十中全会。

八届十中全会于1962年9月24日至27日召开。在这次会议上，如何认识和处理社会主义社会中的阶级斗争这一重要而又复杂的问题，被毛泽东再一次严重地提到全党面前。

全会召开前，中共中央于7月25日至8月24日在北戴河召开了一个月的工作会议。这次中央工作会议，原定是讨论农村、粮食、商业和国家支援农业等问题，重点是讨论《关于进一步巩固人民公社集体经济、发展农业生产的决定（草案）》《农村人

① 中共中央文献研究室：《毛泽东传》（1949～1976）下，中央文献出版社2003年版，第1326～1327页。

民公社工作条例修正草案》《关于商业工作问题的决定》等文件。8 月 5 日，毛泽东与华东、中南地区负责人谈话，集中讲了阶级和阶级矛盾问题。在这次谈话中，毛泽东把两个阶级、两条道路的矛盾放在突出的位置，同他自八届三中全会以来对中国社会主要矛盾的判断一脉相承。8 月 6 日，毛泽东在大会上做关于阶级、形势、矛盾问题的讲话，随后又在各次中心小组会上多次插话，继续阐发 6 日讲话的观点。会议的重点就转为讨论阶级斗争问题。在中心小组最后一次会议上，毛泽东讲的中心问题还是阶级和阶级斗争问题，而且出现把阶级和阶级斗争问题绝对化的情况。他说："对讲阶级、阶级斗争，我有兴趣。不讲阶级，不讲阶级斗争，就没有劲了。"①

在八届十中全会上，毛泽东首先做关于阶级、形势、矛盾和党内团结问题的讲话，对他 8 月 6 日在北戴河中央工作会议提出的 3 个问题进行系统阐述。联系到对苏联赫鲁晓夫修正主义的批判，他把党内一些不同意见也当成阶级斗争的反映，把他所不同意而实际上比较符合客观情况的意见，看成是"右倾机会主义"即"修正主义"的表现，而且扣上"黑暗风""单干风"和"翻案风"的大帽子加以批判。毛泽东断言，在整个社会主义历史阶段资产阶级都将存在和企图复辟，并成为党内产生修正主义的根源。他要求全党，要提高警惕，进行社会主义教育。他说，阶级斗争和资本主义复辟的危险性问题，我们从现在起，必须"年年讲，月月讲，开一次中央全会就讲，开一次党大会就讲，使得我们有一条比较清醒的马克思主义的路线"②。

毛泽东在会上所阐述的意见和观点，特别是关于阶级和阶级斗争的理论，在全会上得到一致赞成。全会公报在毛泽东讲话的基础上加以整理，并经他修改审定，对毛泽东关于社会主义社会阶级和阶级斗争的理论做了完整的表述，强调无产阶级和资产阶级之间的阶级斗争，社会主义和资本主义这两条道路的斗争，存在于"由资本主义过渡到共产主义的整个历史时期（这个时期需要几十年，甚至更多的时间）"，在这个时期，"被推翻的反动统治阶级不甘心于灭亡，他们总是企图复辟"，同时，"在人民中，还有一些没有受到社会主义改造的人，他们人数不多，只占人口的百分之几，但一有机会，就企图离开社会主义道路，走资本主义道路。在这些情况下，阶级斗争是不可避免的。这是马克思列宁主义早就阐明了的一条历史规律，我们千万不要忘记。"并且认为，"这种阶级斗争，不可避免地要反映到党内来。国外帝国主义的压力和国内

① 中共中央文献研究室：《毛泽东传》（1949～1976）下，中央文献出版社 2003 年版第1249～1250 页。

② 中共中央文献研究室：《毛泽东传》（1949～1976）下，中央文献出版社 2003 年版，第 1251 页。

资产阶级影响的存在，是党内产生修正主义思想的根源。"①

毛泽东把一定范围内存在的阶级斗争扩大化和绝对化，标志着党在阶级斗争问题上"左"的观点进一步系统化，为政治上"左"倾错误的再度发展做了理论准备。从此，"反修防修"作为一个基本战略，成为当时全党的一个重要指导思想，这对后来中国政治走向产生了严重影响。中苏论战激化、社会主义教育运动，直至"文化大革命"等一系列重大事件，都是在这一思想的指导下展开和演进的。

### （三）中苏论战，国际"反修"

1965 年 2 月，苏联总理柯西金访问越南路过北京，毛泽东与他有一段对话。柯西金在毛泽东会见时提出，希望停止苏中之间的公开争论。毛泽东不以为然，对他说，论战就是打笔墨官司，死不了人，原则争论还要继续下去，但国家关系应当改善。柯西金问，要争论多久？毛泽东答，一万年。柯西金说，太长了吧？毛泽东诙谐地说，看在你的面子上，减少一千年。② 这个毛泽东看在柯西金的面子上"减"去所谓一千年的争论，就是 20 世纪 50 年代末 60 年代初中苏两党之间发生的一场关于国际共产主义运动理论原则和国际政策的大论战。

1956 年苏共二十大后，中苏两党在国际共产主义运动路线和策略等问题上出现分歧。最初，这些分歧被控制在内部一定范围，后来逐步激化。1960 年 4 月，在纪念列宁诞辰 90 周年时，中共中央发表《列宁主义万岁》等 3 篇文章，集中阐明了中国共产党关于时代、战争与和平、无产阶级专政、反对现代修正主义等一系列重大问题的观点，点名批判南斯拉夫"现代修正主义"，实际是对赫鲁晓夫的一系列观点进行不指名的批驳。苏联报刊随即做出激烈反应，拉开了中苏论战的序幕。同年 6 月，在布加勒斯特举行的一次 12 个社会主义国家共产党和工人党代表团会议上，苏共动员、组织各兄弟党对中国党进行了大规模的围攻。中共代表团按照中央的指示，进行了针锋相对的斗争。会后，苏方采取了单方面决定全部召回在华苏联专家等恶化两国关系的严重步骤，向中国施加压力。中国共产党和中国人民顶住了巨大压力。

1960 年底，81 国共产党和工人党代表在莫斯科举行会议期间，中苏两党代表团会谈，双方都表示希望结束争论。会后，两党关系一度有所缓和。1961 年 10 月，苏共第二十二大召开。赫鲁晓夫在大会报告中公开批判不赞成苏共观点的阿尔巴尼亚劳动党，

---

① 中共中央文献研究室：《毛泽东传》（1949～1976）下，中央文献出版社 2003 年版，第 1259～1260 页。

② 周晓沛：《中苏中俄关系亲历记》，世界知识出版社 2010 年版，第 12 页。

影射中国共产党。中苏两党关系重新紧张起来。受苏共影响，卷入围攻中共的兄弟党越来越多。1962 年 12 月至 1963 年 3 月，中共中央陆续发表《全世界无产者联合起来反对我们的共同敌人》等 7 篇文章予以答复和反驳。1963 年 6 月，中共中央发表《关于国际共产主义运动总路线的建议》，逐条阐述中共与苏共在关于当代世界革命和国际共产主义运动一系列重大问题上存在的原则分歧。7 月 6 日至 20 日，邓小平率领中共代表团赴莫斯科参加中苏两党会谈。在会谈中，据理力争，阐明我党对共产主义总路线以及与此有关的一些原则性问题的观点。7 月 14 日，也就是在会谈期间，苏共中央在其机关报《真理报》上发表《苏共中央给苏联各级党组织和全体共产党员的公开信》，对中共进行反击。根据中央政治局常委的指示精神，从 1963 年 9 月至 1964 年 7 月，“中央反修文件起草小组”先后撰写的《苏共领导同我们分歧的由来和发展》等 9 篇评论，以《人民日报》和《红旗》编辑部的名义相继发表，全面批评苏共的对外对内政策。与此同时，苏共发表文章进行还击。

关于中苏论战的成因、实质、作用等问题，近年来国内学术界见仁见智，存在着不同观点与或大或小的学术争议。然而无论学者们如何认识、评价，客观事实是，这场论战不仅导致中苏两党关系中断和国际共产主义运动的分裂，而且严重影响中国共产党对国际形势的判断和对社会主义的认识，进而又影响到对国内形势的判断，对“文革”的发动产生了极其深刻的影响。

在讨论和修改《关于赫鲁晓夫的假共产主义及其在世界历史上的教训——九评苏共中央的公开信》一文时，邓小平说过一句话：“讲多了，反而没有道理”。了解这句耐人寻味的话的来龙去脉，对于人们认识中苏两党这场争论大有帮助。

《关于赫鲁晓夫的假共产主义及其在世界历史上的教训》这篇由《人民日报》编辑部与《红旗》编辑部联名发表的文章，约 4 万余字，除导言外由 7 个部分组成。其中第 3 部分的标题是“苏联的特权阶层和赫鲁晓夫修正主义集团”，主要论述苏联的特权阶层包括哪些人，他们同社会上的资产阶级分子是什么关系，他们是怎样形成的，赫鲁晓大掌权之后推行修正主义路线使他们的地位发生什么变化，等等，着重讲述如何防止资本主义复辟和“反修防修”的问题。

据当年“中央反修文件起草小组”助理工作人员崔奇在其《我所亲历的中苏大论战》一书中记述，采用“特权阶层”这一提法，是经过反复考虑的。起初曾想用“高薪阶层”或“官僚资产阶级”一词，经过斟酌觉得都不妥，最后才选定“特权阶层”。为了表明其阶级性，前边加上“资产阶级”，叫“资产阶级特权阶层”。文章认为，这个特权阶层是目前苏联资产阶级的主要组成部分，是赫鲁晓夫修正主义集团主要的社会基础。由于“特权阶层”这个问题无事例和材料可用，写作者只好凭空进行“概括分析”，认为这个特权阶层是由党政机关、企业、农庄的领导干部中的蜕化变质分子和资产阶级知识分子构成，他们同工人、农民和广大知识分子是对立的。在赫鲁晓夫上台前，这些新资产阶级分子在社会上不占统治地位，在赫鲁晓夫上台后，随着修正主义思潮的泛滥和修正主义集团逐步掌握党和国家的领导权，他们在党、政、经济、文化等部门占据了统治地位，从而形成了苏联社会上的特权阶层。在讨论和修改文稿的这一部分时，邓小平说，有些情况，讲得少了，有道理，讲多了，反而没有道理；说得少了，清楚，说得多了，反而不清楚，反而露了马脚①。

邓小平的这一段话似乎充满了矛盾，是什么意思呢？或许 20 多年后他在回顾和反思这段历史，对这场论战的经验教训进行总结时的一些论述可以作为注脚。他说：“多年来，存在一个对马克思主义、社会主义的理解问题。从一九五七年第一次莫斯科会谈，到六十年代前半期，中苏两党展开了激烈的争论。”“经过二十多年的实践，回过头来看，双方都讲了许多空话。”“真正的马克思列宁主义者必须根据现在的情况，认识、继承和发展马克思列宁主义。”② 显然，邓小平当时已经意识到，论战中一些脱离实际、缺少根据的“为赋新词强说愁”，并不是对马克思列宁主义的继承和发展，而是一些经不起推敲、如果追根究底甚至连自己也难以说服的“空话”，是不可取的。

这场讲了许多“空话”的中苏论战，对“文革”的发动产生了多方面的影响。比如，制造了一种“反修防变”的现实危机感，为“文革”做了一次广泛的思想动员，促进了“文革”气候的形成；推动原已存在于中共党内的“左”倾理论日益发展，更加完备化和系统化，最后被概括成“无产阶级专政下继续革命的理论”；促进了改换接班人、培养接班人的紧迫感；在思想上为毛泽东的个人崇拜推波助澜，等等。

### （四）社教运动，国内“防修”

党的八届十中全会后，在对国内外阶级斗争形势估计越来越严重的情况下，中央决定在城乡发动一次普遍的社会主义教育运动，开展大规模的阶级斗争。这场历时近四年之久，波及全国三分之一广大地区的社会主义教育运动，是八届十中全会关于阶级斗争的理论在一定范围的实践，是在国际“反修”的同时在国内进行“防修”的实际部署，是党在探索建设社会主义道路过程中的一次波折。

---

① 崔奇：《我所亲历的中苏大论战》，人民日报出版社 2009 年版，第 243 ~ 244 页。

② 《邓小平文选》第 3 卷，人民出版社 1993 年版，第 291 页。

八届十中全会后，毛泽东到许多地方了解传达贯彻会议精神的情况，只有湖南省委书记王延春、河北省委书记刘子厚，分别在长沙、邯郸向他汇报了社会主义教育运动的情况。对广大农村干部和群众进行社会主义教育，一直是毛泽东关心的大问题。早在1957年7月他就表示“赞成迅即由中央发一个指示，向全体农村人口进行一次大规模的社会主义教育”。在八届十中全会上，为了“反修防修”，他再次提出要进行社会主义教育。但是，八届十中全会后，许多地方并没有立即开展社会主义教育运动。他发现这个问题还没有引起全党的重视，感到不满。1963年2月21日至28日召开的中央工作会议上，毛泽东指示将湖南、河北两省委的报告印发会议讨论，并在讲话中提出了中国出不出修正主义的问题。毛泽东说，我国出不出修正主义和资本主义复辟，一种可能，一种不可能。只有开展社会主义教育，才可以防止修正主义。他强调：“要把社会主义教育好好抓一下。社会主义教育，干部教育，群众教育，一抓就灵”①。在毛泽东的推动下，这次中央工作会议后，各地纷纷行动起来，分析阶级斗争状况，研究和布置开展社会主义教育问题。

运动开始时，在农村称为“四清”运动，在城市称为“五反”运动。所谓“四清”，即清理账目、清理仓库、清理财务、清理工分。所谓“五反”，即反对贪污盗窃、反对投机倒把、反对铺张浪费、反对分散主义、反对官僚主义。后来随着运动的发展，一律称“四清”，内容也演变为清政治、清经济、清组织、清思想。

为了指导运动的开展，1963年5月上旬，毛泽东在杭州召开有部分中央政治局委员和大区书记参加的会议，制定了《中共中央关于目前农村工作中若干问题的决定(草案)》(亦称“前十条”)。这个文件及在起草这个文件前后毛泽东的讲话和批语提出，当前中国社会中出现了严重的尖锐的阶级斗争，有些社队的领导权实际上已经落在地主富农手里，其他机关的有些环节也有他们的代理人。如果不搞阶级斗争、生产斗争和科学实验，那就不要很长时间，马列主义的党就一定会变成修正主义的党，整个中国就要改变颜色。文件明确“四清”是打击和粉碎资本主义势力猖狂进攻的社会主义革命斗争，要求各地训练干部，进行试点，为普遍开展社会主义教育运动做准备。5月20日，文件正式下发。根据试点中提出的问题，9月，中央工作会议上又通过了《中共中央关于农村社会主义教育运动中一些具体政策的规定（草案)》（亦称“后十条”)。“后十条”在充分肯定“前十条”关于阶级斗争形势和社教运动性质的论断的

① 中共中央文献研究室:《毛泽东传》(1949～1976) 下，中央文献出版社2003年版，第1311页。

基础上，对“四清”运动中的一些具体政策做了规定，进一步提出了运动要以“阶级斗争为纲”的方针。

随着社教运动规模的扩大，中共党内从中央到地方，对国内政治形势的估计越来越严重。与此同时，国际共运阵营内部矛盾的日益尖锐，也使中共中央把正在进行的社教运动看作是与国际反修斗争相配合的国内反修防修的重大战略措施。防止“和平演变”，防止修正主义篡夺领导权，日益成为毛泽东和中央其他领导人关注的重点。1964 年五六月间，在北京召开的中央工作会议上，讨论了反修防修和社会主义教育问题。毛泽东、刘少奇对整个国内政治形势做出更为严重的估计，认为全国基层有 1/3 的领导权不在无产阶级手里，要求党的各级组织从反修防修和防止世界大战的总体战略来布置工作。中央决定成立“四清”、“五反”指挥部，由刘少奇挂帅，并主持修订“后十条”。9 月中旬，“后十条”修正草案正式下发。这个修正草案对形势做了更为严重的估计，认为阶级敌人拉拢腐蚀干部，“建立反革命的两面政权”，是“敌人反对我们的主要形式”，规定“整个运动都由工作队领导”。按照这个规定去做，就把基层组织和基层干部撇在了一边。这一步骤，导致社教运动出现扩大打击面的严重后果。“后十条”修正草案的下发以及在此前后中共中央采取的一系列重大措施，使得 1964 年下半年社教运动的“左”倾错误迅速发展。

1964 年 12 月 15 日至 1965 年 1 月 14 日，中共中央政治局在北京召开工作会议，主要是总结前一段社会主义教育运动的经验，部署下一段的工作。在毛泽东的主持下，会议通过了《农村社会主义教育运动中目前提出的一些问题》（即“二十三条”），取代“后十条”及“后十条”修正草案，成为指导“四清”运动的工作文件。“二十三条”虽然纠正了运动中某些做法上的“左”的倾向，但又提出了“这次运动的重点，是整党内那些走资本主义道路的当权派”等更“左”的观点，为后来的“文化大革命”把斗争矛头集中指向所谓“党内走资派”提供了理论依据。

就当时实际情况看，在社会主义教育运动开展之前，在城乡的一些基层单位确实存在着管理制度不健全、账目混乱、财物不清等问题。有些干部搞特殊化，多吃多占，少数的甚至贪污腐化，以权欺众。社会上投机倒把、封建迷信活动有所抬头。诸如此类的问题，按不同情况采取适当的方法加以清理和整顿是必要的，但在当时按八届十中全会精神却一概视为阶级斗争和资本主义的复辟。时任中央政治局候补委员的陈伯达到天津抓“四清”工作试点，直接指挥小站地区的“四清”运动。他只走马观花地“视察”了 3 个村子，就得出结论：小站地区像国民党统治区一样漆黑一团，农村没有几个好干部，80% 以上基层政权不掌握在我们手里。在他最初所到的 3 个村子，采取

“相面”式审查干部的方法，“先定罪、处理，然后根据罪名找证据凑材料”，各搞出一个“反革命集团”。

其他有些地方虽然没有小站这么严重，这么荒唐，但先入为主，草木皆兵，把基层看得一团漆黑这种情况则并非绝无仅有的孤案。参加地处贵州省遵义县东部虾子地区“四清”运动的工作队，进村前就做了许多对付“敌人”的准备，工作队队长以上干部一般都配了短枪，有的还带了警卫人员；许多不是军队干部，也穿上了黄军棉衣，以示军人之多；有的怕暴露身份化名改姓。工作队进村不久就宣布“虾子区委是国民党区委”，虾子区的干部是“一挑沙罐滚下坡——没有一个好的”，统称为“坏干部”，规定“凡记工员以上干部，一律不能依靠”。其实，对大多数群众也不相信。在确定依靠对象、挑选贫下中农骨干时，清历史，查三代。① 北京大学“社教”工作队分析运动形势和布置工作时，声调严肃，安排周密，“给人的感觉就像列宁在十月革命中下令攻打冬宫一样”②。曾跟随曾希圣到上海市宝山县和奉贤县参加社会主义教育运动的邓伟志回忆，通过学习“桃园经验”③ 和“双十条”，当时脑子里有三根绷得很紧的弦：“第一，政权有三分之一不在共产党手里，农村基层干部是斗争的主要对象。第二，斗争方式是撇开基层干部，扎根串联，大搞群众运动。第三，要警惕基层干部对工作队软硬兼施。”大家都千方百计在自己搞运动的社队找“吴臣”。找不出桃园大队党支部书记吴臣那样的“四不清”干部就有压力，就是工作没有做好。在工作队汇报阶级斗争状况时，不少人草木皆兵，绘声绘色地大谈“敌情严重”。④ 在“以阶级斗争为纲”的错误思想指导下，加之急于建功，难免就有一些不择手段、随心所欲的，如逼、供、信行为。西北地区还“创造”出了诱导干部犯错误的所谓“小战斗”经验。⑤ 虾子地区有个生产队长因家庭口角打了媳妇，竟被定性为“打击贫农”。这样一来，许多地方风声鹤唳，自杀、逃跑等事件经常发生。

---

① 郭德宏、林小波：《“四清”运动亲历记》，人民出版社2008年版，第222~223页。

② 郭德宏、林小波：《“四清”运动亲历记》，人民出版社2008年版，第277页。

③ “桃园经验”是1963年11月至1964年4月，王光美带领工作队在河北省抚宁县卢王宕公社桃园大队开展“四清”运动而后总结出来的。其“经验”的主要内容是：先搞扎根串边，访贫问苦，从小到大逐步组织阶级队伍；然后开展背靠背的揭发斗争，搞“四清”；再集中地和系统地进行阶级教育，开展对敌斗争；最后进行组织建设。“四清”的内容已经不只是清工、清账、清财、清库，而是要解决政治、经济、思想和组织上的“四不清”。1964年9月11日，中共中央转发了这一经验。中共中央批示认为，“桃园经验”是在农村进行社会主义教育的一个比较完全、比较细致的典型经验总结，在许多问题上有普遍性，值得在全国推广。

④ 郭德宏、林小波：《“四清”运动亲历记》，人民出版社2008年版，第140~141页。

⑤ 郭德宏、林小波：《“四清”运动亲历记》，人民出版社2008年版，第244~245页。

历时三年多的城乡社会主义教育运动对于纠正干部多吃多占、强迫命令、欺压群众等作风和解决集体经济经营管理方面的问题，对于打击贪污盗窃和刹住封建迷信活动等歪风，起到了一定作用。但是，由于指导思想上“以阶级斗争为纲”，许多不同性质的问题都被认为是阶级斗争或者阶级斗争在党内的反映，因而混淆了两类矛盾，使国内的政治空气更加紧张，使不少干部和群众受到打击，使各方面工作受到了严重影响。当然应该看到，一方面，这一时期“左”倾错误被暂时限制在一定范围之内，还没有达到支配全局的地步，无论在规模、程度、性质上都不能同后来的“文化大革命”的错误等量齐观；另一方面，二者也有联系，历史证明，前者是后者的先导和准备。

### （五）八届十一中全会，发动“文化大革命”

党的八届十一中全会是在刚刚开始的“文化大革命”遇到了“阻力”的情况下，为使其不至“夭折”而仓促召开的。

八届十中全会之后，随着城乡社会主义教育运动的开展，在“以阶级斗争为纲”的“左”的思想指导下，文化领域的大批判不断升级，特别是带有明显政治斗争性质的对新编历史剧《海瑞罢官》的批判，则成了“文化大革命”的导火线。

1965年11月10日，《文汇报》发表《评新编历史剧〈海瑞罢官〉》，作者姚文元是小有名气的“左”派文坛评论家，以“棍子”著称于文艺界，当时担任上海解放日报社编委。姚文元所批判的《海瑞罢官》，是著名明史专家、时任北京市副市长的吴晗响应毛泽东的倡议撰写的一个以明朝著名清官海瑞为主人公的京剧剧本。姚文是江青一手策划的，它捕风捉影，把剧中描述明朝历史上海瑞所进行的“退田”“平冤狱”等情节，同八届十中全会批判的“单干风”“翻案风”联系起来，诬陷《海瑞罢官》是一株反党反社会主义的“大毒草”。当时除江青外，没有人知道文章是经毛泽东审阅并批准发表的，也没有任何一位领导人要求全国报刊予以转载。与华东地区几家报纸迅速转载不同，中共中央书记处采取了慎重态度，经大体了解了文章发表的背景后，北京各报刊才陆续转载这篇文章。这引起了当时在上海的毛泽东的不满。

1965年12月21日，毛泽东在杭州同陈伯达等人谈话，其中说到《海瑞罢官》的“要害问题是‘罢官’。嘉靖皇帝罢了海瑞的官，1959年我们罢了彭德怀的官。彭德怀也是‘海瑞’”。毛泽东关于《海瑞罢官》“要害”的谈话传开后，批判范围迅速扩大。

面对这种形势，党的各级组织强烈要求中央有一个明确的方针。1966年2月3日，彭真召集“文化革命五人小组”会议。这个小组是根据毛泽东的提议于1964年7月成立的，任务是负责领导有关方面贯彻执行中央和毛泽东有关文学艺术与哲学社会科学问题的指示。会议认为，要制定出若干指导方针，把这场讨论置于中共中央的领导下，实行“百家争鸣，百花齐放”。会后，根据会议讨论的意见，起草了向中央政治局常委汇报的《文化革命五人小组关于当前学术讨论的汇报提纲》（后来被称为“二月提纲”）。这个提纲的主旨是试图对已经出现的“左”的倾向加以适当约束，引导运动在学术的范围内进行，不赞成把它变为严重的政治批判。2 月 5 日，刘少奇召集在北京的政治局常委讨论，予以认可。2 月 8 日，毛泽东在武汉听取汇报后也没有表示反对。2 月 12 日，“二月提纲”作为中共中央文件转发全党，要求各级党委“照此执行”。

在“二月提纲”拟定的同时，2 月 2 日至 20 日，江青在中央军委副主席、国防部长林彪的“完全支持”下，到上海主持召开部队文艺工作座谈会。会后经过反复修改的座谈会纪要提出：十多年来，文化战线上存在着尖锐的阶级斗争，文艺界“被一条与毛主席思想相对立的反党反社会主义的黑线专了我们的政”；号召要“坚决进行一场文化战线上的社会主义大革命，彻底搞掉这条黑线”。“文艺黑线专政论”的提出，使 60 年代在意识形态领域已经发展得相当严重的“左”倾错误进一步升级，为全盘否定新中国成立后 17 年文艺工作成绩，进而否定中央一些领导人提供了理论依据。这个座谈会纪要经过毛泽东 3 次审阅修改，于 4 月 10 日以中共中央文件的形式批转全党。

“二月提纲”的指导思想和其中的许多提法，在武汉听取汇报时毛泽东虽没有表示反对，但实际上是不同意的。1966 年 3 月 28 日至 30 日，毛泽东在上海同康生、江青、张春桥等人谈话，指责“二月提纲”混淆阶级界限，不分是非，是错误的。同时，他还提出要支持左派，建立队伍，进行“文化大革命”。根据康生传达的毛泽东上述指示，中央书记处于 4 月 12 日做出决定，成立文化革命文件起草小组，起草一个通知，彻底批判“二月提纲”的错误，并撤销这个提纲。5 月 16 日，中央政治局扩大会议通过了《中国共产党中央委员会通知》（简称“五一六通知”）。这个通知从形式上看是针对“二月提纲”的错误的，实际上则发展和集中体现了 1957 年以来党内“左”倾错误思想，是发动“文化大革命”的第一个纲领性文件。其对国内和党内政治形势的错误估量，错误斗争对象的提出，一系列“左”的方针政策的制定和“左”倾观点的宣扬，在日后的运动中产生了严重恶劣的影响。中央政治局扩大会议还决定撤销原来以彭真为首的文化革命五人小组，重新设立文化革命小组（正式名称为“中央文化革命小组”，简称“中央文革小组”或“中央文革”）。“中央文革小组”是毛泽东在发动“文化大革命”过程中为解决与中央一线领导的矛盾采取的一个非常措施，也是意识形态领域“左”倾错误严重发展的产物，在一定程度上体现了毛泽东打碎旧的国家机器、建立新的国家机器的设想。

中央政治局扩大会议后，有了“五一六通知”这一纲领性文件，又有“中央文革小组”这样实际的指挥机构，经过两个月的初步发动，“文化大革命”就以一种前所未有的姿态和势头在学校及意识形态领域的一些部门全面展开。但是，从中央一些主要领导到党政各级领导及广大师生，多数人对这场运动很不理解，党内外对混乱局面的忧虑不断增加，“左”倾方针在党内受到相当大的抵制。为了破除阻力，使这场运动更深入、更广泛地开展起来，毛泽东认为需要对“文化大革命”做进一步发动。1966 年 8 月 1 日至 12 日，毛泽东在北京主持召开中共八届十一中全会。会议期间印发了毛泽东《炮打司令部——我的一张大字报》，指责刘少奇、邓小平等主持中央日常工作的领导人；通过了主要由“中央文革小组”起草、经毛泽东审定的《中国共产党中央委员会关于无产阶级文化大革命的决定》（简称“十六条”），对“文化大革命”的目的、重点、依靠力量、方法等做出了规定；根据毛泽东的提议，改组了中央领导机构。会议闭幕时通过的公报说，毛泽东关于“文化大革命”的一系列指示“是马克思列宁主义的一个重大发展”，号召全党和全国人民把“文化大革命”进行到底。

通过八届十一中全会，“文化大革命”更加合法化，斗争的目标进一步挑明，有了具体的行动纲领，在组织上也有了保证。正如有的研究者所指出的，如果只有“五一六通知”而没有“十六条”，“文化大革命”就难以全面发动并持续开展下去。①

### （六）八届扩大的十二中全会，肯定“文化大革命”

1968 年 10 月，党的八届扩大的十二中全会在“文化大革命”的高潮中召开。这是一次为九大做直接准备的会议。

八届十一中全会后，在毛泽东的支持下，红卫兵组织迅速发展，形成席卷全国的红卫兵运动。到 1966 年底，“文化大革命”已经在全国各地和各个领域大规模地发动。运动猛烈地冲击着国家政治、经济、文化、社会生活的各个方面，整个社会动荡不安。1967 年初，以上海造反派的“一月夺权”为发端，出现全国性的“全面夺权”，导致“天下大乱”，并在许多地方演变成动用武器的“内战”。经过持续 20 个月“全面夺权”的动乱和反复，到 1968 年 9 月，全国除台湾省外 29 个省、自治区、直辖市相继成立了革命委员会。这对稳定“文化大革命”造成的既定格局是有利的，也为酝酿已久的召开党的中央全会和第九次全国代表大会创造了一个不可缺少的条件。

---

① 张化、苏采青：《回首“文革”》下，中共党史出版社 2003 年版，第 696 页。

9月19日，“中央文革”碰头会讨论召开八届扩大的十二中全会的情况报告送交毛泽东。关于十二中全会要解决的问题，报告中说：“一是准备召开九大；二是总结无产阶级文化大革命中若干经验；三是解决不仅在实质上，而且也在组织上成立中央革命委员会问题，顺带着也就解决了国家主席问题。”毛泽东在第二天做了批示，指出：“暂时不宜成立中央革命委员会，中央全会也不要扩大很多人，有一百多人就够了。”①。

10月13日，八届扩大的十二中全会在毛泽东主持下召开，出席会议的有中央委员、中央候补委员、“中央文革”会议成员、军委办事组成员、各省市自治区革命委员会和大军区负责人、中央直属机关负责人，共计132人。在开幕式的讲话中，毛泽东第一次在党的中央全会上承认“文化大革命”中有错误，而且由自己承担主要责任。

全会全面肯定“文化大革命”，为九大定下了政治上的基调；批准了江青、康生、谢富治等人制造伪证写成的《关于叛徒、内奸、工贼刘少奇罪行的审查报告》，做出撤销刘少奇党内外一切职务并永远开除出党的错误决议，为席卷全国的历时两年多的炮打所谓资产阶级司令部的错误斗争，从政治上和组织上做了结论，为九大的召开做最重要的准备；称赞“中央文革小组”“在贯彻执行毛主席的无产阶级革命路线的斗争中，起了重要的作用”，为其成员进入新一届中央委员会制造舆论；讨论和修改了党章草案，通过了九大代表的产生办法。会议认为，“无产阶级文化大革命，是我国在无产阶级专政条件下，无产阶级反对资产阶级和一切剥削阶级的一次政治大革命”。“这次无产阶级文化大革命，对于巩固无产阶级专政，防止资本主义复辟，建设社会主义，是完全必要的，是非常及时的。”“无产阶级文化大革命的伟大胜利，进一步证明了毛泽东同志关于无产阶级专政下继续革命学说的极其深远的意义”。会议公报宣布：“全会认为：经过无产阶级文化大革命的风暴，已经从思想上、政治上、组织上为召开党的第九次全国代表大会，准备了充分的条件。”

全会上，有一些人提出要开除邓小平党籍。在31日闭幕会上毛泽东特地谈了这个问题，把这个主张平息了下去。

会议在通过《关于叛徒、内奸、工贼刘少奇罪行的审查报告》时，时任全国总工会副主席、党组副书记的陈少敏没有举手。陈少敏曾任中共豫鄂边区党委副书记，为建立豫鄂边区敌后党的组织、创建革命根据地、发展中原敌后游击斗争，做出了很大成绩，是中国共产党长期主持一个地区全面工作和直接领导武装斗争的少有的女领导

---

① 中共中央文献研究室：《毛泽东传》（1949～1976）下，中央文献出版社2003年版，第1528页。

干部。①“文化大革命”从其发动之初就在不同程度上受到党内外各种形式的抵制，并且随之持续不断。刘少奇冤案的酿成，是党的历史上继20世纪30年代苏区肃反扩大化之后最为沉痛的教训。全会对一大批老一辈无产阶级革命家的攻击、批判，对“文化大革命”的高度赞扬，都是完全错误的。

## 二、党的九大的筹备与召开

1969年4月1日至24日，中国共产党第九次全国代表大会在北京举行。当时全国有2200万名党员。出席大会的代表1512人。毛泽东致开幕词，林彪做政治报告。政治报告的核心内容是所谓“无产阶级专政下继续革命的理论”。大会通过的《中国共产党章程》对八大党章做了错误修改。大会选举了由170名委员和109名候补委员组成的中央委员会。九大使“文化大革命”的错误理论和实践合法化，在思想上、政治上、组织上的指导方针都是错误的。

### （一）预备会，毛泽东定指导思想

1965年8月11日，毛泽东和中央政治局常委听取罗瑞卿汇报战备问题时，他插话说道：“明年社教运动搞完了开九大”②。然而，社会主义教育运动还没有结束，史无前例的“文化大革命”风暴已经席卷全国。1966年8月12日，毛泽东在中共八届十一中全会上讲话又提出：“第九次大会什么时候召集的问题，要准备一下”，“九次大会大概是在明年一个适当的时候再开，现在要准备”③。但是，当时批判“资产阶级司令部”的浪潮一浪高过一浪，出现了“打倒一切、全面内战”的混乱局面，召开九大也无法提上议事日程。

1967年11月5日，毛泽东与“中央文革”碰头会成员又谈九大筹备问题，他说：“打了一年多仗，搞出了不少坏人。现在要打出一个党来。”他还要张春桥、姚文元就九大召开问题，在上海做些调查。10月21日，中共中央、“中央文革小组”发出《关于征询对“九大”问题意见的通知》。11月间，“中央文革小组”整理出一份筹备九大的通报，提出要把社会主义社会阶级斗争的理论写入九大党纲；要写一部党内两条路线斗争

① 刘少才：《陈少敏：1968年八届十二中全会上唯一没有举手的人》，《福建党史月刊》2010年第7期。

② 中共中央文献研究室：《毛泽东传》（1949～1976）下，中央文献出版社2003年版，第1393页。

③ 姜华宣：《乱云飞渡：中国共产党第九次全国代表大会》，万卷出版公司2008年版，第54页。

史；要大力宣传林彪是“毛主席的亲密战友和接班人”，并写入九大的报告和决议；要把“文化大革命”中涌现的“新生力量”选入党的中央委员会；要把“叛徒、特务、自首分子和反革命修正主义分子”“统统清除出去，以根除隐患”。12月，中共中央、“中央文革小组”相继发出《关于整顿、恢复、重建党的组织的意见和问题》和《关于进行修改党纲党章工作的通知》，同时着手准备提交九大解决的关于刘少奇的最后定性和处理问题。

1968年9月，全国除台湾省外的29个省、自治区、直辖市革命委员会相继成立，实现了所谓“全国山河一片红”。这在毛泽东心目中是一件具有标志性意义的大事。他用“是时候了”4个字表达了此时此刻的心境。召开九大的问题这时突出地提到了毛泽东的议事日程上来。他问：“全国一片红了，中央什么时候开九大?”10月13日至31日为九大做准备的八届扩大的十二中全会召开。会议公报宣布：“全会决定在适当的时候召开中国共产党的第九次全国代表大会。”

从1969年2月开始，九大的具体准备工作在“中央文革小组”领导下紧锣密鼓地展开。毛泽东在九大预备会上提出以总结经验、落实政策、准备打仗作为九大的任务，这3句话亦成为九大的指导思想。准备打仗成为九大的任务之一，主要是由于3月份苏联边防军3次侵入中国领土珍宝岛，发生了中苏边界武装冲突的严重流血事件。珍宝岛事件进一步加重了党内对国际形势，尤其是对世界大战不可避免而且日益紧迫的估计。

### （二）非正常条件下的代表“推选”

“推选”代表，是九大的一项重要的准备工作。当时，在党遭受“文化大革命”严重破坏，各省、自治区、直辖市党委以至基层党组织都还没有恢复或建立，绝大多数党员还没有恢复组织生活的极不正常的情况下，缺乏通过正常程序选举代表的条件。八届十二中全会提出要按照“充分民主协商，高度集中”的原则“推选”代表。事实上，所谓“充分民主协商”，主要是听取各造反派组织的意见，由各级革命委员会与各造反派组织负责人协商决定；所谓“高度集中”，就是地方集中到各级革命委员会或直接由上级部门指定，中央集中到“中央文革”。这就使革命委员会的负责人、造反派的头头和支左的解放军占了代表的多数，林彪、江青等人的一些亲信骨干、某些品质恶劣的帮派头目等成了代表。还出现了非党员造反派在内定为代表后匆匆补办入党手续，在进京的列车上突击入党，甚至没有来得及履行入党手续就出席大会等不正常情况。而半数以上的八届中央委员、党的老一辈无产阶级革命家，却被剥夺了参加九大的资格。

上海良工阀门厂工人陈阿大在“文革”中靠造反起家，当上了上海市主管工交工作的领导。他只是共青团员，没有入党，也没有写过入党申请书，却被“内定”为九大代表。张春桥和姚文元亲自到良工阀门厂召开整党建党座谈会，动员陈阿大入党。陈阿大自认早就是党的人了，根本不知道还需要先写申请书。张、姚二人只得让上海市革命委员会的一位常委专门找陈阿大谈话。在无论怎么“启发”，陈阿大也不明白的情况下，这位常委只好点明：你要写一份入党申请书。陈阿大在秘书的帮助下写好了入党申请书，张春桥、姚文元立即调阅并且指示：尽快发展陈阿大入党。还不到10天时间，陈阿大就被发展入党。以至陈阿大当时连入党志愿书都没有填写。陈阿大是在当上九大代表之后，才由别人代笔补填了入党志愿书。事后，又由陈阿大抄了两份。①

### （三）九大代表秘密进京

与八大开放的风格不同，九大采取了异乎寻常的保密措施。事前没有公布开会的时间，不邀请外宾，也不准记者自由采访，连代表进京也是保密的。

开会前3个月，代表们先是以省、自治区、直辖市为单位秘密集中起来进行全封闭的学习，切断与外界的一切联系。除了少数高级领导之外，其他人一律禁止外出，随时准备进京出席会议。广东韶关地区的一位瑶族代表眼看年关将近，还迟迟没有进京的消息，考虑到家中就自己一个男人，如果他不回去没有人杀猪过年，就提上小包要回家。②据时任湖南省常德市蔡家岗公社革委会主任的刘春樵回忆，他自1969年1月28日被接到长沙去一些单位介绍经验之后，省革委会政工组就不让其回家。农历腊月二十九晚上，省革委会通知其准备出席党的九大，名字已经报上去了，接着刘春樵就被拉到马王堆招待所住下，一直等到3月23日随湖南省代表团进京。③

代表们是以参加学习班的名义被分批召集到北京的。到京以后，代表们分别被安排住在北京饭店、前门饭店和京西宾馆。代表入住的各饭店和宾馆警卫森严，大门紧闭。代表们接到通知“五不准”：不准会客、不准写信、不准打电话、不准透露会议情况、不准外出。甚至室内电话也被全部撤了，临街的窗户不得打开，晚上须拉上窗帘，不能让“阶级敌人”对其有丝毫觉察。

出席大会开幕式时，各代表团都是秘密进入人民大会堂。据当年出席这次会议的代表回忆，住各饭店和宾馆的代表一律乘大交通车，每车45人，定车定人，各代表团按顺序登车。登车前，各代表团在饭店和宾馆楼下大厅集中，列队候车，大交通车每次开来

---

① 霞飞：《王洪文的“小兄弟”陈阿大沉浮录》，《文史博览》2008年第2期。

② 郭玉振：《中共“九大”轶事》，《党史纵览》2008年第5期。

③ 张新民：《幸运出席中共九大的湖南农民代表》，《文史博览》2004年第7期。

两辆，车门面向饭店和宾馆，刚好挡住大门，外面的行人看不见。车一停稳，门卫便打开紧闭的大门，代表们迅速登车。此后每隔三四分钟，就有两辆大交通车开来。这样每个饭店和宾馆只需六七次，约半小时即可将全部代表接走。

为了不引起外界的疑问，行车路线也做了“背道而驰”等精心安排。比如北京饭店到人民大会堂，向西直行距离不到1公里，行车时间仅需两三分钟。但住在这里的代表乘坐的车辆却向东开到东单，转而向南到崇文门，沿前门东大街、西大街西行，再右转北新华街，兜一个大圈子，最后开进人民大会堂侧门院内，代表们由便门进入会场。

会场内也是用厚厚的深色窗帘把门窗遮盖得严严实实的，从外面看不到任何灯光人影。保密工作做到这个程度，可以说是滴水不漏，加上对外严密封锁消息，外界根本不知道九大召开的时间和地点，甚至不知道有这回事。4月1日晚，当中央人民广播电台播出新华社发布的会议公报，国内外才知道九大已经召开。这件事情引起强烈反响，一些外国媒体迅速报道了大会召开的消息，同时都很惊讶保密工作做得如此严密。①

### （四）口号声此起彼伏的开幕式

九大开幕时，人民大会堂内始终被狂热的气氛包围着。

4月1日下午5时整，当毛泽东在《东方红》的乐曲声中登上主席台时，顿时“全场掌声雷动，经久不息”。随同毛泽东登上主席台的林彪和20多名大会执行主席成员，分坐在毛泽东左右两侧，左边是林彪、陈伯达、康生、江青、张春桥、姚文元、谢富治、黄永胜、吴法宪、叶群等“文革”“新”人马；右边是周恩来、董必武、刘伯承、朱德、陈云、李富春、陈毅、李先念、徐向前、聂荣臻、叶剑英等“政府”“旧”成员，耐人寻味。

大会开幕式由毛泽东主持。在宣布了大会议事日程后，开始选举大会主席团。由于176人的名单已经提前发给代表，毛泽东便直接问大家赞成不赞成。伴随着全场雷鸣般的掌声，全体代表举手通过。接着是选举主席团主席、副主席、秘书长，决定主席团秘书处成员。突然，毛泽东面带微笑地说：“我推举林彪同志当主席。”林彪闻言赶紧站起来大声说：“伟大领袖毛主席当主席。”毛泽东接话说：“林彪同志当主席，我当副主席，好不好？”林彪连连摆手说：“不好，不好，毛主席当主席，大家同意请举手！”全场立刻举起右手，林彪高喊：“通过！”毛泽东话锋一转说：“那就林彪同志当

---

① 郭玉振：《中共“九大”轶事》，《党史纵览》2008年第5期。

主席团副主席，赞成的请举手！”代表们又一致举手，报以热烈的掌声。毛泽东接着说：“我提议周恩来同志当主席团秘书长，赞成的请举手！”代表们再次举手鼓掌。毛泽东说：“好，通过！”随后，毛泽东致开幕词。

毛泽东没有讲稿，开场白就是：“我希望，我们的大会，能够开得好，能够开成一个团结的大会，胜利的大会，大会以后，可以在全国取得更大胜利。”在概要地回顾党的历次代表大会的情况后，他反复强调希望将九大开成“团结的大会，胜利的大会”。由于代表们一看到毛泽东激动的心情难以抑制，“毛主席万岁！万万岁！”的口号声此起彼伏，讲话声和口号声混杂在一起，以至毛泽东20多分钟的讲话，大会秘书处只整理出649个字。

### （五）九大的议程与主要内容

九大共有3项议程：通过中央政治报告，修改党章，选举中央委员会。

开幕式结束后，当天晚上7时30分，大会进入第一项议程：林彪代表第八届中央委员会做政治报告。报告分8个部分：关于无产阶级文化大革命的准备；关于无产阶级文化大革命的过程；关于认真搞好斗、批、改；关于无产阶级文化大革命的政策；关于我国革命的最后胜利；关于党的整顿和建设；关于我国和外国的关系；全党、全国人民团结起来，争取更大的胜利。这个经过毛泽东多次审阅修改的报告，核心是以“无产阶级专政下继续革命的理论”为指导，全面肯定“文化大革命”的错误理论与实践，形成所谓九大的政治路线。

大会筹备期间，毛泽东对政治报告的起草特别关注。1969年2月7日，他召集“中央文革”碰头会成员开会时说“搞出第一稿就有办法了”，并提出“伯达牵头，伯达、春桥、文元，林彪同志挂帅”。会上初步商定报告稿在2月20日交卷，会议3月15日召开。预定交稿的前一天，毛泽东催问陈伯达20日交卷有无希望。3月3日，稿子还不见影子，毛泽东很恼火，他找“中央文革”碰头会成员谈话时说：“原定2月20日交卷，交不了又不说明道理。会议决定的，一个人推迟时间。”7日，得知陈伯达一个人在写报告时，毛泽东严厉地批评了陈伯达。12日，毛泽东提出由康生、张春桥、姚文元3人组成班子和陈伯达“各搞各”，并点明报告的主题：“要提出矛盾来，无产阶级、资产阶级斗争，说明为什么要搞文化大革命。”15日，毛泽东对张、姚说：给你们半个月，索性4月1日开会。张、姚二人从16日陆续将报告稿分批送审，经毛泽东修改多遍，31日终于完稿，九大的筹备工作也随着政治报告完稿落下帷幕。据当年参加“中央文革”碰头会议的吴法宪回忆，林彪得知陈伯达和他商量过的报告稿被打入冷宫，很不高兴，说：张春桥他们写什么就是什么，我林彪一字不改。“九大报告，是林彪在会上照着稿子念的”①。

从4月2日起，代表分组讨论政治报告和党章修改草案。这个草案删去了八大党章中“党的监察机关”“党同共产主义青年团的关系”“党外组织中的党组”3章以及党章中所应有的明确的党员义务和权利、党内民主、党代表大会的职权等重要内容，把“无产阶级专政下继续革命的理论”写进总纲，只字不提发展生产力，不提现代化建设。在党章修改草案中，引人注目地写上了“林彪同志是毛泽东同志的亲密战友和接班人”。讨论中充满着对“无产阶级专政下继续革命的理论”与“文化大革命”的高度颂扬。各组还结合文件内容，大搞所谓“斗私批修”，对参加会议的一些老同志进行批判和攻击，迫使他们做检讨。4月14日召开的第二次全体会议一致通过了这两个文件。党章草案提交九大讨论时，一反过去的习惯做法，没有关于修改党章的正式报告，只是由康生做了10分钟的发言。

自4月15日起，代表们开始酝酿、预选新一届中央委员会委员、候补委员。由于存在一系列不正常因素，使酝酿、预选过程延续达10天之久。为了保证投票结果不出意外，4月23日晚，进行了一次无记名的预投。

4月24日下午4时，林彪主持大会选举。除两人请假，到会代表共1510人，分中央委员和候补委员进行两次投票。经过无记名投票，选出中央委员170名，中央候补委员109名。毛泽东以全票当选。林彪获得1508票，周恩来获得1509票。在选举中，有的代表坚持原则，顶住压力，将并非候选人的王稼祥、胡耀邦等人的名字写在选票上。据当事人回忆，在选举之前，黄永胜、吴法宪、李作鹏、邱会作等人按照叶群的布置，指定军队有的人在选举时不投江青、康生、张春桥、姚文元等人的票。江青只得1502票，不仅少于叶群，也少于黄、吴、李、邱等人。林彪集团与江青集团的斗争之激烈由此可见一斑。

为了贯彻毛泽东的指示，把朱德、陈云等10位所谓右倾代表也选入中央委员会，会议主持者做了精心安排和操作，由各代表团把哪些人投或不投这10人的票具体落实到人头，使之得票既要达到当选需要的过半数，又不能过多，以免他们给人“受拥护”的好印象，结果朱德809票，陈云815票，李富春886票，陈毅867票，张鼎丞1099票。得票既超过了半数，又参差不齐，显得很“自然”。当时担任中央军委副主席的徐向前回忆说，毛泽东在11日的大组召集人会议讲了右派也能进中央委员会，主张这些

① 中共中央文献研究室：《毛泽东传》（1949～1976）下，中央文献出版社2003年版，第1546页。

老同志应继续当选。但在选举时，林彪、江青一伙又玩了鬼把戏，票数控制在不超过半数太多的范围，既让你当选，又让你难堪。选举中徐向前得票最少，仅808票。事后，徐说笑话："这次会议我得了'五个鸡蛋（808票）'"。①

选举结束后，林彪做了简短的讲话，通报了国内外贺电，随即宣布大会闭幕，为九大画上了一个留下许多隐患的句号。

4月28日，中国共产党第九届中央委员会举行第一次全体会议，全体中央委员出席会议，全体候补委员列席会议。会议由毛泽东主持，选举了中央领导机构。中央委员会主席：毛泽东，副主席：林彪。中央政治局常委会由5人组成：毛泽东、林彪，（以下按姓氏笔画为序）陈伯达、周恩来、康生。中央政治局委员21人：毛泽东、林彪，（以下按姓氏笔画为序）叶群、叶剑英、刘伯承、江青、朱德、许世友、陈伯达、陈锡联、李先念、李作鹏、吴法宪、张春桥、邱会作、周恩来、姚文元、康生、黄永胜、董必武、谢富治。中央政治局候补委员4人：纪登奎、李雪峰、李德生、汪东兴。不设书记处。

在新选出的中央政治局委员、中央政治局候补委员中，林彪、江青集团的主要骨干和亲信占了相当大的比例。陈云、李富春、陈毅、徐向前、聂荣臻等老一辈无产阶级革命家虽仍被选为中央委员，但被排斥在中央政治局之外。在这次选举中，作为中央政治局候补委员，九大主席团成员的北京卫戍区司令员温玉成，理应成为政治局委员，但他因林彪和江青两个集团的争斗，出人意料地落选了，是唯一一个没有进入政治局的主席团成员②。

同日，新的中央政治局通过中央军事委员会主席、副主席、委员名单和中央军委办事组成员名单：毛泽东任中央军委主席；林彪、刘伯承、陈毅、徐向前、聂荣臻、叶剑英任中央军委副主席。黄永胜任中央军委办事组组长，吴法宪任副组长，叶群等8人为成员。中央军委常委会实际由林彪等操纵下的军委办事组所取代。此后，"中央文革小组"实际上也停止活动。

九大的召开，标志着"文化大革命"第一阶段的结束。

### （六）党章明确林彪的接班人地位

"林彪同志一贯高举毛泽东思想伟大红旗，最忠诚、最坚定地执行和捍卫毛泽东同

① 徐向前：《历史的回顾》，解放军出版社1987年版，第844~845页。

② 吴东峰：《高处不胜寒——温玉成将军在"文化大革命"中》，《党史博览》2001年第12期。

志的无产阶级革命路线，林彪同志是毛泽东同志的亲密战友和接班人。”这是九大通过的新党章总纲中的一段话。

指定接班人的做法，严重违背党的民主集中制的组织原则，是同无产阶级政党的性质根本不相容的，在国际共运史上是罕见的。至于为何要将林彪是接班人写入党章中，江青曾在九大前夕的一次讨论党章的会议上说：“林副主席的名字还是要写上。写上了，可以使别人没有觊觎之心。”张春桥等人随之附和，康生更是极尽吹捧之能事。他在大会上说，这是关系到我们党和国家前途和命运的大事，关系到世界革命的前途和命运的大事。

20 世纪 60 年代以后，毛泽东一直为接班人问题所困扰，担心中国出“赫鲁晓夫”。1964 年 6 月，毛泽东做出了关于培养无产阶级革命接班人 5 条标准的重要谈话，标准的第一条就是“要搞马列主义，不搞修正主义”①。这次谈话说的虽然是广义上的接班人培养问题，当然也包括领袖的接班人。但在有生之年，毛泽东始终未能解决好接班人问题。

毛泽东的接班人，党内最早公认的是刘少奇。对此，毛泽东本人曾经给予首肯。1961 年 9 月，英国蒙哥马利元帅访华期间，向毛泽东提出继承人问题，毛泽东给予明确回答：“很清楚，是刘少奇，他是我们党的第一副主席。我死后，就是他。”② 但是，在探索中国社会主义建设道路过程中，毛泽东越来越不能容忍刘少奇与他的分歧，把他与刘少奇等在党内不同意见的正常争论，当作修正主义或阶级斗争的表现。刘少奇尽管主观上曾经力图跟上毛泽东的思想，但仍然对毛泽东的许多提法和做法越来越不能理解。在 1962 年七千人大会上，毛泽东对“大跃进”以来党所犯的错误做了自我批评：“凡是中央犯的错误，直接的归我负责，间接的我也有份，因为我是中央主席。”③刘少奇在代表中央做自我批评时，将造成经济困难的原因归结为“三分天灾、七分人祸”。而最善于揣测毛泽东心态的林彪，在大会上的发言则“力排众议”，他说，这几年发生的困难，“在某些方面，在某种程度上，恰恰是由于我们没有照着毛主席的指示、毛主席的警告、毛主席的思想去做”。“毛主席的优点是多方面的”，“最突出的优点是实际。他总比人家实际一些，总是八九不离十”。毛泽东对林彪带有浓厚个人崇拜色彩的讲话非常赏识，他认为，“林彪同志讲了一篇很好的讲话”，“很有分量”，“看

---

① 中央文献出版社：《建国以来毛泽东文稿》第 11 册，中央文献出版社 1996 年版，第 85 页。

② 中共中央文献研究室：《毛泽东传》（1949～1976）下，中央文献出版社 2003 年版，第 1173 页。

③ 中共中央文献研究室：《毛泽东传》（1949～1976）下，中央文献出版社 2003 年版，第 1202 页。

了很高兴”。[①] 据罗瑞卿回忆，“文化大革命”前夕，毛泽东曾要他向林彪传达：“‘要他好好保养，要保养得像七千人大会的时候一样，能够做三个钟头的报告。’毛泽东对林彪期望之殷切，溢于言表。”[②] 然而就在林彪的接班人地位写入九大党章固定下来两年后，这个接班人却走上政变的道路，自取灭亡。这一失误给党和国家的事业造成了重大损失。

## 三、党的九大的历史地位与影响

党的九大肯定了“无产阶级专政下继续革命的理论”，全面系统地发展了“文化大革命”以来的“左”的错误，对党和国家的历史发展产生了特别严重的消极影响。《关于建国以来党的若干历史问题的决议》指出：“党的‘九大’使‘文化大革命’的错误理论和实践合法化，加强了林彪、江青、康生等人在党中央的地位。‘九大’在思想上、政治上和组织上的指导方针都是错误的。”[③] 回顾九大召开的历史背景、会议经过和会议的主要内容，充分证明，《决议》的论断是完全符合实际的，也是恰如其分的。

### （一）“文化大革命”错误理论与实践合法化

林彪在九大上代表中共中央所做的政治报告以“无产阶级专政下继续革命的理论”为核心，全面肯定“文化大革命”的错误理论与实践，提出把“上层建筑领域中社会主义革命进行到底”的任务。

“无产阶级专政下继续革命的理论”，是对1957年反右派斗争严重扩大化以来，在社会主义社会阶级斗争问题上“左”倾错误论点的进一步发展。1967年11月6日，《人民日报》、《红旗》杂志、《解放军报》发表题为《沿着十月社会主义革命开辟的道路前进——纪念伟大的十月社会主义革命五十周年》的编辑部文章。这篇经过毛泽东审定的文章，把“无产阶级专政下继续革命的理论”概括为6个要点：一是必须用马克思列宁主义的对立统一规律来观察社会主义社会；二是在社会主义历史阶段中，还存在着阶级、阶级矛盾和阶级斗争，存在着社会主义同资本主义两条道路的斗争，存

---

① 中共中央文献研究室：《毛泽东传》（1949～1976）下，中央文献出版社2003年版，第1196～1197页。

② 黄瑶、张明哲：《罗瑞卿传》，当代中国出版社1996年版，第534页。

③ 中共中央文献研究室：《十一届三中全会以来党的历次全国代表大会中央全会重要文件选编》上，中央文献出版社1997年版，第182页。

在着资本主义复辟的危险性；三是无产阶级必须在上层建筑其中包括各个文化领域中对资产阶级实行全面的专政；四是社会上两个阶级、两条道路的斗争，必然会反映到党内来，党内一小撮走资本主义道路的当权派，就是资产阶级在党内的代表人物；五是无产阶级专政下继续进行革命，最重要的，是要开展无产阶级文化大革命；六是无产阶级文化大革命在思想领域中的根本纲领是“斗私、批修”。九大政治报告称这个理论是照耀着中国社会主义革命和社会主义建设航向的“光芒万丈的灯塔”，是对“马克思列宁主义的理论和实践的一个伟大的新贡献”，根据这个理论发动的“文化大革命”，“是完全必要的，是非常及时的”。

“无产阶级专政下继续革命的理论”是毛泽东晚年在关于社会主义社会阶级斗争问题上的“左”倾错误论点的总概括，也是“文化大革命”的总的指导思想。它的核心是认为在无产阶级夺取政权之后，还要进行一个阶级推翻另一个阶级的“大革命”。从理论上说，在社会主义条件下进行一个阶级推翻另一个阶级的“大革命”，是完全违背马克思主义的科学历史观和社会革命论的。从现实来看，在我国社会主义条件下，进行一个阶级推翻另一个阶级的“大革命”既没有经济基础，也没有政治基础。历史已经证明，这一理论违背了马列主义、毛泽东思想的基本原理和实事求是这个精髓，脱离甚至歪曲了社会主义改造完成后中国的实际，在理论上和实践上都是错误的，必须坚决摒弃。

### （二）没有任何积极作用的一次代表大会

九大是“文化大革命”的一个恶果，在思想上、政治上、组织上的指导方针都是错误的，在党的历史上没有任何积极作用。

在思想上，九大背离了马克思主义实事求是的思想路线，按照两条路线斗争的模式和需要歪曲篡改党的历史，把资本主义复辟的抽象可能性夸大为现实危险性。九大政治报告在“关于无产阶级文化大革命的准备”中，捏造了所谓以毛泽东为首的无产阶级革命路线同以刘少奇为首的修正主义路线斗争的历史。报告从充分肯定“文化大革命”的理论和实践出发，错误地认定新中国成立以来党的历史是毛泽东的马克思列宁主义路线“同党内右的和‘左’的机会主义路线斗争的历史”，认定“党内两条路线的对立和斗争，是社会阶级矛盾和新旧事物矛盾在党内的反映”，而党正是在两条路线斗争中“巩固、发展、壮大起来的”。由此出发，报告对新中国成立以来特别是八大以来党的历史在许多重要方面做了歪曲的总结：一方面，把八大以后党在指导思想上和实践上的许多“左”的错误作为正确的东西加以肯定；另一方面，把中共在八大以来包括纠“左”过程在内的探索适合中国情况的建设社会主义道路中提出的许多正确的和比较正确的思想、政策和积极成果，作为“修正主义”加以批判。这样，新中国成立以来党和国家的历史就被完全颠倒了。

在政治上，九大违背全党全国人民的要求和愿望，肯定在整个社会主义历史阶段“始终存在着阶级、阶级矛盾和阶级斗争”的“左”倾论断，对于党应该怎样去领导和组织社会主义经济建设、文化建设和社会建设只字未提。九大政治报告无视社会主义阶段的最根本的任务就是发展生产力这一客观规律，不顾广大人民当时的经济生活贫困、政治生活动荡不安的状况，把“认真搞好斗、批、改”确定为全党的中心任务。报告还第一次把社会主义阶段的任何时候、任何情况下都要以阶级斗争为中心的指导思想，正式规定为“我党在整个社会主义历史阶段的基本路线”。报告中只有很小的篇幅谈到“抓革命，促生产”的问题，而这一段的中心又是强调突出政治，没有一处谈到如何发展生产力，如何制定经济发展战略、计划和方针等。在对生产资料私有制的社会主义改造基本完成以后，除了外部敌人的进犯和颠覆以外，在社会主义社会内部，阶级斗争仍将在一定范围内长期存在，在一定条件下还可能激化，这是一个重要事实。正视确实存在的阶级斗争事实，正确地加以处理，并对此保持清醒的认识，是完全必要的。但作为执政党，如果把社会主义社会中一定范围内存在的阶级斗争扩大化和绝对化，断言在整个社会主义历史阶段始终存在着阶级、阶级矛盾和阶级斗争，必须坚持“以阶级斗争为纲”，就完全脱离了中国的客观实际，就失去了清醒认识。

1956年9月10日，毛泽东在党的八大预备会议第二次全体会议上讲话，希望在建设社会主义时期不要像民主革命时期犯那么多和那么长时间的错误，避免栽那么多筋斗。然而，任何事情的发展都是不以人的意志为转移的。后来的历史表明，由于社会主义现代化建设在中国是前无古人的伟大事业，实践的时间还很短，党对什么是社会主义以及怎样建设社会主义的认识，虽然取得了初步的理论成果，但并“没有完全搞清楚”①，因而也就不可能“完全搞清楚”在社会主义时期应该“以经济建设为中心”、“一心一意搞建设”，不可能“完全搞清楚”“发展才是硬道理”，更不可能“完全搞清楚”“现在，周边一些国家和地区经济发展比我们快，如果我们不发展或发展得太慢，老百姓一比较就有问题了。”② 相反，“我们把关于阶级斗争扩大化的迷误当成保卫马克思主义的纯洁性”③，“阶级斗争要年年讲、月月讲、天天讲”，结果在发展的道路上

---

① 《邓小平文选》第3卷，人民出版社1993年版，第137页。

② 《邓小平文选》第3卷，人民出版社1993年版，第375页。

③ 中共中央文献研究室：《十一届三中全会以来党的历次全国代表大会中央全会重要文件选编》上，中央文献出版社1997年版，第188页。

未能避免大的曲折。

在组织上，九大加强了林彪、江青、康生等人在中央的地位，许多有长期革命斗争经验的老同志和经过党多年培养、真正德才兼备的党员骨干却被排挤在外。九大召开前，全国党的各级组织全部处于瘫痪状态，代表在产生的过程中，根本无法进行正常选举，大多是违背党章规定的做法由革命委员会同各造反派组织的头头协商决定或上级指定的，很多品质恶劣的帮派骨干和林彪、江青一伙的爪牙，成了九大代表。根据毛泽东的指示精神，大会主席团秘书处发出《关于选举九届中央委员会的规定》，提出一个由“中央文革”碰头会成员和八大中央委员及中央候补委员、“革命领导干部”、军队干部和来自基层的工农代表4类人组成的候选人名单，规定毛泽东和林彪为“当然候选人”，参加“中央文革”碰头会的成员和军委办事组的成员为“一致通过的候选人”，原八届中央委员和候补中央委员限定为53人。在新当选的中央委员和候补中央委员中，有相当一批是林彪、江青两个帮派体系中的骨干和亲信，原八届中央委员和候补中央委员占19%，仅为原八届中央委员会总人数的29%。陈云、李富春、陈毅、徐向前、聂荣臻等老一辈无产阶级革命家虽仍被选为中央委员，但被排斥在中央政治局之外。在九届一中全会上，林彪成为党中央的唯一副主席。在新选出的中央政治局委员、中央政治局候补委员中，林彪、江青集团的主要骨干和亲信占了相当大的比例，大大加强了他们在党中央的势力。

九大虽然是一次错误的会议，但在党的历史上仍具有合法性。如果否定九大的合法性，就等于说有一段时间我们的党都没有了。这是不符合实际的。

### （三）九大个人崇拜个人迷信的严重教训

九大从始至终是在强烈的个人崇拜和“左”的狂热气氛中进行的。代表们一到北京，就为“来到伟大领袖毛主席的身边，而感到无比的幸福和激动”。毛泽东在《东方红》的乐曲声中一登上主席台，立即“全场掌声雷动，经久不息”。毛泽东一开口讲话，便不断地被“万岁，万岁，万万岁”的口号声所打断。当大会宣布中央委员会当选名单，读到毛泽东和林彪的名字时，“全场响起了暴风雨般的经久不息的掌声，代表们长时间地热烈欢呼”。很多代表说：“能够和伟大领袖毛主席坐在一起讨论国家大事，这是毛主席对我们最大信任，是我们的最大幸福。”代表们的最大要求，一是多见到伟大领袖毛主席，多听他的“伟大声音”；二是“敬请伟大领袖毛主席”同大家合影。会议通过的党章，抹杀毛泽东思想的本质特征，主观臆断地夸大毛泽东思想的历史地位；不顾历史事实，把毛泽东思想的形成和发展完全归功于毛泽东一个人。会议除了对毛泽东大赞大颂外，还对林彪和他所做的报告大赞大颂，称“林彪同志一贯高举毛泽东思想伟大红旗，最忠诚、最坚定地执行和捍卫毛泽东同志的无产阶级革命路线”，其所做的报告是“马克思列宁主义的光辉文献”，“划时代的伟大报告”，“向共产主义前进的伟大纲领”等，将“林彪同志是毛泽东同志的亲密战友和接班人”写进党章。

九大在个人崇拜方面的种种表现，是“文化大革命”中个人崇拜恶性发展的缩影。个人崇拜是一种反科学、反民主的思潮，它同马克思主义的历史唯物主义原则是完全不相容的。个人崇拜在“文化大革命”中的恶性发展，造成了一系列严重后果，破坏党的民主生活，窒息人民群众的积极性和创造性，给党和人民带来深重的灾难，是导致毛泽东晚年错误的一个重要原因。这一历史教训表明，无产阶级政党必须加强党的制度建设，必须加强与人民群众的密切联系，反对任何形式的个人崇拜。

一个聪明的民族，从灾难和错误中学到的东西会比平时多得多。粉碎“四人帮”以后，特别是党的十一届三中全会以后，中国共产党人进一步总结了八大以来在个人崇拜问题上的经验教训，提出了“少宣传个人”的方针，同时，坚持以党章为根本、以民主集中制为核心，坚持和完善党的领导制度，改革和完善党的领导方式和执政方式，发展党内民主，积极稳妥推进党务公开，保障党员主体地位和民主权利，完善党代表大会制度和党内选举制度，完善党内民主决策机制，保障党的团结统一，增强党的创造活力，坚决克服违反民主集中制原则的个人独断专行和软弱涣散现象，党内民主制度建设科学化水平不断提高。

正如意大利学者克罗齐所言：“一切历史都是当代史。”我们记录过去是为了现在。回顾九大，对党探索适合中国情况的建设社会主义道路的失误和挫折，必须站在正确的立场上，始终牢牢把握党的历史的主流和本质，分清主流与支流，区别成就与失误，决不能一叶障目，因局部的、一时的失误和挫折而否定党的历史的本质和主流，更不能麻木不仁，允许敌对势力肆意歪曲和捏造事实，抹黑党的历史，制造思想混乱，借以否定中国共产党的领导和中国特色社会主义事业。只有这样，在清楚地了解到损失的重大，切肤地感受到失误的剧痛，深刻地体会到历史的无情的同时，我们才能极大地丰富和深化对人类社会发展规律特别是在中国这样一个社会生产力水平十分落后的东方大国进行社会主义建设的规律的认识，更加坚定我们在中国共产党领导下沿着中国特色社会主义道路奋勇前进的决心和勇气。

中国共产党的伟大、光荣，并不是从来不犯错误、从来没有经历曲折，而是能够勇敢地承认和正视自己的失误和挫折，郑重、科学地对待这些失误和挫折。正是由于正确地认识和对待了“文化大革命”的严重错误，从中汲取了深刻的教训，以邓小平为核心的党的第二代中央领导集体以巨大的政治勇气和理论勇气，科学评价毛泽东和毛泽东思想，彻底否定“以阶级斗争为纲”的错误理论和实践，做出把党和国家工作中心转移到经济建设上来、实行改革开放的历史性决策，确立社会主义初级阶段基本路线，吹响走自己的路、建设中国特色社会主义的时代号角，创立邓小平理论，指引全党全国各族人民在改革开放的伟大征程上阔步前进。

邓小平说：“过去的成功是我们的财富，过去的错误也是我们的财富。我们根本否定‘文化大革命’，但应该说‘文化大革命’也有一‘功’，它提供了反面教训。没有‘文化大革命’的教训，就不可能制定十一届三中全会以来的思想、政治、组织路线和一系列政策。”① 如果无视、回避“文化大革命”的错误和挫折，实际上也就难以深刻认识改革开放的必要性，难以深刻理解改革开放以来中国特色社会主义的一切路线方针政策。90多年来，中国共产党正是在总结经验、吸取教训的过程中，才变得更加成熟，其事业才变得更加兴旺发达、蒸蒸日上。

① 《邓小平文选》第3卷，人民出版社1993年版，第272页。

# 党的十大

## 仍要“继续革命”与错误路线沿袭

1971年发生的九一三事件，客观上宣告了“文化大革命”在理论和实践上的失败，从而为结束这场运动、纠正极左错误提供了一次历史转机。然而，“不识庐山真面目，只缘身在此山中。”历史的局限性是无情的。1973年8月24日至28日在九一三事件发生后举行的中国共产党第十次全国代表大会，由于受到领导人主观认识等诸多因素的影响和制约，在总体上“继续了‘九大’的‘左’倾错误”①，未能担负起给党和国家的工作带来转机的历史使命。但是，十大通过的错误路线、方针和政策，虽然使“文化大革命”延续了数年之久，却并不能保证“左”的路线在毛泽东去世后继续坚持下去。回顾这一段历史，人们会更加清楚地看到，结束“文化大革命”，开启改革开放的伟大历程，吹响建设中国特色社会主义的时代号角，开辟社会主义事业发展新时期，反映了中国人民的意愿，是历史发展的必然结果。

### 一、“革命”没完，怎样继续搞

按照毛泽东的设想，党的九大之后，“文化大革命”即进入“巩固胜利成果”阶

---

① 中共中央文献研究室：《十一届三中全会以来党的历次全国代表大会中央全会重要文件选编》上，中央文献出版社1997年版，第183页。

段，然后就可以结束了。在此之前，毛泽东曾经多次谈到结束“文化大革命”的问题，但都因为条件不成熟而作罢。1969 年 3 月间，在谈到九大文件的署名时，毛泽东说：“中央文革不要加了，是管文化革命的。文化革命快要结束了，用常委。”① 在毛泽东看来，八届十二中全会解决了刘少奇的问题，全国也建立了省、自治区、直辖市一级的革命委员会，“文化大革命”已经取得了决定性的胜利，再经过“斗、批、改”，这个运动就基本上可以结束了。当时，人们也都普遍地把“斗、批、改”当作“文化大革命”的“扫尾阶段”。然而，毛泽东的希望落了空。出乎他的预料，一场更加惊心动魄的斗争接踵而来。

## （一）“斗、批、改”运动

1969 年 4 月 28 日，毛泽东在九届一中全会上表示，“文化大革命”还有些事没有做完，现在还要继续做，比如讲“斗、批、改”。

“斗、批、改”运动的内容比较广泛、庞杂，不仅包括“清理阶级队伍”、“整党建党”、“教育革命”、知识青年上山下乡、干部下放劳动等几项主要内容，还有诸如文艺革命、医疗卫生革命以及工厂管理革命、商业革命等等，涉及上层建筑和经济基础的所有领域和部门。九大前后到 1970 年九届二中全会之前的各项政治活动，基本都包括在“斗、批、改”这个总任务之中。

“斗、批、改”的任务，作为毛泽东对整个“文化大革命”目标和过程的比较完整的设想，最先是在 1966 年 8 月 8 日党的八届十一中全会通过的《十六条》中提出的：“我们的目的是斗垮走资本主义道路的当权派，批判资产阶级的反动学术‘权威’，批判资产阶级和一切剥削阶级的意识形态，改革教育，改革文艺，改革一切不适应社会主义经济基础的上层建筑，以利于巩固和发展社会主义制度。”同年 12 月下旬，毛泽东曾经预言，1967 年将是一斗、二批、三改取得决定性胜利的一年。但是，随着 1967 年 1 月上海夺权引发的“全面夺权”、“全面武斗”和“天下大乱”，“文化大革命”的实际进程很快就超出了毛泽东的预料和设想。党的九大之前，毛泽东又提出：“建立三结合的革命委员会，大批判，清理阶级队伍，整党，精简机构、改革不合理的规章制度、下放科室人员，工厂里的斗、批、改，大体经历这么几个阶段”②。毛泽东希望通过“斗、批、改”运动，在各个方面、各个行业落实党的一些政策，清除资产

---

① 中共中央文献研究室：《毛泽东传》（1949～1976）下，中央文献出版社 2003 年版，第 1556 页。

② 《红旗》，1968 年第 2 期。

阶级、修正主义的影响，“斗私批修”，树立无产阶级的新风尚、新思想，巩固和发展“文化大革命”的成果，把无产阶级专政的任务落实到基层，达到“抓革命、促生产、促工作、促战备”的目的。根据毛泽东的指示，九大向工、农、商、学、党、政、军、民各方面、各单位都提出了“斗、批、改”的任务。

毛泽东对“斗、批、改”高度重视。为了指导各条战线搞好这一运动，他亲自抓了北京针织总厂、北京新华印刷厂、北京北郊木材厂、北京化工三厂、北京二七机车车辆工厂、北京南口机车车辆机械厂以及北京大学、清华大学“六厂二校”的典型。1968年下半年至1970年间，“六厂二校”几乎提供了“斗、批、改”的所有主要经验。这些经验，如提出“犯走资派错误的好人”的概念，提出对被称为“反动权威”的专家们“一批二用”的政策，提出清理阶级队伍要“注意政策”“给出路”，强调“抓革命、促生产”等，对抑制极端化倾向、稳定局势、缓和矛盾起到了一定作用。但是从根本上看，它是在“左”的基础上抑制一些极左做法，并不是对“文化大革命”错误指导思想的纠正，而恰恰是以它为基础和归宿的，反映了希望通过“斗、批、改”来结束“文化大革命”这一基本思想的内在矛盾。

“斗、批、改”任务的提出，本身就是“文化大革命”“左”倾方针的表现，实际上是把“左”倾错误在各个领域里的“普及”和具体化，结果是党内矛盾和社会矛盾继续紧张，伤害了大批干部群众。毛泽东本想通过“斗、批、改”运动胜利地结束“文化大革命”，但事实上“文化大革命”并未因“斗、批、改”的“深入”而画上句号。1971年9月林彪事件发生之后，“斗、批、改”很少再被提及，最终不了了之。

### （二）林彪一伙抢班夺权

党的九大以后，国内局势一度走向缓和，毛泽东对即将结束“文化大革命”相当乐观。他完全没有料到，就在九大开过不久，以林彪集团急于攫取更高的地位和更大的权力为中心的一场新的政治风暴正在迅速形成和发展起来，一直演变到生死搏斗的地步。

九大开过之后，毛泽东认为党的重建工作已经基本解决，希望在此基础上，在九大“团结”“胜利”的旗帜下，解决政府的重建问题，进一步推进安定团结的局面。毛泽东通过“大乱”达到“大治”的愿望，全党、全国人心思治的形势及中央采取的相关举措，与林彪、江青等希望通过进一步动乱获取更多权力的野心发生了尖锐的矛盾。与此同时，林彪、江青两股势力之间也展开了激烈的争夺。

1970年2月，中央政治局在讨论筹备召开第四届全国人民代表大会和修改宪法的问题时提出，新宪法中应设国家主席一章，并由毛泽东任国家主席。3 月 7 日，正在武汉的毛泽东明确表示："宪法中不要设国家主席这章。我也不当国家主席。"并让人回北京向中央政治局转达他的意见。8 日，周恩来主持召开中央政治局会议传达了这一意见，与会者均表示同意。林彪在苏州没有出席这次政治局会议，叶群代表他到会。周恩来在会上特别委托叶群向林彪转达毛泽东的意见，并报告政治局会议讨论的情况。9 日，林彪却让叶群转告在京的黄永胜和吴法宪："林副主席赞成设国家主席。"

3 月 16 日，宪法修改小组讨论通过《关于修改宪法问题的请示》。在审阅这个请示及其附件时，毛泽东重申了不设国家主席与不当国家主席的意见。林彪却让秘书给毛泽东的秘书打电话说："林副主席建议，毛主席当国家主席。"毛泽东让秘书回了一句顾左右而言他的话："问候林彪同志好！"4 月 11 日夜，林彪在苏州通过秘书向政治局打电话转达他的三条意见："一、关于这次'人大'国家主席的问题，林彪同志仍然建议由毛主席兼任。这样做对党内、党外、国内、国外人民的心理状态适合。否则，不适合人民的心理状态。二、关于副主席问题，林彪同志认为可设可不设，可多设可少设，关系都不大。三、林彪同志认为，他自己不宜担任副主席的职务。"12 日，中央政治局讨论林彪的上述意见时，多数人又附和林彪的意见，表示赞同设国家主席。同日，毛泽东在中央政治局关于讨论林彪意见的报告上批示："我不能再做此事，此议不妥。"

4 月下旬，毛泽东和林彪几乎同时回到北京。毛泽东在中央政治局会议上第三次提出他不当国家主席，也不要设国家主席，并当着林彪的面说："孙权劝曹操当皇帝。曹操说，孙权是要把他放在炉火上烤。我劝你们不要把我当曹操，你们也不要做孙权。"毛泽东已经把话说到这个程度，林彪却仍然坚持自己的意见，在背地里继续唱反调。5 月上旬，林彪让黄永胜带话给吴法宪与李作鹏，在修改宪法时，要坚持在宪法草案上写上设国家主席。5 月中旬，林彪在与吴法宪谈话时强调说，不设国家主席，国家就没个头；并要吴法宪在宪法修改小组会上提出在宪法中要写上国家主席一章。根据林彪、叶群授意，7 月中旬举行的中央修改宪法起草委员会全体会议期间，再次出现了要求设国家主席的"呼声"。毛泽东得知后尖锐地指出：设国家主席，那是形式，不要因人设事。在毛泽东已明确表示不设国家主席的情况下，林彪仍一再坚持要设国家主席。叶群在一次与吴法宪的谈话中，挑明了林彪的用心："如果不设国家主席，林彪怎么办？往哪里摆？"

7 月下旬，毛泽东刚离京去南方不久，中央"两报一刊"为纪念"八一"建军节准备发表一篇社论，这在中央内部又引发了一场风波。这类社论稿通常都要经中央政治局讨论修改，最后送毛泽东审定。在 27 日的政治局会议上，跟林彪关系已非同一般的陈伯达主张将原稿中“伟大领袖毛主席亲自缔造和领导的、毛主席和林副主席直接指挥的中国人民解放军”一语中的“毛主席和”4个字去掉，而张春桥则坚持不改，双方争执不下。两天后，周恩来乘陪同毛泽东会见外宾之际，当面向毛泽东讲了这场争论的情况。毛泽东听后仿佛并不在意，轻松地说：这一类的应景文章，既然政治局已经讨论过了，我就不看了；至于提法问题，这无关紧要。他还要汪东兴代他圈去社论稿中“毛主席和”几个字。一般人都能看得出来，去掉了“毛主席和”几个字以后，就成了只有林彪可以“直接指挥”人民解放军了。这不是一般的提法问题，而是一件大事。事实上，毛泽东对这个问题绝非并不在意，只是因为黄永胜也在场，故意没有把话说透。

根据毛泽东批准的计划，将在8月下旬召开中共九届二中全会，9月举行四届人大一次会议。修改宪法，是四届人大准备工作中的一件大事。林彪、江青两股势力之间为此展开了激烈的较量。

林彪和江青这两个集团，原来并无多少来往，在“文化大革命”初期，却走到了一起，互相勾结，尽管在有些问题上也曾发生矛盾，但总的说是密切合作的。

以炮制部队文艺工作座谈会纪要作为合作的开端，林彪、江青等人在诬陷党政军一大批领导干部的过程中，相互支持，勾结越来越紧密。八届十一中全会刚闭幕，林彪、叶群便把他们指使人炮制的诬陷刘少奇的材料送江青往上“酌转”。林彪诬陷贺龙“搞颠覆活动”，江青马上响应，声言贺龙是“坏人”。林彪吹捧江青“是我们党内的女同志中间很杰出的同志”，“在这次文化大革命期间就看出她伟大的作用”，并表示“向出色地指导专案工作并取得巨大成就的江青同志致敬”。江青则坚持要把林彪作为“接班人”的地位写进党章，甚至说“这一条不写上我们通不过”。但是，野心家、阴谋家的相互勾结、相互利用总是短暂的。事实上，即使在“文化大革命”初期，林彪、江青两个集团相互之间的钩心斗角和私下攻讦已时有发生。

九大以后，情况发生了一些变化。一边是野心勃勃的林彪集团的权势达到前所未有的高峰。林彪不仅成了法定的“接班人”，而且通过黄永胜、吴法宪、叶群等控制的军委办事组，比过去任何时候都能更多和更直接地掌握军权；而军队自实行“三支两军”以来，在全国各地和各部门中处于举足轻重的地位。另一边是不甘寂寞的江青等尽管通过九大进入了中央委员会和政治局，但“中央文革小组”的取消，在客观上削弱了其一伙的权力。江青、康生、张春桥、姚文元在政府和军队中并没有实职，对充满野心的他们来说，便有了一种失落感。江青后来发牢骚说：“自九大以后，我基本上是闲人”。但事实上，他们自“文化大革命”以来，已经积累起相当大的力量和影响，同各地造反派有着密切的联系，仍拥有很大的活动能量。权力和野心空前膨胀起来的林彪集团，因而仍担心江青、康生、张春桥等的势力发展有超越自己的可能。加之林彪集团与江青一伙相互勾结的需要已大大减少，他们在权力分配上的矛盾日益尖锐地暴露出来，互相倾轧，愈演愈烈。张春桥嘲笑黄永胜："是个大老粗，什么也不懂。"林彪则对陈伯达、黄永胜、吴法宪说："张、姚是无名小卒，不知是从哪里冒出来的，也没有做过什么大的工作，不过是个小记者。"林彪在江西视察时提出：在中国，小资产阶级可能把权抢走，要防止小资产阶级抢权，现在就要注意。他还进一步说：据我看，上海就是小资产阶级掌权。林彪等人担心张春桥有可能成为"接班人"，而张春桥等则最担心军队不在自己手上。九大以前，由于与江青等人积怨渐深，陈伯达转而靠向林彪等人。九大以后，他们的关系更加密切。随着九届二中全会的临近，两个阴谋集团之间明争暗斗，越来越频繁，越来越尖锐，越来越不能相容。

1970 年 8 月 13 日下午，在康生主持下，中央修改宪法工作小组召开会议，讨论宪法草案稿。宪法讨论稿的序言部分有一段话："指导我们思想的理论基础是马克思主义、列宁主义、毛泽东思想。毛泽东思想是全国一切工作的指导方针。"讨论中，已获悉毛泽东意见的张春桥提出，已经有理论基础一句，后一句可以不写了。又说，应把毛泽东思想"天才地、创造性地、全面地"发展了马克思列宁主义中的三个副词删去，因为这是"讽刺"。早已对张春桥不满的吴法宪不知道去掉那几个副词是毛泽东本人的意思，当场激烈地予以反驳，认为这样说是否定八届十一中全会公报和林彪为《毛主席语录》写的"再版前言"。吴法宪还说，"要防止有人利用毛主席的伟大谦虚贬低毛泽东思想"。会议气氛顿时紧张起来。会议休息时，吴法宪打电话向黄永胜通报情况。会后，陈伯达又邀吴到他家里进一步磋商，最后由黄永胜向正在北戴河的叶群做了汇报。叶群在电话里告诉黄永胜：林副主席听了很高兴，夸吴胖子"放炮"放得好！

8 月 14 日，周恩来主持中央政治局会议，商定宪法修改草案。会上，吴法宪再次提出"要防止有人利用毛主席的伟大谦虚贬低毛泽东思想"，并与康生发生了争执。会前，叶群分别打电话给陈伯达、黄永胜，要他们准备有关"天才"和"四个伟大"方面的语录，以便在政治局会议上继续同张春桥等"斗争"。但出乎他们的意料，很有心计的张春桥没有再做争辩，宪法草案稿顺利地通过。林彪又暗中叮嘱黄永胜、吴法宪等要多小心，这件事没有完，到庐山（指即将召开的中共九届二中全会）会有大的斗争。

8 月 13 日和 14 日这两次会上的冲突，可以说是九届二中全会上林彪、江青两个集团最终摊牌的预演和直接导火线。

### （三）九届二中全会上的较量

1970年8月23日至9月6日，中共九届二中全会在江西庐山举行。255名中央委员和候补中央委员到会。会议原定日程为讨论修改宪法、国民经济计划和战备工作。大会编组是按六个大区来编的。担任华北组副组长的吴德回忆说："初到庐山，气氛并不紧张，我万没有料到会有一场巨大的风波"①。

毛泽东19日到庐山，头几天他心情很轻松，一直在自己的住地看书、休息。8月22日下午，他召集中央政治局常委会，讨论和确定九届二中全会会期和日程等事项。讨论中，除毛泽东外，其他4名常委都表示，根据群众的愿望和要求，应该实现党的主席和国家主席一元化，即在形式上有一个国家元首、国家主席。毛泽东听了很不满意。他说："设国家主席，那是个形式。我提议修改宪法，就是考虑到不要国家主席。如果你们愿意要国家主席，你们要好了，反正我不做这个主席。"最后他严厉地提出：要把这次全会开成一个团结的胜利的会，而不要开分裂的失败的会。

8月23日下午，九届二中全会在庐山礼堂正式开幕。毛泽东主持开幕式。周恩来宣布全会的议程后，林彪拿出一份讲稿首先发言。本来，林彪在22日下午召开的中央政治局常委会上表示开幕式上不做发言。但是，到全会临开幕前一刻，林彪突然向毛泽东和几个常委提出"要讲点意见"。他的讲话主要是就修改宪法问题谈毛泽东的领导地位，实际上是以8月13日吴法宪与张春桥的争论为背景，刻意重申："毛泽东同志是当代最伟大的马克思列宁主义者。毛泽东同志天才地、创造性地、全面地继承、捍卫和发展了马克思列宁主义。"他说："这次宪法修改草案，表现出这样的特点，就是突出毛主席和毛泽东思想在全国的领导地位。肯定毛主席的伟大领袖、国家元首、最高统帅的这种地位；肯定毛泽东思想作为全国人民的指导思想，是全国一切工作的指导方针。这一点非常重要，非常重要。用宪法的形式把这些固定下来非常好，非常好！很好！可以说是宪法的灵魂，是三十条中间在我看来最重要的一条。"他进一步强调："我们说毛主席是天才，我还是坚持这个观点。""这次宪法里面规定毛主席的领导地位，规定毛泽东思想是指导思想。我最感兴趣的、认为最重要的就是这一点。"在林彪讲话时，坐在台上的毛泽东显得有些不耐烦，周恩来也露出焦急的神态。陈伯达却听得很"认真"。

林彪讲完后，康生也讲了话。康生的讲话，等于给林彪的讲话做了一个"注解"，

---

① 吴德：《庐山会议和林彪事件》，《当代中国史研究》1995年第2期。

向与会者进一步点明了林彪所要强调的主题，支持了林彪。他说：林彪“讲了毛主席在共产主义运动、中国革命运动中间的伟大历史地位，以及对宪法的说明，我完全同意、完全拥护。”并且提出：在群众讨论中，在要毛泽东当国家主席、林彪当国家副主席的问题上，“所有意见都是一致的”，“到底怎么样，要请毛主席最后指示，最后定。”康生讲完后，毛泽东已近烦躁，立即宣布散会。据毛泽东的秘书张玉凤回忆：“下了会场，主席就很不高兴。吃饭的时间一推再推，饭菜一热再热。再让他吃，他就发火。去开会，他本来很高兴，以为可以休息一下。没想到第一天开会就不顺。”

当天晚上，在有各组召集人参加的中央政治局扩大会议上，吴法宪提出：各小组应该首先学习讨论林彪在开幕式上的讲话，并要求重新播放林彪讲话录音。这个意见被通过了。林彪得知吴法宪在政治局会议上的“提议”后，非常高兴。他派叶群和在山上的儿子林立果当面表扬吴法宪，称他这次“又立了大功”。

8 月 24 日下午，在讨论林彪讲话的分组会上，按照叶群事先的布置，陈伯达、吴法宪、叶群、李作鹏、邱会作分别在华北、西南、中南、西北组，按照同样的口径发言：拥护林彪讲话，宣讲“天才”语录，要求设国家主席，并且提出有人“反对”毛主席，强烈煽动要“揪人”。陈伯达在发言中说：“我完全拥护林副主席昨天发表的非常好、非常重要、语重心长的讲话。林副主席说，这次宪法中肯定毛主席的伟大领袖、国家元首、最高统帅的地位，肯定毛泽东思想作为全国人民的指导思想。这一点非常重要，非常重要。写上这一条是经过很多斗争的。”他还手舞足蹈地边比画边说：“有的反革命分子听说毛主席不当国家主席，欢喜得跳起来了。”叶群在发言中说：林彪同志在很多会议上都讲了毛主席是最伟大的天才，难道这些都要收回吗？坚决不收回，刀搁在脖子上也不收回。

到会的绝大多数中央委员并不知道毛泽东关于不设国家主席、他决不当国家主席的意见。在陈伯达等发言的煽动下，许多不明真相的与会者纷纷表态，建议在新宪法中恢复设国家主席一章，赞成毛泽东当国家主席。叶群、吴法宪等还找人谈话、交底，鼓动一些人在会上发言。8 月 24 日以后，部分中央委员、中央候补委员代表所在省、市、自治区联名写信给毛泽东和林彪，表示拥护毛泽东当国家主席。

25 日上午，各组继续讨论。刊登陈伯达等人发言的全会第六号简报也发到各组，立即引起强烈反响。各组的发言都集中到要“查明”“揪出”反对毛主席的坏人的问题上，纷纷要求把“不赞成毛主席当国家主席”的人“揪出来”。几个大组的发言中，已有人直接点了张春桥的名，华东组也有人不指名地批评了江青。一时间，全会的气氛骤然紧张起来。这些活动尽管打的旗号是要突出毛泽东和毛泽东思想在全国的领导地位，但显然都是瞒着毛泽东和多数常委，有预谋、有计划、有组织的，完全打乱了九届二中全会的原定议程。

25日下午，江青、张春桥、姚文元到毛泽东处反映会议的情况。从华北组的简报上，毛泽东已敏锐地察觉到会议中出现的严重不正常现象。听了汇报后，他决定主持召开中央政治局常委扩大会。会前，毛泽东与林彪、周恩来、陈伯达、康生分别谈话，再次明确表示，不要设国家主席，他也不当国家主席。在这次中央政治局常委扩大会议上，毛泽东说：设国家主席的问题不要再提了，谁坚持设国家主席，谁就去当，反正我不当！他还对林彪说："我劝你也别当国家主席，谁坚持，谁去当！"正在气头上的他还发出警告：如果再继续这样搞下去，我就下山，让你们闹；再不然，就辞去党中央主席职务。根据毛泽东的意见，会议决定立即停止讨论林彪的讲话，收回第六号简报，责令陈伯达等做出检查。毛泽东的讲话和这次会议的决定，给正在自鸣得意的林彪等以极为沉重的打击。林彪立刻私下传话：告诉他们，不要再坚持设国家主席了，也不要再提"天才"了。刚从北京来到山上的黄永胜也悄悄销毁了事先准备好的发言稿。

从8月26日到30日，全会各小组休会5天。毛泽东、周恩来等则不分昼夜地找人谈话或开小会，进一步了解情况。在这期间，毛泽东每天工作达十二三个小时，有时到凌晨两三点钟才返回住所。31日，毛泽东写了《我的一点意见》，他严厉批评陈伯达等"采取突然袭击，煽风点火，唯恐天下不乱，大有炸平庐山，停止地球转动之势"，提出"不要上号称懂得马克思，而实际上根本不懂马克思那样一些人的当"。按照毛泽东的意见，全会开始揭发批判陈伯达，吴法宪等也受到批评。他们在慌乱中加紧私下活动，商讨统一口径。当周恩来提出要吴法宪等检讨时，林彪却暗中给吴法宪打气："你没有错，不要做检讨！"叶群更直截了当地说："你不要紧张，还有林彪、黄永胜嘛！只要不牵扯到他们就好办。大锅里有饭，小锅里好办"。

9月1日，毛泽东在有各组召集人参加的中央政治局扩大会议上点了陈伯达的名，要他做检查，还要林彪召集吴法宪、叶群、李作鹏、邱会作等人开会，听取他们的检查。但直到庐山会议结束，林彪以及吴法宪等只是在应付毛泽东，他们并没有打算真正认识和揭露问题，更没有做出像样的检讨。

毛泽东心里很清楚，这场风波同林彪有密切的关系。但他把批评集中地指向陈伯达一人，而对林彪不去触动。在《我的一点意见》中，毛泽东特地写上"我同林彪同志交换过意见，我们两人一致认为"这样的话。手稿上最初在讲到陈伯达搞的"天才语录"时曾有一句："陈伯达摘引林彪同志的话多至七条（应为九条。——引者注），如获至宝。"但文件印发全会前，他又删去了这句话，并让林彪看修改件。

9 月 6 日上午，全会回到原定的议程，基本通过《中华人民共和国宪法修改草案》，通过向全国人民代表大会常务委员会提出的关于在适当的时候召开四届全国人大的建议，批准国务院关于全国计划会议和 1970 年度国民经济计划的报告，批准中央军委关于加强战备工作的报告。

下午，全会闭幕。毛泽东要林彪主持闭幕会议。这时，陈伯达已不在主席台上。在闭幕会上，毛泽东就党的路线教育、高级干部的学习、党内外团结等问题讲了话，并要求大家读几本哲学书。他说："我劝同志们，有阅读能力的，读十几本……你不读点，你就不晓得。这次就是因为上当，得到教训嘛，人家是哪一个版本，第几版都说了，一问呢？自己没有看过。"在谈到会上发生的这场斗争时，他有些激动，说："庐山是炸不平的，地球还是照样转。"他反复强调坚持九大路线，说："不讲团结不好"，"群众也不高兴"，但团结"不是无原则的团结"。会上，中央宣布了对陈伯达进行审查的决定。

九大开过才一年多时间，就在九届二中全会上酿成这样一场使与会的大多数人卷入其中的大"风波"。这是毛泽东始料不及的。9 月 9 日下午，毛泽东带着难以平静的心绪离开庐山。

9 月 19 日，毛泽东从庐山回到北京。当天他找陈先瑞、吴德谈话。[①] 据吴德回忆，"整个谈话内容，总的意思基本上是《我的一点意见》上的内容。我记得最清楚的有两点：一点是说共产党要搞唯物论，不能搞唯心论；另一点是说陈伯达是船上的老鼠，看见这条船要沉了，就跑到那条船上去了。毛主席这么说，使我意识到了陈伯达后边还有人，不仅是吴法宪、李作鹏、邱会作这些军委办事组的人，而是地位更高的人。我想到了林彪。"[②]

### （四）林彪发动反革命政变

1970 年 11 月 16 日，中共中央下发《关于传达陈伯达反党问题的指示》和毛泽东《我的一点意见》，全党开展"批陈整风"运动。九届二中全会后，林彪一直称"病"不出，既不批陈，更不做检讨。随着"批陈整风"的展开，林彪集团进行一系列阴谋活动，加快了反革命政变的准备步伐，一步步走上同党和人民敌对的绝路。林彪之子

---

① 中共中央文献研究室：《毛泽东传》（1949 ~ 1976）下，中央文献出版社 2003 年版，第 1582 页。

② 朱元石等访谈、整理：《吴德口述：十年风雨纪事——我在北京工作的一些经历》，当代中国出版社 2004 年版，第 123 ~ 124 页。

林立果在其中起了十分恶劣的作用。

林立果原是北京大学物理系学生，1967年4月，林彪通过吴法宪把他安排到空军，任空军司令部党委办公室秘书。7月，按照叶群的要求，经吴法宪等介绍加入中国共产党。1969年10月，根据林彪的要求，吴法宪任命林立果为空军司令部办公室副主任兼作战部副部长，并把空军的指挥大权交给林立果。不久，在林彪的支持下，经吴法宪批准，林立果伙同空军司令部办公室副主任周宇驰、处长刘沛丰、副处长于新野等5人组成"调研小组"。九届二中全会之前，林立果及其"调研小组"，主要还是依靠吴法宪等人在空军直属机关内活动。九届二中全会之后，林立果将"调研小组"改称"联合舰队"。按照林立果的要求，"联合舰队"经常到各地"深入部队调查"，搜罗骨干，培植亲信，在北京、上海、广州等地扩大队伍，组建进行反革命阴谋活动的"小组"，设立秘密据点，利用这些据点进行联络，私藏枪支、弹药、电台、窃听器及党和国家的机密文件。叶群还为周宇驰等人规定了代号。

1971年3月，林彪在苏州用南唐后主李煜词中"几曾识干戈"、"垂泪对宫娥"的句子来警告林立果等不能"束手待毙"，并提出要"先搞一个计划"。于是，林立果在上海秘密据点召集"联合舰队"主要成员周宇驰、于新野分析形势、研究对策。他们认为，林彪的权势有可能逐渐削弱，张春桥、姚文元等"文人力量"正在发展，看趋势，张代替林的可能性最大。形势"正朝着有利于笔杆子，而不利于枪杆子方向发展"；"要以暴力革命的突变来阻止和平演变式的反革命渐变"，"如其束手被擒，不如破釜沉舟"。关于林彪"接班"问题，他们认为有"和平接班"、"被人抢班"、通过搞掉张或直接谋害毛泽东而实现"提前接班"三种可能。他们商定了实施篡权计划的要点、口号和策略，提出争取"和平过渡"，做好"武装起义"的准备，妄图通过爆破、谋杀、车祸等方式谋害毛泽东，发动反革命武装政变，"夺取全国政权"，或制造"割据局面"，并阴谋"借苏（联）力量钳制国内外各种力量"。根据他们的讨论，于新野执笔起草了准备进行武装政变的《"571工程"纪要》。"571"为"武起义"的谐音，即武装起义。

《纪要》定稿后，曾由林立果连同有关政变资料带往并"留在"已到北戴河的林彪、叶群处。根据《纪要》中建立"指挥班子"的计划，3月31日，林立果在上海直接部署了南京、上海、杭州3个据点，并指定人"进行三点联系，配合、协同作战"。在林立果指使下，广州、上海等地还组建了"战斗小分队"、"教导队"，进行特种训练。

4月15日至29日，中央在北京举行批陈整风汇报会，主要是批评军委办事组黄永胜、吴法宪、叶群、李作鹏、邱会作5人批陈不力，也听了他们的检讨。这期间，“联合舰队”一面密切注意会议动向，一面频频开会、四处串联。汇报会之后，“联合舰队”的主要成员经过研究，决定“加快、提前”实施《“571工程”纪要》确定的政变计划。林立果说，现在有人从主席对外宾的谈话①中找出一些提法，挑拨主席和林副主席的关系，影射林副主席。“联合舰队”的其他成员也到处散布现在出现了反林副主席的一股风，这股风很猛，要很好掌握部队。7月下旬后，林立果等开始到广州、深圳、沙头角等地“看地形”，到北戴河学习驾驶水陆两用汽车，加快了筹划武装政变的步伐。这些情况表明，为实现抢班夺权的野心，林彪等已走上铤而走险、孤注一掷的犯罪道路。1971年7月初，林彪、叶群离京去北戴河。前往机场送行的吴法宪和这段时间跟林彪有过接触的黄永胜等，都感觉到林彪和以往完全不同，很反常。

### （五）毛泽东视察南方的谈话

7月9日中午，美国总统国家安全事务助理基辛格秘密抵达北京。当晚，周恩来和刚到总参谋部工作不久的熊向晖向毛泽东汇报关于基辛格访华一事。毛泽东在听取汇报前，先向熊向晖了解总参谋部批陈整风的情况。当他得知在中央批陈整风汇报会以后的两个月里，黄永胜等在总参谋部一直严密封锁庐山会议的真相，并扣压了中央下发的他们几个人在中央批陈整风汇报会上的检讨，以致连总参二级部的领导干部都不知道黄永胜等在庐山会议上的问题。毛泽东得出结论：“他们的检讨是假的。庐山的事情还没有完，还根本没有解决。这个当中有‘鬼’。他们还有后台。”

1971年8月15日至9月12日，毛泽东到南方一些省市视察。庐山会议以来，经过近一年的批陈整风运动，他已从大量揭发材料以及种种迹象中，觉察出林彪等的所作所为十分可疑。他决定去南方一些地区，边调查、边“吹风”，把话说得比过去更明白，来统一各地党政军领导干部的思想，防止他们因不了解底细而继续跟林彪走，也是为拟定召开的九届三中全会和四届全国人大做准备。

在半个多月里，毛泽东先后到达武汉、长沙、南昌、杭州、上海等地。一路上，他分别同湖北、河南、湖南、广东、广西、江苏、江西、福建、浙江和上海等地党、政、军负责人进行了多次重要谈话，讲述党内路线斗争历史，揭露和批评黄永胜、吴

---

① 指1970年12月毛泽东同斯诺的一次谈话。当斯诺问到中国共产党的现状时，毛泽东表示，党目前“不怎么样”，并且感慨地说：“多灾多难啊，我们这个党。”毛泽东还对“文化大革命”以来风靡全国的“四个伟大”（即林彪提出并做过题词的“伟大的导师、伟大的领袖、伟大的统帅、伟大的舵手”）的提法表示“讨嫌”。

法宪、叶群、李作鹏、邱会作在庐山会议上搞突然袭击、企图分裂党的一系列活动。谈话中也涉及林彪。

毛泽东在谈话中多次强调“要搞马克思主义，不要搞修正主义，要团结，不要分裂，要光明正大，不要搞阴谋诡计”。他说：“这次在庐山搞突然袭击，是有计划、有组织、有纲领的。”“纲领就是‘天才’和要当主席，就是推翻二中全会的议程和九大路线。有组织就是瞒着人，搞得中央常委 3 个人都不知道，也瞒着政治局，除了那几位大将以外，搞了那么长时间。”

毛泽东对地方一些党、政、军负责人说：“有人看到我年纪老了，快要上天了，他们急于想当国家主席，要分裂党，急于夺权。”他还说，这次庐山会议，又是两个司令部的斗争。同前九次不同，前九次都做了结论，这次保护林副主席，没有做个人结论，他当然要负一些责任。对林还是要保，回北京后，还要再找他们谈谈。不过，犯了大的原则的错误，犯了路线、方向错误，为首的，改也难。庐山这件事，还没有完，还不彻底，还没有总结。

毛泽东还说：什么“大树特树”，名曰树我，不知树谁人，说穿了是树他自己。对路线问题、原则问题，我是抓住不放的，庐山会议以后，我采取了三项办法，一个是“甩石头”，一个是“掺沙子”，一个是“挖墙脚”。毛泽东说，“甩石头”，就是批发文件揭露他们的阴谋，用事实说服他们。“掺沙子”，就是派人参加军委办事组，对大军区做些人事调整。“挖墙脚”，就是改组北京军区，教育受骗者，分化他们。

毛泽东与湖南省委第一书记华国锋谈话时，见他戴着毛泽东像章，就说：“你还戴着？看见就讨嫌，不要戴了。”

谈话中，毛泽东还批评了林彪主持军委工作以来提出的一些口号和做法，批评了林彪让自己的妻子做自己的办公室主任，批评了对林立果的狂热吹捧。他的许多话都讲得很直率，也很严厉，明确显示他已不再信任林彪，下了要解决林彪问题的决心。毛泽东指定他的话只能传达到当地的一些负责同志，以及专送在北京的周恩来以外，对其他人一概严格保密。林彪、叶群等便千方百计地打听毛泽东的行踪和谈话内容。

视察途中，毛泽东敏锐地觉察出一些不正常的可疑迹象。在南昌听取江西省负责人的汇报时，毛泽东得知这年 7 月周宇驰曾两次秘密来江西活动，庐山会议期间叶群确有“不设国家主席，林彪往哪里摆”的说法，林彪之女林立衡警告“同林彪家人来往，搞不好要杀头”等情况，引起了他的注意。在杭州期间，又陆续得知有关叶群、林立果等的一些可疑情况，毛泽东更加警觉起来。

## （六）野心家折戟沉沙

1971年9月13日，中央人民广播电台广播大楼彻夜灯火通明，引起一些路人驻足观望，心生疑窦。大楼中，全台工作人员正根据上级有关在广播中立即去掉林彪的名字、习惯用语和题词等，停播一切赞颂林彪的文章、歌曲和节目的指示，紧张地审阅稿件、清查和重新录制节目。由于工作量很大，电台只好全体动员，人人动手。当向全台下达任务、提出要求之后，人们在惊诧之中，都意识到发生了什么，但又都不清楚究竟发生了什么。[①] 原来，林彪、叶群等外逃了。

林彪等人对毛泽东此次南方之行同沿途各地负责人的谈话极为敏感，通过各种渠道了解谈话内容。9月5日晚，周宇驰、于新野探听到毛泽东在长沙同一些负责人谈话的内容后，立即于6日将谈话记录稿送交在北戴河的林彪和叶群。同日，武汉军区政治委员刘丰把毛泽东在武汉同一些负责人谈话的内容告诉陪同外宾到武汉的李作鹏。李作鹏立刻形成三点“印象”：庐山会议的事情还没有完；上纲比过去更高了；矛头似乎指向林彪。他当日返京后，分别把谈话内容告诉黄永胜、邱会作。黄永胜连夜打电话告诉了叶群。

叶群接到各方传来的情况后向林彪报告，并与林立果加紧密谋，要将毛泽东杀害于巡视途中，发动武装政变。9月7日，林立果向“联合舰队”下达“一级战备”的命令。8日，林彪亲笔写下行动手令：“盼照立果、宇驰同志传达的命令办。”8日至11日，林立果、周宇驰等具体策划在上海以及苏州附近京沪铁路上的硕放桥等地谋害毛泽东，在北京攻打江青、张春桥等人的住地钓鱼台，到上海捕捉王洪文的方案。“联合舰队”成员、南京军区空军政委江腾蛟被指派为在上海谋害毛泽东的“第一线指挥”。与此同时，为另立中央或叛逃国外，林立果还指使人于10日从空军司令部索取了有关飞行、通讯的各种资料。

对林彪、林立果等的秘密策划，毛泽东此时仍一无所知。但极其丰富的政治经验使他对身边许多可疑迹象已有警觉，当机立断，缩短在杭州逗留的时间，并变换了专用列车停驻的地点。9月10日下午，毛泽东突然下令专列从杭州开往上海。在上海他没有下车。第二天上午，他在车上会见许世友、王洪文。时任空军第四军政治委员的王维国想一起上车，被警卫人员拦住。下午，毛泽东突然说：“我们走，不同他们打招呼。谁也别通知，马上开车。”专列随即离沪北上，在南京短暂停留后，经过蚌埠、徐州、济南、天津各站一路不停，全速北返，在12日午后抵达北京。在丰台车站，毛泽

① 杨正泉：《新闻背后的故事：我的亲历实录》，新世界出版社2008年版，第77～79页。

东约见李德生、纪登奎、吴德、吴忠，向他们讲述了南巡谈话的主要内容。他还谈到，路线正确决定一切，路线是个纲，纲举目张。他再次批评了林彪等人在庐山会议上的阴谋，并尖锐指出："黑手不只陈伯达一个，还有黑手。"据吴忠回忆："主席讲了两个多钟头"，"讲了很多，但主要是讲林彪，我当时的估计是三中全会要解决林彪问题。"① 下午4时多，毛泽东回到中南海休息。

毛泽东改变行程，安全返回北京，完全打乱了林立果等人在途中谋害毛泽东的阴谋计划。9月11日晚，林立果等人从王维国自上海打来的电话中得到毛泽东已经离沪北上的消息后，惊恐万状，非常绝望。在谋害毛泽东的计划落空后，林立果于12日晚私乘256号专机飞抵北戴河与林彪、叶群又紧急策划南逃广州，企图另立中央，分裂国家。与此同时，周宇驰在北京召集"小舰队"骨干开会，确定安排人员保护林彪等从山海关直接乘飞机南逃广州，并准备用飞机把黄永胜、吴法宪、李作鹏、邱会作等由北京送往广州。这些活动进行得极其隐秘，对包括林彪的女儿林立衡在内所有稍不放心的人都严加封锁。

这天晚上，周恩来照常在人民大会堂福建厅主持讨论将在四届人大上所做的《政府工作报告》稿。22时许，他接到报告，得知林立果乘飞机到北戴河后的种种异常活动，立即警觉地下令追查擅自调飞机到山海关的原因，并命令其马上飞回北京。林彪一伙得知周恩来紧急追查飞机情况的消息后，知道他们的行动已经引起注意，南逃计划已难得逞，遂决计向北叛逃国外。23时40分，林彪、叶群、林立果等驱车冲过警卫部队的阻拦，高速驶往山海关机场。到机场后，他们匆忙登机，在副驾驶员、领航员、报务员都没有上机的情况下，下令飞机在一片漆黑中强行起飞，向西北方向逃去。13日凌晨1时50分，飞机越过国境，进入蒙古人民共和国，在温都尔汗附近坠毁，机上人员全部身亡。

同日凌晨，周宇驰、于新野、李伟信得知林彪一伙出逃后，携带所窃取的大批国家机密文件和大量美钞，在北京沙河机场劫持一架直升机外逃。驾驶员陈修文在飞行途中发觉其图谋后，采取措施驾机飞回北京市怀柔县。降落时陈修文被周宇驰枪杀，周、于等开枪自杀，李伟信被抓获。林彪反革命集团策动的武装政变阴谋彻底破产。

林彪反革命集团阴谋夺取最高权力、策动武装政变这一极其严重的事件，引起广大党员、干部、群众对林彪反革命集团分裂党和国家罪行的痛恨，他们拥护党中央和毛泽东、周恩来粉碎林彪反革命集团政变阴谋的一系列重要决策。9月26日至10月15日，中央召集部分老同志举行9次座谈会。在李富春主持下，陈毅、聂荣臻、徐向前、

---

① 吴忠口述，陈楚三、李大震整理：《吴忠谈"九一三"事件》，《炎黄春秋》2012年第1期。

蔡畅、邓颖超、邓子恢、张云逸、张鼎丞、曾山、王震等老同志纷纷发言，愤怒谴责林彪集团炮制《“571 工程”纪要》、策动反革命武装政变等罪行，揭发、批判林彪在历史上的错误和他篡改历史的行径，批判林彪反革命集团散播的种种谬论。在这段时间里，包括邓小平在内的许多老同志给中央和毛泽东写信，表示坚决拥护中央处理林彪反革命集团的正确决策。

同时，林彪事件也促使更多的干部和群众从个人崇拜的狂热中觉醒。这一后来被称为“九一三事件”的令人惊心动魄的重大变故，客观上宣告了“文化大革命”理论和实践的破产。一位当年从北京赴内蒙古插队的知青回忆说：“1971 年的秋天，林彪事件爆发，我们的‘文革’理想毁灭，或者说是原本就是时代强加给我们的革命狂热毁灭，这是我们生活的一个转折点。”此后，“知青中普遍开始流行打扑克、钻桌子，颓废思潮如同瘟疫一样，很快在知青中蔓延。”①

林彪事件后最初的一段时间里，干部群众不明真相，议论纷纷，社会上盛传着小道消息。根据毛泽东的指示，中央陆续将揭发林彪集团反革命政变阴谋活动的一系列重要文件逐级传达至基层。随着传达范围的逐步扩大，群众对事件本身的猜测逐渐平息，但对“文化大革命”的怀疑和议论却明显增多，人们普遍希望以此为契机纠正一些明显的“左”倾错误，多少落实一些党的有关政策，调整和改善一下党内外各种关系。

九一三事件发生后不久，北京有一个五年级孩子从玩伴那里得知林彪叛逃的消息，百思不得其解：“已经是副主席了，权不小了，还夺什么权呀?”再说了，没联系好就往苏联跑，这不符合他“不打无准备之仗”的军事原则啊。②

身在狱中的彭德怀，得知九一三事件也是难以置信。有一天晚上，他甚至喊起来：“打电话给周总理，我相信他是革命的。这样把林彪杀了我有意见，他死我不同意。”③

在当时，对林彪事件，不要说一个孩子百思不得其解，不要说基本上与世隔绝的彭德怀难以置信，就其尖锐性和突发性也是毛泽东始料未及的，给他的震动和打击极大。事件发生一个多月后，他与周恩来、叶剑英等谈话当说到林彪时，连连说：“我的‘亲密战友’啊！多‘亲密’啊!”接着，他不禁借用唐代诗人杜牧的一首七言绝句“折戟沉沙铁未销，自将磨洗认前朝。东风不与周郎便，铜雀春深锁二乔”来抒发心中的感慨。当然，九一三事件留给毛泽东的，决不仅仅是这样的感叹，他由此陷入极大的痛苦和矛盾之中。1971 年 11 月 20 日，他在一次谈话中，在讲到曾经担任林彪警卫

---

① 木斋：《历史的化石：知青十五年》，东方出版社 2009 年版，第 154、172 页。

② 王革培：《我经历的“文革”十年》，《南方人物周刊》2012 年第 14 期。

③ 薛庆超：《从“文化大革命”爆发到林彪事件》，四川人民出版社 2010 年版，第 247~248 页。

工作的部队觉得脸上无光时说："要说无光，是中央脸上无光，也是整个党无光嘛，哪是一部分人脸上无光?"从林彪事件起，毛泽东的身体状况迅速恶化。

## 二、党的十大的筹备与召开

1973 年 8 月 24 日至 28 日，中国共产党第十次全国代表大会在北京举行。1249 名代表出席了会议。当时全国有 2800 万名党员。周恩来做政治报告，王洪文做《关于修改党章的报告》。大会通过了政治报告和经修改的党章，选举了由 195 名委员和 124 名候补委员组成的中央委员会。党的十大愤怒声讨了林彪反党集团的罪行，但继续了九大的"左"倾错误，仍旧号召全党坚持"无产阶级文化大革命"。

### (一)"批林整风"运动

九一三事件后，随着林彪反革命集团的罪行材料陆续发出并传达到基层，按照毛泽东的布置，"批林整风"运动在全国范围内展开。

1971 年 9 月 18 日，中共中央向党内高级干部发出《关于林彪叛国出逃的通知》。《通知》宣布：林彪于 9 月 13 日仓皇出逃，狼狈投敌，叛党叛国，自取灭亡。《通知》通报了九一三事件的详细经过，揭露了林彪在九届二中全会上的篡党夺权活动，回顾了党在九届二中全会以后为粉碎林彪篡党夺权阴谋而进行的斗争，公布了林彪在历史上种种问题，号召全党同志首先是高级干部同林彪划清界限。10 月 6 日，中共中央发出通知，扩大传达林彪叛党叛国事件的范围。通知要求各级党委将传达、讨论和揭发批判林陈反党集团的罪行，当作当前头一位的大事来抓，并准备在 10 月下旬扩大传达到全体共产党员、解放军指战员和广大工人、贫下中农。

在对林彪事件清查过程中，空军学院有位小食堂工作人员交给工作组一个本子。这个本子就是林立果等炮制完成的武装政变计划——《"571 工程"纪要》。1972 年 1 月，《纪要》作为中共中央文件《粉碎林陈反党集团反革命政变的斗争（材料之二）》的附件，印发全党。

围绕《纪要》是否下发，中央高层一度有不同意见。起因是其有大量攻击毛泽东的内容。

《纪要》以"B－52"作为毛泽东的代号，攻击毛泽东"不是一个真正的马列主义者"，是"当代的秦始皇"，是"借马列主义之皮、执秦始皇之法的中国历史上最大的封建暴君"，"今天拉那个打这个，明天拉这个打那个"，"每整一个人都要把这个人置于死地而方休，一旦得罪就得罪到底，而且把全部坏事嫁祸于别人”，“不仅挑动干部斗干部、群众斗群众，而且挑动军队斗军队、党员斗党员，是中国武斗的最大倡导者”，要“打倒当代的秦始皇 B－52”。《纪要》还对当时的国内形势和中国共产党领导下的人民政权进行各种诋毁和诬蔑，有的涉及毛泽东晚年错误的某些内容。说“十多年来，国民经济停滞不前”，“农民生活缺吃少穿”，“群众和基层干部、部队中下干部实际生活水平下降，不满情绪日益增长”，“敢怒不敢言”，“甚至不敢怒不敢言”；说“青年知识分子上山下乡，等于变相劳改”，“红卫兵初期受骗被利用”，“后期被压制变成了替罪羔羊”，“机关干部被精简，上五七干校等于变相失业”，“工人（特别是青年工人）工资冻结，等于变相受剥削”；说“统治集团内部上层很腐败、昏庸无能”，国家机器变成了“一种互相残杀，互相倾轧的绞肉机”，党内和国家政治生活变成了“封建专制独裁式的家长制生活”，“我国社会主义制度正在受到严重威胁”，其实质是“社会法西斯主义”，等等。《纪要》认为，“国内政治矛盾激化”，“危机四伏”，断言“独裁者越来越不得人心”，声称要“用民富国强代替他的‘国富’民穷”，“使人民丰衣足食、安居乐业”，在政治上、经济上、组织上“得到真正解放”，“用真正的马列主义作为我们指导思想，建设真正的社会主义代替 B—52 的封建专制的社会主义”。对林彪一伙的反革命两面派伎俩，《纪要》也做了辩解：“过去，对 B—52 宣传，有的是出于历史需要；有的出于顾全民族统一、团结大局；有的出于抵御外来侵敌；有的出于他的法西斯的压力之下；对广大群众来说，主要是有的是不了解他的内情。”①

很快，《纪要》就到了毛泽东的手中。毛泽东看后认为，这是搜查到的林彪罪行材料中最重要、最有价值的一件。他当即批示“印发政治局各同志阅”。与毛泽东的坦然不同，政治局的成员看了以后，都认为语言恶毒，是矛头指向毛泽东的非常反动的纲领，不宜公开。② 毛泽东力排众议，他说：这一件最重要，必须下发。③ 他还在外交部关于向美国友人等谈林彪问题的请示报告上批示：“谁人问都应直告，不应躲躲闪闪。”④

---

① 中国人民解放军国防大学党史党建政工教研室：《“文化大革命”研究资料》中册，1988 年 10 月，第 650～657 页。

② 祝庭勋：《李德生在动乱岁月——从军长到党中央副主席》，中央文献出版社 2007 年版，第 237～238 页。

③ 朱元石等访谈整理：《吴德口述：十年风雨纪事——我在北京工作的一些经历》，当代中国出版社 2004 年版，第 139 页。

④ 中共中央文献研究室：《毛泽东传》（1949～1976）下，中央文献出版社 2003 年版，第 1607 页。

《中共中央关于组织传达和讨论〈粉碎林陈反党集团反革命政变的斗争（材料之二）〉的通知》指出，“传达讨论的重点是批判”《“571 工程”纪要》，同时要求先在干部中传达，对“林彪的这个反革命纲领”要“逐条逐段地批判”，而后向群众传达。① 毛泽东批示：“照发。”

林彪事件对全党全国的震撼是巨大的，广大干部群众对林彪反革命集团的政变阴谋活动非常痛恨，对他们在“文化大革命”中的所作所为也十分愤慨，越来越多的干部、群众对“文化大革命”产生了怀疑，开始了更为深入的思考。但是，“批林整风”运动初期，在当时各种文件所限定的范围内，在不能触及“文化大革命”根本错误的前提下，普遍感到批深批透林彪的谬论并不容易，批林只能是一些不得要领的形式主义，整风运动难以深入下去。

1972 年 5 月 21 日至 6 月 23 日，中共中央在北京召开“批林整风”汇报会。中央各部门，各省、自治区、直辖市和各大军区、军兵种负责人 312 人与会。这次会议批判了林彪集团，使人们进一步认清他们的面目。但是，未能认真吸取教训，清理极左思潮。在会议所发文件中，第一次公布了毛泽东 1966 年 7 月 8 日给江青的一封信。在信中，毛泽东表示了对林彪 1966 年 5 月 18 日有关政变和个人崇拜讲话的不满和不安。7 月上旬至 8 月上旬，各省、自治区、直辖市也陆续召开“批林整风”会议，要求把“批林整风”当作“头等大事”来抓，重点是批林，在此基础上搞好整风，加强党的一元化领导，反对山头主义、宗派主义，等等。但是，这些会议都未能解决批林如何深入的问题。

林彪事件的教训，使毛泽东在一定程度上放弃了几年前对“文化大革命”那种赞扬和肯定，觉察到这场运动所造成的一些严重问题，加深了对极左思潮和做法的不满，特别是把它与林彪反革命集团的破坏联系起来。1972 年 6 月 28 日，毛泽东在会见外宾时说：“我们的‘左’派是什么一些人呢？就是火烧英国代办处的那些人。今天要打倒总理，明天要打倒陈毅，后天要打倒叶剑英。这些所谓‘左’派现在都在班房里头。”“这些所谓‘左’派，其实就是反革命”，总后台“叫林彪”。此时，毛泽东虽然不能从整体上认识和纠正“文化大革命”的错误，虽然当时党内文件仍把林彪反革命集团的覆灭当作“文化大革命”的又一个“伟大胜利”，但毛泽东心里还是有数的，在一定程度上对“文化大革命”前期一些做法有所不满和悔悟，开始转向较为务实，并在

① 中国人民解放军国防大学党史党建政工教研室：《“文化大革命”研究资料》中册，1988 年 10 月，第 690 页。

他认为必要的范围内着手纠正某些错误，调整某些政策。

在毛泽东的支持下，周恩来在主持中央工作中，把批判林彪反革命集团的罪行与比较系统地纠正极左思潮结合起来，落实党的干部政策、经济政策、知识分子政策、教育政策、科学文化政策等，恢复正常秩序，使各方面的工作有了转机。特别是通过落实干部政策，一大批被打倒的党政军领导干部重新走上重要领导岗位，加强了党内抵制和纠正“文化大革命”错误的力量，中央领导层里抵制“文化大革命”错误的力量在与江青等人的斗争中一度处于有利地位，更有力地推动了批判极左思潮和纠正某些“左”的错误的斗争，也从一个重要方面为最终结束“文化大革命”准备了条件。

九一三事件后的一段时间里，与林彪反革命集团既相互勾结又相互争斗的江青等人，一度十分被动，但仍然受到毛泽东的信任和重用。在批判极左思潮之初，他们曾有所收敛，不过也越来越清楚这种批判对于他们、对于“文化大革命”所具有的否定性意义。1972 年下半年，批判极左思潮达到高潮，他们开始全力进行反扑。围绕批极左与反对批极左的问题，以周恩来为代表的广大干部、群众与江青集团之间的斗争，不可避免地尖锐化了。

1972 年 8 月初，周恩来在一次报告中指出，“极左思潮是有世界性的。中国也有极左思潮，在我们的鼻子下面也有嘛”、“实际上各单位的极左思潮都是林彪放纵起来的”。极具有左思潮就是“夸夸其谈，不实事求是”；就是“空洞、极端、形式主义，空喊无产阶级政治挂帅”。针对“文化大革命”中泛滥起来的在政治与业务关系上的极左思潮，他说：“运动就是要落实在政策和业务上。无产阶级政治挂帅挂在什么地方呢？就是要挂在业务上。”

这期间，有一个短时期周恩来直接领导《人民日报》的工作。10 月 14 日，《人民日报》根据 8 月初以来周恩来多次强调要批判极左思潮的指示精神，以一个整版发表 3 篇批判极左路线和无政府主义的文章，在全国产生了较大影响，受到广大干部、知识分子、工农群众的欢迎，然而却戳到江青等人的痛处。他们认定，“当前要警惕的是右倾思想抬头”，“不能说什么都是无政府主义，不要批到群众头上，不要混淆两类矛盾”，一再追查文章的“背景”，决意下大力量“刹住这个 1972 年下半年出现的修正主义回潮”。10 月至 11 月间，张春桥在上海市委常委会上说，当前有一股“右倾翻案风”，有一种否定“文化大革命”的思潮，“不管四面八方刮来什么风，上海都要顶住”。

11 月 30 日，周恩来审阅并同意中央对外联络部、外交部一份要求彻底批判极左思潮和无政府主义的报告。第二天，张春桥阅后批示将报告送“总理再阅”，并批道：

“当前的主要问题是否仍然是极左思潮？批林是否就是批极左和无政府主义？我正在考虑。”12月2日，江青在批语中进一步提出，“应批林彪卖国贼的极右”，“同时也应着重讲一下无产阶级文化大革命的胜利”，反对因批极左思潮可能产生的对“文化大革命”的任何怀疑。

毛泽东虽然从林彪事件中吸取了某些教训，提出和支持过批极左，但他并没有认识到“文化大革命”的错误是全局性的。相反，毛泽东认为这样的运动以后还要进行多次，不能容忍对“文化大革命”的否定。批判极左思潮的深入，越来越多地触及“文化大革命”本身，这就超出了他所能允许的限度和范围。12月15日，人民日报社王若水写信给毛泽东，反映一段时间以来在批判极左思潮问题上，周恩来与张春桥、姚文元之间存在不同看法，并表示主张贯彻周恩来要求批透极左思潮的精神。17日，毛泽东在同周恩来、张春桥、姚文元等的谈话中，针对这封来信说：“极左思潮少批一点吧。”“那封信我看不对。是极左？是极右。修正主义，分裂，阴谋诡计，叛党叛国。”这次谈话，使江青集团有机可乘，更加有恃无恐地批判极右和反击“右倾翻案”，“批林整风”运动的重点随之改变，批判极左思潮的正确方向随之逆转。

1973年“两报一刊”的元旦社论，只字不提批判极左思潮。“批林整风”运动的方向显然发生了变化，周恩来等人的努力越来越艰难。但是，批判极左思潮的斗争，由于它所取得的成就以及越来越多的干部和群众的支持，仍然在一段时间里得以持续。在可能的条件下，周恩来等人继续坚持着这场艰难的斗争，特别在解放干部和平反冤假错案方面，周恩来继续进行不懈的努力，并且得到毛泽东的支持。

1973年5月20日至31日，中共中央在北京召开工作会议。参加会议的有中央政治局委员、候补委员，中央委员、候补委员以及各省、自治区、直辖市党委负责人共246人。会议的议程有3项：讨论筹备召开党的十大，讨论各地、各单位“批林整风”运动情况，讨论本年度的国民经济计划。会议期间，传达了毛泽东关于“只注意生产，不注意上层建筑、路线，不对”和“要注意培养青年干部”等指示。这显然是针对批判极左思潮、恢复经济秩序的努力而发的。

根据毛泽东的意见，会议宣布解放谭震林、李井泉、乌兰夫等13名老干部，同时决定王洪文、华国锋、吴德列席中央政治局会议并参加政治局的工作。会议还决定由张春桥等组成党章修改小组，在中央政治局领导下，起草《中国共产党章程（草案）》和党的十大政治报告。这次会议上，周恩来领导批判极左思潮斗争的一些主要成果仍然保存并继续发挥着作用，邓小平等一批老同志出席了会议并将出席党的十大，使党的中央领导层的健康力量得到一定程度的加强。会议也进一步扭转了批判极左思潮的正确方向。王洪文参加政治局工作，张春桥主持起草十大文件，则使江青集团的势力得到进一步扩张。

7月4日，毛泽东约王洪文、张春桥谈话，尖锐地批评了外交部第153期《新情况》中对美苏关系动向的分析，说："结论是四句话：大事不讨论，小事天天送。此调不改动，势必搞修正。将来搞修正主义，莫说我事先没讲。"这实际上再次批评了主管外交工作的周恩来。

在"批林整风"运动中，周恩来把批判林彪反革命集团的罪行和批判极左思潮、落实党的干部政策等结合起来，在当时的历史条件下，虽然不可能从全局上否定"文化大革命"，虽然遭到挫折，后来在"反击右倾回潮风""批林批孔"运动中被迫中断，但它在不长的时间里取得了明显的成效，得到了广大干部、群众的衷心拥护，并对此后一个时期政治、经济的发展产生了多方面的深远影响。

## （二）毛泽东再选"接班人"

1973年8月24日，党的十大在北京隆重开幕。年已80岁的毛泽东坐在主席台中央。他的动作有些迟缓，比起上一次党代会时，明显衰老了许多。在毛泽东的一侧，引人瞩目地坐着一个年轻人，这就是年仅38岁的王洪文，他身穿缀有领章的军装，显得踌躇满志。毛泽东的另一侧坐的是周恩来，他表情沉稳坚毅，但身形瘦削，此时已患重病。显然，年轻的王洪文已被毛泽东视为自己的接班人。

中央领导班子的组成，包括林彪之后自己的接班人的选择，是毛泽东在十大的筹备工作中着重考虑的问题之一。还在南方视察时，他就说过："要培养年轻人到中央，如李德生、纪登奎、华国锋那样的，光是老将不行。上海王洪文这个同志你们熟悉不熟悉，了解不了解？这个同志怎么样？"① 九一三事件之后，他又多次提出"要提工农出身的同志为党的副主席、常委"。他说："我的意见就是要搞一点年轻人来当共产党的副主席、军委副主席。所谓年轻人，就是年龄在三十至四十之间，要工人和农民。老、中年还要。你们多找找，南方北方都找。文化水平低一点，用一批知识分子扶助。"②

正是根据从工人、农民中直接选拔接班人这一部署，王洪文、陈永贵、吴桂贤、倪志福等成为进入新的中央领导班子的人选。时任中共中央委员、上海市委书记、上海市

① 中共中央文献研究室：《毛泽东传》（1949～1976）下，中央文献出版社2003年版，第1598页。
② 中共中央文献研究室：《毛泽东传》（1949～1976）下，中央文献出版社2003年版，第1655页。

革委会主任的王洪文，生于1935年，务过农，做过工，当过兵，是上海工人造反派的头头。这些使毛泽东对他抱有很大希望，准备在实际工作中对他进行进一步考察和培养。根据毛泽东的意见，从1972年9月起，王洪文被留在北京参加中央工作，到1973年5月又被指定出席筹备十大的中央工作会议，并宣布其正式参加中央政治局的工作。

8月20日，党的十大的选举准备委员会会议在北京召开，根据毛泽东的意见，周恩来在会上宣布，王洪文担任选举委员会主任，副主任为周恩来、康生、叶剑英、江青、张春桥、李德生。王洪文一下跃居仅次于毛泽东的地位，他作为接班人的地位已经确立，只待在十大上确认了。然而，在酝酿十大主席团副主席人选时，因列入王洪文而引发了一场不大不小的风波。

根据毛泽东的意见，担任十大主席团主席、副主席的人，也就是第十届中央委员会主席、副主席的人选。21日，中央政治局开会商议十大主席团领导成员名单。主席团主席由毛泽东担任，没有任何异议。当议到副主席人选时，会上先后提出4人，即周恩来、王洪文、康生和叶剑英。政治局委员许世友对王洪文的提名强烈不满，提出只要一个副主席就行了。这"一个副主席"是指周恩来。后来他又认为有3个老同志就够了。许世友的态度在老干部中很有代表性。于是政治局决定再召集出席十大的中央和地方负责人开会，"打通思想"，"统一认识"。

23日，在由政治局召集的中央党政军直属机关和各省、自治区、直辖市负责人会议上，周恩来着重说明自林彪事件后毛泽东多次表示要培养工人出身的王洪文做中央领导工作的意愿，强调要重视选拔青年干部，不能看不起"儿童团"。许世友仍不服气，在会上多次插话陈述自己的意见。当张春桥指责许世友"反对主席的意见"时，许大声训斥张："你有什么了不起!"轮到王洪文讲话时，包括许世友在内的一些老干部都没有像听了周恩来讲话后那样鼓掌，用沉默来表示不满。当讨论到由谁来做关于修改党章的报告时，在毛泽东已经决定由周恩来做十大政治报告的情况下，提议王洪文的寥寥无几。① 虽然会议最后通过了各项预选名单，但对王洪文的反感和不满这些迹象，已在一定程度上反映了许多人对"文化大革命"的不满和中央内部在十大前夕存在的分歧。

十大期间，毛泽东还曾考虑成立一个以老干部为主的"中央顾问委员会"②。这个

---

① 中共中央文献研究室：《毛泽东传》（1949～1976）下，中央文献出版社2003年版，第1661～1663页。

② 中共中央文献研究室：《毛泽东传》（1949～1976）下，中央文献出版社2003年版，第1666页。

设想虽然未能实现，但它反映出毛泽东已经感觉到自己的病情而对包括接班人问题在内的“后事”的某种担忧。

毛泽东的担忧不是多余的。据曾任中共上海市委书记和上海市革委会副主任的徐景贤回忆，十大召开之前，王洪文回到上海搞调查研究，同时为召开十大做准备。他一到市委就急着要找市委写作组的负责人朱永嘉，要朱给他讲一讲《后汉书》中的《刘盆子传》。王洪文说是毛泽东要他读的。因为是古文，很深奥，他读不懂。①

刘盆子是汉高祖刘邦之孙城阳景王刘章之后。王莽末年，天下大乱，刘盆子及其兄刘茂等被掳至赤眉军中放牛。《刘盆子传》中记载了赤眉农民起义军采用抽签方式选定刘盆子当皇帝的故事。赤眉军为了师出有名，号令天下，决定找一个刘氏宗室来做皇帝。当时，在赤眉起义军中有景王刘章的后代共 70 多人，其中数刘盆子、刘茂、刘孝 3 人的皇族血统最近。赤眉军的首领樊崇等人商议，用“摸彩”的方式来确定皇帝由谁来当。结果 15 岁的刘盆子中了“彩”。刘盆子当了皇帝以后，并没有进入角色，依旧经常和一帮放牛娃嬉戏，不务“正业”。

毛泽东特意从《后汉书》中挑出放牛娃刘盆子的传记让王洪文阅读，既是对王的提醒也是毛有隐忧的表现。王洪文后来的作为表明，他或者没有读懂《刘盆子传》，或者读懂了，但实在是本性难移。总之，最终让毛泽东失望了，还是成了“刘盆子”。

### （三）毛泽东主持大会开幕式

8 月 24 日晚，党的十大召开第一次全体会议。毛泽东主持开幕式，首先选出十大主席团及其领导成员。

十大应该在 1974 年举行。但发生了林彪事件这个特殊情况，九大通过的党章写有林彪是“毛泽东同志的亲密战友和接班人”急需修改，政治局和中央委员会的成员急需调整，林彪事件也需要由党的代表大会做出正式结论，毛泽东和中共中央决定提前召开十大。

在当天举行的十大预备会上，周恩来传达了毛泽东在政治局会议上的讲话：“希望我们这次大会，大家团结起来，不搞阴谋诡计。我们要团结一切能够团结的人，对外反对帝、修、反，对内反对刘少奇、林彪反党集团中最死不改悔的一些死党。我们要坚持原则，当然，不排除必要的灵活性。在任何一级党组织，大多数决定了，少数就应该服从大多数。”

---

① 《毛泽东要王洪文读〈刘盆子传〉》，《党的文献》2005 年第 4 期。

在十大开幕式上，毛泽东宣布开会后，周恩来问："主席讲几句不讲?"毛泽东没有讲，只是说请周恩来做报告和请王洪文讲话。在周恩来宣读报告的过程中，毛泽东有几句简单的插话。当周恩来读到报告中的"时代没有变，列宁主义的基本原则没有过时，仍然是我们今天指导思想的理论基础"时，毛泽东突然插话："哎，不错。"当周恩来读到"应当强调指出：有不少党委，埋头日常的具体的小事，而不注意大事，这是非常危险的"时，毛泽东说："对。"两个报告用了不到一个小时。周、王讲完后，毛泽东宣布："报告完毕，今天就到此为止，散会!"

据毛泽东的护士长吴旭君回忆，毛泽东宣布散会后，台上台下长时间鼓掌。由于这段时间毛泽东的腿出了问题，步履艰难，在工作人员的搀扶下，他才站立起来。周恩来大概看到毛泽东的腿在颤抖，让他坐下。毛泽东就又重重地坐下，一动不动。而台下的代表仍一个劲地向毛泽东欢呼。尽管周恩来打手势要大家赶快退场，代表还是不肯离去。周恩来采纳了吴旭君的建议，向大会宣布：毛主席目送各位代表退场。①

十大开幕那天的会场情形，8 月 29 日发表的《中国共产党第十次全国代表大会新闻公报》给人们展现的是这样几个镜头：

——8 月 24 日，大会正式开幕这一天，来自我们伟大社会主义祖国五湖四海的大会代表，通过高悬着马克思、恩格斯、列宁、斯大林巨幅画像的大厅，进入了庄严的会场。他们之中，有的是产业工人党员代表，有的是贫下中农党员代表，有的是来自祖国边疆、警惕地守卫在国防前哨的人民解放军党员代表，还有的是革命干部、革命知识分子和其他劳动人民的党员代表。工农兵党员代表占总数的 67%。妇女党员代表占 20% 以上。汉族以外各兄弟民族党员代表，也占有一定比例。有待解放的祖国神圣领土——台湾省在全国各地的党员所选出的代表，是第一次参加党的全国代表大会。代表们带着全国二千八百万党员的委托，各族亿万人民的心愿，同自己的伟大领袖毛主席一起，团结、紧张、严肃、活泼地进行了工作。

——当毛主席出现在主席台的时候，全场欢声雷动，代表们怀着激动的心情，长时间地热烈鼓掌，高呼："伟大领袖毛主席万岁！万万岁!"毛主席亲切地向代表们挥手致意。

——大会选举了由 148 位代表组成的主席团。大会一致通过毛主席为主席团主席，周恩来、王洪文、康生、叶剑英、李德生同志为主席团副主席，张春桥同志为主席团

① 中共中央文献研究室：《毛泽东传》（1949～1976）下，中央文献出版社 2003 年版，第 1664～1665 页。

秘书长。

——在主席台前列就座的，还有：刘伯承、江青、朱德、许世友、陈锡联、李先念、姚文元、董必武、纪登奎、汪东兴、华国锋、吴德同志。

### （四）十大的议程与主要内容

十大有三项议程：周恩来代表中共中央做政治报告；王洪文代表中共中央做《关于修改党章的报告》，并向大会提出《中国共产党章程草案》；选举中国共产党第十届中央委员会。

周恩来向大会宣读的政治报告是张春桥主持起草的。在23日中央党政军直属机关和各省、市、自治区负责人协商中央领导机构成员的会议上，周恩来说：政治报告署了我的名字，但不是我写的，是张春桥按照毛主席的思想、路线起草的，经毛主席看过。报告是毛主席的思想，主席要我做报告①。

政治报告分3个部分：关于九大路线；关于粉碎林彪反党集团的胜利；关于形势和任务。报告继续肯定了九大路线，肯定了党在整个社会主义历史阶段的基本路线和政策，肯定了“文化大革命”“无产阶级专政下继续革命”的理论，强调党内两条路线的斗争将长期存在，还会出现10次、20次、30次。报告指出：“粉碎林彪反党集团是我们党在九大以后取得的最大胜利，是对国内外敌人沉重的打击。”报告还分析了当前国际形势，认为其特点是天下大乱，正是“山雨欲来风满楼”，说这样的大乱对人民来说是好事，乱了敌人，唤醒了人民，锻炼了人民。

王洪文向大会做关于修改党章的报告。报告称：“四年多来的实践充分证明九大的政治路线和组织路线都是正确的。九大通过的党章，坚持了我们党一贯的根本原则，反映了无产阶级文化大革命的新经验，在全党、全军、全国各族人民的政治生活中起了积极的作用。”报告说，将九大通过的党章中有关林彪的一段话全部删去，“这是全党全军全国人民的一致要求，也是林彪叛党叛国，自绝于党，自绝于人民的必然结果”。报告还把“天下大乱，达到天下大治，过七八年又来一次”认定为“客观规律”。

8月25日至27日，大会分组讨论。讨论中，许多代表都声讨了林彪反党集团的罪行，纷纷表示拥护党中央永远开除林彪等人党籍的决定。

---

① 中共中央文献研究室：《周恩来年谱》（1949～1976）下卷，中央文献出版社2007年版，第614页。

8月28日，大会举行第二次全体会议，通过中央委员会的政治报告和修改党章的报告，通过《中国共产党章程》，选出195名中央委员和124名中央候补委员，组成第十届中央委员会。

8月30日，中国共产党第十届中央委员会举行第一次全体会议。鉴于身体情况，毛泽东事先声明他将不出席这次全会。从此，毛泽东不再参加中央委员会的全会。会议在周恩来主持下选举中央领导机构。选举结果为：中央委员会主席毛泽东，副主席周恩来、王洪文、康生、叶剑英、李德生。中央政治局委员（按姓氏笔画为序）：毛泽东、王洪文、韦国清、叶剑英、刘伯承、江青、朱德、许世友、华国锋、纪登奎、吴德、汪东兴、陈永贵、陈锡联、李先念、李德生、张春桥、周恩来、姚文元、康生、董必武。中央政治局候补委员：吴桂贤、苏振华、倪志福、赛福鼎。中央政治局常委除中央委员会主席、副主席外，还有朱德、张春桥、董必武。

## 三、党的十大的历史地位与影响

《关于建国以来党的若干历史问题的决议》指出："党的十大继续了九大的'左'倾错误，并且使王洪文当上了中共中央副主席。江青、张春桥、姚文元、王洪文在中央政治局结成'四人帮'，江青反革命集团的势力又得到加强。"① 党的十大虽然解决了当时急需解决的问题，但从总的方面看，在极左思潮再次抬头的背景下，这次大会不论是在思想路线、政治路线还是在组织路线上，都继续了九大的"左"倾错误。

### （一）沿袭九大的错误

由张春桥执笔的中央委员会的政治报告，首先肯定九大的政治路线和组织路线，肯定九大以来中央领导的各项工作。报告一方面指出"林彪及其一小撮死党是一个'语录不离手，万岁不离口，当面说好话，背后下毒手'的反革命阴谋集团"，对林彪等的阴谋活动和两面派手法进行批判，另一方面又肯定无产阶级"文化大革命"，反复论证"无产阶级专政下继续革命"的理论与实践的正确，称"九大以来的革命实践，主要同林彪反党集团的斗争实践证明，九大的政治路线和组织路线都是正确的"，预言"林彪反党集团的垮台，并不是党内两条路线斗争的结束"，作为反映国内外两个阶级、

① 中共中央文献研究室：《十一届三中全会以来党的历次全国代表大会中央全会重要文件选编》上，中央文献出版社1997年版，第183页。

两条道路矛盾的“党内两条路线斗争”，“还会出现十次、二十次、三十次”，“这是不以人的意志为转移的”。报告要求全党特别是领导干部注意“抓大事”，以主要精力开展阶级斗争和路线斗争，批判修正主义，“巩固和发展无产阶级文化大革命的成果”。报告没有正确地分析林彪事件发生的原因，总结必要的教训，却把批判林彪的“极右实质”列为首要任务。这样的“左”倾错误指导方针，只能使“文化大革命”愈拖愈久，破坏性的后果愈来愈严重。

在《关于修改党章的报告》中，强调提交大会讨论通过的党章“修改草案和九大党章比较，主要是充实了两条路线斗争经验的内容”。报告提出“全党同志都要十分注意路线问题，坚持无产阶级专政下的继续革命”，要有敢于反潮流的革命精神，把新中国成立以来的路线斗争，特别是把对彭德怀、刘少奇都作为修正主义加以批判。报告进一步肯定了“文化大革命”，指出“文化大革命”是一次深刻的整党运动，今后还要进行多次。

十大通过的新党章，基本精神与九大通过的党章是一致的，都是“左”倾指导思想的产物。十大党章除了把九大党章中颂扬林彪，肯定林彪为“毛泽东同志的亲密战友和接班人”之类的话删掉外，在总的方面是九大党章的翻版，并在九大党章的基础上发展了错误，增写了“文化大革命”“今后还要进行多次”和“全党同志要有敢于反潮流的革命精神”等内容。正如王洪文在报告中承认的：十大党章“修改草案的总纲部分，保留了九大党章关于我们党的性质、指导思想、基本纲领、基本路线等规定，结构和内容做了一些调整。条文部分改的不多。”

十大使追随江青反革命集团的骨干分子，更多地被选进了党的中央委员会。十大选举的结果，在有限程度内反映了近两年来批判极左思潮、落实干部政策的积极成果。一些久经考验的、“文化大革命”中备受打击迫害、不是九届中央委员的老干部，如邓小平、王稼祥、谭震林、乌兰夫、李井泉、李葆华、廖承志等被选为中央委员。但是，这并没有从组织上根本改变九大的错误。党的十大由于提前召开，筹备工作没有经过党的中央委员会全体会议讨论，只是在中央工作会议上确定了修改党章的原则和方法，以及十大代表的产生办法，十分仓促。十大代表不是由省级党的代表大会或代表会议选举产生，而是通过“协商”，由党委扩大会议选举产生。这就为江青集团的骨干分子、帮派体系骨干搞政治投机提供了便利条件。

党的十大沿袭了九大“左”的错误，未能完成它所应该担负起的给党和国家的工作带来转机的历史使命。这时党还不可能从林彪事件中汲取更深刻的教训，没有认识到，从根本上看，林彪反革命集团是阶级斗争扩大化的指导思想和高度集中的政治体制的结果，是“文化大革命”的产物。尽管如此，十大仍然保留了批判极左思潮的一些积极成果，对促进稳定，对后来最终粉碎“四人帮”等起了一定甚至重要的作用。

### (二)“四人帮”粉墨登场

党的十大的召开，使王洪文成为中共中央第三号人物，在全党完全确立了他作为毛泽东接班人的地位。按照毛泽东从工人、农民中选拔一批人进入中央领导班子的部署，王洪文、陈永贵、吴桂贤等进入中央政治局，其中靠造反起家的王洪文被选为中央副主席，地位仅居于周恩来之后。在这次代表大会上，江青一伙与林彪反党集团的勾结不但没有被揭露出来，反倒成了反对林彪的“英雄”，其重要成员都进入中央政治局。江青与王洪文、张春桥、姚文元从此结成“四人帮”，他们拉帮结派，势力大增，为以后他们变本加厉地制造动乱、篡党夺权留下了隐患，积蓄了力量。

党的十大以后，江青、张春桥、王洪文、姚文元等凭借他们膨胀了的权势，加紧进行全面夺取党政军领导权的阴谋活动。这时，周恩来已被发现患了癌症。在周恩来病重期间，中央日常工作一度指定由王洪文主持，但他威望很低，能力薄弱，难堪此任。实际上处理中央日常工作的仍是周恩来。因此，周恩来被江青一伙看成是夺权道路上的主要障碍，他们迫不及待地蓄意要把周恩来打倒。

1973 年 11 月下旬，毛泽东依据不正确的汇报，误认为周恩来、叶剑英在当月中旬的中美会谈中态度软弱了，犯了“右倾错误”。根据毛泽东的意见，从 11 月 21 日起至 12 月初，中央政治局开了几次会批评周恩来和叶剑英。会上，江青、姚文元等乘机对周、叶进行攻击，无端地严厉指责这次中美会谈是“丧权辱国”“投降主义”。江青、姚文元还提出这是“第十一次路线斗争”，诬陷周恩来是“错误路线的头子”，是“迫不及待”地要代替毛泽东。会后，江青还向毛泽东提出增补她和姚文元为中央政治局常委的要求。12 月 9 日，毛泽东先后与周恩来、王洪文等人谈话。他肯定这次会开得很好。同时他指出，就是有人讲错了两句话，一个是讲“十一次路线斗争”，不应该那么讲，实际上也不是；一个是讲总理“迫不及待”。总理不是迫不及待，江青自己才是迫不及待。对江青所提增补政治局常委的意见，毛泽东明确表示：“增补常委，不要。”①

---

① 中共中央文献研究室：《周恩来年谱》（1949～1976）下卷，中央文献出版社 2007 年版，第 634～635 页。

### （三）十大后“左”倾错误仍在继续

党的十大闭幕不久，9 月 23 日，毛泽东会见埃及副总统沙菲时说：秦始皇是中国封建社会第一个有名的皇帝。中国历来分两派，一派讲秦始皇好，一派讲秦始皇坏。我赞成秦始皇，不赞成孔夫子。毛泽东讲这番话用意何在？他是以历史题材做现实文章，是要把“批林”同“批孔”、同批判“主张厚古薄今，开历史倒车”的儒家联系到一起，把“批林”引上防止“右倾回潮”、反对“复辟倒退”的方向。

林彪事件发生后，毛泽东意识到已有越来越多的人对“文化大革命”产生了怀疑。各个领域在批判极左思潮过程中采取的纠“左”措施及其成果，因涉及对“文化大革命”的总体评价，也引起了毛泽东的担忧。由于年事已高，身体状况越来越差，他对将来人们会怎样看待“文化大革命”极其关心。他坚持认为发动“文化大革命”是完全必要的，对于反修防修、巩固社会主义制度具有重要而深远的意义。他把发动“文化大革命”看作是自己一生中所做的两件大事之一，希望“文化大革命”能以令人满意的方式圆满结束。为了论证林彪集团的实质是极右，他对我国春秋时期的思想家、教育家孔子和哲学史研究中涉及的儒法之争发表看法，提出了要批判孔子的问题。这不仅因为林彪私下推崇孔孟之道，认为批孔可以从思想根源上批判林彪集团，而且更主要的是借宣传历史上法家主张变革、批判儒家反对变革来维护“文化大革命”。

江青集团利用批孔，借题发挥，大做文章，以批判林彪极右的运动形式取代批林整风，对 1972 年各条战线的纠“左”进行凶猛的反扑。十大以后，他们在清华大学、北京大学成立大批判组，编辑《林彪与孔孟之道》的材料。其材料之一于 1974 年以中共中央一号文件转发全国。此后，批林批孔作为一场政治运动在全国范围正式开展起来。江青等人操纵的写作班子，以批判孔子的“克己复礼”“兴灭国，继绝世，举逸民”为名，连续发表“批孔”“批儒”的文章，借古喻今，对周恩来在 1972 年前后恢复“文化大革命”以前某些正确的政策措施、安排一批老干部重新工作、发展经济等做法，进行影射攻击。江青等人还在教育和文化领域制造事端，大反所谓“复辟回潮”。

反击“右倾回潮”和“批林批孔”运动的冲击，使 1972 年前后在周恩来领导下经过艰苦努力刚刚趋向稳定的局势又出现混乱。在江青等人的指使下，追随他们的帮派分子重新在各地批斗领导干部，在一些单位批判教师和文艺工作者，散布“不为错误路线生产”“反潮流”等谬论，煽动停工停产，造成全国经济严重滑坡，人民生活受到严重影响，大、中城市商品供应紧张。社会上又出现跨行业的联络站、上访团、汇报团一类组织，部分地区又出现武斗。他们还乘机大搞突击入党、突击提干，使大批有野心的“反潮流”分子混入党内和干部队伍中。

毛泽东虽然支持开展“批林批孔”运动，但在发现江青等人借机搞乱全国的图谋后，便果断加以制止，并对他们做了严厉批评。根据毛泽东的意见，中共中央于1974年四五月间先后发出通知，规定“批林批孔运动在党委统一领导下进行，不要成立战斗队一类群众组织，也不要搞跨行业、跨地区一类的串联。”“清查的范围应限制在同林彪反党集团阴谋活动有关的问题，不要扩大化。”这些要求对抑制社会混乱起到一定作用。

“批林批孔”运动是坚持“文化大革命”“左”倾方针的又一次错误实践。江青集团利用毛泽东的错误，推波助澜，节外生枝，猖狂作乱，造成了极为严重的后果。但这一运动更加引起人民群众对政治运动的厌恶和对“文化大革命”的不满，遭到了党和人民的反对与抵制，迅速走向它的反面，运动的目的基本没有达到。毛泽东似乎也意识到了这个问题，于1974年12月又提出学习无产阶级专政理论的问题，以一种新的形式替代“批林批孔”来维护“文化大革命”。然而，“文化大革命”毕竟走到了末路。党和人民经过“批林批孔”中与江青集团的斗争，更加成熟和坚定。这一切为新的更大的斗争做好了思想上和组织上的准备。

胡锦涛在庆祝中国共产党成立90周年大会上的讲话中指出：“在历史上的一些时期，我们曾经犯过错误甚至遇到严重挫折，根本原因就在于当时的指导思想脱离了中国实际。我们党能够依靠自己和人民的力量纠正错误，在挫折中奋起，继续胜利前进，根本原因就在于重新恢复和坚持贯彻了实事求是。这方面的经验教训，我们党在《关于若干历史问题的决议》和《关于建国以来党的若干历史问题的决议》中进行了系统总结，我们必须牢牢记取。”党的十大可以说是中国共产党历史上独特的里程碑之一。面对风云变幻的国际形势和艰巨繁重的国内改革发展稳定任务，驻足这一里程碑前，最重要的是坚持实事求是。

只有坚持实事求是，才能从中看到我们的人民是伟大的人民，中国共产党和社会主义制度具有伟大而顽强的生命力。在“文化大革命”中，尽管党和国家的事业遭到林彪、江青两个反革命集团的破坏，但我们终于依靠自己的力量战胜了他们，党、人民政权、人民军队和整个社会的性质都没有改变。“文化大革命”10年中，虽然党的指导思想上的“左”倾错误占据主导地位，虽然林彪、江青集团利用这种错误煽动极左思潮导致的社会动乱严重发展并长期持续，虽然运动初期曾有大批学生、干部、群众响应号召狂热地投身其中，但是，在党的领导层内，在党内外广大干部群众中，对

"左"倾错误和极左思潮的抵制和抗争始终没有停止并不断发展。正如《关于建国以来党的若干历史问题的决议》所指出的："'文化大革命'整个过程的严峻考验表明：党的八届中央委员会和它所选出的政治局、政治局常委、书记处的成员，绝大多数都站在斗争的正确方面。我们党的干部，无论是曾被错误地打倒的，或是一直坚持工作和先后恢复工作的，绝大多数是忠于党和人民的，对社会主义、共产主义事业的信念是坚定的。遭到过打击和折磨的知识分子、劳动模范、爱国民主人士、爱国华侨以及各民族各阶层的干部和群众，绝大多数都没有动摇热爱祖国和拥护党、拥护社会主义的立场。"① 正是由于全党和广大人民群众的共同斗争，使"文化大革命"的破坏受到一定程度的限制。我国国民经济虽然遭到巨大损失，但仍然取得了进展，尖端科学技术也有新的发展。在国家动乱的情况下，人民解放军仍然英勇地保卫着祖国的安全。我国的对外工作也打开了新的局面。当然，这一切绝不是"文化大革命"的成果。如果没有"文化大革命"，我们的事业会取得大得多的成就。

只有坚持实事求是，才能认真总结和牢牢记取其中的经验教训，在今后的工作中，提高自觉性，减少盲目性，少犯、不犯错误，至少是不重犯过去的错误。教训是挫折和失误提供的告诫和警示，也是一种经验。挫折和失误本身是坏事，但每个挫折和失误里面都包含着值得记取的教训。认真思考、总结和记取这些教训，举一反三，防止再犯类似的错误，坏事就可以转变为好事。在中国这样一个发展中大国进行革命、建设和改革，是一场史无前例的大探索。中国国情的复杂性，大大超出任何一种书本知识和外国经验，没有现成的道路可走，探索的过程当然不可能一帆风顺，这样那样的曲折、失误甚至失败也就难以避免。关键在于能否深刻认识和把握深藏于这些曲折、失误甚至失败背后的历史发展规律。中国共产党之所以能够领导革命、建设和改革取得巨大成就，一个重要的原因，就是善于从正反两个方面的经验中逐步深化对历史发展规律的认识。中国共产党要继续把中国的事情办好，必须更加切实地尊重历史发展规律，更加自觉地掌握和运用这些规律。对历史发展规律的认识越深入、掌握越科学、运用越自如，就越能排除这样那样的干扰，保持坚定正确的政治方向，处理好治国理政中的各种矛盾和问题。

邓小平指出："现在，有右的东西影响我们，也有'左'的东西影响我们，但根深蒂固的还是'左'的东西。""右可以葬送社会主义，'左'也可以葬送社会主义。"②

---

① 中共中央文献研究室：《十一届三中全会以来党的历次全国代表大会中央全会重要文件选编》上，中央文献出版社 1997 年版，第 185～186 页。

② 《邓小平文选》第 3 卷，人民出版社 1993 年版，第 375 页。

在新的历史起点上，回顾党的十大这段历史，牢记其中的经验和教训，对于深入探寻、认识和掌握共产党执政规律、社会主义建设规律、人类社会发展规律，深刻理解“中国要警惕右，但主要是防止‘左’”的重要观点，始终保持清醒头脑，绝不走回头路，不断把中国特色社会主义事业推向前进，具有极其重要的意义。

# 党的十一大

## 结束“文化大革命”与提出抓纲治国战略

中国共产党第十一次全国代表大会，于1977年8月12日至18日在北京召开。大会宣告了历时10年的“文化大革命”已经结束，重申了在20世纪内把中国建设成为社会主义现代化强国的任务，这对于动员全党进行社会主义现代化建设具有积极意义。但限于当时的历史条件，这次大会仍然肯定和坚持“文化大革命”的错误理论，把抓纲治国作为基本战略，从而没有完成从党的指导思想和方针上纠正“文化大革命”的错误和从根本上实现拨乱反正的历史任务。

### 一、“革命”无穷期，怎样坚持

党的十一大是在粉碎“四人帮”之后，为了确定新的工作方针，选出新的中央委员会而提前召开的。1976年10月6日，以华国锋为首的中共中央政治局代表全国人民的意志，一举粉碎了“四人帮”。粉碎“四人帮”的胜利，结束了“文化大革命”的内乱。党和人民充满了在困境中奋起的希望，对于纠正“文化大革命”中的错误的要求也日益强烈。同时，国民经济开始出现复苏的局面。但是，持续10年之久的“文化大革命”积累了许多严重的政治问题和社会问题，党所面临的任务相当艰巨。另一方面，由于“两个凡是”方针的提出和推行，拨乱反正的开展遇到阻碍，党的事业在徘徊中前进。

### (一)“四人帮”的末日与揭批“四人帮”运动

由王洪文、张春桥、江青、姚文元组成的“四人帮”，是一个利用党的错误，在“文化大革命”中形成和发展起来阴谋篡夺党和国家最高权力的反革命集团。他们在“文化大革命”期间摆出一副所谓理论权威的架子，欺骗群众，网罗党徒，结党营私，拼凑班底，搞非法武装，结成全国性的帮派体系，严重危害党和国家的前途命运。

对“四人帮”的横行霸道和帮派活动，毛泽东在世时曾多次提出严厉批评。1974年7月17日，在中央政治局会议上，毛泽东对他们发出警告，批评他们搞帮派活动。他指着江青等人，向在场的中央政治局委员们说：“她算上海帮呢!”“你们要注意呢，不要搞成四人小宗派呢!”这是毛泽东第一次提出“四人帮”的问题。

在中央筹备四届全国人大期间，毛泽东针对江青等人妄图组阁的阴谋活动，再次警告来长沙毛泽东住处“告状”的王洪文：“江青有野心”，“‘四人帮’不要搞了”，“不要搞宗派，搞宗派要摔跤的。”这是毛泽东第一次正式提出“四人帮”的概念。此后，毛泽东和中央政治局多次批评“四人帮”的错误行径。

随着毛泽东于1976年9月9日的离世，“四人帮”集团加紧进行夺取党和国家最高领导权的阴谋活动。为了粉碎“四人帮”的阴谋，10月6日晚，中共中央政治局执行党和人民的意志，对王洪文、张春桥、江青、姚文元及其在北京的帮派骨干实行隔离审查，毅然粉碎了“四人帮”集团，结束了“文化大革命”。在这场斗争中，华国锋、叶剑英、李先念、汪东兴等人起了重要作用。

1976年10月18日，中共中央发出《关于王洪文、张春桥、江青、姚文元反党集团事件的通知》，要求传达到全体党员。中共中央在通知中列举了“四人帮”的罪状以及对他们实行隔离审查的原因。消息传出，举国上下一片欢腾，人民群众奔走相告，北京和全国各地举行了声势浩大的群众游行和隆重集会，热烈庆祝粉碎“四人帮”的伟大胜利。中国人民在经历了10年磨难和挫折之后，终于迎来了社会主义现代化事业发展的契机。粉碎“四人帮”集团，其意义正如党的十一届六中全会通过的《关于建国以来党的若干历史问题的决议》所指出的：“一九七六年十月粉碎江青反革命集团的胜利，从危难中挽救了党，挽救了革命，使我们的国家进入了新的历史发展时期”①。

---

① 中共中央文献研究室：《三中全会以来重要文献选编》(下)，人民出版社1982年版，第819页。

粉碎“四人帮”以后，中央政治局立即对揭发批判“四人帮”的斗争做出部署，提出要把他们的一切谬论收集起来，一个一个地批深批透。1976年12月15日，华国锋在第二次全国农业学大寨会议上发表讲话，宣布要经过“三个战役”开展揭批“四人帮”的斗争，即揭发批判“四人帮”篡党夺权的阴谋，揭发批判“四人帮”的反革命面目和罪恶历史，揭发批判“四人帮”的“反革命修正主义路线的极右实质及其在各方面的表现”。按照这一部署，中央和地方的报刊纷纷声讨“四人帮”的罪行，广大干部群众积极投入到对“四人帮”的揭发和批判中，全国上下迅速形成群众性批判的高潮。

在批判“四人帮”运动中，广大干部群众普遍要求尽快消除“文化大革命”带来的严重后果，同时纠正在“文化大革命”中造成的冤假错案。这首先涉及毛泽东曾经批示的两个问题：一是“批邓、反击右倾翻案风”运动；二是1976年的天安门事件。

“批邓、反击右倾翻案风”运动源于邓小平在1975年进行的全面整顿。对此，《关于建国以来党的若干历史问题的决议》指出：“毛泽东同志不能容忍邓小平同志系统地纠正‘文化大革命’的错误，又发动了所谓‘批邓、反击右倾翻案风’运动，全国因而再度陷入混乱”①。“反击右倾翻案风”运动开始的标志是1975年11月3日清华大学党委传达毛泽东对刘冰来信的批示。毛泽东在批示中说：清华大学所涉及的问题不是孤立的，是当前两条路线斗争的反映。1975年12月14日，中共中央转发了《清华大学关于教育革命大辩论的情况报告》，报告说：“今年七、八、九三个月，社会上政治谣言四起，攻击和分裂以毛主席为首的党中央，否定无产阶级文化大革命，翻文化大革命的案，算文化大革命的账，这是一股右倾翻案风”②。

1976年1月8日，周恩来总理逝世。经毛泽东提议，中央政治局通过，华国锋于2月3日任国务院代总理和主持中央日常工作。2月25日，中共中央召集各省、市、自治区和各大军区负责人会议。会上传达了《毛主席重要指示》，即由毛远新整理的、经毛泽东审阅批准的毛泽东自1975年10月至1976年1月多次关于“批邓、反击右倾翻案风”的谈话。3月3日，中共中央发出《关于学习〈毛主席重要指示〉的通知》。转发了毛泽东关于“批邓、反击右倾翻案风”的讲话，要求组织县团以上干部学习。同日，中共中央转发了华国锋在中央会议上的讲话。从此，在全党公开点名批判邓小平。与此同时，“四人帮”还授意并亲自审定发表了大批文章。这些文章把邓小平主持的各

---

① 中共中央文献研究室：《三中全会以来重要文献选编》（下），人民出版社1982年版，第814页。

② 本书编写组：《中共党史导读》，中国广播电视出版社1991年版，第1878页。

条战线的整顿都诬蔑为“右倾翻案风”，鼓动在各个方面开展所谓“反击右倾翻案风”。

“批邓、反击右倾翻案风”运动是完全错误的，是不得人心的。在这个运动冲击下，各条战线整顿后出现的较稳定的局面遭到破坏，全国再度陷入混乱局面。粉碎“四人帮”以后，本应立即停止“批邓、反击右倾翻案风”的错误运动，但由于当时担任党中央主席的华国锋坚持“左”的立场和贯彻执行“两个凡是”的错误方针，仍一再号召要“深入批邓、继续反击右倾翻案风。”

天安门事件是1976年4月5日前后，广大人民群众在天安门广场举行的悼念周恩来、反对江青反革命集团的抗议运动。

周恩来总理逝世后，全国人民无比悲痛，广大群众以各种方式寄托自己的哀思。但是“四人帮”一伙竭力压制群众活动，人民群众忍无可忍，利用清明节缅怀革命先烈的传统风俗，从3月底开始，自发地集合到首都天安门广场，在人民英雄纪念碑前敬献花圈、花篮，张贴传单，朗诵诗词，发表演说，抒发对周总理的悼念之情，痛斥“四人帮”的倒行逆施。与此同时，在上海、天津、杭州、郑州、太原、西安、青岛、合肥、成都等地也发生了类似的群众运动。

4月4日是清明节，天安门广场的群众悼念活动达到高潮。当晚，“四人帮”操纵中央政治局开会（叶剑英、朱德、李先念、许世友未参加）讨论这个情况，并向毛泽东汇报说政治局认定“这次是反革命性质的反扑”，决定当晚清理花圈、标语、抓“反革命”。报告得到重病中的毛泽东的批准。4月5日清晨，群众来到天安门广场，发现花圈被撤走并销毁了，守护花圈的人也被抓走。于是，数万群众异常气愤，强烈要求“还我花圈”“还我战友”，并同一部分民兵、警察和战士发生严重冲突，“广播宣传车”在混乱中受到破坏，所谓“工人民兵指挥部”的小楼着火。当晚7时30分，中共北京市委第一书记吴德在广播讲话中说，天安门广场有坏人“进行反革命破坏活动”，“要认清这一政治事件的反动性”。9时30分，1万名民兵、3000名警察和5个营的卫戍部队带着木棍出动，包围天安门广场，对留在广场的群众进行血腥镇压，并逮捕了一些人，这就是“天安门事件”。

1976年4月6日，中央政治局在京委员听取北京市委的汇报，错误地认定天安门事件是反革命暴乱，并要北京市委写成材料通报全国。毛泽东又根据毛远新的书面报告同意中央政治局的决定。邓小平也因这一事件而被撤销党内外一切职务，保留党籍，以观后效。

历史表明，天安门事件完全是革命行动。以天安门事件为中心的全国亿万人民沉痛悼念周恩来同志、愤怒声讨“四人帮”的伟大革命群众运动，为我们党粉碎“四人帮”奠定了群众基础。但是，华国锋却指示揭批“四人帮”要连带“批邓”，避开天安门事件。

华国锋对“批邓、反击右倾翻案风”和天安门事件的态度表明，在指导思想未能完全摆脱“左”倾错误影响的情况下，对“四人帮”的揭批是很难做到客观和彻底的，人民群众的合理要求也很难得到根本性解决。

## （二）生产秩序的整顿与急于求成倾向的出现

粉碎“四人帮”以后，党中央在部署揭发批判“四人帮”罪行，稳定全国局势的同时，重新发出为建设社会主义现代化强国而奋斗的目标，再次进行工农业生产的整顿，以恢复国民经济。

在相当上程度讲，这次整顿是1975年全面整顿的继续。1975年，邓小平曾在毛泽东支持下，在主持党中央和国务院的日常工作的过程中，坚定地提出要进行全面整顿的思想。他强调指出：全国各个方面工作都要整顿，核心是党的整顿，关键是领导班子。由于邓小平的正确领导，再加上叶剑英、李先念等一批先后恢复工作、担任领导职务的老同志同心协力的配合，对各方面工作的整顿便大刀阔斧地开展起来，并且迅速收到显著的效果。这次整顿是从工交部门开始的，整顿的起点为铁路运输。随着工业交通部门的整顿向深入发展，整顿工作迅速在其他方面展开。军队、科技、农业、商业、文化、教育、科技、文艺以及党的整顿接连展开，迅速联结成一个整体。这次整顿不仅是要恢复起码的生产和社会秩序，也反映了邓小平力图系统地纠正“文化大革命”中“左”倾错误的努力。但由于毛泽东在全局上始终坚持“文化大革命”的基本方针，因此，他在不断听到毛远新等人的片面汇报，并经过自己的思考后，感到邓小平的全面整顿确有否定“文化大革命”之嫌，他对全面整顿的态度就逐渐地发生了变化。1975年11月底，根据毛泽东的指示，中央召开打招呼会议，正式对全国提出了“反击右倾翻案风”的问题。至此，持续9个月的整顿工作被迫中断。不久，邓小平受到公开批判，在他饱经磨难的革命生涯中第三次被错误地打倒了。1975年的全面整顿，使全国形势明显好转。整顿带来的明显变化，充分证明了邓小平等实行的方针政策的正确，使长期遭受“文化大革命”苦难的广大干部群众看到了希望。因此，全面整顿尽管被迫中断了，但为粉碎“四人帮”、结束“文化大革命”，做了最重要的准备。

“四人帮”的粉碎解放了人民群众长期被压抑的生产积极性。党中央和全党也一致认识到要大力抓经济建设，加快发展生产力。由此，恢复生产秩序的整顿工作重新进行。这次整顿首先从影响全局的铁路和煤炭运输业开始。1977年2月2日至15日，国务院召开铁路工作会议，明确指出1975年中共中央《关于加强铁路工作的决定》是正确的，仍然要贯彻执行。会议强调要建立一套管好社会主义企业的科学规章制度。会后，国务院调整了铁道部和各铁路枢纽的领导班子。经过整顿，铁路混乱状况得到改善，铁路运输能力得到极大提高。此后，一系列全国性的会议和经济部门的专业会议也相继召开，特别是1977年4月20日至5月13日召开的全国工业学大庆会议，7月6日至8月5日召开的全国农田基本建设会议，促进了经济战线的生产和工作秩序走向正轨。粉碎“四人帮”以后的整顿工作很快取得了成效。至1978年，工业生产有了较快回升，农业生产粮食产量超过历史最高水平，财政收支基本平衡，人民生活水平也有了一定提高，整个国民经济在摆脱急剧滑坡的危险后开始逐步好转。

在国民经济逐步好转的同时，由于对过去经济建设方面的教训没有进行认真的总结，再加上对经济好转形势的过高估计，经济工作指导思想上急于求成的情绪再度出现。从1976年冬季开始，华国锋和中央有关部门对农业机械化和粮食生产，对石油、煤炭、钢铁、化工等生产方面，相继提出不切合实际的高指标和难以实现的大口号。1977年4月19日，《人民日报》发表社论《抓纲治国推动国民经济新跃进》，重提“跃进”口号，要求赶超“三个水平”，即首先达到和超过本单位历史最高水平，再赶超全国同行业的最高水平，进而赶超世界先进水平。1978年1月，中央政治局批准的《一九七六年到一九八五年发展国民经济十年规划纲要（草案）》所提的指标，都超过了国家财力和物力所承受的限度。而为了完成高指标所采取的两项措施，即片面扩大引进国外技术和设备的规模以及追加基本建设投资，忽视了引进的配套能力和消化能力，使得1978年的积累率高达36.5%，成为1958年“大跃进”后20年中积累率最高的一年。显然，在国民经济恢复和发展的初期，发动这样的“跃进”，结果只能事与愿违，欲速则不达。

### （三）“两个凡是”方针的提出与对这一方针的抵制

1976年10月26日，华国锋在听取了中央宣传工作的汇报后，针对广大群众纷纷要求邓小平出来工作和为天安门事件平反的情况提出，凡是毛主席讲过的，点过头的，都不要批评，以此阻挠邓小平出来工作，回避天安门事件平反问题。这是华国锋第一次提出“两个凡是”的主张。

1977年2月7日，华国锋批准由《人民日报》、《红旗》杂志、《解放军报》发表的“两报一刊”社论《学好文件抓住纲》，公开提出“两个凡是”的错误方针，即：“凡是毛主席做出的决策，我们都坚决维护；凡是毛主席的指示，我们都始终不渝地遵循”。“两个凡是”的实质是要把毛泽东晚年的思想路线固定化。它像一根绳索，捆住了人们的手脚，也使得华国锋在党的指导思想等重大问题上很难再前进一步。同年3月10日至22日召开的中共中央工作会议上，华国锋在讲话中坚持“两个凡是”的方针，继续沿用了“文化大革命”中的一些错误提法，仍认定天安门事件是“反革命事件”，认为“批林批邓，反击右倾翻案风”是正确的，阻挠邓小平出来工作。这就为全党纠正“文化大革命”中的“左”倾错误，拨乱反正，设置了障碍。

“两个凡是”方针的提出在党内和全国人民中引发了一些议论，许多同志表示不赞同“两个凡是”。1977年4月10日，邓小平以一个老共产党员的名义给中共中央写信，针对“两个凡是”的错误方针提出：“我们必须世世代代地用准确的完整的毛泽东思想来指导我们全党、全军和全国人民，把党和社会主义的事业，把国际共产主义运动的事业，胜利地推向前进。”5月3日，党中央转发这封信后，“准确的完整的毛泽东思想”的提法很快得到党内许多干部的拥护，成为委婉抵制“两个凡是”的思想武器。1977年7月，主持中央党校工作的胡耀邦精心指导和创办了一份供省、军级以上领导干部和理论工作部门参阅的内部刊物《理论动态》。该刊第一期发表的文章，就以《“继续革命”问题的探讨》为题，对“无产阶级专政下继续革命的理论”提出了不同意见。《理论动态》新辟了一个活跃的理论阵地。在实际工作中，“左”倾错误观点也受到不同程度的抵制。但“两个凡是”的思想依然是笼罩在全党指导思想之上的一个阴影。

总之，在粉碎“四人帮”之后，虽然“文化大革命”已宣告结束，各项工作也有所前进，但党的指导思想并没有根本改变。华国锋依然把“无产阶级专政下继续革命的理论”看成是贯穿在《毛泽东选集》第五卷中的根本指导思想。党中央也认为，在社会主义革命和社会主义建设时期，毛泽东在马克思主义理论上最伟大的贡献，就是创立了无产阶级专政下继续革命的伟大理论。这就使得党和国家的事业呈现在徘徊中前进的局面。党的十一大就是在这样复杂的形势下召开的。

## 二、党的十一大的筹备与召开

粉碎“四人帮”之后，党中央于1977年3月召开工作会议，初步总结了粉碎“四人帮”以来的工作，并部署了当年的工作任务。这次会议之后，3月23日，中共中央政治局向全党发出关于提前召开党的第十一次全国代表大会的文件。文件发出后，各级党委按照文件要求，召开党委、党的核心小组或领导小组扩大会议，正式选举产生了出席十一大的代表，为提前召开党的十一大做准备。

### （一）十届三中全会决定召开十一大

1977 年 7 月 16 日至 21 日，十届三中全会在北京举行。全会一致通过了四项决议，即：《关于追认华国锋同志任中国共产党中央委员会主席、中国共产党中央军事委员会主席的决议》《关于恢复邓小平同志职务的决议》《关于王洪文、张春桥、江青、姚文元反党集团的决议》和关于提前召开党的第十一次全国代表大会的决定。全会完全赞同中央政治局为召开这次代表大会进行的各项准备工作。全会指出，为从政治上、思想上、组织上清除“四人帮”的余毒，加强全党全军全国各族人民的大团结，调动一切积极因素，把毛主席交给我们的无产阶级革命事业迅速推向前进，提前召开党的十一大是适宜的。

全会一致通过了十一大的议程，讨论并基本通过第十届中央委员会的政治报告、关于修改党章的报告和党章修改草案。全会决定在 1977 年下半年的适当时候召开十一大。

十届三中全会对当时揭批“四人帮”反革命集团和拨乱反正起了积极作用，尤其是这次全会通过的《关于恢复邓小平同志职务的决议》，恢复了邓小平的中共中央委员、中央政治局委员、常委、中共中央副主席、中共中央军委副主席、国务院副总理、中国人民解放军总参谋长的职务。这反映了全党的意愿。邓小平在会上做了复出后的第一次正式讲话。他在讲话中重申：“要对毛泽东思想有一个完整的准确的认识，要善于学习、掌握和运用毛泽东思想的体系来指导我们各项工作。”“毛泽东同志倡导的作风，群众路线和实事求是这两条是最根本的东西”①。邓小平对实事求是的倡导，有效地抵制了“两个凡是”的影响。从此，邓小平再次回到中央领导岗位，并作为第二代中央领导集体的核心，领导全党、全军、全国各族人民在改革开放、社会主义现代化建设的新路上开拓前进。

十届三中全会为十一大的召开做了准备。但是，由于华国锋坚持“两个凡是”的方针，全会仍然沿袭了“文化大革命”中“坚持无产阶级专政下继续革命”等“左”的错误理论，这些错误理论也反映在为十一大而准备的文件中。

### （二）十一大的议程与主要内容

十一大在正式开幕之前，中央于 1977 年 8 月 11 日举行了预备会议。预备会议由华

---

①《邓小平文选》第 2 卷，人民出版社 1994 年版，第 42、45 页。

国锋主持。华国锋首先就十一大的准备工作、大会主席团以及大会秘书处、各代表团组成，大会的议程和开法等问题讲话。会议选举 223 名代表组成这次大会的主席团。华国锋当选为主席团主席，叶剑英、邓小平、李先念、汪东兴当选为主席团副主席，汪东兴兼主席团秘书长。预备会议一致通过了大会的 3 项议程：审议并通过中央委员会的政治报告；审议并通过修改中国共产党章程和关于修改党的章程的报告；审议并通过选举中央委员会。8 月 12 日至 18 日，十一大在北京举行。出席大会的代表共 1510 人，代表全国 3500 多万党员。华国锋主持大会并代表中共中央做政治报告。

十一大报告提出了为实现现代化强国而奋斗的目标。报告提出，这次代表大会担负着重大的历史责任，这就是要高举毛主席的伟大旗帜，继承毛主席的遗志，总结同王张江姚“四人帮”的斗争，坚持党的基本路线，坚持无产阶级专政下的继续革命，调动党内外、国内外一切积极因素，团结一切可以团结的力量，为实现抓纲治国的战略决策，为在 20 世纪内把我国建设成为伟大的社会主义的现代化强国而奋斗。

十一大报告肯定了毛泽东和毛泽东思想对中国革命的重要意义。报告指出，五十多年中国革命的一切胜利，都是在毛主席的领导下，在毛主席革命路线的指引下取得的。毛主席的旗帜，是中国人民革命的胜利旗帜。毛主席继承、捍卫和发展了马克思列宁主义，是当代最伟大的马克思主义者。毛泽东思想是马克思列宁主义理论宝库的最新财富，是毛主席贡献给我们时代的最宝贵的遗产。毛泽东思想的旗帜，也是世界人民革命的胜利旗帜。毛主席在革命理论和革命实践上，为中国人民、为全世界无产阶级和革命人民立下的丰功伟绩，是永垂不朽的。我们一定要高高举起和坚决捍卫毛主席的伟大旗帜，一定要把毛主席的伟大旗帜当作传家宝，世世代代传下去。这是我们全党全军全国各族人民的神圣职责，是我们团结战斗、继续革命的政治基础，是把我国社会主义事业和国际无产阶级革命事业推向前进的胜利保证。

十一大报告坚持使用了党的十一次路线斗争的提法，把粉碎“四人帮”看作是第十一次党的路线斗争的胜利。指出，党的第十一次路线斗争的伟大胜利，应当归功于伟大领袖毛主席，归功于伟大的毛泽东思想和毛主席的革命路线，归功于我们伟大的党、伟大的军队和伟大的人民。

十一大报告坚持了毛泽东关于无产阶级专政下继续革命的理论。报告认为，毛主席继承、捍卫和发展了马克思、列宁的思想，完整地创立了无产阶级专政下继续革命的伟大理论。这个伟大理论，指明了无产阶级革命胜利的国家，如何巩固无产阶级专政，防止资本主义复辟，建设社会主义的根本道路。这是毛主席对无产阶级革命和无产阶级专政理论的最大贡献，在马克思主义发展史上有着特别重要的地位。

十一大报告肯定了无产阶级“文化大革命”的伟大胜利成果和历史意义，指出：我国这次无产阶级“文化大革命”，必将作为无产阶级专政历史上的伟大创举而载入史册。华国锋说，现在，“四人帮”打倒了，我们可以根据毛主席的指示，实现安定团结，达到天下大治了。这样，我国第一次无产阶级“文化大革命”，就以粉碎“四人帮”为标志，宣告胜利结束了。但这决不是阶级斗争的结束，决不是无产阶级专政下继续革命的结束。我们一定要遵照毛主席的教导，把无产阶级专政下的继续革命进行到底。

十一大报告坚持了国际形势是战争与革命的观点，认为在革命因素继续增长的同时，战争因素明显增长。苏美两家是新的世界大战的策源地，特别是苏联社会帝国主义具有更大的危险性。各国人民要提高警惕，紧密团结，进行不懈的斗争。华国锋说，我们要高举毛主席的伟大旗帜，坚持无产阶级国际主义，继续贯彻执行毛主席的革命外交路线。我们要加强同社会主义国家的团结，加强同全世界无产阶级、被压迫人民和被压迫民族的团结，加强同第三世界各国的团结，联合一切受帝国主义和社会帝国主义侵略、颠覆、干涉、控制和欺负的国家，结成最广泛的统一战线，反对苏美两个超级大国的霸权主义。我们要在和平共处五项原则的基础上，同各国建立和发展关系。我们要加强同全世界一切真正的马克思列宁主义政党和组织的团结，把反对以苏修叛徒集团为中心的现代修正主义的斗争进行到底。

十一大报告重申了抓纲治国的战略决策。“抓纲治国”，是粉碎“四人帮”之后，华国锋总揽全局的政治纲领。这个纲领正式形成，是在1977年2月7日“两报一刊”重要社论《学好文件抓住纲》当中。社论认为，当前，社会主义和资本主义的矛盾、无产阶级和资产阶级的矛盾、马克思主义和修正主义的矛盾，集中表现为我们党和“四人帮”的矛盾。深入揭批“四人帮”，这就是当前的主题，就是当前的纲。而治国，主要思路就是“工业学大庆”“农业学大寨”。这一抓纲治国理论在十一大报告中得到了进一步的强调。报告提出，党中央抓纲治国的战略决策，有一个中心点，就是高举和捍卫毛主席的伟大旗帜，放手发动群众，团结一切可能团结的力量，把揭批“四人帮”的伟大斗争进行到底，彻底肃清他们的反革命修正主义路线的流毒和影响，巩固和发展第十一次路线斗争的胜利成果，在我国政治、经济、军事、文化和对外工作的各个领域，全面地正确地贯彻执行毛主席的无产阶级革命路线。

十一大报告进一步阐明了我们党在当前和今后一个时期内抓纲治国的8项主要战斗任务：一定要把揭批“四人帮”的伟大斗争进行到底；一定要搞好整党整风，加强党的建设；一定要把党的各级领导班子整顿好、建设好；一定要抓革命促生产，把国民经济搞上去；一定要搞好文化教育领域的革命，大力发展社会主义的文化教育事业；一定要强化人民的国家机器；一定要发扬民主，健全民主集中制；一定要贯彻执行统筹兼顾、全面安排的方针，调动一切积极力量，建设社会主义。华国锋说，我们要进一步放手发动群众，大打一场深入揭批“四人帮”反革命修正主义路线的极右实质及其在各方面表现的人民战争。清查同“四人帮”篡党夺权阴谋活动有牵连的人和事，是揭批“四人帮”的重要组成部分，一定要充分发动群众查清楚。同时，运动越深入，越要注意党的政策，团结百分之九十五以上的干部和群众，最大限度地孤立和集中打击“四人帮”及其一小撮罪行严重而又不肯悔改的死党。

十一大报告最后强调，我们必须做出认真的努力，调动起党内外一切积极因素，加强全党全军全国各族人民的大团结，为巩固无产阶级专政，建设伟大的社会主义祖国而共同奋斗。

总之，十一大报告贯彻了抓纲治国、继续革命的主题。其突出特点是，既要批判“文化大革命”中长期作乱的“四人帮”，重申建设社会主义现代化强国的目标，又不纠正“文化大革命”的“左”倾错误，而且要肯定毛泽东晚年提出的错误理论、政策和口号。这就必然给全党纠正“左”倾错误设置了严重的障碍。

十一大听取了叶剑英所做的关于修改党章的报告，通过了经过修改的《中国共产党章程》。十一大党章是我们党从错误和混乱中开始走向正确道路的过渡和徘徊时期的一部党章。它最突出的特点是规定的内容具有明显的两重性。

一方面，十一大党章能够在总结党的建设的历史经验和教训的基础上，做出一些正确的规定。这主要包括：（1）在总纲中提出在20世纪末要领导全国各族人民把我国建设成为农业、工业、国防和科学技术现代化的社会主义强国的任务和目标。（2）在党的指导思想上基本恢复了八大党章的提法，即“中国共产党的指导思想和理论基础是马克思主义、列宁主义、毛泽东思想。党坚持反对修正主义，反对教条主义和经验主义。党坚持辩证唯物主义和历史唯物主义的世界观。”（3）在总纲中增写了坚持民主集中制组织原则的内容。强调要充分发扬党内民主，发挥全体党员和党的各级组织的积极性和创造性。同时强调要严格遵守党的纪律，维护党的团结统一。（4）首次在党章中规定了坚持“任人唯贤”，反对“任人唯亲”的干部路线，提出要培养和造就千百万无产阶级革命事业接班人。（5）强调全党要保持和发扬党的三大优良作风，保持和发扬谦虚谨慎、不骄不躁的作风。（6）恢复了党员预备期制度，在县以上党委重新增设党的各级纪律检查委员会。

另一方面，十一大党章沿袭了九大、十大党章中关于“无产阶级专政下继续革命”

的提法；继续使用有特定含义的“五十字建党大纲”来概括党的性质和建党目标；在指导思想上突出强调毛泽东的个人作用；对党员的权利缺乏规定等等，表明党的十一大党章在结构和内容上存在诸多缺陷。但和九大党章以及十大党章比较起来，十一大党章还是迈出了比较大的前进的步伐。

十一大选举了新的中央委员会。十一届中央委员会有中央委员 201 名，中央候补委员 132 名。8 月 18 日，邓小平为党的十一大致闭幕词，宣布党的十一大胜利闭幕。邓小平在闭幕词中肯定了这次大会真正体现了民主集中制的原则，充分发扬了民主，大家心情舒畅、生动活泼，真正开成了一个团结的大会，胜利的大会。邓小平在闭幕词中号召全党一定要恢复和发扬毛泽东为我们党所树立的群众路线、实事求是、批评和自我批评、谦虚谨慎、戒骄戒躁、艰苦奋斗和民主集中制的优良传统和作风，强调要努力造成一个又有集中又有民主，又有纪律又有自由，又有统一意志又有个人心情舒畅、生动活泼那样一种政治局面。他还特别强调要在 20 世纪内把我国建设成为伟大的社会主义的现代化强国。

十一大产生的新一届中央委员会于 8 月 19 日举行了第一次全体会议，选举了新的中央领导机构。华国锋为中央委员会主席，叶剑英、邓小平、李先念、汪东兴为中央委员会副主席，并由他们组成中央政治局常务委员会。华国锋、韦国清、乌兰夫、方毅、邓小平、叶剑英、刘伯承、许世友、纪登奎、苏振华、李先念、李德生、吴德、余秋里、汪东兴、张廷发、陈永贵、陈锡联、耿飚、聂荣臻、倪志福、徐向前、彭冲为中央政治局委员，陈慕华、赵紫阳、赛福鼎·艾则孜为中央政治局候补委员。

## 三、党的十一大的历史地位与影响

十一大是在特殊背景下召开的一次党的全国代表大会，这次大会既有积极意义，又有较大的历史局限性。对此，《关于建国以来党的若干历史问题的决议》做了这样评价：“一九七七年八月召开的党的第十一次全国代表大会，在揭批‘四人帮’和动员全党建设社会主义现代化强国方面起了积极作用。但是，由于当时历史条件的限制和华国锋同志的错误的影响，这次大会没有能够纠正‘文化大革命’的错误理论、政策和口号，反而加以肯定。”① 这是对党的十一大的历史地位与影响的客观公正的评价。

---

① 中共中央文献研究室：《三中全会以来重要文献选编》（下），人民出版社 1982 年版，第 820 页。

### （一）十一大的积极作用

十一大的积极作用主要表现为如下几个方面。

第一，充分肯定了毛泽东的历史地位。十一大报告充分肯定了毛泽东对中国革命的重大贡献。报告指出：毛主席缔造和培育了伟大、光荣、正确的中国共产党，缔造和锻炼了英雄的人民解放军，缔造和建设了无产阶级专政的社会主义的新中国。五十多年的中国革命历史表明：我们的一切胜利，都是在毛主席的领导下，在毛主席革命路线的指引下取得的。毛主席的旗帜，就是中国人民革命的胜利旗帜。报告还高度肯定了毛泽东思想的理论贡献。报告认为：毛泽东思想，是中国人民进行新民主主义革命和社会主义革命、社会主义建设的指路明灯，是世界人民反对帝国主义、社会帝国主义和各国反动派的强大的思想武器，是共产党人反对修正主义，反对教条主义和经验主义的强大的思想武器。毛泽东思想，是马克思列宁主义理论宝库的最新财富，是毛主席贡献给我们时代的最宝贵的遗产。我们一定要把毛主席的伟大旗帜当作传家宝，世世代代传下去。

第二，深入揭批了“四人帮”的反动言行。“四人帮”祸国殃民的行径使党和国家的政治生活遭到巨大破坏，正常的生产秩序和经营活动难以维持，人民生活水平基本没有提高，有些方面甚至有所下降。深入揭批“四人帮”的反动言行，有利于党的事业沿着正确的轨道前行。十一大报告用大量的篇幅阐述了党同“四人帮”斗争的经过，揭批“四人帮”的反动言行。报告指出：“四人帮”全面篡改马克思主义的哲学、政治经济学和科学社会主义，是一个披着马克思主义理论外衣的反革命阴谋集团。我们要在揭批“四人帮”篡党夺权阴谋和反革命罪恶历史的基础上，进一步放手发动群众，大打一场深入揭批“四人帮”反革命修正主义路线的极右实质及其在各方面表现的人民战争。不但要从政治路线和组织路线上加以清算，而且要从哲学、政治经济学和科学社会主义理论上进行批判，彻底肃清“四人帮”在各方面的流毒和影响。

第三，提出了为在20世纪内把我国建设成为伟大的社会主义的现代化强国而奋斗的目标。把我国建设成为一个强大的社会主义国家，是中国共产党人长期艰辛求索的目标。1955年3月，毛泽东在党的全国会议上指出：“我们可能经过三个五年计划建成社会主义社会，但要建成为一个强大的高度社会主义工业化的国家，就需要有几十年的艰苦努力，比如说，要有五十年的时间，即本世纪的整个下半世纪。”① 1964年，根

① 《毛泽东文集》第6卷，人民出版社1999年版，第390页。

据毛泽东的提议，周恩来在三届人大一次会议上的政府工作报告中提出，我国将分两步到20世纪末实现现代化。但由于“左”倾思想的影响，这一现代化强国的目标曾一度偏离。十一大报告重申在20世纪内把我国建设成为伟大的社会主义的现代化强国而奋斗的目标。报告提出：调动党内外、国内外一切积极因素，团结一切可以团结的力量，为实现抓纲治国的战略决策，为在20世纪内把我国建设成为伟大的社会主义的现代化强国而奋斗。与这一目标相联系，报告提出了在上层建筑进行革命的主张，提出了技术革命的主张。报告强调：必须迅速发展生产力，使社会主义制度获得日益增强的物质基础，推动生产关系和上层建筑的发展和变革。只有这样，才能巩固和加强无产阶级专政，把社会主义事业不断推向前进，最后达到消灭阶级的共产主义社会。

第四，提出了搞好整党整风，加强党的建设的主张。十一大报告提出的抓纲治国任务的8条要求中，很重要的一点是强调要加强党的建设。报告提出，抓纲治国，首先要治党。要根据毛主席的建党学说，根据毛主席关于“三要三不要”的基本原则，认真解决由于“四人帮”破坏而造成的思想不纯、组织不纯和作风不纯的问题，这是把我们党整顿好、建设好的中心任务。而加强党的建设的一个关键问题，就是党的各级领导班子的整顿和建设。我们一定要按照毛主席提出的接班人5项条件和老、中、青三结合的原则，经过整顿，把各级领导班子逐步建设成为全面地正确地贯彻执行毛主席的无产阶级革命路线，坚决执行党中央的决策和指示，坚持参加集体生产劳动，密切联系群众，自觉限制资产阶级法权，团结战斗，在群众中有威信的精干的领导班子。报告还提出要充分发扬人民民主和党内民主问题。特别是邓小平在大会闭幕式上的讲话集中讲述了发扬党的优良作风问题，号召要恢复和发扬党的群众路线的优良传统和作风，实事求是的优良传统和作风，批评和自我批评的优良传统和作风，谦虚谨慎、戒骄戒躁、艰苦奋斗的优良传统和作风，民主集中制的优良传统和作风。

党的十一大之后，根据十一大通过的党章，各省、自治区、直辖市从1977年10月起相继召开新一届党代表大会，选举产生新一届党委。与此同时，在中央直属机关和中央国家机关及人民团体中，陆续恢复建立党委和党组。新产生的党委和党组，注意清除追随“四人帮”的帮派分子，起用了大批在“文化大革命”中被打倒的久经考验的老干部，使党在各地区、各部门的领导得到充实和加强。[①] 这为拨乱反正任务的最终完成奠定了组织基础。

---

① 中共中央党史研究室：《中国共产党历史》第2卷（1949～1978）下册，中共党史出版社2011年版，第1006页。

## （二）十一大的局限性

限于当时的历史条件，尤其是由于“文化大革命”造成的政治上、思想上的混乱难以在短时间内清除，十一大没有能够承担起纠正“文化大革命”的错误，为实现历史转折制定正确的路线方针政策这一任务。十一大的历史局限性主要表现在如下几个方面。

第一，对毛泽东的历史影响加以过度赞誉。毋庸置疑，毛泽东是伟大的无产阶级革命家，但在探索社会主义建设道路的过程中，他是有失误的，特别是对于影响中国10年之久的“文化大革命”这样的严重内乱，作为党和国家主要领导人的毛泽东应负主要责任。因此，对毛泽东的历史影响及历史地位应该有一个客观的评价。但十一大没有做到这一点。十一大报告不仅把毛泽东晚年的错误理论当作正确的理论加以肯定和坚持，而且对其在国际中的影响也做了带有“左”的倾向的评价。报告提出：在当代国际共产主义运动中，毛主席以彻底唯物主义者的大无畏的革命气概，发动了批判以苏修叛徒集团为中心的现代修正主义的伟大斗争，促进了世界无产阶级革命事业和各国人民反帝反霸事业的蓬勃发展，赢得了全世界真正的马克思列宁主义者和全世界革命人民的尊敬和爱戴。毛泽东思想的旗帜，也是世界人民革命的胜利旗帜。

第二，对“四人帮”“左”倾错误做出了“极右”的评价。历史表明，“文化大革命”时期“四人帮”所犯的错误是“左”倾错误，但十一大报告却认为是右的错误，而且做出了“极右”的评价。报告提出：“四人帮”妄想在中国倒转历史车轮，复辟资本主义，是有深刻的阶级根源和历史根源的。张春桥是国民党特务分子，江青是叛徒，姚文元是阶级异己分子，王洪文是新生的资产阶级分子。“四人帮”是一伙钻进我们党内的新老反革命结成的黑帮。他们是地富反坏和新老资产阶级在我们党内的典型代表，集中反映了国内外阶级敌人在我国复辟资本主义的愿望。“四人帮”推行反革命的修正主义路线的极右实质，他们的一切罪恶活动，都是由他们的反动阶级本性所决定的。对“四人帮”的这一“极右”定性，必然给全党纠正“左”倾错误设置了障碍，影响了拨乱反正的进程。

第三，对“无产阶级专政下继续革命”的理论给以高度评价。“无产阶级专政下继续革命”的理论是贯穿十年“文化大革命”的主要错误理论。事实上，这一理论违背了马列主义基本原理，也脱离了毛泽东思想的正常轨道，给党和国家造成了严重的混乱。但十一大没有对这一理论进行认真的分析和总结，而是充分肯定了这一理论。十一大报告认为，毛主席关于无产阶级专政下继续革命的伟大理论，在马克思主义发展史上有着特别重要的地位。毛主席对无产阶级革命和无产阶级专政理论的最大贡献，就是总结了列宁以后无产阶级专政的历史经验，继承、捍卫和发展了马克思、列宁的思想，揭示了社会主义社会的发展规律，完整地创立了无产阶级专政下继续革命的伟大理论，指明了无产阶级革命胜利的国家，如何巩固无产阶级专政，防止资本主义复辟，建设社会主义的根本道路。报告认为这是当代马克思主义最重要的成果。因此，十一大没能科学分析我国社会主义现代化进程中的阶级关系，反而肯定在社会主义这个历史阶段中，始终存在着阶级、阶级矛盾和阶级斗争，存在着社会主义和资本主义两条道路的斗争，存在着资本主义复辟的危险性，还存在着帝国主义、社会帝国主义进行颠覆和侵略的威胁。在这个历史阶段中，必须坚持无产阶级对资产阶级的斗争，坚持无产阶级对资产阶级的专政，坚持无产阶级专政下的继续革命，坚持同党内走资本主义道路的当权派做斗争。

第四，对“文化大革命”的全面肯定。实践证明，历时10年之久的“文化大革命”不是也不可能是任何意义上的革命或社会进步，而是一场严重的内乱，因而始终没有也不可能由“天下大乱”达到“天下大治”。然而，十一大却肯定了“文化大革命”及其路线。十一大报告认为，“毛主席以无与伦比的伟大革命气魄，亲自发动和领导了无产阶级专政历史上没有前例的无产阶级文化大革命。经过这场政治大革命，我们党取得了第九次、第十次、第十一次重大路线斗争的胜利，粉碎了刘少奇、林彪、‘四人帮’三个资产阶级司令部，在反复争夺中夺回了被他们窃取的那一部分权力，使我国的无产阶级专政空前巩固，为毛主席的革命路线全面地、正确地贯彻落实扫清了道路。经过这场政治大革命，我们党取得了直接依靠亿万人民群众战胜党内走资派的丰富经验，广大干部和群众经受了严峻的考验和锻炼，大大提高了阶级斗争和路线斗争的觉悟，提高了识别政治是非和政治骗子的能力，他们在反对‘四人帮’的艰巨复杂的斗争中表现出来的觉悟性和识别力，就是最生动的证明”。报告认为，经过这场政治大革命，马克思主义、列宁主义、毛泽东思想大为普及，毛主席关于无产阶级专政下继续革命的伟大理论在伟大实践中得到了丰富和发展，更加深刻地为广大干部和群众所掌握。在世界上，我国这次无产阶级“文化大革命”，为国际共产主义运动反修防修，巩固无产阶级专政，防止资本主义复辟，提供了新鲜经验，大大增强了全世界无产阶级为社会主义和共产主义而斗争的胜利信心。报告还提出，我国这次无产阶级“文化大革命”，必将作为无产阶级专政历史上的伟大创举而载入史册，随着历史的前进，越发显示它的灿烂光辉。报告的结论是：“文化大革命”这种性质的政治大革命今后还要进行多次。这样，报告就要求全党继续按照“文化大革命”的错误理论、政策和口号去行动。

## （三）十一大的经验教训

党的十一大既试图恢复“文化大革命”中被打乱了的党和国家政治生活的正常秩序，努力使国家和社会的发展步入现代化的轨道，又未能彻底纠正“左”倾错误，党和国家工作总体上还是处在徘徊中前进的状态。因此，十一大所留下的经验教训是深刻的。总结这些经验教训，有利于党的事业的健康发展，有利于我国社会主义现代化建设的顺利进行。

第一，必须把握马克思主义的基本原理和基本精神，在实践中坚持、运用和发展马克思主义。这首先涉及的一个问题是，如何科学把握马克思主义的基本原理和基本精神。马克思主义是由科学的世界观和方法论所构成的理论体系，其基本原理揭示了自然界、人类社会和人的思维发展的一般规律，它以实现人的自由全面发展为最高价值理想。任何违背马克思主义的世界观、方法论和价值理想的思想都是对马克思主义的背离。党的第十一次全国代表大会召开时，粉碎“四人帮”刚刚10个月。而清除长期“左”倾错误的影响，特别是“文化大革命”的影响需要有一个过程。不少人一时尚不能分清马克思列宁主义和“左”倾错误理论的界限，还不能从根本上看出“文化大革命”的理论、政策和口号的根本错误所在，依然把实践证明了的错误理论当作发展中的马克思主义加以坚持。这就导致了“文化大革命”的理论在十一大上得到肯定，党的指导思想没有实现根本性转变，拨乱反正的进程也因此而受到影响。因此，必须在科学把握马克思主义的基本原理和基本精神的前提下，认清形形色色的打着马克思主义旗号的思想的实质，从而真正坚持、运用和发展马克思主义。

第二，必须坚持和发扬解放思想、实事求是的思想路线。解放思想、实事求是是马克思列宁主义、毛泽东思想的精髓，也是党的事业兴旺发达的动力所在。党的十一大之所以存在历史的局限性，相当程度上是因为当时主持中央工作的华国锋以及党内的一些同志没有摆脱曾经盛行的教条主义和个人崇拜的精神桎梏。许多人习惯地认为，凡是毛泽东说过和做过的，从大的方面来看，都是正确的。因而，不可能以实践标准去判断“文化大革命”的失误，无法根据“文化大革命”所造成的严重后果来科学分析其中“左”的因素，反而继续推行“左”倾错误和理论。作为华国锋来讲，由于受“两个凡是”思想的束缚，其指导思想很难突破毛泽东晚年的“左”倾错误思想。因此，从拨乱反正一开始，他就力图全面继承“文化大革命”的理论、政策乃至口号，阻挠党内外为纠正“文化大革命”而进行的多种努力。他在政治上主张三个坚持，即坚持以阶级斗争为纲、坚持无产阶级专政下继续革命、坚持“文化大革命”类似的运动以后要搞多次。所以，党的十一大不可能纠正“左”的错误理论、政策和口号。因此，从实际出发，解放思想，实事求是，是党所应一贯坚持的正确的思想路线。

第三，必须真正坚持党的民主集中制原则，发扬党内民主。党内民主是党的生命，党内民主的发扬需真正坚持民主集中制的组织原则。党的十一大之所以没能从根本上摆脱“左”倾思想的影响，党内民主生活不正常是一个重要原因。十一大召开的时候，一些较早地认识到“文化大革命”“左”倾错误的老革命家和老同志，或者还未解放出来，没有对这种大是大非问题发言的机会，或者其意见对中央的决策起不到主导作用。譬如，老革命家陈云、邓颖超等那时还没有参加中央政治局的领导工作。邓小平、叶剑英、李先念等的正确意见又往往不被华国锋所采纳。在十一大召开之前，邓小平曾看过按照华国锋指导思想起草的报告的原稿，对其中诸如“走资派”问题、“资产阶级法权”问题提出了不同意见。在讨论十一大报告时，许多老同志对其中的社会主义始终存在阶级、阶级矛盾、阶级斗争的观点、对“文化大革命”全盘肯定的观点等问题提出了批评意见。但这些正确的意见，都未被华国锋所接受。这种党的政治生活不正常，民主集中制和集体领导原则受到影响的现象，排除了依靠集体智慧纠正报告中“左”的错误的可能性，是十一大没能纠正“左”倾错误的重要原因。因此，党必须坚持民主集中制的组织原则，发扬党内民主，加强集体领导，反对任何形式的个人崇拜和个人专断。

总之，由于特定历史条件的限制，党的十一大未能完成彻底纠“左”的历史使命。但是“过去的成功是我们的财富，过去的错误也是我们的财富”①。在新的实践面前，十一大中依然存在的“左”的思想和做法越来越经不起考验。在以邓小平、叶剑英、陈云等为代表的老一辈无产阶级革命家的带动和支持下，经过艰苦的努力，对“左”倾错误的纠正终于突破各种障碍和束缚，在十一届三中全会上实现了具有伟大历史意义的转折，党的事业由此进入了全面改革开放的春天。

---

① 《邓小平文选》第3卷，人民出版社1993年版，第272页。

# 党的十二大

## 走中国特色道路与开创现代化建设新局面

由于党的十一大没能承担起彻底纠正“文革”错误的历史重任，因而“文革”结束后两年，中国经济社会依然处于徘徊之中。但是，世界在加速发展，中国的社会主义建设大业不能再等待。历史上一切进步无不首先缘于思想的解放。1978 年，真理标准问题的大讨论，冲破了“左”的思想藩篱。党的十一届三中全会，宣告了从思想路线到政治路线的拨乱反正的全面开启。历经 4 年，全党拨乱反正任务基本完成，全国各条战线都取得了巨大成就。新时期，中国将走向何方？世人普遍关注。1982 年9 月1 日至 11 日，党的第十二次全国代表大会胜利召开，大会提出了建设有中国特色社会主义的全新命题，明确规定了党在新时期的总任务，把中国带入了建设有中国特色的社会主义的新轨道。党的十二大以全面开创社会主义现代化建设的新局面而载于党的史册。

### 一、中国特色道路，如何开创

真理标准问题的大讨论，迎来了中国思想解放的春天，自此一股思想解放的潮流席卷华夏大地。十一届三中全会，实现了全党工作重心的转移，经济建设代替阶级斗争成为社会主义事业的重心。十一届六中全会对“文化大革命”做出了正确总结，对毛泽东思想进行了新的科学概括，实事求是地评价毛泽东同志的历史地位和毛泽东思想的指导作用，标志着党在指导思想上拨乱反正的胜利完成。农村改革、城市改革的兴起预示着一条不同于传统的社会主义新路即将开启。

### （一）真理标准问题大讨论

1976年10月6日，对中国人民来说是一个非常的时刻。在这一天，中共中央采取断然措施对“四人帮”实施了隔离审查。全国各地随之也展开了轰轰烈烈的揭批“四人帮”的斗争，各条战线也逐步开始进行思想上、政治上、组织上的拨乱反正。随着批判实践的深入，人们越来越发现，要想彻底纠正“文革”的错误，人们不得不往深层次里思考：如何才能正确评价毛泽东的历史地位和毛泽东思想的指导作用？判定真理的标准到底是什么？而要想真正弄清楚这些问题几乎都同“两个凡是”的方针发生尖锐的冲突。一场关于实事求是与“两个凡是”两条思想路线之间的争论，注定不可避免。

邓小平给中央的一封信成为关键时刻全党解放思想的先导。1977年4月10日，邓小平给中央写信明确提出：“我们必须世世代代地用准确的完整的毛泽东思想来指导我们全党、全军和全国人民，把党和社会主义事业，把国际共产主义运动的事业，胜利地推向前进。”5月3日，中共中央将邓小平的这封信转发至县团级，肯定了邓小平的正确意见。邓小平关于“准确的、完整的毛泽东思想”的提法，为纠正“两个凡是”的错误创造了重要条件。

10月9日，叶剑英在中央党校开学典礼上做《坚持和发扬理论联系实际的学风》的讲话。号召大家恢复和发扬实事求是的作风，做大无畏的彻底的唯物主义者。随后中央党校根据叶帅的要求，组织800多名来校学习的高中级干部集中讨论“文化大革命”以来的历史问题。为了解决讨论过程中遇到的“究竟以什么为标准来认识和判定历史是非”的困惑，在时任中央党校副校长胡耀邦的指导下，于1978年4月形成的一份研究党史的文件中，明确提出两条原则：一是应当完整准确地运用马列主义、毛泽东思想的基本原理；二是应该以实践为检验真理、辨别路线是非的标准。但是，有人仍然认为，评价“文化大革命”还是要以党的九大、十大、十一大文件精神。《人民日报》编辑部收到的许多读者来信总是依据“毛主席语录”评价文章。针对这一思想动向，《人民日报》编辑部决定组织文章以澄清真理标准的问题。3月26日，《人民日报》发表题为《标准只有一个》的评论，明确提出：“真理的标准，只有一个，就是社会实践”。随后收到的读者来信多数对此观点持有异议。报社决定，继续组织文章，进一步澄清问题。

1978年4月，中央党校理论研究室将自己撰写的稿件与《光明日报》提供的稿件合为《实践是检验真理的唯一标准》一文，5月6日，由胡耀邦亲自定稿。5月10日，此文在中央党校内部刊物《理论动态》上发表。11日在《光明日报》头版发表，当天新华社发了通稿。《人民日报》《解放军报》以及《解放日报》等于12日全文转载。

《实践是检验真理的唯一标准》一文重申了马克思主义认识论的一个基本原理：只有社会实践才是检验真理的唯一标准。旗帜鲜明地指出：共产党人要敢于触及思想禁区，敢于弄清是非，而不能拿现成的公式去限制、宰割、剪裁无限丰富生动的实际生活，应该勇于研究新的实践中提出的新问题。文章针对“两个凡是”的方针，观点鲜明、措辞尖锐，直击思想禁锢者的软肋，一经发表就在全党、全国引起强烈反响。关于真理标准问题的大讨论随之在全国展开。

文章发表后遭到了来自某些方面，特别是来自当时主管意识形态工作的中央负责同志的点名批评。有人指责该文“实际上把矛头指向毛主席思想”，这是在“砍旗”，是“大逆不道”。大帽子一顶顶压来，一时间，《人民日报》等刊登了《实践是检验真理的唯一标准》一文的报刊，承受着巨大的压力。真理标准问题的讨论遇到了空前的阻力。在这一关键时刻，邓小平、叶剑英、李先念、陈云、胡耀邦、聂荣臻、徐向前、罗瑞卿、谭震林等一批老同志纷纷表明态度，公开支持真理标准问题的大讨论。1978年6月2日，邓小平在全军政治工作会议上的讲话中开宗明义，深刻地阐述了实事求是的科学内涵及其极端重要性。他号召大家：“我们一定要肃清林彪、‘四人帮’的流毒，拨乱反正，打破精神枷锁，使我们的思想来个大解放。”① 其他老同志也纷纷在不同场合、从不同角度强调要恢复毛泽东倡导的实事求是的原则，使得这场大讨论能够顶住压力，逐步扩展其影响。6月25日，中共甘肃省委书记宋平公开表示支持《实践是检验真理的唯一标准》一文，从7月底开始，各省、自治区、直辖市和中央的一些部门，以及各大军区、各兵种的主要负责人也陆续表态支持这场大讨论，形成了全国范围的声势浩大的思想解放运动。真理标准问题的大讨论，冲破了“两个凡是”的思想束缚，重新确立的党的实事求是的思想路线，为即将召开的十一届三中全会实现伟大历史转折，做好了充分的思想准备。

### （二）以“阶级斗争为纲”转到以经济建设为重心

又是一个十字路口。“文革”结束后，中国将向何处去？国际上极为关注，国人也

① 《邓小平文选》第2卷，人民出版社1994年版，第119页。

普遍关心。中国共产党人将面对一个新的抉择：或者按照“两个凡是”的方针去办，继续奉行“无产阶级专政下继续革命”的基本理念，坚持“以阶级斗争为纲”的基本路线，这是一条“文革”的老路；或者是走一条全盘“西化”的邪路，按照一些西方势力及其在国内的鼓吹者过分夸大毛主席晚年的错误，主张全面否定毛泽东思想，进而否定马克思列宁主义的指导地位，全盘否定社会主义道路，否定中国共产党的领导；或者是恢复我党实事求是的思想路线，彻底从“文革”思维中解放出来，纠正毛泽东晚年的错误，开创出一条适合我国国情的马克思主义与中国实际相结合的社会主义建设的新路。

以邓小平为代表的无产阶级革命家，在中国面临重大转折的历史关头，高瞻远瞩、深谋远虑，为中国共产党、中华民族做出了重要抉择：停止以阶级斗争为纲，实行改革开放，工作重心转到经济建设上来。中共十一届三中全会就是在这一历史重大转折关头召开的一次极为重要的会议。

1978 年 11 月 10 日至 12 月 15 日中央工作会议在北京召开，会议由华国锋主持，叶剑英、邓小平、李先念、汪东兴及各省、自治区、直辖市和各大军区的主要负责同志等共 213 人参加会议。会议有三项议程：一是贯彻以农业为基础的方针，尽快把农业搞上去；二是商定 1979 年及 1980 年的国民经济计划安排；三是讨论李先念在国务院务虚会上的讲话。11 月 12 日，陈云在东北组讨论会上做了系统发言，提出解决历史遗留问题的意见，其中包括：为“薄一波等六十一人叛徒集团”案平反；为天安门事件平反；关于陶铸结论问题；彭德怀的骨灰应该放到北京八宝山革命公墓；关于康生严重错误问题等六个重大遗留问题。这个发言引起与会者的强烈反响，会议气氛因此而热烈起来。之后与会同志还提出其他一些重大错案，如“二月逆流”“反击右倾翻案风”等错案的平反问题。会议的话题逐步转到平反冤假错案问题，特别是为天安门事件平反的问题上。要求中央正确对待历史遗留问题成为多数与会代表的共识。中央政治局常委经过讨论，并做出决定。11 月 25 日，华国锋宣布了为天安门事件平反等八项决定。

12 月 13 日，中央工作会议举行闭幕会，华国锋就“两个凡是”问题做了自我批评，承认“这两句话讲的不够周全”，“在不同程度上束缚了大家的思想，不利于实事求是地落实党的政策”。邓小平做了《解放思想，实事求是，团结一致向前看》的重要讲话。讲话提出了在“文革”结束后，中国面临向何处去的重大历史关头，中国面临的最重大、最关键的问题，为即将召开的十一届三中全会明确了指导思想，指明了党在今后的主要任务和前进方向，是开辟新时期新道路的宣言书。12 月 15 日，历时 36

天的中央工作会议结束。在绝大多数与会者的共同努力下，原本准备讨论经济工作的会议实际开成了一次为全面拨乱反正和开创新局面做准备的会议。

1978 年 12 月 18 日至 22 日，中国历史掀开了其不同寻常的新的一页。期间中国共产党第十一届中央委员会第三次会议在北京召开。出席会议的包括中央委员、候补委员及列席会议的人员共 290 人。这次会议的主要任务有三项：讨论通过中央政治局关于从 1979 年 1 月起，把全党工作着重点转移到现代化建设上来的建议；审议通过关于农业问题的两个文件和 1979 年、1980 年两年国民经济计划安排；讨论人事问题和选举成立中央纪律检查委员会。在中央工作会议充分讨论并取得共识的基础上，全会顺利完成了各项议程。

党的十一届三中全会冲破了党的指导思想上存在的教条主义和个人崇拜，批评了“两个凡是”的方针，高度评价了关于真理标准问题的讨论，指出实践是检验真理的唯一标准是党的思想路线的根本原则，从而重新确立了马克思主义的实事求是的思想路线。会议在充分肯定毛泽东同志在我国长期革命斗争中的巨大作用的同时，着重强调要从科学体系上掌握和运用毛泽东思想，不能一切照搬照抄，不能搞“两个凡是”。否则，党和国家就会失去生机，就要亡党亡国。全会指出：“党中央在理论战线上的崇高任务，就是领导、教育全党和全国人民历史地科学地认识毛泽东同志的伟大功绩，完整地、准确地掌握毛泽东思想的科学体系，把马列主义、毛泽东思想的普遍原理同社会主义现代化建设的具体实践结合起来，并在新的历史条件下加以发展。”全会并着重提出了健全社会主义民主和加强社会主义法制的任务。全会决定根据党的历史经验，健全党的民主集中制，健全党规党法，严肃党纪；强调党中央和各级党委要加强集体领导。

全会断然停止“以阶级斗争为纲”的口号，做出了把全党的工作重心转移到社会主义现代化建设上来，实行改革开放的历史性决策。全会开始了系统地清理重大历史是非的拨乱反正。全会认真地讨论了“文化大革命”中发生的一些重大政治事件，也讨论了“文化大革命”前遗留下来的某些历史问题。会议肯定了 1975 年邓小平受毛泽东委托主持中央工作期间各方面工作取得的很大成绩，肯定了他和中央其他领导同志对“四人帮”干扰破坏进行的斗争，肯定了 1976 年 4 月 5 日天安门事件的革命性质，决定撤销中央发出的有关“反击右倾翻案风运动和天安门事件的文件”。会议审查和纠正了过去对彭德怀、陶铸、薄一波、杨尚昆等同志所做的结论，肯定了他们对党和人民的贡献。

十一届三中全会标志着中国共产党冲破了“左”倾的观念，端正了党的指导思想，使广大党员、干部和群众从过去的个人崇拜和教条主义中解放出来，在思想上、政治上、组织上全面恢复和确立了马克思列宁主义和毛泽东思想的正确路线，结束了1976年10月以来党的工作在徘徊中前进的局面，将党领导的社会主义事业引向健康发展的道路，从而揭开了党和国家历史的新篇章，开启了中国改革开放的社会主义现代化建设的历史新时期，是新中国成立以来我党历史上具有伟大转折意义的重要会议。

### （三）小岗村成了农村改革的急先锋

在十一届三中全会精神指导下，一些省份开始进行恢复党的农村经济政策的努力。中共安徽省委、四川省委大胆实行“放宽政策”“休养生息”的方针，率先进行农村改革。

1977年11月，安徽省委制定了《关于当前农村经济政策几个问题的规定》（简称“六条”），其基本内容是：搞好人民公社的经营管理工作；根据不同的农活，生产队可以组织临时的或固定的作业组，只需个别人去做的农活，也可以责任到人；积极地有计划地发展社会主义大农业；减轻生产队和社员的负担；分配要兑现，粮食分配要兼顾国家、集体和个人利益；允许和鼓励社员经营正当的家庭副业。“六条”是一个具有重要历史意义的文件，它是在“文革”结束后，全国出现的第一份关于农业生产责任制的文件，也是处于徘徊的中国出现的第一份突破“左”的禁区的一份开拓性文件。一经发出，立即得到广大农村干部、群众的热烈欢迎。

1978年，一场百年不遇的旱灾席卷安徽大地，许多河水断流，水库干涸，全省受灾农田达6000万亩，受灾人口达400万之多。秋种无法进行，干部群众忧心如焚。面对旱灾，中共安徽省委在深入基层调查研究后做出决定：凡是集体无法耕种的土地，都可以借给社员种麦子和油菜，并鼓励社员在不影响水土保持的前提下，开荒多种，谁种谁收，国家不征公粮，不派统购任务。这一重大的政策性规定，极大地调动了广大农民生产自救的积极性，不少地方由借地转为包地，把全部小麦、油菜包到户去种，而且引发了“包产到户”。年底一个寒冷的夜晚，凤阳县小岗村18户农民本着摆脱饥饿和贫穷的渴望，悄悄聚集到严立华家召开社员会议，社员们提议决定瞒上不瞒下，实行分田到户，即“包干到户”。于是，18个农民以中国最古老、最传统、最朴实、最直接的“签字画押”方式，按下了18颗鲜红的手印，连夜将生产队的土地、耕牛、农具等按人头分到各家各户，搞起了“大包干”。当时冒着坐牢的风险签订的这份“生死契约”现珍藏在中国国家博物馆，成为中国农村改革的第一份宣言书。随后，安徽省凤阳县、肥西县等地包产到组、包产到户迅猛发展。

好事总是历经磨难。1979 年 3 月 15 日，《人民日报》头版头条发表了一封题为《“三级所有，队为基础”应该稳定》的读者来信，指出：“‘三级所有，队为基础’符合农村的实际情况，应该稳定，不能随便变更”。“轻易从‘队为基础’退回去，搞分田到组是脱离群众，不得人心的。”来信对包产到组后正在春耕的安徽农民浇了一瓢冷水，引起一些干部、群众惶恐不安。1979 年 6 月，时任安徽省委书记的万里向邓小平汇报安徽农村一些地方搞包产到户有人反对时，邓小平说“不要争论，你就这样干下去就行了，就实事求是干下去”①。6 月 18 日，万里征求陈云的意见，陈云答复：“我双手赞成”②。两位元老的支持，对安徽等地包产到户的继续存在和后来的合法化起到了至关重要的作用。

此后，有些人在不同场合指责包产到户是“分田单干”，没有“坚持公有制，也没有坚持按劳分配”，违背了党的政策，使包产到户的责任制遇到了重重阻力。1980 年 1 月，国家农委在北京召开全国农村人民公社经营管理会议。会上安徽代表介绍了安徽经营落后地区农民要求实行包产到户的情况，引起了与会代表激烈的争论，大部分人对安徽的做法持反对意见。认为包产到户就是分田单干，是资本主义性质的。包产到户调动的积极性是农民个体的积极性，不符合社会主义大方向。国家农委的领导也表示“不许分田单干”，“不许包产到户”。对包产到户的批判，对安徽形成了强大的压力，引起了省内对包产到户的意见分歧。有的认为“包产到户的关键是分而不是包，是分田单干，不仅退到了资本主义，而且退到了封建主义，倒退了几千年”；有的叹息：包产到户导致农村“辛辛苦苦几十年，一夜退到解放前”；有的心有余悸，表态说：“宁愿迟发财，也不能摔跤子”。

正当围绕包产到户、大包干进行争论，很多人对生产责任制何去何从感到迷惘之际，邓小平以极大的勇气和魄力站出来说话了。他在 1980 年 4 月 2 日，特地把胡耀邦、万里、姚依林、邓力群找去谈话。在谈到农业问题时说，对地广人稀、经济落后、生活贫穷的地区，政策要放宽，要使每家每户都自己想办法，多找门路，增加生产，增加收入。有的可包给组，有的可包给个人，这个不用怕，这不会影响我们制度的社会主义性质。在这个问题上要解放思想，不要怕。这次谈话，可以说是邓小平对安徽试行的联产承包责任制的第二次表态支持。

邓小平第三次表态支持是在 1980 年 5 月 31 日。这一天，邓小平在同胡乔木、邓力

① 《邓小平年谱（1975～1997）》上卷，中央文献出版社 2004 年版，第 531 页。

② 《陈云年谱（1905～1995）》下卷，中央文献出版社 2000 年版，第 248 页。

群谈话中，着重谈了关于农村政策问题。他说："农村政策放宽以后，一些适宜搞包产到户的地方搞了包产到户，效果很好，变化很快。安徽肥西县绝大多数生产队搞了包产到户，增产幅度很大。'凤阳花鼓'中唱的那个凤阳县，绝大多数生产队搞了大包干，也是一年翻身，改变面貌。有的同志担心，这样搞会不会影响集体经济。我看这种担心是不必要的。我们总的方向是发展集体经济。实行包产到户的地方，经济的主体现在也还是生产队。这些地方将来会怎么样呢？可以肯定，只要生产发展了，农村的社会分工和商品经济发展了，低水平的集体化就会发展到高水平的集体化，集体经济不巩固的也会巩固起来。关键是发展生产力，要在这方面为集体化的进一步发展创造条件。"①

邓小平的谈话，如春风化雨，消除了安徽搞包产到户、大包干、实行农业生产责任制的群众心头的巨大疑虑，给决心搞包产到户、大包干的干部和群众吃了定心丸，为几年来围绕农业生产责任制姓"社"姓"资"问题的争论，画上了休止符。

1980 年 9 月，党中央颁发了《关于进一步加强和完善农业生产责任制的几个问题》的红头文件，初步肯定了包产到户的社会主义性质。1982 年 1 月，在党的历史上第一次以一号文件形式发出的农村工作文件《全国农村工作会议纪要》，毫不含糊地给包产到户、包干到户正了名，明确肯定它姓"社"又姓"公"。从此，发源于安徽的中国农村的第一步改革，沿着邓小平指引的解决温饱、奔向小康的社会主义轨道，健康地向前发展。

### （四）十一届六中全会完成拨乱反正

十一届三中全会结束了"文革"后的两年徘徊。以邓小平为核心的我党第二代领导集体开始全局性拨乱反正，全党和全国人民从过去一个时期内盛行的教条主义和个人崇拜的精神枷锁中解脱出来，思想活跃，呈现出努力研究新情况和解决新问题的政治局面。但是，一些同志由于仍然不能彻底认识和摆脱"左"倾思想的束缚，对于三中全会以来党的路线和政策表现出某种程度的不理解甚至有抵触情绪。另一些人则以右倾态度曲解解放思想的路线。

为了从根本上解决"左"的和右的错误倾向，全面总结建国以来的历史经验，1981 年 6 月 27 日至 29 日，中国共产党十一届六中全会在北京召开。出席全会的中央委员 195 人，中央候补委员 114 人，列席的中央各有关部门负责人 53 人。会议的主要

---

① 《邓小平文选》第 2 卷，人民出版社 1994 年版，第 315 页。

议题有两项：一是审议《关于建国以来党的若干历史问题的决议》，二是增选和改选中央主要领导成员。全会审议通过了《关于建国以来党的若干历史问题的决议》。《决议》共3万多字，它是中国共产党对建国32年历史的一个总结，分为建国以前28年历史的回顾；建国32年历史的基本估计；基本完成社会主义改造的7年；开始全面建设社会主义的10年；“文化大革命”的10年；历史的伟大转折；毛泽东同志的历史地位和毛泽东思想；团结起来，为建设社会主义现代化强国而奋斗8个部分。

《决议》运用马克思主义的辩证唯物论和历史唯物论，回顾了中共60年的历程，正确总结了建国以来32年的基本经验，科学分析了一系列重大事件中中共指导思想的正确和错误，分析了产生错误的主观因素和社会原因。指出在马列主义、毛泽东思想的正确指导下，社会主义革命和建设事业取得了巨大成就。由于缺乏经验，党的领导对形势分析和国情认识发生过主观主义的偏差，以致造成阶级斗争扩大化和在经济建设上的急躁冒进，包括发生了“文化大革命”这样的全局性的、长时间的严重错误，使得我们没取得本应该取得的更大成就，忽视或者掩盖这些错误，忽视或者否认取得成就的这些经验都是错误的。《决议》实事求是地评价了毛泽东在中国革命中的历史地位，充分论述了毛泽东思想的科学含义，指出毛泽东同志是伟大的马克思主义者，是伟大的无产阶级革命家、战略家和理论家。他虽然在“文化大革命”中犯了严重错误，但是就他的一生来看，他对中国革命的功绩远远大于他的过失。“他的功绩是第一位的，错误是第二位的。”《决议》强调：毛泽东思想是马克思列宁主义在中国的运用和发展，是被实践证明了的关于中国革命的正确的理论原则和经验总结，是中国共产党集体智慧的结晶。《关于建国以来党的若干历史问题的决议》的通过，表明了以邓小平为核心的中央领导集体政治上的高度成熟，标志着中国共产党指导思想上的拨乱反正任务的完成。

### （五）以邓小平为核心的第二代中央领导集体初步形成

执政党组织建设是党的事业的组织保证。在十二大举行前，中共十一届三中全会根据党的历史的经验教训，从党和国家的长治久安的大局出发，决定在组织上健全党的民主集中制，健全党规党法，严肃党纪，加强党中央的集中统一领导。同时，为了适应社会主义现代化建设的需要，决定在党的生活和国家政治生活中加强民主，加强党的领导机构和成立中央纪律检查委员会。全会增选陈云为中央政治局委员、政治局常务委员、中央委员会副主席；增选邓颖超、胡耀邦、王震为中央政治局委员。全会考虑到第十一次全国代表大会以来党的生活的实际变化和目前党的工作的迫切需要，决定采取临时措施，增补黄克诚、宋任穷、胡乔木、习仲勋、王任重、黄火青、陈再道、韩光、周惠为中央委员，将来提请党的第十二次代表大会对这一增补手续予以追认。全会选举陈云为中央纪律检查委员会第一书记，邓颖超为第二书记，胡耀邦为第三书记，黄克诚为常务书记，王鹤寿等为副书记，并选举了中央纪律检查委员会的常务委员和委员。通过这次全会，中共第二代中央领导集体已经初露端倪。

十一届四中全会，增补王鹤寿、刘澜波、刘澜涛、安子文、李昌、杨尚昆、周扬、陆定一、洪学智、彭真、蒋南翔和薄一波为中央委员，准备在党的第十二次代表大会时，请求对这一增补手续予以追认。全会选举中央政治局候补委员赵紫阳和中央委员彭真为中央政治局委员。

为了在全国创造并巩固安定团结、生动活泼的政治局面，十一届五中全会决定恢复党的第八次代表大会所决定并在十年间证明是必要和有效的制度，设立中央书记处作为中央政治局和它的常务委员会领导下的经常工作机构，以加强党中央的领导机构。选举胡耀邦为中央委员会总书记，选举万里、王任重、方毅、谷牧、宋任穷、余秋里、杨得志、胡乔木、胡耀邦、姚依林、彭冲等为中央书记处书记。并且决定批准汪东兴、纪登奎、吴德、陈锡联的辞职请求，免除或提请免除他们所担负的党和国家的领导职务。

十一届六中全会同意华国锋辞去党中央主席和中央军委主席职务的请求。在此之前，中共中央已经向全国人大五届三次会议建议华国锋不再兼任国务院总理职务，由赵紫阳接任。全会通过无记名投票，对中央主要领导成员进行了改选和增选，选举胡耀邦为中央委员会主席，赵紫阳、华国锋为中央委员会副主席，邓小平为中央军事委员会主席，中央政治局常务委员会由中央主席和副主席组成，成员有：胡耀邦、叶剑英、邓小平、赵紫阳、李先念、陈云、华国锋。增选习仲勋为中央书记处书记。至此，以邓小平为核心的第二代中央领导集体已经初步形成。

## 二、党的十二大的筹备与召开

党的十一届三中全会后，党在政治、经济、国防、外交、思想、组织等各个方面的工作，都取得了巨大进展，全党全军全国各族人民同心同德、力争多快好省地实现四个现代化的局面，正在迅速形成和向前发展。为了实现四个现代化这一伟大历史任务，党在实践中面临一系列新的重大问题，需要不失时机地迅速地加以解决。为此，召开十二大系统总结过去6年的基本经验，进一步肃清“文革”的消极后果，确定继续前进的战略及相应的具体方针政策，全面开创社会主义现代化建设的新局面就提到了党的重要议事日程上来。

### （一）党中央紧锣密鼓筹备十二大

中国共产党第十二次全国代表大会是一次极为重要的会议，党中央十分重视，先后经过两年多时间的充分准备。党的十一届五中全会就正式决定提前召开党的十二大，并对十二大的主要议程、代表名额、分配原则及产生办法等问题做了规定。全会初步决定了十二大的主要议程，规定出席十二大的代表名额为1600名。为了认真做好党的十二大代表的选举工作，1980年4月，中共中央政治局又通过了《关于十二大代表选举工作的几点意见》。《意见》根据中共中央五中全会决议的精神，对有关代表选举的若干问题，提出了具体意见，要求各地的党代表大会或代表会议，必须自始至终坚持民主集中制的原则。出席十二大的代表，都要经过充分酝酿，采取差额选举的办法，以无记名投票方式产生。各省、自治区、直辖市党委要加强领导，开好县、市的党代表大会或代表会议。同时，做好省、自治区、直辖市的代表大会或代表会议的各项准备工作，经过充分酝酿，提出出席十二大代表候选人的预备名单。整个选举工作，要充分体现多数代表的意见。各地各单位的选举工作，应于11月底以前完成。这次中央政治局会议还做出《关于丧失工作能力的老同志不当十二大代表和中央委员候选人的决定》，这是废除实际上存在的领导干部职务终身制和逐步更新领导班子的一个重要步骤。

1980年5月18日、19日，在中央组织部召开的选拔优秀中青年干部工作座谈会上，胡耀邦就认真做好召开党代会的各项准备工作指出，要力争使我们党的十二大成为建国以来开得最好的大会之一。他说，要开成最好的代表大会，标准大体有三条：一、它制定的路线是正确的；二、它选出的领导班子是有威望的，是全党绝大多数同志所满意和拥护的；三、它的方法是体现民主集中制原则的，是充分走群众路线的。在谈到如何使选出的代表真正有代表性时，他说，组织部门的同志，要在各级党委领导下，认真研究，仔细考察，够条件当代表的就当，不够条件的不要勉强。要充分酝酿，真正取得广大党员的同意，不要少数人圈定。名单没有什么保密的，可以提到党员中去酝酿讨论，不要怕变动。遵照十一届五中全会决议和有关指示精神，各省、直辖市、自治区、中央机关和人民解放军的党组织，先后召开了党代表大会或代表会议，选举产生了出席十二大的代表，按期完成了选举工作。

与此同时，修改党章的工作，也在加紧进行。从1979年冬天开始，在中央政治局常委的领导下，由中央各有关单位调集一批干部做准备工作，他们举行过很多次座谈，后来还曾经派出相当多的同志到全国许多地方去进行调查，征求意见，并拟出一个草稿。1980 年 1 月，邓小平对党章的修改提出了许多重要的指导性意见。在中央的领导下，专门成立了由邓小平、胡耀邦主持，胡乔木具体负责的党章修改小组，对原有草稿进行反复的讨论和修改，形成了修改草案第一稿。1980 年 2 月提交十一届五中全会讨论，又根据全会的讨论意见，做了第一次修改。4 月由中央书记处发给全党讨论，同时也发给部分党外人士征求意见。1982 年 5 月，修改小组做了第二次修改。同年 6 月，又发给各省、自治区、直辖市和各大军区党委，中央党政军各部门的党组织和全体十二大代表征求意见。7 月又做了第三次修改。

在上述各项准备工作的基础上，中央政治局于 1982 年 7 月下旬在北京召开了扩大会议。中央和各省、自治区、直辖市负责人共 130 余人到会，会议举行了 6 天，讨论了有关十二大的一些重要问题，为党的十一届七中全会进行了准备。

1982 年 8 月 6 日，党的十一届七中全会在北京召开。这是一次为召开党的第十二次全国代表大会做准备的会议。全会决定，9 月 1 日召开中国共产党第十二次全国代表大会，并向全党和全国人民公开宣布，恢复中共八大那样把自己的代表大会完全公开在全国人民面前的好传统，摒弃中共九大秘密进行的做法。全会审议并通过了中央委员会向党的第十二次全国代表大会的报告和《中国共产党章程（修改草案）》，并决定将这两个文件提交党的第十二次全国代表大会审议。

8 月 30 日，党的十二大预备会议在北京举行，会议确定了大会 4 项议程，选出了由 252 人组成的中国共产党第十二次全国代表大会主席团。胡耀邦在会议上提出十二大的任务是：对粉碎“四人帮”6 年来，特别是十一届三中全会以来实现的伟大历史性转折做出胜利的总结，同时将确定党在新时期的宏伟目标和任务，使我们党能够以新的面貌和坚强的战斗力，率领全国各族人民为开创社会主义现代化建设新局面而奋斗。预备会议通过了《关于确认十一届三中全会、四中全会增补中央委员的决定》。大会选出由胡耀邦、叶剑英、邓小平、赵紫阳、李先念、陈云、华国锋、徐向前、聂荣臻、彭真、邓颖超等 31 人组成的主席团常务委员会，通过了宋任穷代表十二大代表资格审查委员会所做的审查报告，通过了大会议程。至此，党的十二大各项筹备工作圆满完成。

### （二）提出“建设有中国特色社会主义”新命题

从“文化大革命”结束后，以邓小平为核心的老一辈革命家就在第一代领导核心已经开始思考的“中国式的社会主义道路”的基础上，着手重新思考“建设有中国特色社会主义”的新命题。从十一届三中全会前后到十一届六中全会，“建设有中国特色社会主义”的命题，由萌芽而不断清晰。

早在十一届三中全会前召开的中央工作会议闭幕会上，邓小平所做《解放思想，实事求是，团结一致向前看》的讲话中就已经提出“解放思想，开动脑筋，实事求是，团结一致向前看”的指导思想，并提出在这个指导思想下需要实现的新任务和新思路：“正确地以马列主义、毛泽东思想为指导，解决过去遗留的问题，解决新出现的一系列问题，正确地改革同生产力迅速发展不相适应的生产关系和上层建筑，根据我国的实际情况，确定实现四个现代化的具体道路、方针、方法和措施”①。1979 年 3 月 30 日，邓小平在《坚持四项基本原则》的讲话中则明确提出：“走出一条中国式的现代化道路”的目标和任务。

1979 年 9 月 29 日，全国人大常委会委员长叶剑英代表中共中央、全国人大常委会、国务院发表了庆祝中华人民共和国成立三十周年的讲话，对新中国成立三十年的历史做出了初步的、基本的总结。“我们要从中国的实际出发，认真研究经济规律和自然规律，努力走出一条适合我国情况和特点的实现现代化的道路”②。

11 月 26 日，邓小平会见美国不列颠百科全书出版公司编委会副主席吉布尼和加拿大麦吉尔大学东亚研究所主任林达光等，他特别明确地提出一个重要观点：“社会主义也可以搞市场经济。”“说市场经济只存在于资本主义社会，只有资本主义的市场经济，这肯定是不正确的。社会主义为什么不可以搞市场经济，这个不能说是资本主义。”“市场经济不能说只是资本主义的。市场经济，在封建社会时期就有了萌芽。社会主义也可以搞市场经济。同样地，学习资本主义国家的某些好东西，包括经营管理方法，也不等于实行资本主义。这是社会主义利用这种方法来发展社会生产力。”③ 12 月 6 日，邓小平在会见日本首相大平正芳时明确提出中国式四个现代化的“小康”目标。他说：“我们要实现的四个现代化，是中国式的四个现代化。我们的四个现代化的概念，不是像你们那样的现代化的概念，而是‘小康之家’。到本世纪末，中国的四个现代化即使达到了某种目标，我们的国民生产总值人均水平也还是很低的。要达到第三世界中比较富裕一点的国家的水平，比如国民生产总值人均一千美元，也还得付出很大的努力。就算达到那样的水平，同西方来比，也还是落后的。所以，我只能说，中国到那时也还是一个小康的状态。”④

---

① 《邓小平文选》第 2 卷，人民出版社 1994 年版，第 141 页。
② 《三中全会以来重要文献选编》（上），人民出版社 1982 年版，第 233 ~ 234 页。
③ 《邓小平文选》第 2 卷，人民出版社 1994 年版，第 236 页。
④ 《邓小平文选》第 2 卷，人民出版社 1994 年版，第 237 页。

1981 年 6 月，中共十一届六中全会通过的《关于建国以来党的若干历史问题的决议》，第一次明确、具体、系统地阐述“适合中国情况的社会主义现代化建设的正确道路”问题。《决议》第 35 节写道：“三中全会以来，我们党已经确立了一条适合我国情况的社会主义现代化建设的正确道路。这条道路还将在实践中不断充实和发展，但是它的主要点，已经可以从建国以来正反两方面的经验、特别是从‘文化大革命’的教训中得到基本的总结。”《决议》虽然还没有用“中国特色社会主义”来指称这条新的道路，但这条“适合我国情况的社会主义现代化建设的正确道路”的科学内涵和具体路径，已经清晰可见。

## （三）十二大的议程与主要内容

1982 年 9 月 1 日至 11 日，庄严肃穆的人民大会堂，迎来了全国人民期盼已久的中国共产党第十二次代表大会的胜利召开。出席大会的正式代表 1545 人，候补代表 145 人，代表全国 3900 多万名党员。大会有 3 项主要议程：（1）审议第十一届中央委员会的报告，确定党为全面开创社会主义现代化建设新局面而奋斗的纲领；（2）审议和通过新的《中国共产党章程》；（3）按照新的党章的规定，选举第十二届中央委员会，新一届中央顾问委员会，新一届中央纪律检查委员会。

9 月 1 日，邓小平致开幕词，在热情洋溢、充满智慧的开幕词中，邓小平首先宣布了党的十二次全国代表大会的议程。接着高度评价了十二大的历史意义，认为这次代表大会将是党的第七次全国代表大会以来的一次最重要的会议。

邓小平在开幕词中提出了“走自己的道路，建设有中国特色的社会主义”的重要思想。“我们的现代化建设，必须从中国的实际出发。无论是革命还是建设，都要注意学习和借鉴外国经验。但是，照抄照搬别国经验、别国模式，从来不能得到成功。把马克思主义的普遍真理同我国的具体实际结合起来，走自己的道路，建设有中国特色的社会主义，这是我们总结长期历史经验得出的基本结论。”建设有中国特色社会主义的事业是一项前无古人的全新事业，建设的主体力量只能是中国人民自己。“独立自主，自力更生”是我们的首要原则。“中国的事情要按照中国的情况来办，要依靠中国人自己的力量来办。独立自主，自力更生，无论过去、现在和将来，都是我们的立足点。”①

邓小平在开幕词中重申了经济建设的重要性，“加紧社会主义现代化建设，争取实

---

① 《邓小平文选》第 3 卷，人民出版社 1993 年版，第 3 页。

现包括台湾在内的祖国统一，反对霸权主义、维护世界和平”。这是我国人民在20世纪80年代的三大任务。其核心是经济建设，它是解决国际国内问题的基础。

开创有中国特色社会主义新局面的宏伟事业，动力是经济体制和其他领域的改革，关键在于是否有一支坚定的干部队伍，而坚持党的领导则是有中国特色社会主义能否取得巨大成就的重要保证。因此，邓小平在开幕词中明确指出今后一个长时期内我党要抓紧的四件大事：进行机构改革和经济体制改革，实现干部队伍的革命化、年轻化、知识化、专业化；建设社会主义精神文明；打击经济领域和其他领域内破坏社会主义的犯罪活动；在认真学习新党章的基础上，整顿党的作风和组织。

随后，胡耀邦代表党的十一届中央委员会向大会做了题为《全面开创社会主义现代化建设新局面》的报告。报告共分六个部分：一、历史性的转变和新的伟大任务；二、促进社会主义经济的全面高涨；三、努力建设高度的社会主义精神文明；四、努力建设高度的社会主义民主；五、坚持独立自主的对外政策；六、把党建设成为领导社会主义现代化事业的坚强核心。

报告指出，尽管我们已经在指导思想上完成了拨乱反正的艰巨任务，在各条战线上也已经取得了伟大的胜利，实现了历史性的伟大转折，但是我们不能满足已经取得的成就，因为，我党还面临着新时期更艰巨、更复杂的总任务：团结全国各族人民，自力更生，艰苦奋斗，逐步实现工业、农业、国防和科学技术现代化，把我国建设成为高度文明、高度民主的社会主义国家。根据上述总任务的要求，报告提出了从这次代表大会到下次代表大会五年间的伟大任务：从当前实际出发，大力推进社会主义物质文明和精神文明建设，继续健全社会主义民主和法制，认真整顿党的作风和组织，争取实现国家财政经济状况、社会风气、党风的根本好转。同时，要同台湾同胞、港澳同胞和国外侨胞在内的全体爱国人民一道，努力促进祖国统一的大业。我们还要同全世界人民一道，继续为反对帝国主义、霸权主义和维护世界和平而斗争。

报告提出了我国经济发展的战略目标、战略重点和战略步骤。开创新局面各项任务中的首要任务是把社会主义现代化经济建设继续推向前进。到20世纪末我们的宏伟目标，就是在不断提高经济效益的前提下，力争使全国工农业的年总产值翻两番，即由1980年的7100亿元增加到2000年的2.8万亿元左右。为了实现这一战略目标，今后经济发展的战略重点是：加强农业这个国民经济的基础，解决好农业问题；加强能源开发，大力节约能源消耗；大力加强交通运输和邮电通讯的建设；加强和发展科学技术和教育事业。在战略部署上分两步走，前10年，主要是打好基础，积蓄力量，创造条件；后10年，要进入一个新的经济振兴时期。

高度的物质文明需要高度的精神文明作为支撑。报告指出在建设高度物质文明的同时，一定要努力建设高度的社会主义精神文明，这是建设社会主义的一个战略方针问题。是否坚持这个战略方针，关系着社会主义的兴衰成败。以共产主义思想为核心的社会主义精神文明建设是社会主义的一个重要特征，是社会主义制度优越性的一个重要表现。如果忽视在共产主义思想指导下的社会主义精神文明建设这个伟大任务，我们的现代化建设就不能保证社会主义的方向。报告对建设社会主义精神文明的重大意义和作用，提到了科学社会主义的理论高度和我国社会发展的前途的政治高度，这在党的历史上是前所未有的。

报告指出，社会主义的物质文明和精神文明，都要靠继续发展社会主义民主来保证和支持。建设高度的社会主义民主，是我们的根本目标和根本任务之一。社会主义民主的建设必须同社会主义法制的建设紧密结合起来，使社会主义民主制度化、法律化。我们的国家制度是人民民主专政制度，我们一定要按照民主集中制的原则，继续改革和完善国家的政治体制和领导体制，使人民能够更好地行使国家权力，使国家机关能够更有效地领导和组织社会主义建设。要把社会主义民主扩展到政治生活、经济生活、文化生活和社会生活的各个方面，发展各个企业事业单位的民主管理，发展基层社会的群众自治。社会主义民主的建设必须同社会主义法制的建设紧密地结合起来，使社会主义民主制度化、法律化。

报告指出，坚持独立自主的外交政策，把爱国主义和国际主义结合起来，从来是我们处理对外关系的根本出发点。互相尊重主权和领土完整，互不侵犯、互不干涉内政、平等互利、和平共处是中国和各国发展关系的一贯原则。中国共产党坚持在马克思主义的基础之上，按照独立自主、完全平等、互相尊重、互不干涉内部事务的原则，发展同各国共产党和其他工人阶级政党的关系。中国同世界人民团结起来，共同反对霸权主义，维护世界和平，以争取社会主义事业、人类进步事业和世界和平事业的新胜利。

报告还指出，在剥削阶级作为阶级消灭以后，阶级斗争已经不再是我们社会的主要矛盾。但是，阶级斗争还将在一定范围内长期存在，在某种条件下还有可能激化。因此，我们必须做长期斗争的精神准备，坚持人民民主专政，坚持用马克思主义的阶级观点处理当前我国带有阶级斗争性质的社会矛盾和社会现象。

党担负着领导社会主义现代化建设的重大责任，必须加强党的建设。为此，报告着重提出当前必须重点解决好这样四个问题：健全党的民主集中制，使党内政治生活进一步正常化；改革领导机构和干部制度，实现干部队伍的革命化、年轻化、知识化、专业化；加强党在工人、农民、知识分子中的工作，密切党同群众的联系；有计划有步骤地进行整党，使党风根本好转。党风问题事关执政党生死存亡，因此，中央决定对党的作风和组织进行一次全面整顿。

9 月 11 日下午，李先念致闭幕词，他满怀信心地指出，只要全党紧密地团结在党中央的周围，振奋精神，埋头苦干，就一定能够使我国革命和建设的巨轮，一步一步地达到我们伟大的目标。随后中国共产党第十二次全国代表大会胜利闭幕。

大会通过的《中国共产党章程》，适应改革开放和社会主义现代化建设的需要，对党的性质和党的指导思想，对现阶段我国的主要矛盾和党的总任务，对党在国家生活中怎样正确地发挥领导作用，都做了马克思主义的规定；对党的民主集中制和各项组织制度、党的纪律做了更充分、更具体的规定。新党章清除了党的十一大党章中“左”的错误，继承和发展了七大和八大党章的优点。新党章规定，党中央不设主席，只设总书记。大会通过了《关于十一届中央委员会报告的决议》《关于〈中国共产党章程〉的决议》《关于中央纪律检查委员会工作报告的决议》。大会选举了由 210 名委员和 138 名候补委员组成的中央委员会，选举了由 172 名委员组成的中央顾问委员会和由 132 名委员组成的中央纪律检查委员会。

9 月 12 日至 13 日，第十二届中央委员会第一次全体会议召开，到会中央委员 210 人，中央候补委员 138 人。列席会议的，有中央顾问委员会委员 149 人，中央纪律检查委员会 128 人。全会由胡耀邦、赵紫阳主持。9 月 12 日，选举产生了新一届中央领导机构。选举胡耀邦为中央委员会总书记，选举万里、习仲勋、王震、韦国清、乌兰夫、方毅、邓小平、邓颖超、叶剑英、李先念、李德生、杨尚昆、杨得志、余秋里、宋任穷、张廷发、陈云、赵紫阳、胡乔木、胡耀邦、聂荣臻、倪志福、徐向前、彭真、廖承志为政治局委员。选举姚依林、秦基伟、陈慕华为中央政治局候补委员。选举胡耀邦、叶剑英、邓小平、赵紫阳、李先念、陈云为中央政治局常务委员会委员。决定邓小平为中央军事委员会主席，叶剑英、徐向前、聂荣臻、杨尚昆为中央军事委员会副主席。

13 日，会议批准了中央顾问委员会全体会议选举产生的主任、副主任和常务委员会委员人选，批准了中央纪律检查委员会全体会议选举产生的书记和常务委员会委员人选。批准邓小平为中央顾问委员会主任，陈云为中央纪律检查委员会第一书记。

全会结束前，胡耀邦代表新产生的中央书记处发表了重要讲话，指出今后工作主要是：“第一，要认真组织全党学习十二大文件”；“第二，要抓好机构改革工作”；“第三，要认真考虑如何抓好整党”；“第四，经济工作任何时候都不能放松”。

## 三、党的十二大的历史地位与影响

党的十二大是七大之后又一次具有非常深远意义的重要会议。它总结了党的十一届三中全会以来我党拨乱反正的经验，明确提出了建设有中国特色社会主义的全新命题，为全党、全国人民规划了到20世纪末的宏伟蓝图。十二大反映了中国共产党对社会主义建设规律与党的执政规律的认识，达到了新的科学高度。十二大提出了一些首创性的理论观点，把社会主义经济建设、民主政治建设和精神文明建设并列为建设社会主义的目标，把建设中国特色社会主义的伟大事业引向了一个新的境界，从而开启了中国一心一意搞建设的新的时代。

### （一）具有开创性意义的一次重要会议

第一，全面开创了社会主义现代化建设的新局面。十二大对我国当时实际情况做出了正确判断，确定了中国共产党对社会主义现代化建设的指导思想和党在新时期的总任务与纲领，并为实现这个纲领和总任务制定了一系列正确的方针政策，揭开了我国社会主义现代化建设的新篇章。十二大总结八大后社会主义革命和建设二十多年的经验，特别是吸取了“文化大革命”及其以前搞阶级斗争扩大化、忽视经济建设的惨痛教训，为全面开创现代化建设的新局面而制定了纲领、战略目标和战略重点、一系列完备的方针和措施，为全国人民把精力都集中到现代化建设上来明确了奋斗目标与正确方向。十二大的正确决策反映了“文化大革命”结束后的党心、民心所向，极大地统一和凝聚了全党和全国人民的力量，也反映了党的十一届三中全会以后中国社会发展的必然走向。

第二，提出了建设有中国特色社会主义的重大命题。党的十二大具有重大开拓性的一点就是邓小平在开幕词中提出了建设有中国特色社会主义的重大命题。这个命题是在总结八大以来社会主义建设问题上的正反两方面经验基础上提出的。1956年，毛泽东在《论十大关系》一文中提出“以苏为鉴”，首次提出要走适合中国国情的发展道路，八大结合中国国情确定了经济建设的一些正确方针，对中国式社会主义道路的探索有了一个良好的开端。由于受到“左”倾错误和“文化大革命”的影响，1956年至1976年中国式社会主义道路的探索发生严重失误。总结长期历史经验的基本结论就是走自己的道路，建设有中国特色的社会主义。这正确反映了我国社会主义建设的客观规律，集中表达了我国各族人民的意志、期望和要求，表明了我们党对科学社会主义理论的认识达到一个新的高度。

第三，开启了加强执政党建设的新阶段。首先，十二大通过的新党章，把党的建设推到了新阶段。新党章考虑到建设有中国特色社会主义的新形势、新要求，在汲取党的建设历史经验的基础上做出了许多新规定，成为党的历史上较为充分、较为完备的党章。其次，在民主的基础上选举产生了一支有战斗力的党中央领导集体。主要表现就是顺利地实现了领导干部的新老交替，为在20世纪末开创中国社会主义现代化建设的新局面，奠定了坚实的组织基础。这是十二大的伟大历史功绩，也是党成熟和兴旺发达的重要标志。和十一届中央委员会比较而言，新的中央委员会最显著的特点就是吸收了一大批德才兼备、年富力强、具有一定专业知识的中青年干部进入了中央高层领导岗位。再次，成立中央顾问委员会，为实现废除实际上存在的领导干部职务终身制开了良好的先例。十二大之后，有一大批老同志从第一线领导岗位退出，经选举进入了中央顾问委员会，他们的主要任务，不再是担当什么具体领导职务，而是支持中青年干部的工作，担负起“传帮带”的任务。留在中央委员会的老同志，他们的主要精力也不再是用来处理日常的工作，而是“在重大问题上出出主意，把把关。”这些措施对于保证党的路线、方针和政策的稳定性和连续性具有极其重要的意义。大会这些举措，是党的历史上的伟大创举，也是国际共产主义运动史上的伟大创举。

### （二）权威评价十二大

中共七大以来一次最重要的会议，“打开了一条一心一意搞建设的新路”——邓小平如此盛赞十二大。

在十二大开幕词中，邓小平指出：“完成这次代表大会的任务，我们党对于社会主义现代化建设的指导思想就会更加明确，党的建设就能够更加适合新的历史时期的需要，党的最高领导层就能够实现新老合作和交替，成为更加朝气蓬勃的战斗指挥部。回顾党的历史，这次代表大会将是党的第七次全国代表大会以来的一次最重要的会议。”“从十一届三中全会以来，我们党在经济、政治、文化等各方面的工作中恢复了正确的政策，并且研究新情况、新经验，制定了一系列新的正确政策。和八大的时候比较，现在我们党对我国社会主义建设规律的认识深刻得多了，经验丰富得多了，贯彻执行我们的正确方针的自觉性和坚定性大大加强了。我们有充分的根据相信，这次代表大会制定的正确的纲领，一定能够全面开创社会主义现代化建设的新局面，使我们党兴旺发达，使我们的社会主义事业兴旺发达，使我们的国家和各民族兴旺发达。”①

---

① 《邓小平文选》第3卷，人民出版社1993年版，第1~2页。

1982年9月18日，邓小平在陪同来访的朝鲜劳动党中央总书记金日成赴四川访问途中，向他介绍说："我们刚刚召开了党的第十二次全国代表大会。十二大以后，我国政治形势更加稳定，可以更好地一心一意搞建设了。""中国打开了一心一意搞建设的新路"。"从十一届三中全会到十二大，我们打开了一条一心一意搞建设的新路。"①

"雏凤清于老凤声"——叶剑英对十二大选出的中共领导人寄予厚望。

中共十二大选出新的中央领导集体，为我党推进有中国特色社会主义伟大事业形成了坚定的领导核心和组织保障。对此，叶剑英用引用古诗流露出自己感到党的事业前途光明的欣喜之情。他指出："我们这次大会，准备得好，开得也很好。我完全同意小平同志作的开幕词。耀邦同志代表党中央，作了个很重要的报告，党章也修改得很好。我完全赞成。我们的党是一个生机勃勃的党。经过这次大会，将有一批年富力强的同志，走上中央的领导岗位和其他领导岗位，这是党的事业兴旺发达的重要标志。我们老一辈的同志，看到这种情况，由衷地感到喜悦。唐朝诗人李商隐曾经用'雏凤清于老凤声'的诗句，称赞他的后辈开创新局的诗才。意思是说，后来者居上，年轻的会超过年老的。可以说，这是历史发展和社会进步的一个基本规律。希望新上来工作的年轻同志，同老同志亲密合作，挑起重担，奋勇前进。人类的认识能力是无限的，但是，个人的认识是有限的，这就要善于学习。我们相信，同志们只要努力用共产主义思想，用党的历史经验，用现代科学知识，武装自己，并且团结群众，艰苦奋斗，知人善任，从善如流，就一定能够把领导工作做得有声有色，一定能够在现代化建设的征途上，做出无愧于伟大时代的光荣业绩。这次大会以后，将有许多老同志从领导岗位上退下来，这是党的事业发展的需要。这些老同志勤勤恳恳奋斗几十年，他们是革命的功臣。他们的功绩，党和人民是不会忘记的。退下来的老同志思想不能退，要用实际行动写好自己晚年的历史，时时处处为党和人民的利益着想，继续做一些力所能及的工作。十二大以后，要全面开创社会主义现代化事业的新局面，任务很艰巨。我们的新的中央委员会，一定要更好地坚持民主集中制，坚持集体领导原则。集中群众的智慧和力量，事情就好办了，就可以化难为易，化险为夷，可以减少工作中的失误。党的历史经验反复证明了这一点。这几年以来，中央政治局、书记处在这方面做得比较好，取得了显著成效。今后，从中央到地方各级党委，都要这样做，以保证党的正常生活和正确领导，实现国家的长治久安。希望大家把这个治党治国的根本原则，

① 《邓小平文选》第3卷，人民出版社1993年版，第9～11页。

坚持下去，一代一代传下去。”①

十二大选举的中央领导机构是完成党的任务的组织保证——李先念对十二大的评价。

李先念在中共十二大闭幕会议上的讲话中提出：“我们党的第十二次全国代表大会，经过全体代表的共同努力，现在已经胜利地完成了这次会议的历史使命”。“坚定地沿着十二大指引的方向前进，我们党所领导的中国人民的社会主义事业，必将取得新的伟大胜利。”“这次代表大会，经过充分的酝酿和民主选举，产生了新的中央委员会，同时，选出了中央顾问委员会和中央纪律检查委员会。这样，十二大提出的方针任务的实现，就有了组织上的重要保证。在新的中央委员会中，既有久经考验的老同志，又充实了一大批比较年轻的同志。他们必将能够紧密团结，亲密合作，使新的党中央成为更加坚强的战斗指挥部。新设立的中央顾问委员会是由许多德高望重的老同志组成的，它一定会在政治上成为党中央的很好的助手和参谋，并在党的事业中发挥传帮带的作用。中央纪律检查委员会由党的全国代表大会选举产生，它的责任更加重大了。它对贯彻执行新党章，维护党的纪律，保持党的共产主义纯洁性，都要起到重要的作用。”②

中共十二大为建设有中国特色社会主义指明了方向——16 年后江泽民对十二大高度评价。

改革开放 20 年之后中国经济、政治、文化、社会等各项事业均取得巨大成就。事实证明，中共十二大确立的中国特色社会主义是符合中国实际的马克思主义，中国特色社会主义事业是具有无比生命力的事业。1998 年 12 月 18 日，江泽民在纪念党的十一届三中全会召开 20 周年大会上的讲话中指出：“一九八二年，党的第十二次全国代表大会，提出把马克思主义的普遍真理同我国的具体实际结合起来，走自己的路，建设有中国特色社会主义，指明了新时期的前进方向……十二大以后改革开放全面展开，从农村改革到城市改革，从经济体制改革到各方面体制的改革，从对内搞活到对外开放，有力地推动了经济发展和社会进步。”③

---

① 叶剑英：《在党的第十二次全国代表大会上的讲话》，《中国共产党第十二次全国代表大会文件汇编》，人民出版社 1982 年版，第 83 ~ 85 页。

② 李先念：《中国共产党第十二次全国代表大会闭幕词》，《李先念文集》，人民出版社 1989 年版，第 431 ~ 433 页。

③ 江泽民：《在纪念党的十一届三中全会召开二十周年大会上的讲话》，《人民日报》1998 年 12 月 19 日。

# 党的十三大

## 社会主义初级阶段理论的系统阐述与党的基本路线的完整概括

1987年10月在北京召开的党的十三大，第一次比较系统地阐述了社会主义初级阶段理论，完整地概括了中国共产党在社会主义初级阶段的“一个中心、两个基本点”的基本路线，制定了到21世纪中叶分三步走、实现社会主义现代化的发展战略，提出了进行政治体制改革的明确任务，做出了一系列加强和深化改革开放的重大战略部署。如果把中国特色社会主义事业比作一艘航船的话，党的十一届三中全会是一次伟大转折，为其前进指明正确的方向；党的十二大是继续坚持正确的道路，确定舵手，为其开创新的局面；而党的十三大则是为这艘航船制定航图，加速前行。这次会议之后，中国的社会主义建设事业和改革开放的进程取得了长足进步。

### 一、改革开放部署，如何加快

党的十二大坚持和发展了十一届三中全会的路线，提出了党在新的历史时期的总任务和纲领，并为实现这个总任务和纲领制定出了一系列的方针和政策。党的十二大以后，改革开放开始全面推进，社会各项事业出现了欣欣向荣的新局面。但是，改革开放并不是一帆风顺的，其不断遭到来自“左”和右两方面的干扰。尤其是随着改革开放的全面展开与不断深入，新问题、新情况越来越多，对改革性质的争论也越来越激烈。因此，认真总结改革开放以来的成就和经验，从各方面保证党的十一届三中全会以来的路线方针政策长期稳定地延续下去，在此基础上全面系统地加快改革开放，就成为党的十三大所迫切需要解决的问题。

## （一）改革开放取得巨大成就

党的十二大以后，党领导全国人民在拨乱反正的基础上，为开创社会主义现代化建设新局面，坚决推进全面改革和对外开放并取得了重大成就，开辟了党的历史发展的新阶段。

第一，农村改革逐步深入。家庭联产承包责任制是我国农村经济改革的突破口。1983 年初，随着《中共中央关于印发〈当前农村经济政策若干问题〉的通知》（1983 年一号文件）的发出，历经曲折的联产承包责任制作为一项战略决策正式确立。这一年，也是联产承包责任制全面推广的一年。与这一变化相联系的，是农村人民公社制度的变革。1983 年 10 月，中共中央、国务院发出《关于实行政社分开建立乡政府的通知》，决定废除人民公社，建立乡（镇）政府作为基层政权，同时成立村民委员会作为群众性的自治组织。家庭联产承包责任制普遍实行，人民公社制度的取消，为农村商品经济的发展创造了条件，党中央加快了农村经济商品化的步伐，并由此推动了乡镇企业的异军突起。邓小平曾感慨：“我们完全没有预料到的最大收获，就是乡镇企业发展起来了”①，这是农村经济的一个历史性变化。乡镇企业的兴办，不仅在增加农民收入、繁荣农村经济、更新农民观念方面起到重大作用，而且在增加国家财政收入、发展出口创汇、带动小城镇建设、推进我国工业化进程方面做出了重要贡献。

第二，一些长期困扰我们的严重社会经济问题开始得到解决或者找到了解决的途径。这主要表现在：十亿人口的绝大多数过上了温饱生活，部分地区开始向小康生活前进，而尚未完全解决温饱问题的地区情况也有改善。城乡广开就业门路，城市新就业的劳动力达到七千万人，有八千万农民转入或部分转入了非农产业。市场供应大为改观，基本扭转了过去那种消费品长期严重匮乏的局面。国民经济重大比例严重失调的状况显著改变，逐步转上大体协调发展的轨道。

第三，科学教育事业有了较大发展。在已有推动科学教育事业改革经验的基础上，

---

① 《邓小平文选》第 3 卷，人民出版社 1993 年版，第 51 页。

1985年3月，中共中央做出了《关于科学技术体制改革的决定》；同年5月，又做出了《关于教育体制改革的决定》，为科技体制和教育体制改革明确了任务和方向。1986年11月，中共中央、国务院决定实施“八六三计划”，使我国的科技事业得到极大的推动。20世纪80年代中后期，涌现出了一批达到世界先进水平的高科技成果，如“银河”计算机系统、高能加速器北京正负电子对撞机、重离子加速器、同步辐射实验室等。1986年4月，六届全国人大四次会议审议通过了《中华人民共和国义务教育法》，全国开始有计划地普及九年义务教育。我国教育事业经费占国家财政支出的比重也有提升。

第四，对外开放新格局初步形成。在创办经济特区经验的基础上，1983年4月，党中央和国务院决定给予海南岛较多的自治权，实行经济特区的某些政策，以加速海南岛的“开发”，并且在1988年4月设立海南省，将全省作为经济特区。在1984年4月，中共中央、国务院发出通知，决定开放大连、秦皇岛、天津、烟台、青岛、连云港、南通、上海、宁波、温州、福州、广州、湛江、北海14个沿海城市。1985年2月，国家又把长江三角洲、珠江三角洲和闽南厦门、泉州、漳州三角地区开辟为沿海经济开放区，以“带动内地经济的发展，成为扩展对外经济联系的窗口”①。这样，我国形成了“经济特区—沿海开放城市—沿海经济开放区—内地”这样一个多层次、有重点、点面结合的对外开放格局。我国对外开放的新格局初步形成，使得引进外资、先进技术和设备的步伐加快，增强了出口创汇能力，推动了我国经济的发展。

第五，国防、外交政策进行调整，“一国两制”取得实质性进展。随着改革开放的全面展开，争取一个有利于我国现代化建设的国际环境越来越成为全党的共识。1985年3月，邓小平在会见日本友人时，提出了著名的和平与发展是当代世界两大主题的重要论断。② 基于这一正确的分析和判断，党中央对我国的国防、外交政策进行了调整。1985年，中国政府宣布裁减军队100万，对维护世界和平做出了重要贡献。在外交政策上，我国改变了过去一段时间针对苏联霸权主义的威胁而采取的“一条线、一大片”战略，实行独立自主的全方位的和平外交政策。这一时期，我国还解决了香港和澳门问题。邓小平富有创造性地提出了“一个国家，两种制度”的方案，为解决香港问题和澳门问题提供了有利条件。1984年12月19日，中英两国政府领导人在北京签署联合声明，规定中华人民共和国政府于1997年7月1日对香港恢复行使主权。

---

① 中共中央文献研究室：《十二大以来重要文献选编》（中），中央文献出版社1988年版，第121页。

② 《邓小平文选》第3卷，人民出版社1993年版，第104～106页。

1987 年 4 月 13 日，中葡两国政府在北京签署联合声明，规定中华人民共和国政府于 1999 年 12 月 20 日对澳门恢复行使主权。这一事件在国际上获得了好评，为世界各国提供了国家间解决历史遗留问题的一个范例。

第六，精神文明建设及民主法制建设等取得重要进展。改革和建设的顺利进行，需要强劲的思想和政治保证。在加快推进改革开放部署的基础上，党中央提出一系列"两手抓"的战略方针，强调一手抓改革开放，一手抓打击犯罪；一手抓经济建设，一手抓民主法制；一手抓物质文明，一手抓精神文明。党的十二届六中全会对精神文明建设专门做出了决议。

总之，党的十二大以后的 5 年，是我国改革开放事业取得显著成效的 5 年，也是我国改革开放事业取得众多经验的 5 年。如何在已有经验和成就的基础上，推动我国改革开放事业的加快发展，是党的十三大所要回答的历史性课题。

### （二）经济体制改革由农村转向城市

在党的十二大之后，经济体制改革迅速在全国范围全面展开，并表现出了农村经济改革在巩固的基础上继续深入的特点。随着改革的持续进行，全国改革的重点便由农村转向城市，城市经济体制改革由试点发展到全面铺开。

1984 年 9 月，国务院就经济改革中的计划体制问题、价格改革问题、国家领导经济职能问题，向中央政治局常委提出了重要意见。同年 10 月，党的十二届三中全会通过了《中共中央关于经济体制改革的决定》。《决定》提出我国社会主义经济是公有制基础上的有计划商品经济，突破了把计划经济同商品经济对立起来的传统观念，是对马克思主义政治经济学的新发展，为全面经济体制改革提供了新的科学理论指导。《决定》明确指出"改革是当前我国形势发展的迫切需要"，"是为了建立充满生机的社会主义经济体制"。因此，"要充分发挥城市的中心作用"，"使承包责任制在城市生根、开花、结果"。

以城市为重点的整个经济体制改革从 1985 年起全面展开，至 1987 年党的十三大召开之前已经取得明显进展。国有企业改革、经济调控方式改革、所有制改革齐头并进，冲破了原有僵化的经济体制，使得中国城市经济呈现出了前所未有的活跃局面。

增强企业活力，特别是增强国营大中型企业的活力，是城市经济体制改革的重中之重。在 1984 年 10 月以前，采取的主要措施是对企业放权让利。而在 10 月之后，改革的特点是提出了"两权分离"的改革原则，从所有权和经营权的分离入手，力图在改善企业内部的运行机制上有所突破。1986 年 12 月，国务院在《关于深化企业改革增强企业活力的若干规定》中指出，要“推行多种形式的经营承包责任制，给经营者以充分的经营自主权”，来深化企业改革。到1987年，全国已有80%的国营企业实行了各种形式的承包经营责任制。此外，国务院还颁发了许多行政法规、条例，为国企改革提供法律保障。如：《全民所有制企业厂长工作条例》《中国共产党全民所有制工业企业基层组织工作条例》《全民所有制工业企业职工代表大会条例》等。

经济调控方式改革的重点是调整和转变政府管理经济部门的职能。这一改革计划在计划体制、价格体制、财政体制、金融体制及劳动工资体制等方面全面展开，并且国家对经济的计划管理权限逐步下放，缩小了指令性计划，扩大了指导性计划。到1987年，在生产领域中，国家指令性计划的工业生产品从改革前的120种减少到60种，流通领域中国家计划管理的商品从改革前的188种减少到23种。各类商品实行浮动价和市场价的比重逐渐上升，有1000多种小商品的价格先后开放。

所有制改革取得重大进展。在坚持公有制经济主体地位的前提下，多种经济成分得到了发展。1987年同改革前的1978年相比，全民所有制企业在全国工业总产值中所占的比重由77.6%下降到了59.7%，仍占绝对优势；集体经济的比重由22.4%上升到34.6%；个体经济、私营经济、“三资”企业和其他非公有制经济成分则由几乎为零上升到5.6%。全国城镇个体工商业等各行业从业人员由开始的15万增加到569万。① 这一切，都昭示着我国城市经济体制改革所取得的突出成就。

经济体制改革由农村转向城市，是我国经济和社会各项事业发展的必然要求。同时，这一转向，增加了改革的复杂性和艰巨性。诚如党的十三大报告所指出的：“我们面临的问题和困难还很多，比预料的多。我们在领导工作中还有不少失误。新旧体制正在交替，许多制度尚不健全，各方面的管理和监督还跟不上形势的发展。经济工作中急于求成的倾向仍然存在，社会总需求大于总供给的矛盾尚未根本缓解”②。探求经济工作中存在问题的解决方案，是党的十三大所面临的一个重要任务。

### （三）“总设计师”倡导政治体制改革

党的十二大之后，我国经济体制改革的展开和深入，不仅极大地促进了我国经济的发展，而且使得相应的政治体制改革变得日益紧迫。政治体制对经济基础具有反作用，如果不进行政治体制改革，经济体制改革最终也不可能取得成功。

---

① 胡绳：《中国共产党的七十年》，中共党史出版社1991年版，第443页。

② 中共中央文献研究室：《十三大以来重要文献选编》（上），人民出版社1991年版，第8页。

新中国成立以来，我国逐渐建立起与计划经济体制相适应的高度集中统一的集权型政治体制，这种政治体制给我国带来发展的同时，也留下了深刻的经验教训。早在1980年8月，邓小平在中共中央政治局扩大会议上做《党和国家领导制度的改革》报告时，就全面论述了进行政治体制改革的问题。这篇讲话经过政治局讨论通过，发至全党，成为指导我国政治体制改革的一个纲领性文献。

党的十一届三中全会后，我国在经济体制改革的同时，也逐步进行了一些局部的政治体制改革的尝试。1986年5月，国家体改委、劳动人事部在广东江门召开中等城市机构改革试点工作座谈会；同年8月，经国务院同意，江门、丹东、潍坊、苏州、无锡、常州、马鞍山、厦门、绍兴、安阳、洛阳、黄石、衡阳、自贡、宝鸡、天水等16个中等城市被列为全国第一批机构改革试点城市。13个城市在一年后制定出了改革方案，其中8个城市进入改革的实施阶段。

随着改革开放的不断深入，政治体制改革与经济体制改革不相适应的问题越来越突出。改革开放总设计师邓小平敏锐地观察到了这个问题，倡导进行政治体制改革。他一方面强调改革的紧迫性和必要性。他说："1980年就提出政治体制改革，但没有具体化，现在应该提到日程上来"①，作为改革向前推进的一个标志。他还强调："我们所有的改革最终能不能成功，还是决定于政治体制的改革"②。另一方面，邓小平又明确提出了政治体制改革的内容和目标。"改革的内容，首先是党政要分开，解决党如何善于领导的问题。这是关键，要放在第一位。第二个内容是权力要下放，解决中央和地方的关系，同时地方各级也都有一个权力下放问题。第三个内容是精简机构，这和权力下放有关"。改革要向着"保持党和国家的活力""克服官僚主义，提高工作效率""调动基层和人民的积极性"③ 这三个目标努力。在此基础上，邓小平提出"改革要有一个期限，不能太迟，明年党的代表大会要有一个蓝图"④。1986年9月，中共中央成立了中央政治体制改革研讨小组，对政治体制改革总体方案进行规划和设计。

可见，对于政治体制改革，中国共产党自十一届三中全会以来做了许多准备。到党的十三大召开之前，中央认为把政治体制改革提上全党日程的时期已经成熟。但是，

---

① 《邓小平文选》第3卷，人民出版社1993年版，第160页。

② 中共中央文献研究室：《十二大以来重要文献选编》（中），中央文献出版社1988年版，第177页。

③ 中共中央文献研究室：《十二大以来重要文献选编》（中），中央文献出版社1988年版，第177~178页。

④ 中共中央文献研究室：《十二大以来重要文献选编》（中），中央文献出版社1988年版，第83页。

政治体制改革是一个非常敏感的话题，稍有不慎就会影响社会稳定。而且在当时，“资产阶级自由化思潮还有市场，僵化思想仍然束缚着一些同志的头脑，特别是对不少环节上不同程度存在着的官僚主义和腐败现象，全党同志和广大群众是很不满意的”①。所有这些，使得改革的复杂性和艰巨性更加突出。为政治体制改革勾画一个蓝图，是党的十三大所承担的又一重要使命。

在国内各项改革事业亟待走向深入的同时，在世界范围内，新技术革命迅猛发展，市场竞争日益加剧，国际政治风云变幻，我国的改革开放事业面临紧迫而严峻的挑战。对此，中国共产党人清醒地认识到：我们这一代和下几代中国人，首先是共产党人，必须警醒起来，团结一致，奋起直追。要做到这一点，需要以加快和深化改革为中心的战略部署，把我国各项事业推向前进。正是出于对这一历史责任的清醒认识，党的十三大确定以加快和深化改革作为大会的中心任务。用邓小平的话说，十三大的主题是从理论上阐述改革开放的重要性、必要性。

## 二、党的十三大的筹备与召开

1987 年 10 月 25 日至 11 月 1 日，中国共产党第十三次全国代表大会在北京召开。出席大会的正式代表 1936 人，特邀代表 61 人，他们代表全党 4600 多万名党员。一些不是十三大代表的十二届中央委员会委员、中央顾问委员会委员、中央纪律检查委员会委员、党内部分老同志、党内其他有关负责同志，共 317 人列席了大会开幕式。大会批准了赵紫阳代表中央委员会做的报告，修正了党章部分条文，选举了新一届中央委员会、中央顾问委员会和中央纪律检查委员会。党的十三大，坚持和发展了党的十一届三中全会以来的改革开放路线，把建设有中国特色社会主义理论和实践全面向前推进。

### （一）党的十二届六中全会决定召开十三大

为了顺利召开党的十三大，中共中央进行了全面而细致的准备工作。邓小平在十三大召开之前，就多次谈话指出，党的十一届三中全会以来的政策不会变，回答了国内外、党内外人士所关心的问题，为党的十三大定下了基调，对十三大的顺利召开起了重要指导作用。

---

① 中共中央文献研究室：《十三大以来重要文献选编》（上），人民出版社 1991 年版，第 8 页。

1986年9月28日，党的十二届六中全会在北京召开。出席会议的有中央委员199人，中央候补委员126人；中央顾问委员会委员161人、中央纪律检查委员会委员122人、有关方面负责人25人列席会议。中央政治局常委胡耀邦、邓小平、赵紫阳、李先念、陈云同志主持了这次会议。这次全会通过了《中共中央关于社会主义精神文明建设指导方针的决议》《中国共产党第七届中央委员会第六次全体会议关于召开党的第十三次全国代表大会的决议》。全会决定党的第十三次全国代表大会于1987年10月在北京召开，出席大会的代表名额规定为1950名。全会确定党的十三大的主要议程为：听取和审查中央委员会的报告；听取和审查中央顾问委员会、中央纪律检查委员会的报告；选举中共第十三届中央委员会；选举中央顾问委员会和中央纪律检查委员会。

此次会议之后，大会的筹备工作由当时的总书记胡耀邦负责。胡耀邦积极进行十三大的准备工作，并组织了报告起草班子。他希望，十三大报告要从理论上讲深、讲透，要像毛泽东当年在延安写出一篇《新民主主义论》那样，写出一篇《中国特色社会主义论》或《社会主义初级阶段论》。1986年10月3日和10日，胡耀邦在两次主持有高级领导人和理论工作者参加的会议上，对十三大报告的酝酿进行说明。他说，《新民主主义论》是建党以后经过二十年才写出来的。现在，中国特色的社会主义搞了九年，从建国以后算起，则已经三十几年。为什么社会主义只能这样搞，不能那样搞，经验丰富，不亚于写《新民主主义论》的时候。总结得好，就能站得高。社会主义初级阶段还可阐发，很多政策是从这里出来的。他要求尽快写出一二千字的设想，他拿去送邓小平和常委。十一月座谈一个月，十二月动手。明年一二月拿出初稿，宁早勿迟，投石问路。① 此后，胡耀邦还主持讨论了十三大报告的设想稿。

### （二）十三大的筹备

在中央决定召开党的十三大之后不久，1986年底，我国发生了全国性的学潮。学潮的爆发，反映了当时资产阶级自由化思潮的泛滥。应该说，在领导和推动改革开放和现代化建设事业方面，胡耀邦起了积极而重要的作用。但是，他未能对资产阶级自由化给予应有的重视。鉴于此，1987年1月，中共中央政治局举行扩大会议，批评了胡耀邦的错误，批准了他辞去党中央总书记职务的请求，推选赵紫阳代理党中央总书记。这样，十三大的筹备工作就在邓小平等老一辈领导人的关注指导下，由代理总书记赵紫阳具体负责，继续有条不紊地进行。

---

① 龚育之：《党史札记末编》，中共党史出版社2008年版，第136～137页。

1987年2月底至3月中旬，赵紫阳召集中央部分主要领导，以及原来参加报告起草工作的同志，多次反复讨论了报告的思路、结构和主要内容，大家赞成还是把社会主义初级阶段理论讲透，讲清楚。3月21日，赵紫阳向邓小平提出《关于草拟十三大报告大纲的设想》，得到了邓小平的肯定。

从5月到7月，党的十三大报告分别写出了三稿。9月底，又在北戴河召开了中央书记处会议，对报告第三稿进行了讨论，提出了许多重要的修改意见。第三稿进一步修改成了第四稿后，中央书记处先后请党内5000人、中央和地方各方面有代表性的负责人、专家、学者和企业界的代表人物100多人，各民主党派负责人、无党派爱国人士数百人进行讨论，听取建议，来进一步修改和完善①。9月30日，中央政治局召开了会议，原则批准了经过修改后的第五稿。后根据政治局讨论中形成的意见再次修改，形成了第六稿，提交十二届七中全会讨论。

1987年10月20日，中共十二届七中全会在北京召开，会议的主要内容是讨论和决定关于召开中共十三大的有关事宜。出席会议的，有中央委员202人，中央候补委员122人。中央顾问委员会委员161人，中央纪律检查委员会委员121人，以及有关负责同志39人列席了会议。这次会议由中央政治局常委赵紫阳、邓小平、李先念、陈云和胡耀邦主持。全会决定1987年10月25日在北京召开中国共产党第十三次全国代表大会。全会讨论并通过了党的第十二届中央委员会向第十三届全国代表大会的报告和《中国共产党章程部分条款修正案》，一致决定将这两个文件提请党的第十三次全国代表大会审议。

在党的十三大报告认真准备的同时，十三大代表选举工作也在有条不紊地进行着。1986年11月，中央发出关于党的十三大代表选举工作的通知，1987年2月，又发出关于做好党的十三大代表选举工作的补充通知，确定全国按省、市、自治区、直辖市，中共中央直属机关、中央国家机关和人民解放军划分为33个选举单位，由这些选举单位召开党代表会议或党代表大会，通过无记名投票、差额选举产生党的十三大代表。经过半年多的时间，党的十三大代表的选举工作顺利完成，共选出党代表1936名，代表全党4600多万名党员。党的十三大代表具有广泛的代表性，既有老一辈无产阶级革命家，也有朝气蓬勃的中青年优秀党员。其中各级干部占75.7%，经济、科学技术、文化教育、体育卫生等各方面人员占18.9%，著名劳动模范和战斗英雄占5.4%，妇女占14.9%，少数民族代表占10.8%，具有大专以上文化程度的占59.5%。

---

① 李君如：《中国共产党历次全国代表大会研究》，东方出版中心2007年版，第303页。

## （三）十三大的议程和主要内容

党的十三大的主要议程是：（1）听取和审查党的第十二届中央委员会的报告；（2）审查中央顾问委员会报告；（3）审查中央纪律检查委员会报告；（4）审议并通过《中国共产党章程部分条文修正案》；（5）选举第十三届中央委员会，新一届中央顾问委员会，新一届中央纪律检查委员会。

邓小平主持了大会开幕式。赵紫阳受十二届中央委员会委托，向大会做了题为《沿着有中国特色的社会主义道路前进》的报告。这个报告分为七个部分：一、历史的成就和这次大会的任务；二、社会主义初级阶段和党的基本路线；三、关于经济发展战略；四、关于经济体制改革；五、关于政治体制改革；六、在改革开放中加强党的建设；七、争取马克思主义在中国的新胜利。这七个部分基本涵盖了中国特色社会主义建设的各个方面。

大会首先充分肯定了十一届三中全会以来所取得的历史性成就。大会指出，十一届三中全会以来的九年间，国民生产总值、国家财政收入和城乡居民平均收入都大体上翻了一番；我国安定团结的政治局面得到巩固和发展；社会主义民主和法制的建设逐步发展；社会主义精神文明建设有了重要进展；国防建设的指导思想有了战略性的转变；按照“一国两制”的原则，中英、中葡已就解决香港和澳门问题达成协议；我国坚持了独立自主的和平外交政策，对外关系有了新发展。实践证明，十一届三中全会以来的路线，是一条马克思主义的正确路线。同时，大会还特别强调，“我们以后的路程更长，任务更艰苦”，需要我们“团结一致，奋起直追”①！

关于社会主义初级阶段理论，报告强调，正确认识我国社会现在所处的历史阶段，是建设有中国特色社会主义的首要问题，是我们制定和执行正确路线和政策的依据。报告还阐述了初级阶段的含义和特征，在此基础上提出了党在社会主义初级阶段“一个中心，两个基本点”的基本路线，即领导和团结全国各族人民，以经济建设为中心，坚持四项基本原则，坚持改革开放，自力更生，艰苦创业，为把我国建设成为富强、民主、文明的社会主义现代化国家而奋斗。

大会从社会主义初级阶段理论出发，丰富和发展了十二大确定的经济发展部署，提出了“三步走”的经济发展战略。大会还提出，经济发展战略的实现，从根本上要

---

① 中共中央文献研究室：《十三大以来重要文献选编》（上），中央文献出版社 1991 年版，第 8 页。

依靠经济体制改革的加快和深化。报告肯定了十二届三中全会提出的“社会主义经济是公有制基础上的有计划的商品经济”的概念，进一步指出社会主义有计划的商品经济的体制，应该是计划与市场内在统一的体制，应建立“国家调节市场，市场引导企业”的新的经济运行机制。报告指出当前深化改革的任务主要是：围绕转变企业经营机制这个中心环节，分阶段地进行计划、投资、物资、财政、金融、外贸等方面体制的配套改革，逐步建立起有计划商品经济新体制的基本框架。

政治体制改革是十三大报告的又一重点。报告指出：发展社会主义商品经济的过程，应该是建设社会主义民主政治的过程，不进行政治体制改革，经济体制改革不可能最终取得成功。报告还指出了政治体制改革的目的、长远目标和近期目标。从实现党政分开、进一步下放权力、改革政府工作机构、改革干部人事制度、建立协商对话制度、完善民主政治、加强法制建设 7 个方面论述了达到政治体制改革近期目标的措施和环节。

报告强调，要做到在改革开放中加强党的建设。党必须经得起执政和改革开放的考验，这是新时期党的建设必须解决的最大的课题。改革开放和社会主义商品经济的发展，要求我们必须重视、加强和改进党的思想政治工作，要提高干部队伍素质，加强党的制度、作风建设，必须从严治党，清除党内腐败分子。

报告最后从马克思主义与我国实践相结合的角度，指出了其在 60 年里两次历史性的飞跃。第一次飞跃发生在新民主主义革命时期，中国共产党人经过反复探索，在总结成功和失败的经验基础上，找到了有中国特色的革命道路，把革命引向胜利。第二次飞跃，发生在十一届三中全会以后，中国共产党人在总结建国三十多年来正反两方面经验的基础上，在研究国际经验和世界形势的基础上，开始找到一条建设有中国特色的社会主义的道路，开辟了社会主义建设的新阶段。

11 月 1 日，大会以无记名投票方式选出了中共十三届中央委员 175 人，中央候补委员 110 人，新一届中央顾问委员会委员 200 人，中央纪律检查委员会委员 69 人。接着，大会采用举手表决的方式，分别通过了关于十二届中央委员会报告的决议、关于党章部分条文修正案的决议、关于中央顾问委员会工作报告的决议和中央纪律检查委员会工作报告的决议。

党的十三大党章没有对总纲部分进行修改，只是修改了部分条文。修改后的党章条文具有两个特点：一是更加突出制度建设和发展党内民主。进一步完善了党内选举办法，明确规定采取差额选举的方式来选举党的各级代表大会的代表和党的各级委员会。这种选举方式在党的历史上是第一次。此外，进一步完善党内讨论和决定重要问题的办法和程序，扩大了党的全国代表大会的职权。二是更加重视发挥党的基层组织的作用。《修正案》对企业和不同领导体制的事业单位中党的基层组织的职能做出了明确规定。

在大会的各项决议进行完毕后，赵紫阳致闭幕词。他在讲话中号召全党在建设有中国特色社会主义的伟大旗帜下，在十三届中央委员会领导下，坚持党的基本路线，牢牢掌握“一个中心，两个基本点”，加强党的团结，加强党与全国各族人民的密切联系，同心同德、开拓创新，为实现中国社会主义现代化的宏伟目标而奋斗。

11 月 2 日，中国共产党召开了十三届一中全会。出席全会的有中央委员 173 人、中央候补委员 106 人，中央顾问委员会委员、中央纪律检查委员会委员列席了会议。会议选举产生了中央领导机构。选举赵紫阳、李鹏、乔石、胡启立、姚依林为中央政治局常委，赵紫阳为总书记；选举万里、田纪云、乔石、江泽民、李鹏、李铁映、李瑞环、李锡铭、杨汝岱、杨尚昆、吴学谦、宋平、赵紫阳、胡启立、胡耀邦、姚依林、秦基伟为中央政治局委员，丁关根为中央政治局候补委员。决定邓小平为中央军委主席，赵紫阳为中央军委第一副主席，杨尚昆为中央军委常务副主席；批准陈云为中央顾问委员会主任，薄一波、宋任穷为副主任，乔石为中央纪律检查委员会书记。在党的十三大上，邓小平、陈云等一批有卓越贡献、德高望重的老一辈无产阶级革命家退出了中央委员会和政治局，显示了他们的远见卓识和博大胸怀。

## 三、党的十三大的历史地位与影响

举世瞩目的党的十三大，在党的历次代表大会及中国改革开放进程中具有重要而独特的地位。它肩负着承前启后的历史使命，在十一届三中全会以来改革开放的基础上，继续深化和加快改革开放，把建设中国特色社会主义的事业推向了一个新的高度。十三大闭幕之际，《人民日报》发表《在十三大的旗帜下团结起来开拓前进》的社论指出：党的十三大最重要的历史贡献在于，对党的十一届三中全会以来九年间十亿人民丰富生动的实践经验进行了创造性的理论概括，第一次系统地阐明了社会主义初级阶段的理论，明确提出了党在这个阶段的基本路线，并依据这个理论和路线制定了全面改革的基本方针和行动纲领。这比较准确地概括了党的十三大的历史地位与影响。

### （一）第一次比较系统地阐明了社会主义初级阶段理论

党的十三大的历史性贡献，首先就是在总结新中国成立以来历史经验和十一届三中全会以来改革开放实践的基础上，第一次比较系统地阐明了社会主义初级阶段理论。

对此，改革开放的总设计师邓小平曾评价说，作为改革开放转折点的十三大有两个重要的特点，“一个是阐述了中国社会主义初级阶段理论，在这个理论的指导下，坚定地贯彻党的十一届三中全会以来的路线、方针和政策；另一个是更新了中央领导班子，保证我们的改革开放政策能够连续贯彻下去，并且加快步伐。”①

对于未来社会发展的阶段性问题，科学社会主义创始人马克思、恩格斯曾提出，未来社会大体要经历从资本主义社会到共产主义社会的革命转变时期、共产主义社会的第一阶段、共产主义社会的高级阶段。对后来列宁所称之为社会主义社会的共产主义社会第一阶段的发展问题，马克思、恩格斯并未做进一步的设想。列宁最早论述了社会主义发展阶段问题，提出了“初级形式的社会主义”和“发达的社会主义”等范畴，但没有具体分析社会主义制度建立后的发展阶段问题。斯大林在1936年苏联确立社会主义制度之后不久，就急于宣布从社会主义过渡到共产主义，脱离了社会主义发展的实际，对社会主义的发展造成了消极影响。

我国社会主义制度确立后，毛泽东曾比较正确地提出了我国社会主义发展的阶段问题。20世纪50年代末60年代初，他在初步总结社会主义建设的经验教训后提出：“社会主义这个阶段，又可能分为两个阶段，第一个阶段是不发达的社会主义，第二个阶段是比较发达的社会主义。后一个阶段可能比前一个阶段需要更长的时间”②。毛泽东对社会主义发展阶段的划分，为后来我国社会主义发展阶段的探索提供了十分有益的启示。但是，不断发展的党的指导思想“左”的倾向，中断了探索我国社会主义发展阶段的正确之路。

党的十一届三中全会之后，在总结建国以来的历史经验和改革开放以来的实践经验的基础上，党对我国社会主义所处的历史阶段进行了新的探索，逐步做出了我国还处于并将长期处于社会主义初级阶段的科学论断。党的十三大报告对社会主义初级阶段理论第一次做了比较全面、系统的论述。

在起草十三大报告的过程中，先是胡耀邦提出，十三大报告中社会主义初级阶段问题还可阐发，因为很多政策是从这里出来的。后是赵紫阳赞成要把社会主义初级阶段论讲透。1987年3月，赵紫阳向邓小平提出，党的十三大报告全篇拟以社会主义初级阶段作为立论的根据，并且说：“初级阶段”这个提法，在党的文件中已三次出现③，但都没

---

① 《邓小平文选》第3卷，人民出版社1993年版，第258页。

② 《毛泽东文集》第8卷，人民出版社1999年版，第116页。

③ 即《关于建国以来党的若干历史问题的决议》、党的十二大报告和《关于社会主义精神文明建设的决议》。

有发挥。如您同意，报告的起草工作就准备循着这个思路加以展开。邓小平批示：“这个设计好。”随后赵紫阳又转报中央政治局常委和书记处。邓小平对十三大报告的社会主义初级阶段论给予很高的评价。1987 年 4 月 26 日，即在批准十三大报告设想的一个月以后，他就在同外国政府领导人的谈话中提出过一个大胆而坦率的论点：“现在虽说我们也在搞社会主义，但事实上不够格。只有到了下世纪中叶，达到了中等发达国家的水平，才能说真的搞了社会主义，才能理直气壮地说社会主义优于资本主义。现在我们正在向这个路上走。”① 1987 年 8 月 29 日，即十三大召开前约两个月，他又在同外国党领导人的谈话中说：“我们党的十三大要阐述中国社会主义是处在一个什么阶段，就是处在初级阶段，是初级阶段的社会主义。社会主义本身是共产主义的初级阶段，而我们中国又处在社会主义的初级阶段，就是不发达的阶段。一切都要从这个实际出发，根据这个实际来制订规划。”②

这样，党的十三大报告系统阐述社会主义初级阶段理论就成为一件水到渠成的事情。在这个报告中，社会主义初级阶段的历史前提、基本含义与特征以及这一阶段存在的长期性、主要矛盾及其解决途径，都得到了明确的阐述。

十三大报告指出：社会主义初级阶段“不是泛指任何国家进入社会主义都会经历的起始阶段，而是特指我国在生产力落后、商品经济不发达的条件下建立社会主义必然要经历的特殊阶段。我国从 50 年代生产资料私有制的社会主义改造基本完成，到社会主义现代化的基本完成，至少需要上百年的时间，都属于社会主义初级阶段”③。这一论断，包含两层含义：第一，我国社会已经是社会主义社会，我们必须坚持而不能离开社会主义；第二，我国的社会主义社会还处在初级阶段，我们必须从这个实际出发，而不能超越这个阶段。

报告对社会主义初级阶段的基本特征做了初步的概括：社会主义初级阶段是逐步摆脱贫穷、摆脱落后的阶段，是由农业人口占多数的手工劳动为基础的农业国，逐步变为非农业人口占多数的现代化的工业国的阶段；是由自然经济、半自然经济占很大比重，变为商品经济高度发达的阶段；是通过改革和探索，建立和发展充满活力的社会主义经济、政治、文化体制的阶段；是全民奋起，艰苦创业，实现中华民族伟大复兴的阶段。

---

① 《邓小平文选》第 3 卷，人民出版社 1993 年版，第 225 页。

② 《邓小平文选》第 3 卷，人民出版社 1993 年版，第 252 页。

③ 中共中央文献研究室：《十三大以来重要文献选编》（上），中央文献出版社 1991 年版，第 11 页。

报告坚持了十一届三中全会以来党对我国社会主要矛盾的正确判断，明确指出，我国社会主义初级阶段的主要矛盾，是人民日益增长的物质文化需要同落后的社会生产之间的矛盾。这一主要矛盾决定了我们的中心任务只能是以经济建设为中心，集中力量来发展生产力。

社会主义初级阶段理论形成之后，又在新的实践中得到不断的充实和发展，逐渐完善成熟起来。党的十四大再次重申和肯定了社会主义初级阶段的科学论断，并把这一理论作为建设有中国特色社会主义理论的主要内容之一。党的十五大在十三大论述社会主义初级阶段的基础上做出了进一步的阐发与拓展，从九个方面概括了社会主义初级阶段的特征和发展进程，提出党在社会主义初级阶段的基本纲领，进一步丰富和发展了社会主义初级阶段理论。党的十六大、十七大、十八大，也都在科学地把握社会主义初级阶段基本国情的基础上，继续推进我国改革开放的伟大事业。

科学认识社会主义所处的发展阶段，提出社会主义初级阶段理论，不仅使党内外对我国社会主义建设的长期性、复杂性、艰巨性有了更清醒的认识，而且为防止和纠正“左”的和右的干扰，增强全体党员执行党在初级阶段的基本路线的自觉性，把我国现代化建设和改革开放的伟大事业不断推向前进，提供了有力的思想武器，是中国共产党人对科学社会主义理论的又一重大贡献。① 正是由于对社会主义初级阶段基本国情的认识和把握，我们才走出了一条建设中国特色社会主义的新道路，使社会主义中国显示出蓬勃生机与活力，使中国的社会主义现代化建设事业取得了辉煌的成就。

### （二）明确而完整地提出了党在社会主义初级阶段的基本路线

党的基本路线是党在一定历史时期指导全局工作的总路线、总方针、总政策。它集中概括了党的基本政治主张和根本任务，是各项具体工作路线和方针政策的总纲。在科学判断社会主义初级阶段这一基本国情的基础上，党的十三大制定了社会主义初级阶段的基本路线。

中国共产党在不同历史时期，相继提出过不同的总路线，即基本路线。实践证明，有些是正确的，有些是错误的。可见党对革命和建设规律的认识与把握，是一个十分艰难的探索过程。

从建国后至十一届三中全会，中国共产党曾在不同时期提出过三条总路线。一是

① 参见中央党史研究室宣传教育局：《回顾辉煌历程　喜迎党的十八大——党的历次全国代表大会知识读本》，学习出版社、中共党史出版社2012年版，第111页。

1952 年提出的“要在一个相当长的时期内，逐步实现国家的社会主义工业化，并逐步实现国家对农业、手工业和对资本主义工商业的社会主义改造”这一“一化三改”的总路线。二是 1958 年党的八大二次会议提出的“鼓足干劲、力争上游、多快好省地建设社会主义”的总路线。三是 1962 年八届十中全会提出的“以阶级斗争为纲”的总路线。这在 1969 年党的九大上曾被正式定为“党在整个社会主义历史阶段的基本路线”。这三条总路线分别产生了不同的历史影响。第一条总路线指引我国完成了社会主义改造，建立了社会主义基本制度；第二条总路线，却夸大了主观意志的作用，违背了客观经济规律，使得“左”倾错误泛滥，出现了“大跃进”、人民公社化运动这样严重的失误；而第三条总路线在实践上导致了 10 年“文革”这样全局性的、长时间的错误，使我国社会主义事业遭到了严重损失。

1978 年 12 月召开了具有伟大转折意义的十一届三中全会，果断地停止了使用“以阶级斗争为纲”的口号，实现了党的工作重心的战略转移。此后，十一届四中全会通过了叶剑英在国庆三十周年的讲话，其中指出：“现在我们的任务，就是团结全国各族人民，调动一切积极因素，同心同德，鼓足干劲，力争上游，多快好省地建设现代化的社会主义强国。”接着，在 1980 年 12 月，邓小平再次谈到“我们党在现阶段的政治路线，概括地说，就是一心一意地搞四个现代化。这件事情，任何时候都不要受干扰，必须坚定不移、一心一意地干下去”①。

1982 年党的十二大明确提出建设有中国特色的社会主义，即“中国共产党在新的历史时期的总任务是：团结全国各族人民，自力更生，艰苦奋斗，逐步实现工业、农业、国防和科学技术现代化，把我国建设成为高度文明、高度民主的社会主义现代化国家。”

1986 年十二届六中全会提出社会主义现代化建设的总体布局，即“以经济建设为中心，坚定不移地进行政治体制改革，坚定不移地加强精神文明建设，并使这几个方面，相互配合，相互促进。”

1987 年 1 月，中共中央发出的《关于当前反对资产阶级自由化若干问题的通知》和赵紫阳代表党中央在春节团拜会上的讲话，明确概括了十一届三中全会以来的路线基本上有两条：一条是坚持四项基本原则，一条是坚持改革开放，搞活经济。这是中央首次概括出“两个基本点”的内涵。

在此基础上，党的十三大明确概括出了党在社会主义初级阶段的基本路线，即

---

① 《邓小平文选》第 3 卷，人民出版社 1993 年版，第 249 页。

“领导和团结全国各族人民，以经济建设为中心，坚持四项基本原则，坚持改革开放，自力更生，艰苦创业，为把我国建设成为社会主义现代化国家而奋斗”，简称“一个中心，两个基本点”。这条基本路线的形成，是十一届三中全会以来路线的继承和发展，也是在总结建国以来正反两方面的经验基础上得出的一条最基本和最主要的经验。

党的基本路线是关系到我国社会主义现代化建设全局的大问题，而能否毫不动摇地坚持它，关系到我国社会主义事业的兴衰成败。并且，我们还要认识到，社会主义初级阶段的长期性，决定了坚持党的基本路线的长期性，完成社会主义现代化国家建设，至少需要上百年的时间。对此，我们必须要有充分的认识和准备。正如邓小平一再强调的：“要坚持党的十一届三中全会以来的路线、方针、政策，关键是坚持‘一个中心，两个基本点’。不坚持社会主义，不坚持改革开放，不发展经济，不改善人民生活，只能是死路一条。基本路线要管一百年，动摇不得。”①

### （三）确定了“三步走”的发展战略

以社会主义初级阶段理论为立论依据，党的十三大确定了“三步走”的社会主义现代化建设发展战略。应当说，在社会主义初级阶段，国家的首要任务是发展生产力，实现国家工业化和生产商品化，也就是实现社会经济的现代化。自1840年鸦片战争开始，中国开始了漫长的现代化历程。在这个过程中，无数仁人志士抛头颅、洒热血，完成了由被动现代化向主动现代化的转变，追赶世界潮流。党的十三大在以往所提出的奋斗目标的基础上，确定了“三步走”的发展战略，体现了党致力于实现国家和民族现代化这一历史使命的努力。

“三步走”发展战略的提出，经历了一个长期的发展与不断完善的过程。以毛泽东为核心的第一代领导集体，曾经提出过两步走的发展战略，成为中国改革开放之前所遵循的战略目标。早在1954年，毛泽东对发展目标就有过论述：“我们的总目标，是为建立一个伟大的社会主义国家而奋斗。”② 后根据毛泽东的设想，周恩来提出了“四个现代化”的目标，即实现工业、农业、交通运输业和国防的现代化。1964年12月，周恩来在三届全国人大一次会议上首次提出了“两步走”的经济发展战略，即第一步，建立一个独立的比较完整的工业体系和国民经济体系；第二步，全面实现农业、工业、国防和科学技术的现代化，使我国经济走在世界前列。实现四个现代化是党在20世纪

① 《邓小平文选》第3卷，人民出版社1993年版，第370、371页。

② 转引自李永丰：《改革的轨迹》，中国文史出版社2003年版，第139页。

内奋斗的目标。在1975年1月举行的四届全国人大一次会议上，周恩来重申了这一发展战略目标。

党的十二大，以20世纪最后20年为时间段制定出了“两步走”的经济发展战略：第一步，前10年实现国民经济生产总值比1980年翻一番，解决人民的温饱问题；第二步，后10年使国民生产总值再增长一倍，到本世纪末，使人民的物质文化生活达到小康水平。那么，到20世纪末，在实现了第二步发展目标，人民生活总体达到小康水平以后，再往前发展的战略目标是什么，就成为党所集中思考的问题。在党的十二大召开前夕，邓小平曾指出，如果能实现小康社会的目标，我们就取得了一个新的起点，再花30年到50年的时间，接近发达国家水平。1987年2月，邓小平更切合实际地把接近发达国家水平，改为到21世纪中叶建成中等发达水平的社会主义国家。这实际提出了第三步实现的时间点及战略目标。同年4月，邓小平在会见西班牙客人时，第一次使用“第一步”“第二步”“第三步”这样的提法，明确提出了我国分三步走，基本实现现代化的发展战略。

在上述探索和思考的基础上，党的十三大确定了我国“三步走”的发展战略，即“第一步，实现国民生产总值比1980年翻一番，解决人民的温饱问题。这个任务已经基本实现。第二步，到本世纪末，使国民生产总值再增长一倍，人民生活达到小康水平。第三步，到下个世纪中叶，人均国民生产总值达到中等发达国家水平，人们生活比较富裕，基本实现现代化”①。

“三步走”发展战略的提出，使我国社会主义现代化建设的目标具体化、系统化，展现了我国现代化事业的美好前景，为党和全国人民的奋斗指明了方向，是全党和全国人民为共同理想而奋斗的重要行动纲领。

在我国提前实现了“三步走”战略的前两步战略目标之后，为了把第二步战略和第三步战略很好地衔接起来，以江泽民为代表的中国共产党人进一步使“三步走”发展战略具体化，深化了中国式发展道路理论。1992年，党的十四大再次肯定了基本实现现代化必须分三步走的战略决策，并在此基础上进一步提出了近期和长远的奋斗目标：“九十年代，我们要初步建立起新的经济体制，实现达到小康水平的第二步发展目标。再经过二十年的努力，到建党一百周年的时候，我们将在各方面形成一套更加成熟更加定型的制度。在这样的基础上，到下世纪中叶建国一百周年的时候就能够达到

---

① 中共中央文献研究室：《十三大以来重要文献选编》（上），中央文献出版社1991年版，第14页。

第三步发展目标，基本实现现代化”。这是对第二步和第三步，尤其是第三步发展目标进行了初步的充实和完善。党的十五大则在后两个战略阶段的转换，后两步战略目标和实现方式的统一上，注入了新的内容，进一步丰富发展了第三步战略目标。江泽民在党的十五大报告中指出：下世纪我们的目标是，第一个十年实现国民生产总值比2000年翻一番，使人民的小康生活更加富裕，形成比较完善的社会主义市场经济体制。再经过十年努力，到建党一百周年时，使国民经济更加发展，各项制度更加完善。到世纪中叶建国一百周年时，基本实现现代化，建成富强、民主、文明的社会主义现代化国家。这实际上是将第三步战略目标具体化为三个小的阶段和步骤，提出了未来五十年的新“三步走”战略，增强了在新的实践面前发展战略的可操作性。

进入新世纪以来，以胡锦涛为代表的中国共产党人继续坚持和发展“三步走”发展战略。首先是将新“三步走”中第二步的“翻两番”目标由“总量”变为“人均”，使新“三步走”目标的表述更为准确和科学。其次，强调以统筹兼顾作为实现党的发展战略步骤的根本方法。指出既要总揽全局、统筹规划，又要抓住牵动全局的主要工作、事关群众利益的突出问题，着力推进、重点突破。最后，在强调走“中国特色社会主义道路”的同时，提出了与之相配套的五条具体道路，这就是：中国特色自主创新道路、中国特色新兴工业化道路、中国特色农业现代化道路、中国特色城镇化道路、中国特色政治发展道路，丰富了落实党的发展战略步骤的途径。

### （四）标志着政治体制改革的全面展开

按照邓小平关于党的十三大对政治体制改革要有一个蓝图的指示，十三大对政治体制改革问题进行了集中探讨。十三大报告对政治体制改革的论述占了整个报告四分之一的篇幅，提出的方案也较为具体，在很多方面都有突破。报告中对我国政治体制的形成历史、政治体制改革的性质与目标、现行政治体制的弊端等，以及政治体制改革的方针、政策和改革部署等一系列问题，做了全面的论述和科学的分析，绘制了我国政治体制改革的宏伟蓝图。

十三大报告指出，政治体制改革和经济体制改革的目标是一致的，都是为了更好地解放和发展生产力，发挥社会主义的优越性。政治体制改革的对象，主要是权力过分集中、官僚主义严重以及封建主义的影响。改革的长远目标，则是建立高度民主、法制完备、富有效率、充满活力的社会主义政治体制。而改革的近期目标，是建立有利于提高效率、增强活力和调动各方面积极性的领导体制。

报告从七个方面论述了达到政治体制改革的近期目标的主要方面和环节。这主要涉及两个方面。一是实行党政分开。报告指出，在新的形势下，只有改善党的领导制度、领导作风和领导方式，才能加强党的领导作用。而长期形成的党政不分，以党代政问题严重，使得党的领导无法真正加强，政治体制改革难以胜利实施。因此，政治体制改革的关键首先是党政分开。此外，报告还从理顺党政关系、调整党的组织机构等几个方面阐述了实行党政分开的具体设想。二是进一步下放权力。权力过分集中，表现在行政、经济、文化组织和群众团体的权力过分集中于党委，以及基层的权力过分集中于上级机关。克服这一弊端的有效途径是下放权力。其总的原则是，凡是适宜于下面办的事情，都应由下面决定和执行。报告还从中央和地方，政府同企业、事业单位，党和政府同群众组织的关系等方面论述了如何下放权力。

此外，报告还论述了政治体制改革的其他方面：改革政府工作机构，解决政府机构庞大臃肿、官僚主义之弊，实现机构精简，提高效能；改革干部人事制度，建立国家公务员制度；建立社会协商对话制度，正确处理和协调各种不同的社会利益和矛盾，做到及时地、畅通地、准确地实现下情上达，上情下达，彼此沟通，互相理解；完善社会主义民主政治的若干制度，包括人民代表大会制度、中共领导下的多党合作和政治协商制度、选举制度、基层民主生活制度、民族区域自治制度；加强社会主义法治建设，使我国社会主义民主政治逐步实现制度化、法制化，而这是防止“文化大革命”重演，实现国家长治久安的根本保证。

党的十三大关于政治体制改革的设计，标志着我国政治体制改革的全面展开。这对于打破长期以来形成的权力过分集中的体制，形成更加灵活具有实效的体制机制，具有重要意义。

对于十三大政治体制改革的设计，素以观察敏锐而著称的基辛格博士曾有下述评价：“在北京举行的中共第十三次代表大会很可能会创造一个罕见的榜样。这就是一个执政党自觉地把自己对国家政权的支配地位加以缩小”①。基辛格分析道，如果贯彻这一改革，那将成为共产主义理论和实践上的一个分水岭。几百万党的干部——大约占全部的半数以上——要从他们原任的特殊的岗位上转移到其他工作岗位上去。中国仍将是一个党执政的国家。但是党除了执行总的领导外，经济生活将依赖经济本身的力量加以推动，但主要方面还得受政府的间接控制。这种非集中的经济体制势必会随时影响到政治体制。通过上述分析，基辛格得出一个结论：我似乎感到中国在改革中的

---

① ［美］基辛格著，蔡平节译：《十三大将创造一个罕见的榜样》，《国际展望》1987年第21期。

独特成就要高于苏联。

与政治体制改革密切相关的，是领导干部、特别是高级领导干部的年轻化。早在党的在十二大上，邓小平、胡耀邦、叶剑英、陈云分别讲话，都强调了新老干部合作交替的问题，指出“雏凤清于老凤声”，将会有一批年富力强的同志走上中央领导岗位和其他领导岗位。1987 年 7 月 4 日，邓小平在会见孟加拉国总统艾尔沙德时的谈话中指出：“我们即将召开的党的十三大，主要有两个内容：第一，把政治体制改革提到议事日程上来；第二，使我们领导层更年轻化一些。这两件事都不容易，但是非干不可。领导层的年轻化只是比较年轻化。改革不是一年两年的事情，政治体制改革如能在十年内搞成功就很了不起了。”① 为了推动领导干部年轻化，邓小平等老一辈革命家身体力行。在党的十三大上，邓小平、陈云等一批有卓越贡献、德高望重的老一辈无产阶级革命家退出了中央委员会和政治局。党的十三届中央委员会组成人员在年轻化方面前进了一大步，中央政治局常委的平均年龄降低了二十多岁。这是党的事业兴旺发达、后继有人的生动体现，也是党的正确路线、方针、政策得以持续稳定贯彻下去的可靠保证。党的十三大召开之后，邓小平把新的年轻的中央领导班子的形成作为十三大的重要特点和重要贡献。

党的十三大不仅是中国政治生活中的一件大事，也是举世为之瞩目的一件政治大事。十三大召开期间，常驻北京的外国记者有 160 多名，专程从世界各地赶来采访大会的记者有 100 多名，还有港澳、台湾地区和海外华文报纸的记者 50 多名。舆论普遍认为，这次代表大会将推动和加速中国改革深化的进程，在国际上也将产生深远的影响。塔斯社等西方通讯社认为，十三大是一次“最重要的政治聚会”，“具有里程碑意义的大会”，是“中共历史上的里程碑和中华人民共和国社会政治生活中的重大事件”，标志着“中国领导新纪元的开始”。美国报纸说，“十三大关系着中国的未来”。一家英国报纸说，这次代表大会是“中国 1949 年以后的历史中具有关键意义的代表大会之一，它是 1976 年毛主席逝世以来举行的最重要的代表大会”。日本报纸认为，这次大会决定中国今后的政治、经济基本路线和最高领导机构的人选，大会的结果“决定 21 世纪中国的形象。”②

总之，党的十三大是一次成就巨大的大会，它不仅全面推动了我国改革开放的进程，而且以全面开放的姿态载入党代会的史册。当然，由于受极力加快改革开放这一

---

① 《邓小平文选》第 3 卷，人民出版社 1993 年版，第 249 页。

② 参见陆郝庆：《举世瞩目中共十三大》，《瞭望周刊》1987 年第 44 期。陆琛：《中国的新纪元——国外舆论对中共十三大的反应》，《国际展望》1987 年第 22 期。

战略部署的影响等原因，十三大报告对如何避免经济过热、如何警惕自由化思潮的泛滥等问题缺少足够的重视。导致在实践中，十三大以后出现了基本建设投资规模过大、通货膨胀的压力增大、自由化思潮泛滥等影响社会主义现代化进程的一些情况和问题。但瑕不掩瑜，党的十三大在改革开放进程中的历史地位和影响是实践所证明了的。正因如此，邓小平特别看重十三大报告，即便其后不久发生了政治风波，他仍然说，十三大报告是经过党的代表大会通过的，一个字都不能动，十三大制定的路线不能改变，谁改变谁垮台。邓小平强调指出："党的十三大概括的'一个中心、两个基本点'对不对？两个基本点，即四个坚持和改革开放，是不是错了？我最近总在想这个问题。我们没有错。四个坚持本身没有错，如果说有错误的话，就是坚持四项基本原则还不够一贯，没有把它作为基本思想来教育人民，教育学生，教育全体干部和共产党员。"①邓小平的上述论述，既表明了党中央贯彻落实十三大精神，带领全国各族人民沿着有中国特色的社会主义道路继续前进的决心和信心，也充分肯定了党的十三大在推动我国改革开放事业进程中的奠基性意义。

---

①《邓小平文选》第3卷，人民出版社1993年版，第305页。

# 党的十四大

## 特色理论的新概括<br>与社会主义市场经济体制目标的确立

党的十三大以后，国际风云变幻，国内发展形势复杂。1988 年物价闯关不成功、1989 年国内政治风波以及随之而来的西方制裁、80 年代末 90 年代初的东欧剧变、1991 年的苏联解体，这一系列事件的发生使中国的改革开放遇到巨大挑战。在此重要关头，回眸改革开放 14 年的征途，展望新世纪的航程，肩负着重大历史使命的中国共产党有必要对自己走过的路程做一回顾总结，对全党和全国人民关心的许多重大问题做出郑重回答。1992 年 10 月 12 日至 18 日召开的党的十四大以 1992 年初邓小平的南方谈话为指导，总结了十一届三中全会以来 14 年的实践经验，明确了建立社会主义市场经济体制的目标，做出了抓住机遇、加快发展，集中精力把经济建设搞上去的决策，确立了邓小平建设有中国特色社会主义理论在全党的指导地位。以邓小平南方谈话和党的十四大为标志，中国的改革开放和社会主义现代化建设进入到一个新的历史阶段。

### 一、改革开放新路，如何确立

对党的十一届三中全会以来开创的改革开放的中国特色社会主义新道路，党的第二个历史决议、党的十二大和十三大都予以了充分肯定。但回顾起来，无论是在社会上还是在党内，人们的思想上并非没有分歧和疑惑。事实上，从“文化大革命”结束到党的十四大之前，人们思想上的大的分歧和疑惑有两次。第一次是“文化大革命”结束之后，人们的思想相当混乱，通过真理标准问题大讨论和思想解放，才渐趋统一。分歧和疑惑再次出现是20世纪80年代末90年代初。这一次持续时间更长，争论更激烈，最核心的问题是要不要坚持改革开放、坚持社会主义，改革的下一步目标究竟是什么。导致分歧和疑惑的因素既有来自内部的，也有来自外部的。

### （一）国际社会主义运动的低潮

1989年下半年开始的东欧剧变和1991年末的苏联解体，合起来称为苏东剧变。

从1989年开始，首先爆发了震惊世界的“东欧剧变”。在以前的改革难以取得显著成效以及内外交困的情况下，20世纪80年代东欧社会主义国家掀起了新一轮的改革。改革虽不同程度触及了体制问题，但是未能摆脱传统体制的束缚，到80年代中期，各国的改革已经普遍出现了不同程度的危机。1989至1990年，东欧局势发生了激烈的动荡，急转直下的政局变化，犹如“多米诺骨牌”表演，令全世界为之瞠目。首先从拥有长期存在且发展完备的共产主义反对派的波兰开始，在短短1年多里，东欧的波兰、匈牙利、民主德国、捷克斯洛伐克、保加利亚、罗马尼亚6国，政权纷纷易手，执政40多年的共产党、工人党或下台成为在野党，或改变了性质。紧随其后，阿尔巴尼亚劳动党于1992年3月在大选失败后被迫下台；在南斯拉夫，先是南共联盟不复存在，接着各邦相继发生剧变，在经历近1年之久的内战后，于1992年4月最终分裂为5个独立的共和国。伴随共产党丧失执政地位，东欧各国的社会制度也发生了根本性的转变，背离了社会主义的方向。

而在苏联，自勃列日涅夫执政后期开始，一些深层次的问题逐渐暴露出来。戈尔巴乔夫担任苏共中央总书记后决意对传统体制进行改革。最初选择了以经济为突破口，在遭受挫折没有取得明显成效的情况下，又转向政治改革，开始了所谓的“民主社会主义”政治体制改革。但是，改革局面逐步失控，戈尔巴乔夫在无奈的情况下，逐步走向偏激，主张全盘西化，接受西方的“民主化”和“公开性”，最终导致了苏联解体。1991年12月25日，在克里姆林宫上空飘扬的苏联国旗悄然降下，世界上第一个社会主义国家，就这样在没有战争、没有外敌入侵的情况下顷刻瓦解。

在苏东，一个个执政党、一个个社会主义国家，在没有任何有效抵抗的前提下顷刻间轰然倒塌，留给人们无尽的感叹和反思。到底是什么原因造成这种局面呢？体制僵化、经济衰退可以说是根本性的原因；历史问题的长期积淀造成大量的潜伏危机，则是历史根源；而西方敌对势力不断推行“和平演变”的战略无疑起到了推波助澜的作用，可以看作是重要的外部因素。

苏东剧变使世界社会主义遭受了巨大的挫折和损失，其对世界社会主义运动的打击是空前的。作为一种社会制度试验的失败，给亿万人民群众带来的是对曾经向往的新社会制度的失望，甚至是理想信念的丧失。

而世界的这种大变动、大改组，对中国也产生了巨大影响。一方面，世界出现多极化趋势，西方国家加紧了对社会主义中国的争夺和渗透，尽管中国挫败了西方国家的“制裁”，但面临的国际形势依然严峻。另一方面，复杂的国际形势，使相当一部分干部和群众对社会主义前途缺乏了信心，思想上产生了困惑。

### （二）国内的政治风波

1989年春夏之交，正当治理经济环境、整顿经济秩序的工作深入开展的时候，北京等地发生了一场引起社会极大震荡的政治风波。

4月15日，胡耀邦逝世，极少数主张“全盘西化”的人借机制造动乱。他们制造谣言，蛊惑人心，污蔑、谩骂、攻击党和国家领导人，鼓动反对共产党的领导和社会主义制度。北京和其他一些大城市出现了较大规模的学潮和动乱。18日晚，一些人来到新华门，不顾值勤武警的拦阻，向新华门冲击，试图进入中南海。22日，西安发生严重的打、砸、抢、烧事件。22日晚，长沙市也发生严重动乱。这些情况说明，一场动乱已经发生并逐渐蔓延。

4月24日晚，中共中央政治局常委在李鹏的主持下召开会议讨论当前的事态。赵紫阳由于赴朝鲜访问没出席会议。会议决定成立中央制止动乱小组，并由《人民日报》发表社论向全党和全国人民指出这场斗争的性质。25日，邓小平发表重要谈话，对于中共中央政治局常委的决定表示完全赞同和支持，指出这不是一般的学潮，而是一场否定共产党的领导、否定社会主义制度的政治动乱。26日，《人民日报》发表题为《必须旗帜鲜明地反对动乱》的社论。社论指出，这是一场有计划的阴谋，是一次动乱，其实质是要从根本上否定中国共产党的领导，否定社会主义制度。这是摆在全党和全国人民面前的一场严重的政治斗争。① 5月4日以后，绝大部分罢课学生复课，北

---

① 中共中央党史研究室：《中国共产党历史大事记（1919.5～2009.9）》，中共党史出版社2010年版，第356页。

京和其他发生动乱的城市局势趋于和缓。

但是，在这关键时刻，访问朝鲜归来的赵紫阳发出了与中央不一致的声音。他指责《人民日报》的社论是定性错误，并要求加以纠正。在5月4日会见出席亚洲开发银行理事会第二十二届年会的亚行成员代表团团长及亚行高级官员时，他发表了同中央的立场和方针完全不同的谈话。这给极少数动乱的策划者以极大鼓舞，造成事态急转直下。

5月13日，极少数动乱的组织者和策划者发动绝食请愿。15日开始，爆发了大规模的声援学生绝食请愿的群众游行，外地也有学生先后进京，北京出现了混乱状态。

由于形势十分险恶，中央政治局常委于5月16日晚召开紧急会议。多数常委认为，面对险恶的形势，绝对不能退让，只能更加坚决地反对动乱，制止动乱。5月19日晚，首都党政军机关干部大会召开，李鹏代表中央和国务院号召紧急行动起来，坚决制止动乱，恢复正常秩序。5月20日，李鹏宣布在首都部分地区实行戒严。6月4日晨，戒严部队以极大的耐心劝告和勒令停留在天安门广场的数千名学生和平撤离。北京的局势很快稳定下来，其他大中城市也相继恢复了正常秩序。

对于这场政治风波，邓小平同志早有警觉。早在年初的2月26日，邓小平会见美国总统布什时就说："中国的问题，压倒一切的是需要稳定。没有稳定的环境，什么都搞不成，已经取得的成果也会失掉。"3月4日，邓小平同中央负责同志谈话时进一步指出，"我们搞'四化'，搞改革开放，关键是稳定。我同布什谈了，压倒一切的是需要稳定。中国不能乱，这个道理要反复讲，放开讲。"但是，很明显，动乱的发生，具有深刻的社会和历史背景，"这场风波迟早要来。这是国际的大气候和中国自己的小气候所决定了的，是一定要来的，是不以人们的意志为转移的，只不过是迟早的问题，大小的问题"①。

### （三）十三届四中全会产生了第三代中央领导集体的核心

1989年的夏天，北京人民大会堂里一个非同寻常的会议正在召开，这就是中国共产党的十三届四中全会。会议的气氛凝重，总书记赵紫阳似乎有些心事。参加会议的中央委员们脸上的表情也告诉人们，就要发生重大的变故。果然，当赵紫阳离开人民大会堂时，他已经成为一位普普通通的中共党员了。由于"犯了支持动乱和分裂党"的错误，这位为中国改革开放也做了不少工作的河南人被中共中央撤销了职务。62岁

---

① 《邓小平文选》第3卷，人民出版社1993年版，第284页、第302页。

的中央政治局委员、中共上海市委书记江泽民带着自信的微笑登上了主席台。

全会对中央领导机构的成员进行了必要的调整：选举江泽民为中央委员会总书记；增选江泽民、宋平、李瑞环为中央政治局常委。关于党的路线和今后的工作，全会指出：要继续坚决执行党的十一届三中全会以来的路线、方针、政策，继续坚决执行党的十三大确定的“一个中心、两个基本点”的基本路线。四项基本原则是立国之本，必须毫不动摇、始终一贯地加以坚持；改革开放是强国之路，必须坚定不移、一如既往地贯彻执行，绝不回到闭关锁国的老路上去。①

江泽民被推选为总书记不是偶然的。邓小平早就提出了中央领导集体的新老交替问题，但是1989年政治风波发生，面对当时错综复杂的国内国际局势，这个问题被很紧迫地提上了政治议事日程。5月31日，邓小平同两位中央负责同志谈话时指出：动乱平息之后，有些事情要向人民做出交代。主要有两条：第一，要改换领导层。新的中央领导机构要使人民感到面貌一新，感到是一个实行改革的有希望的领导班子。眼界要非常宽阔，胸襟要非常宽阔，考虑任何问题都要着眼于长远，着眼于大局。这是对第三代领导人最根本的要求。第二，要扎扎实实做几件事情，干出实绩，取信于民。要体现出我们是真正反对腐败，不是假的。要明白地做几件开放的事情，凡是遇到机会就不要丢，要体现改革开放，比过去更开放。

在第三代中央领导集体组成过程中，邓小平多次强调全党特别是党的高级领导干部一定要有意识地树立并维护江泽民在中共第三代领导集体中的核心地位。1989年6月16日，邓小平在同几位中央负责人的谈话中指出，任何一个领导集体都要有一个核心，没有核心的领导是靠不住的。第一代领导集体的核心是毛主席。因为有毛主席做领导核心，“文化大革命”就没有把共产党打倒。第二代实际上我是核心。因为有这个核心，即使发生了两个领导人的变动，都没有影响我们党的领导，党的领导始终是稳定的。第三代的领导集体也必须有一个核心，这一点所有在座的同志都要以高度的自觉性来理解和处理。要有意识地维护一个核心，也就是现在大家同意的江泽民同志。这是最关键的问题。国家的命运、党的命运、人民的命运需要有这样一个领导集体。

党的十三届四中全会前后，邓小平还多次表示：等新的领导班子一经建立威信，他就要坚决退出中央领导岗位；他希望大家能够以江泽民为核心，很好地团结。9月4日，他同几位中央负责同志商量他退休的时间和方式。他说，一个国家的命运寄托在一两个人的威望上，是很不正常的。退休成为一种制度，领导层变动调动也就比较容

① 《十三大以来重要文献选编》（中），人民出版社1991年版，第543～546页。

易。他提议江泽民当军委主席。他在同日致信中共中央政治局郑重地提出辞去中共中央军事委员会主席的职务。11 月，党的十三届五中全会召开，通过了《关于同意邓小平同志辞去中共中央军事委员会主席职务的决定》。全会高度评价了邓小平为我们党和国家建立的卓著功勋，决定江泽民同志为中共中央军事委员会主席。①

从党的十三届四中全会选出新的中央领导集体的核心到五中全会邓小平退出中央重要领导岗位，以邓小平为核心的第二代中央领导集体和以江泽民为核心的第三代中央领导集体逐步实现了顺利交接。第三代领导集体领导核心的形成，为尽快消除国内政治风波所造成的严重后果，维护国家的长治久安，把建设有中国特色社会主义的伟大事业推向 21 世纪，提供了最重要的政治保证。

### （四）邓小平南方谈话

进入 20 世纪 90 年代，全球风云突变，世界动荡不安。国际共产主义运动连遭挫折，苏联东欧一些社会主义国家，不但改革没有成功，反而改变了颜色。西方一些政治势力加紧“围剿”社会主义，颠覆社会主义国家，采取“和平演变”的方式，推行打一场既无炮声又无硝烟的战争的策略。在这种情况下，中国的道路怎么走，中国的改革开放怎么搞，世界各种不同政治势力，都把眼睛盯住了中国。

1992 年初，中国的改革开放和现代化建设也走到了一个历史发展的关键时刻。经过 3 年治理整顿，经济加速发展出现的若干问题得到部分解决，经济环境和经济秩序出现了加快改革开放和现代化建设的有利条件。但是，经济发展速度有所减缓，经济生活中仍然存在着一些深层次问题，需要一个新的发展阶段来正确处理。经济体制和运行机制需要进一步深化改革。特别是国有企业的改革需要进一步取得突破性进展，国家的财政困难和赤字增加的问题，也迫切需要解决。

国内有些人面对国际风云变幻和苏联东欧一些社会主义国家发生剧变的影响，一度对改革开放和现代化建设产生疑虑。他们停留在那些超越社会主义初级阶段的不正确思想上，总认为只有坚持那种传统而又僵化的社会主义实践模式，才算是走社会主义道路，而搞市场经济就是复辟资本主义。他们用姓“资”姓“社”的大帽子压人，以阻止新的改革开放措施的出台。甚至企图用“以阶级斗争为纲”冲击经济建设这个中心。

另外，当时我国在经济上正面临着来自周边国家和地区新的挑战。在 20 世纪 80 年

① 《邓小平文选》第 3 卷，人民出版社 1993 年版，第 296 ~ 315 页。

代末90年代初，我国周边一些国家和地区的经济迅速发展，亚洲“四小龙”（新加坡、韩国、中国台湾、中国香港）的发展势头已经远远超过了我国，后起的泰国、马来西亚、印度尼西亚等国也发展很快，其中有的在发展速度上也超过了我国。所有这些，都使中国领导人感受到一种强大的压力。

党的十四大即将召开，究竟什么理论能成为十四大的指导思想，什么议题能成为十四大的主旋律，人们心中困惑，脑中茫然。在这种情况下，每个关心中国前途、关心改革命运的中国人，都在苦苦地思索。人们生活在一种沉闷和烦躁的氛围之中，急需一场暴风雨的洗礼。

正是在这样一个面临国际国内严峻考验的重大历史关头，改革开放的总设计师邓小平，在88岁高龄时毅然奔赴中国南方。他不顾旅途劳累，从1992年1月18日开始，用1个月时间，先后视察了武汉、深圳、珠海、上海等地。在视察过程中，他就坚定不移地执行党的“一个中心、两个基本点”的基本路线，坚持走有中国特色的社会主义道路，特别是抓住当前有利时机，加快改革开放的步伐，集中精力把经济建设搞上去等一系列重大问题，发表了极为重要的谈话。邓小平南方谈话在精辟地分析当时国际国内形势，科学地总结党的十一届三中全会以来的基本实践和基本经验的基础上，从理论上明确而深刻地回答了长期尤其是近些年来经常困扰和束缚人们思想的许多重大认识问题。谈话的深刻内容，主要包括六个方面：一是要毫不动摇地坚持党的“一个中心、两个基本点”的基本路线，认清改革也是解放生产力。二是提出在坚持“三个有利于”标准的前提下，大胆地进行试验。三是强调抓住时机，发展自己，关键是发展经济。四是要坚持两手抓，一手抓改革开放，一手抓打击各种犯罪活动。五是提出正确的政治路线要靠正确的组织路线来保证。六是要用马克思主义的历史唯物主义去认识人类社会发展的规律。

邓小平在中国改革开放的关键时刻，历时35天，纵横6000多公里，途经十多个省市，完成了南方之行的壮举，他这是在用自己的全部心血和整个生命倾注于中国改革开放的大业，倾注于中华民族的未来命运。邓小平的南方谈话，是把改革开放和现代化建设推向新阶段的又一个解放思想、实事求是的宣言书。它向全党全国全世界郑重宣告：中国的改革开放，不能停滞，不能倒退，只能加快，只能义无反顾地进行到底。邓小平的南方谈话，得到了党中央的完全赞同和全党全国人民的热烈响应，从而为进一步统一思想认识，为开好党的十四大做了充分准备。

## 二、党的十四大的筹备与召开

1992 年 10 月 12 日至 18 日，中国共产党第十四次全国代表大会在北京举行。这次大会的主要任务是，以邓小平建设有中国特色社会主义的理论为指导，认真总结十一届三中全会以来 14 年的实践经验，确定今后一个时期的战略部署，动员全党同志和全国各族人民，进一步解放思想，把握有利时机，加快改革开放和现代化建设步伐，夺取有中国特色社会主义事业的更大胜利。

### （一）十四大报告的产生

就在邓小平结束南方视察的同一时间，1992 年 2 月，江泽民和中共中央政治局常委会十分明确地提出起草党的十四大报告的指导思想：报告通篇要体现邓小平视察南方重要谈话的精神，以邓小平建设有中国特色社会主义的理论为指导，很好地总结十一届三中全会以来 14 年的基本实践和基本经验，坚持党的基本路线不动摇；要认真规划今后一个时期的战略部署，强调进一步解放思想，把握有利时机，加快改革开放和现代化建设的步伐，努力建设有中国特色的社会主义。

党的十四大报告紧锣密鼓地起草过程中，遇到一个关键性的问题是，在计划与市场的关系上要不要有新论述、新突破，我国经济体制改革究竟要确立什么样的目标模式。尽管有邓小平的南方谈话，但党内外和十四大报告起草组内部对这个问题的认识还不尽一致。

对这个重大问题，江泽民做了大量研究和深入思考。党的十四大报告起草组成员、时任国家体改委主任的陈锦华后来回忆说：1992 年 4 月 1 日晚上，江泽民总书记打电话找我，说现在改革开放正处在一个非常重要的时刻，下一步该怎么办，大家都在等待，也有点着急，请体改委好好研究一下，向中央提出建议。我答应尽快找人研究。总书记说，他自己也在考虑这个问题。从 1978 年到 1992 年，中国的改革开放进行了 14 年，中国经济体制改革的目标一直在“摸着石头过河”。但究竟确立一个什么样的目标模式，确实是一个关系改革开放和现代化建设全局的重大问题，需要极其慎重地进行回答。①

4 月底的一个晚上，时任上海市常务副市长的徐匡迪应邀来到中南海。徐匡迪曾系

---

① 陈锦华：《国事忆述》，中共党史出版社 2005 年版，第 207 页。

统研究过国内外经济学理论，是国内第一个院士市长。他后来回忆说：去之前，江泽民同志对我讲了，要我好好准备一下关于市场经济和计划经济的材料。到了以后，他开门见山，让我说说现在我们中国计划经济与市场经济并存怎么样，能不能持久？到底应该怎么个提法好？后来，他突然提了一个问题，说我们可不可以叫“社会主义市场经济”？我当时确实有点不敢回答，因为这个问题太大，没有人这么说过。

经过两个多月的紧张筹备，起草组拿出了党的十四大报告第一稿。4月30日，江泽民主持中央政治局常委会议，讨论报告第一稿。江泽民在讨论中明确表示：党的十四大在计划与市场的关系上要前进一步，要讲清楚经济体制改革的目标是什么。根据这次常委会的意见，报告起草小组又写出了第二稿、第三稿，不断进行修改加工。

5月28日，江泽民又一次主持召开中央政治局常委会议。会议正式决定，在党的十四大报告中要对计划与市场的关系做出新的论述，同时决定先在中央党校召开干部会议。6月9日，江泽民来到中央党校，在省部级干部进修班上做了一次报告，后来被习惯地称为“六九讲话”。在这次讲话中，江泽民明确提出“建立社会主义市场经济体制”。中国的经济体制改革迈出了决定性的一步。这实际上为党的十四大报告定了基调。

根据中共中央政治局会议的意见和6月9日江泽民在中央党校发表的重要讲话，报告起草小组对报告做了重要修改，写出第四稿。报告第四稿在报请政治局审议的同时，还报请邓小平审阅。邓小平对报告稿做了肯定的评价，认为报告稿有分量，同时对进一步修改好报告稿发表了十分重要的意见。他谈到，改革开放中许许多多的东西，都是由群众在实践中提出来的。报告中讲他的功绩，一定要放在集体领导范围内，绝不是一个人的脑筋就可以钻出什么新的东西来，是群众的智慧，集体的智慧。他的功劳是把这些新事物概括起来，加以提倡，在这个问题上，报告要写得合乎实际。①

7月，根据中共中央政治局讨论时提出的要求和邓小平提出的重要意见，起草小组对报告稿又进行了两次重要的修改，形成了第六稿。中央将第六稿印发到全国119个地方、部门和单位征求意见，共有3000多人参加了报告稿的讨论，每个单位都修改出了一个稿子。同时，中共中央还委托中央统战部征求了各民主党派、全国工商联负责人和无党派人士的意见。根据各方面的意见，起草小组对报告征求意见稿做了450多处修改。其中，对十三大以来5年的工作、建设有中国特色社会主义理论的概括、经济增长速度、建立社会主义市场经济体制、加强社会主义民主法制和精神文明建设、加强党的建设部分，做了较大的调整、充实和加强。

① 《人民日报》，1992年10月24日。

经过一次次征求意见、集思广益，一次次字斟句酌、反复推敲，起草小组又相继写出第七稿、第八稿、第九稿。经过这样一个反复修改的过程，报告一稿比一稿成熟，一稿比一稿完善。

10月5日至9日，党的十三届九中全会在北京召开。出席会议的中央委员、中央候补委员对第九稿进行了讨论。根据全会分组讨论中提出的意见，报告起草小组又在会后将2.6万字的报告，大大小小修改了170多处才定稿。10月12日，在党的十四大开幕式上，十易其稿的报告本终于摆在近2000位代表的面前。

### （二）十四大预备会议召开

1992年10月11日下午，中国共产党第十四次全国代表大会按照惯例在北京人民大会堂召开了预备会议。中共中央总书记江泽民主持了这次会议。

会议以举手表决方式通过了由198人组成的大会主席团名单，选举乔石为大会秘书长，通过了大会秘书处的工作任务和机构设置。会议以举手表决方式，通过了由16人组成的代表资格审查委员会名单。资格审查委员会的主任是宋平，副主任是胡锦涛、吕枫、李继耐。

会议还通过了党的十四大的议程：听取和审查中央委员会的报告，审查中央顾问委员会的报告（书面），审查中央纪律检查委员会的报告（书面），审议并通过中国共产党章程（修正案），选举中央委员会，选举中央纪律检查委员会。

党的十四大代表，由34个选举单位选举产生了1989人，中央又特邀代表46人，总共2035人。而出席这次预备会的代表有1962人。

党的十四大代表选举工作是从1991年12月开始的，至1992年6月底，30个省、自治区、直辖市和中央直属机关、中央国家机关、人民解放军等34个选举单位代表选举工作全部结束，共选出代表1991名。此后，当选为代表的中顾委常委胡乔木、北京饭店职工王密妮逝世，党的十四大实有代表1989名。在党的十四大代表中，各级党员领导干部有1552名，占代表总数的78%；在工业、农业、国防、政法、财贸、科技、文教、卫生、体育等第一线的劳动模范、先进工作者、优秀专家和战斗英雄代表等437名，占代表总数的22%，比十三大时提高3.1%；妇女党员代表312名，占代表总数的15.7%，比十三大时提高1%；少数民族代表198名，占代表总数的9.9%；台湾省籍党员也选出8名党的十四大代表。①

---

① 孙本尧、邹爱国、何平：《十四大纪实》，中共中央党校出版社1992年版，第78~79页。

党的十四大代表，大都是各地区、各民族、各条战线的领导骨干和优秀分子。他们在工作中都是认真执行党的“一个中心、两个基本点”的基本路线，努力实践邓小平提出的建设有中国特色的社会主义理论，在改革开放和社会主义现代化建设中做出了显著成绩的共产党员。

党的十四大代表的构成体现了党在新时期建设一支革命化、年轻化、知识化、专业化干部队伍的精神。1989 名代表中，66 岁以上的代表有 180 名，占代表总数的 9%；56 岁到 65 岁的有 638 名，55 岁以下的有 1171 名。全部代表的平均年龄为 53.88 岁，比十三大时平均年龄要低。在正式代表中，年龄最大的是 87 岁的中顾委主任陈云，最小的是 22 岁的跳水运动员高敏。十四大代表的文化知识结构也发生了重大变化，具有大专以上文化程度的代表 1408 名，占代表总数的 70.7%，比十三大时提高了 11.2%。其中中学文化程度的 540 名，占 27.1%，小学文化程度的 41 名，占 2.1%。在 1989 名代表中，学部委员就有 11 名。

党的十四大预备会议召开的同日下午，第十四次全国代表大会主席团举行了第一次会议。会议以举手表决的方式，通过了由 31 人组成的主席团常务委员会名单，通过胡锦涛、丁关根、温家宝为大会副秘书长。会议还听取了中国共产党第十四次全国代表大会代表资格审查委员会关于代表资格审查的报告。

### （三）十四大隆重开幕

1992 年 10 月 12 日，肩负着加快改革开放和现代化建设步伐重大历史使命的中国共产党第十四次全国代表大会在北京开幕。参加这次大会的正式代表 1989 人，代表全国 5100 多万党员，出席开幕式的有 1965 人。特邀 1927 年以前入党并在党内担任过重要领导职务、德高望重的老党员代表 46 人，出席开幕式的有 35 人。此外，不是十四大代表的十三届中央委员会及中央顾问委员会、中央纪律检查委员会的成员，不是十四大代表或特邀代表的党内部分老同志，以及其他有关负责同志 307 人列席了这次大会。大会还邀请了全国人大常委会党外副委员长、全国政协党外副主席、各民主党派、全国工商联负责人和无党派人士，以及全国人大、全国政协常委中在京党外人士和部分少数民族、宗教界人士等 139 人，作为来宾列席了大会开幕式。

在大会前排主席台就座的有江泽民、杨尚昆、李鹏、万里、乔石、姚依林、宋平、李瑞环、田纪云、李铁映、李锡铭、杨汝岱、吴学谦、秦基伟、丁关根、邹家华、朱镕基、薄一波、宋任穷、刘华清、杨白冰、温家宝、彭冲、方毅、洪学智、陈作霖。

上午 9 时，李鹏宣布大会开幕。大会在雄壮的《国际歌》声中开幕，主席台前鲜花锦簇，主席台上10面鲜艳的红旗拱卫着耀眼的党徽。随后，全体同志为毛泽东、周恩来、刘少奇、朱德等老一辈无产阶级革命家和革命先烈，为不久前逝世的李先念、邓颖超、徐向前、聂荣臻等老一辈无产阶级革命家默哀。

9时5分，江泽民迈着坚实的步子走向讲台。来自世界各地的数百名记者一起将照相机、摄像机的镜头对准了他。在热烈的掌声中江泽民开始向大会做报告，题目是《加快改革开放和现代化建设步伐，夺取有中国特色社会主义事业的更大胜利》。这个报告分四部分：十四年伟大实践的基本总结；九十年代改革和建设的主要任务；国际形势和我们的对外政策；加强党的建设和改善党的领导。①

报告回顾改革开放14年来中国共产党领导人民进行的伟大实践，对于党在实践过程中形成的基本理论、基本路线和一系列战略决策做出了郑重的结论。报告把这14年的实践称为“开始了一场新的革命”，指出：这场新的革命的实质和目标，“是要从根本上改变束缚我国生产力发展的经济体制，建立充满生机和活力的社会主义新经济体制，同时相应地改革政治体制和其他方面的体制，以实现中国的社会主义现代化”。

报告确定了建立社会主义市场经济体制的目标，做出了抓住机遇、加快发展的决策，肯定了邓小平对中国特色社会主义理论的创立做出的历史性贡献。

长达两个多小时的报告，多次被热烈的掌声打断。

### （四）十四大的议程和主要内容

十四大的主要议程是：（1）听取和审查中央委员会的报告；（2）审查中央顾问委员会的报告（书面）；（3）审查中央纪律检查委员会的报告（书面）；（4）审议并通过中国共产党章程（修正案）；（5）选举第十四届中央委员会；（6）选举新一届中央纪律检查委员会。

从10月12日下午开始，出席党的十四大的2000多名代表和特邀代表开始分组对报告进行既广泛又深入的讨论。从党的基本路线，到经济发展再上新台阶；从建立社会主义市场经济体制到解放和发展生产力，从加强党的建设、改善党的领导到真抓实干、完成大会确定的各项任务。代表们畅所欲言，各抒己见。

代表们围绕江泽民的报告，从实践的经验和理论的高度畅谈了对邓小平建设有中国特色社会主义理论的认识。他们指出，毫不动摇地坚持党的基本路线是我们事业成功的最可靠的保证。代表们还从各个角度对江泽民代表十三届中央委员会做的报告给

---

① 《中国共产党第十四次全国代表大会文件汇编》，人民出版社1992年版，第1~55页。

予充分肯定，认为这个报告全面系统地阐述了邓小平建设有中国特色社会主义理论，是加快改革开放和经济建设步伐、夺取建设事业更大胜利的宏伟行动纲领。代表们在讨论江泽民报告有关改革开放的论述时普遍认为，我们正在进行的改革是一场新的革命，要充分认识这场革命的重大现实意义和深远历史意义，坚定不移地推进改革开放，更大限度地解放和发展社会生产力。

出席党的十四大的代表们畅谈建设有中国特色社会主义的伟大战略目标时信心满怀。大家在讨论中纷纷表示：灯塔已经点亮，航道已经开通，今后的关键是把大会精神学习好，贯彻好，落实好，真抓实干，带领人民群众团结奋斗，完成大会确定的各项任务。来自沿海地区的代表们表示：要进一步加大改革开放的力度，落实各项措施，使经济建设更加发展。来自内陆省份和边疆地区的代表反应也都很热烈，表示要奋起直追。

10月14日下午，中国共产党第十四次全国代表大会主席团在人民大会堂举行了第二次会议。江泽民主持会议。会议以举手表决的方式，分别通过了大会关于十三届中央委员会报告的决议草案、关于中央顾问委员会工作报告的决议草案、关于中央纪律检查委员会工作报告的决议草案、关于《中国共产党章程（修正案）》的决议草案，并将这4个草案提交各代表团进行了审议。

10月16日下午和17日上午，十四大各代表团采用差额选举办法分别进行了中央委员会委员、中央纪律检查委员会委员和中央委员会候补委员的预选。10月17日下午，大会主席团举行了第三次全体会议。会议以举手表决的方式，通过了差额预选后的中央委员会委员、中央委员会候补委员、中央纪律检查委员会委员候选人名单。

10月18日下午，具有承前启后、继往开来伟大历史意义的中国共产党第十四次全国代表大会，在人民大会堂胜利闭幕。

会议首先通过了由34人组成的总监票人和监票人名单。在大会监票人的监督下，到会的2007位代表以无记名投票方式，选举出189位第十四届中央委员会委员，30位中央委员会候补委员，共219人；选举中央纪律检查委员会委员108人。

大会依次通过了关于十三届中央委员会报告的决议、关于中央顾问委员会工作报告的决议、关于中央纪律检查委员会工作报告的决议。

大会对十三届中央委员会的工作表示满意。大会赞成报告对14年伟大实践的基本总结，同意报告提出的加快改革开放和现代化建设步伐的决策和部署，同意报告对国际形势的分析和阐述的对外政策，强调要进一步加强党的建设和改善党的领导。

大会同意关于不再设立中央顾问委员会的建议，并向中央顾问委员会和老同志们表示衷心的感谢和崇高的敬意。

大会对中央纪律检查委员会的工作表示满意。

大会通过了关于《中国共产党章程（修正案）》的决议。修正后的党章，写入了建设有中国特色社会主义理论和党在社会主义初级阶段的基本路线，指明建设有中国特色社会主义理论，阐释了在中国建设社会主义、巩固和发展社会主义的基本问题，继承和发展了马克思主义，是引导我国社会主义事业不断前进的指针。

10 月 19 日，党的十四届一中全会在北京举行。会议选举产生了中央新的领导机构。中央政治局委员为：丁关根、田纪云、朱镕基、乔石、刘华清、江泽民、李鹏、李岚清、李铁映、李瑞环、杨白冰、吴邦国、邹家华、陈希同、胡锦涛、姜春云、钱其琛、尉健行、谢非、谭绍文；中央政治局候补委员为温家宝、王汉斌。全会选举江泽民、李鹏、乔石、李瑞环、朱镕基、刘华清、胡锦涛为中央政治局常务委员会委员；选举江泽民为中央委员会总书记。全会根据中央政治局常务委员会的提名，通过胡锦涛、丁关根、尉健行、温家宝、任建新为书记处书记。全会决定江泽民为党的中央军事委员会主席，刘华清、张震为副主席。全会批准尉健行为中央纪律检查委员会书记。第三代中央领导集体最终形成。

对第三代中央领导集体，后来党的十六届四中全会是这样评价的：“江泽民是中国共产党第三代中央领导集体的核心。20 世纪 80 年代末 90 年代初，中共面临国际国内政治风波的严峻考验，在这个决定党和国家前途命运的重大历史关头，以江泽民为核心的党的第三代中央领导集体，紧紧依靠全党、全军、全国各族人民，旗帜鲜明地坚持四项基本原则，维护国家的独立、尊严、安全和稳定，毫不动摇地坚持经济建设这个中心，坚持改革开放，捍卫了中国特色社会主义伟大事业，打开了中国改革开放和社会主义现代化建设的新局面。”

## 三、党的十四大的历史地位与影响

党的十四大重新归纳和概括了邓小平建设有中国特色的社会主义理论，确立了其在全党的指导地位；明确了我国经济体制改革的目标是建立社会主义市场经济体制，为我们党指导改革开放和现代化建设这场新的革命，确定了新的理论，举起了新的旗帜。

### （一）十四大的理论新概括

伟大的实践需要伟大的理论，伟大的理论指导伟大的实践。建设有中国特色社会主义的伟大事业，前人没有做过，书本上也没有说过，只能在马克思主义基本原理的指导下，坚持从中国的国情出发，实事求是，探索前进。通过长期的实践和总结，党的十四大对建设有中国特色社会主义理论做出了新的概括，这是十四大的突出特点和最大贡献。十四大还充分肯定了这个理论在马克思列宁主义与中国实际相结合的思想理论发展史上的重要地位，并且把这个理论和这个理论指导下制定的党的“一个中心、两个基本点”的基本路线正式载入党章。

党的十四大报告中，对于有中国特色社会主义理论的主要内容，做出了极精辟的归纳和概括，它包括社会主义建设的发展道路、发展阶段、根本任务、发展动力、外部条件、政治保证、战略步骤、领导力量与依靠力量，以及祖国统一9个方面的问题。

——在社会主义的发展道路问题上，强调走自己的路，不把书本当教条，不照搬外国模式，解放思想，实事求是，尊重群众的首创精神，建设有中国特色的社会主义。

——在社会主义的发展阶段问题上，做出了我国还处在社会主义初级阶段的科学论断，强调这是一个至少上百年的很长的历史阶段，制定一切方针政策都必须以这个基本国情为依据，不能脱离实际，超越阶段。

——在社会主义的根本任务问题上，指出社会主义的本质是解放生产力，发展生产力，消灭剥削，消除两极分化，最终达到共同富裕。强调现阶段中国社会的主要矛盾是人民日益增长的物质文化需要同落后的社会生产之间的矛盾，必须把发展生产力摆在首要位置，以经济建设为中心，推动社会全面进步。判断各方面工作的是非得失，归根到底，要以是否有利于发展社会主义社会的生产力，是否有利于增强社会主义国家的综合国力，是否有利于提高人民的生活水平为标准。科学技术是第一生产力，经济建设必须依靠科技进步和劳动者素质的提高。

——在社会主义的发展动力问题上，强调改革也是一场革命，也是解放生产力，是中国现代化的必由之路，僵化停滞是没有出路的。经济体制改革的目标，是在坚持公有制和按劳分配为主体、其他经济成分和分配方式为补充的基础上，建立和完善社会主义市场经济体制。政治体制改革的目标，是以完善人民代表大会制度、共产党领导的多党合作和政治协商制度为主要内容，发展社会主义民主政治。同经济、政治的改革和发展相适应，以“有理想、有道德、有文化、有纪律”为目标，建设社会主义精神文明。

——在社会主义建设的外部条件问题上，指出和平与发展是当代世界两大主题，必须坚持独立自主的和平外交政策，为中国现代化建设争取有利的国际环境。强调实行对外开放是改革和建设必不可少的，应当吸收和利用世界各国包括资本主义发达国家所创造的一切先进文明成果来发展社会主义，封闭只能导致落后。

——在社会主义建设的政治保证问题上，强调坚持社会主义道路、坚持人民民主专政、坚持中国共产党的领导、坚持马克思列宁主义毛泽东思想。这四项基本原则是立国之本，是改革开放和现代化建设健康发展的保证，又从改革开放和现代化建设获得新的时代内容。

——在社会主义建设的战略步骤问题上，提出基本实现现代化分三步走。在现代化建设的长过程中要抓住时机，争取出现若干个发展速度比较快、效益又比较好的阶段，每隔几年上一个台阶。贫穷不是社会主义，同步富裕又是不可能的，必须允许和鼓励一部分地区和一部分人先富起来，以带动越来越多的地区和人们逐步达到共同富裕。

——在社会主义的领导力量和依靠力量问题上，强调作为工人阶级先锋队的共产党是社会主义事业的领导核心，党必须适应改革开放和现代化建设的需要，不断改善和加强对各方面工作的领导，改善和加强自身建设。执政党的党风，党同人民群众的联系，是关系党生死存亡的问题。必须依靠广大工人、农民、知识分子，必须依靠各族人民的团结，必须依靠全体社会主义劳动者、拥护社会主义的爱国者和拥护祖国统一的爱国者的最广泛的统一战线。党领导的人民军队是社会主义祖国的保卫者和建设社会主义的重要力量。

——在祖国统一问题上，提出“一个国家、两种制度”的创造性构想。在一个中国的前提下，国家的主体坚持社会主义制度，香港、澳门、台湾保持原有的资本主义制度长期不变，按照这个原则来推进祖国和平统一大业的完成。

建设有中国特色社会主义理论是在和平与发展成为时代主题的历史条件下，在我国改革开放和社会主义现代化建设的实践过程中，在总结我国社会主义胜利和挫折的历史经验并借鉴其他国家社会主义兴衰成败历史经验的基础上，逐步形成和发展起来的。它第一次比较系统地初步回答了中国这样的经济文化比较落后的国家如何建设社会主义、如何巩固和发展社会主义的一系列基本问题，用新的思想、观点继承和发展了马克思主义。

建设有中国特色社会主义理论，是当代中国的马克思主义。它是马克思列宁主义基本原理与当代中国实际和时代特征相结合的产物，是毛泽东思想的继承和发展，是全党全国人民集体智慧的结晶，是中国共产党和中国人民最可珍贵的精神财富。邓小平同志是我国社会主义改革开放和现代化建设的总设计师，对建设有中国特色社会主义理论的创立，做出了历史性的重大贡献。

党的十四大还提出了用邓小平建设有中国特色社会主义理论武装全党的战略任务，

在修改后的《中国共产党章程》中，写入了建设有中国特色社会主义理论和党在社会主义初级阶段的基本路线，确立了邓小平建设有中国特色社会主义理论在全党的指导地位。这对于统一全党的思想和行动，把全党和全国人民团结在建设有中国特色社会主义的伟大旗帜下，坚定不移地朝着既定目标前进，具有重大的现实意义和深远的历史意义。

### （二）十四大的改革新目标

十四大另一个突出贡献，是明确提出了我国经济体制改革的目标是建立社会主义市场经济体制。这在中国建设道路的探索上，具有里程碑式的意义。

十四大报告指出：实践的发展和认识的深化，要求我们明确提出，我国经济体制改革的目标是建立社会主义市场经济体制，以利于进一步解放和发展生产力。从而，第一次明确提出了我国经济体制改革的目标就是建立社会主义市场经济体制。从高度集中的计划经济到计划经济为主、市场调节为辅，从有计划的商品经济到计划经济与市场调节相结合，在经历了14年的探索之后，中国经济体制改革终于理直气壮地找到了自己的目标。

报告对社会主义市场经济体制的基本内涵和主要特征做了阐述，指出：我们要建立的社会主义市场经济体制，就是要使市场在社会主义国家宏观调控下，对资源配置起基础性作用。使经济活动遵循价值规律的要求，适应供求关系的变化；通过价格杠杆和竞争机制的功能，把资源配置到效益较好的环节中去，并给企业以压力和动力，实现优胜劣汰；运用市场对各种经济信号反应比较灵敏的优点，促进生产和需求的及时协调，同时也要看到市场有其自身的弱点和消极方面，必须加强和改善国家对经济的宏观调控。报告还指出，社会主义市场经济体制是同社会主义基本经济制度结合在一起的。在所有制结构上，以公有制包括全民所有制和集体所有制经济为主体，个体经济、私营经济、外资经济为补充，多种经济成分长期共同发展，不同经济成分还可以自愿实行多种形式的联合经营。国有企业、集体企业和其他企业都进入市场，通过平等竞争发挥国有企业的主导作用。在分配制度上，以按劳分配为主体，其他分配方式为补充，兼顾效率和公平。在宏观调控上，把人民的当前利益与长远利益、局部利益与整体利益结合起来，更好地发挥计划和市场两种手段的长处。

社会主义市场经济改革目标的提出过程中，一度引起了国内外部分人士的疑虑。因为普遍认为世界上的市场经济模式主要有美国的自由市场经济模式、法国的有计划的市场经济模式、德国的社会市场经济模式、瑞典的福利国家市场经济模式、日本的政府主导型市场经济模式，而社会主义市场经济不属于其中任何一种。但实际上，社会主义这个定语点明了中国搞市场经济的目标和性质。西方国家的市场经济是在资本主义制度下搞的，而中国的市场经济是在社会主义制度条件下进行的。把社会主义基本制度和市场经济结合起来，建立社会主义市场经济体制，这是世界经济发展史上从未有过的，是我们党的一个伟大创举，是长期以来党进行理论探索得出的最重要的结论之一，也是社会主义认识史上一次历史性的飞跃。

社会主义市场经济体制目标的确立，是十一届三中全会以来的市场化取向改革发展的必然趋势，也是对十一届三中全会提出的公有制基础上有计划商品经济改革目标的进一步发展。这一决策标志着党对社会主义理论和改革开放实践的认识实现了新的飞跃，使我国经济体制改革和社会主义现代化建设的方向更加明确。

但是，确立社会主义市场经济目标，只是迈出了第一步。社会主义市场经济体制是一种全新事物，社会主义市场经济应该如何搞，没有成功的经验可循，也没有失败的教训可以吸取。从何做起、如何推进，更是千头万绪。最初有些对社会主义市场经济的错误理解，也一度给经济生活造成了混乱。理论和实践都迫切要求把如何建立社会主义市场经济体制进一步具体化。

1993 年 11 月，党的十四届三中全会通过了《关于建设社会主义市场经济体制若干问题的决定》，《决定》进一步详细勾画了社会主义市场经济体制的基本框架，规定了国有企业改革的基本方向，使十四大提出的经济体制改革目标和基本原则更加具体化，成为我们党在 20 世纪 90 年代推进经济体制改革的行动纲领。根据这一总体规划，我国经济体制改革开始向建立社会主义市场经济体制目标大步推进，财税制度、金融体制、外贸体制、价格管理体制等进行了更深层次的改革。很快，一大批国有企业开始进入建设现代企业制度的试点，各种民营企业也如雨后春笋般涌现。

### （三）高度评价十四大

十四大是一次承前启后、继往开来的重要会议。会议的亲历者和决策者们分别在不同场合、从不同角度对这次会议进行了高度评价。

1992 年 10 月 19 日下午，党的十四大特邀代表邓小平同新当选的党中央领导同志一起，在人民大会堂亲切会见了出席十四大的全体代表，并合影留念。身着银灰色中山装的邓小平满面红光，精神矍铄，迈着稳健的步履，沿着宽敞的宴会大厅绕场一周，时间达 20 分钟，期间他边走边向代表们频频招手致意，并不时停下脚步同代表们亲切握手。在准备离开时，邓小平留下了很朴实的一句话：“这次大会开得很好，希望大家继续努力。”① 这是邓小平对这次大会的肯定，是大会得到的最有分量的评价。

当年的国务院总理李鹏曾在党的十四大结束不久会见芬兰外交部长帕沃·韦于吕宁时说，刚刚闭幕的中国共产党第十四次全国代表大会将为我国改革开放的不断扩大和经济的持续、稳定发展发挥极其重要的作用。十四大的重要意义是多方面的，其中最重要的有两条：第一，是把邓小平同志提出的建设有中国特色社会主义的理论确定为我国长期坚持的建设方针。建立社会主义市场经济的体制是理论上的一个重大突破，是我国今后改革开放的目标。第二，选举了新的中央领导机构，既保持了连续性，又增加了新的力量。以江泽民总书记为核心的中央领导集体将在我党和我国历史上发挥重要的承前启后的作用。②

1992 年 11 月 22 日，江泽民在会见土库曼斯坦总统尼亚佐夫时指出，我们党的十四大对邓小平同志建设有中国特色社会主义理论做了系统的、科学的阐述。我国革命取得胜利以后，我们党面临的中心任务是在一个经济文化比较落后的国家中如何把经济搞上去。我们在这方面经历过曲折。只是在邓小平同志提出建设有中国特色社会主义理论和改革开放政策以后，我们国家才走上了正确道路。我们正在抓住目前的有利时机，加快改革开放和现代化建设的步伐。我们发展经济的模式就是社会主义市场经济。市场不是资本主义的专利品，而是一种手段。资本主义国家可以用，社会主义国家也可以用。③

1993 年 8 月 9 日，胡锦涛在全国组织工作座谈会上指出，党的十四大确立了邓小平同志建设有中国特色社会主义理论在全党的指导地位，具有重大而深远的意义。用这个理论武装全党，使广大党员和干部大大提高对中国国情的认识和对社会主义现代化建设规律的认识，增强贯彻执行党的基本路线的自觉性和坚定性，全党将会更加团结、坚强和富有战斗力。我们党从新民主主义革命时期以来，坚持用毛泽东思想武装全党，对于夺取新民主主义革命的胜利，对于成功地进行社会主义改造，建立和巩固社会主义制度，起了决定性的作用。今天，我们认真地学习和掌握马列主义、毛泽东思想特别是邓小平同志建设有中国特色社会主义的理论，对于凝聚全党的力量，实现振兴中华的雄心壮志，达到三步走的战略目标，把我国建设成为富强、民主、文明的社会主义现代化强国，同样具有根本性的意义。④

---

① 《人民日报》，1992 年 10 月 20 日。

② 《大众日报》，1992 年 10 月 22 日。

③ 《人民日报》，1992 年 11 月 23 日。

④ 胡锦涛：《在全国组织工作座谈会上的讲话》，《党建》1993 年第 11 期。

1993年11月2日，江泽民在学习《邓小平文选》第三卷报告会上的讲话中指出，中国共产党成立之初，就郑重地把马克思列宁主义写在自己的旗帜上。经过延安整风和党的七大，又郑重地把马克思列宁主义与中国革命的实践之统一的思想——毛泽东思想写到自己的旗帜上。从十一届三中全会开始，经过十二大、十三大到十四大，我们党又郑重地把邓小平建设有中国特色社会主义的理论写到了自己的旗帜上。这是我们党付出了巨大代价获得的极为珍贵的精神财富，是我们党和人民进行新的历史创造的科学总结，是我们发展社会主义事业的伟大旗帜，是我们民族振兴和发展的强大精神支柱。在当代中国，有了这面旗帜，有了这个精神支柱，一个有五千万党员的大党才会有更加坚强的战斗力，一个有十一亿人的大国才会有更加强大的凝聚力。党的十四大提出了用邓小平同志建设有中国特色社会主义理论武装全党的战略任务。这是推进改革开放和社会主义现代化建设伟大实践的迫切需要，是新时期加强和改进党的建设的重大措施，也是坚持党的基本路线一百年不动摇的根本保证。①

党的十四大的召开，也引起了世界的广泛关注，国际舆论纷纷发表文章与评论，积极评价十四大取得的成果。日本《朝日新闻》说，中国共产党十四大从理论和人事两个方面巩固了加速改革开放的路线，体现了邓小平南方谈话的精神。从结果来看，中共十四大的确是一次历史性的大会，作为党的路线，中国共产党正式提出了要确立社会主义的市场经济。这家报纸说，中国的市场经济化是不会倒退的。因为，它既是实际状况的反映，也符合世界潮流。

美国《华盛顿邮报》《纽约时报》《华尔街日报》等，法国《世界报》《解放报》《回声报》等，德国《法兰克福汇报》《世界报》《总汇报》等大报都详细报道了江泽民的报告内容，说中国在经过数年经济改革后，将告别老的计划经济模式，开始实行社会主义市场经济，一批中青年干部将走上领导层。一些评论指出，中国人口占世界1/5，要成为一个富裕、现代化和强大的国家，就要在国际竞争中同亚洲、美洲和欧洲国家竞赛。如果中国成功地完成了这一转变，它将成为21世纪对西方的挑战对手。报道普遍认为，十四大是中国改革道路上的一次重要的、具有“历史转折意义”的会议。②

---

① 江泽民：《用邓小平同志建设有中国特色社会主义理论武装全党》，人民网。

② 《人民日报》，1992年10月15日。

# 党的十五大

## 高举邓小平理论旗帜与提出初级阶段基本纲领

党的十四大结束后，以江泽民为核心的党中央全面贯彻党的基本理论和基本路线，认真实施党的十四大做出的各项重要决策，贯彻“抓住机遇，深化改革，扩大开放，促进发展，保持稳定”的基本方针，使我们党和国家经受住了新的考验，各个领域都取得了举世瞩目的巨大成就。但正当中国共产党第三代中央领导集体带领全国人民把改革开放和社会主义现代化建设推向新阶段的时候，中国改革开放和现代化建设的总设计师邓小平与世长辞。此时的社会主义中国举什么旗帜、走什么道路的问题，引起了国内外各界人士的关注。1997 年 9 月 12 日至 18 日，中国共产党第十五次全国代表大会在北京召开。这次大会高举邓小平理论伟大旗帜，对我国社会主义改革开放和现代化建设事业的跨世纪发展做出了全面部署，把有中国特色社会主义事业全面推向新的世纪。

### 一、改革开放旗帜，怎样高举

邓小平时代的中国，最鲜明的特征是改革开放。从 1978 年到 1996 年短短的 18 年，放在人类历史的长河中只是一瞬间，但古老的中国却发生了翻天覆地的变化。国民经济迅速发展，综合国力显著增强，人民生活明显提高，社会主义市场经济正在逐步建立，对外开放格局基本形成，各项社会事业取得巨大成绩。然而，转眼到了1997年，正当党的十五大快要召开的时候，全党和全国人民心目中的又一颗巨星陨落，接着香港回归祖国的怀抱。在这历史的关键时刻，中国应走向何方？社会主义应如何建设？中华民族怎样应对新世纪的严峻挑战？世纪之交，中国的昨天、今天和明天，成为不同国度、不同肤色的人们所关注的热点。

### （一）改革开放大格局形成

十一届三中全会后中国的历史，是改革开放的历史。1978年，党的十一届三中全会做出了实行改革开放的重大决策，国民经济进入调整时期。1979年9月，十一届四中全会通过了《关于加快农业发展若干问题的决定》，允许农民在国家统一计划指导下，因时因地制宜，保障他们的经营自主权，发挥他们的生产积极性；同月，中共中央下发《关于进一步加强和完善农业生产责任制的几个问题》，肯定了包产到户的社会主义性质。改革推进开放，开放拉引改革。1980年8月15日，五届人大常委会第十五次会议审议决定在广东的深圳、珠海、汕头和福建的厦门设经济特区。我国对外开放的序幕由此揭开。1984年10月，党的十二届三中全会通过《中共中央关于经济体制改革的决定》，比较系统地提出和阐明了经济体制改革中的一系列重大理论和实践问题，确认中国社会主义经济是公有制基础上的有计划的商品经济。1986年7月10日，我国正式向关贸总协定提出复关申请，加入WTO成为我们的目标。随着国内国际形势的变化和人们认识的发展，以及经济体制改革的不断深入，我国对外开放由点到面、由沿海到内地、由少数产业到大多数产业、由局部到全部，渐次循序展开。

进入20世纪90年代后，国际国内形势发生了很大变化，但中国人民经济和政治生活的头等大事就是加速社会主义现代化建设，集中精力把经济建设搞上去。完成这一目标，继续改革开放是必然的选择。实际上，经过十多年的改革开放，过去那种单一的生产资料公有制格局、分配制度和高度统一的计划经济体制都已经被打破，尤其是随着邓小平南方谈话和党的十四大的召开，在经历了政治上的风风雨雨和经济上的反复摸索之后，中国改变了过去建立有计划的商品经济的提法，经济体制改革终于走上了建立社会主义市场经济体制的新轨道。

大力推进宏观经济体制改革，把改革的重点放在国有大中型企业上，积极寻找公有制经济良性循环的有效形式，建立现代企业制度，是十四大以后改革的基本思路。1993年11月，党的十四届三中全会通过了《中共中央关于建立社会主义市场经济体制若干问题的决定》，构筑了社会主义市场经济体制的基本框架，对推进经济体制改革做出了全面部署。认识的突破，强有力地推进着经济体制改革实践的突破，我国市场取向的经济体制改革由此进入了快车道。从 1994 年起，我国开始了国企、财税、金融、外汇外贸、投资、价格和流通体制等方面的改革，住房制度改革、社会保障制度改革等也取得了积极进展。

在开放方面，我国已经形成的从特区到沿海开放城市，到沿江、沿边、沿线以及延伸到内地的多层次、全方位开放格局，也给经济发展和社会生产力的提高增添了活力。从 1992 年至 1996 年，我国对外贸易额达 11686 亿美元，年均增长 16.4%。5 年实际利用外资 2043 亿美元，其中外商直接投资 1515 亿美元，分别为 1979～1991 年 13 年累计的 2.6 倍和 6.5 倍。国家外汇储备 1991 年底为 426.65 亿美元，1996 年底增加到 1050 亿美元，5 年增加了 623.35 亿美元，大大增强了我国经济发展的回旋余地。

改革开放以来我们的成就是辉煌的，前景是光明的。但另一方面，在前进道路上仍有不少矛盾和困难，各方面工作还存在一些问题和不足。在经济发展和改革方面，长期搞“大而全”、“小而全”、重复建设，产业结构、企业结构、地区结构等很不合理；主要依靠增加投入实现经济增长，国民经济整体素质和效益不高；部分国有企业由于政企不分、机制不活、管理不善以及历史包袱和社会负担沉重等原因，亏损严重，生产经营困难。国民收入分配过分向个人倾斜、部分社会成员之间收入悬殊、地区差距扩大等问题，尚未得到有效解决。

在社会生活方面，贪污腐化、奢侈浪费等现象依然在蔓延滋长，官僚主义、形式主义、弄虚作假的问题较为严重，人民群众对党风、政风、社会风气和社会治安方面存在的问题，意见较多。我们要把建设有中国特色社会主义的伟大事业全面推向 21 世纪，就必须高度重视这些存在的问题，并通过发展经济、文化、教育，转变经济增长方式，推进经济、政治体制改革，进一步扩大社会主义民主，健全社会主义法制，加强党的建设和精神文明建设，坚持不懈地开展反腐败斗争等，从各个方面努力，切实加以解决。

### （二）邓小平留下精神遗产

1997 年 2 月 19 日，中国改革开放和现代化建设的总设计师邓小平逝世。巨星陨落，举国同悲，全球痛悼。联合国中断了正在举行的会议，起立默哀，下半旗致敬。中国是世界的中国。邓小平引领中国这艘巨轮不断向现代化的航向推进，对世界和平和人类进步的伟大事业做出了卓越的贡献，是 20 世纪中国历史上继孙中山、毛泽东之后的又一位伟大的人物。邓小平在中国改革开放和社会主义现代化建设中的作用已成为全党、全国人民乃至国际社会的普遍共识。

在以改革开放为主要特征的社会主义事业发展的新时期，邓小平留给我们的精神遗产是多方面的。其中最重要的，是正确解决了关系我们党和国家前途命运的两个重大问题，从而建树了两个伟大的历史功绩。这就是，科学地评价了毛泽东，维护了毛泽东思想的历史地位；成功地找到了中国实现社会主义现代化的正确道路，创立了建设有中国特色社会主义理论。

建设有中国特色社会主义理论，是对马克思主义理论宝库的新的重大贡献，是当代中国的马克思主义，是我们改革开放和进行现代化建设的科学指南。这个理论的核心在于如何回答"什么是社会主义，怎样建设社会主义"这一实质性问题。

在对"什么是社会主义"的回答这一问题上，邓小平恢复了我们对马克思主义的正确认识，指出马克思主义最注重发展生产力，社会主义的主要任务是为共产主义奠定基础。他说，"社会主义的本质，是解放生产力，发展生产力，消灭剥削，消除两极分化，最终达到共同富裕。"

在对"怎样建设社会主义"的回答这一问题上，邓小平提出对内全面实行以市场为导向的经济体制改革，发展以国有经济为主体的多元经济结构，实施科教兴国战略，用"一国两制"、和平谈判的方式解决台、港、澳回归祖国的历史遗留问题；对外坚持独立自主、反对霸权、睦邻友好、和平共处、平等互利、谈判协商的外交政策。

如果说毛泽东对马克思主义理论的主要贡献在于为中国共产党创立了具有中国特色的新民主主义论的话，邓小平则是新社会主义论即建设中国特色社会主义理论的奠基人。

邓小平的贡献，当他活着的时候早已家喻户晓；当他去世后，人们发现，他的贡献还在于人民能非常平静地接受这一事实。

这正是邓小平活着的时候所希望看到的，为此他早做了充分的准备。1989 年 11 月 12 日，邓小平会见日本经济访华团的时候，宣布他要"百分之百地退下了"。次日《人民日报》刊登这一消息时说："邓小平会见最后一批外宾。"在此之前，他还对基辛格说过："我已经退下来了。中国需要建立一个废除领导职务终身制的制度，中国现在很稳定，我也放心。"

这是邓小平去世前 7 年多前说过的话。自那时以来，世界形势风云变幻，东欧剧变，苏联解体，两德统一；中国国内"公""私"之争暗流涌动，摸着石头过河，河水越来越深。既要打破"制裁"，也要使整个国家稳步前行；不但要使整个国家稳步前行，还要继续推进市场化进程。各种关系错综复杂，举步维艰。很难想象，如果邓小平对此不早做准备，在他逝世后中国将会出现何种情形。

邓小平就是这样一位伟人，一位创造了这样奇迹的伟人。他曾经把中国从十字路口引领到正确的航向上来；他曾经把一个贫穷的中国变成了一个富裕的中国；他曾经创立了有中国特色社会主义理论。邓小平虽然去世了，但他的业绩永存，后继有人。

### （三）举国欢腾喜迎香港回归

1997 年 7 月 1 日，香港回归了。全体中国人民满怀激动的心情，迎来了这一盛事。从 1841 年 1 月 26 日算起，香港与祖国分离了 156 年 5 个多月的时间。香港回归，是中国现代化进程中的一个里程碑式的事件。

1841 年 1 月 25 日清晨，薄雾轻绕的港岛被隆隆的枪炮声打碎，英军的铁蹄踏上了香港这片美丽的土地。英军将领拜尔狂喜地把米字旗插上了山巅的岩石间。英帝国主义依仗船坚炮利，一路北上。清军官兵冒死抵抗，无奈船旧枪慢，加上清廷软弱，转瞬间英军已兵临城下。1842 年 8 月 29 日，一纸《南京条约》赋予了英国强行割占香港岛的“权利”。

此后数十年间，英帝国主义又凭借第二次鸦片战争及中日甲午战争中中国的失败，通过《北京条约》和《中英展拓香港界址专条》，先后割占了九龙半岛并强租了“新界”。自此之后，美丽的香江波涛里浸透着中国人民的泪水，太平山怀抱的葱茏中回响着中华民族沉重的叹息。

对于晚清政府被迫签订的上述三个不平等条约，中国人民从来不予承认，并进行了长期的抗争。辛亥革命后，除袁世凯、黎元洪外，新中国成立前各个时期的政府也曾试图收回香港，但在积贫积弱的旧中国，这是不可能做到的。

1974 年，英国首相希思访华。中南海，谈笑风生，毛泽东不失时机地谈起了香港问题。他说，香港在 1997 年应该有一个平稳的过渡。这话是对英国方面说的，也是对未来中国领导人说的。当时，时任国务院副总理的邓小平也在座。

1982 年，希思再度访华，他受到中国第二代领导人邓小平的亲切会见。他们又一次谈到了毛泽东 8 年前的那个有关香港问题的提议。他们都表示同意这个纲领性的提议，愿为 1997 年香港的交接做出自己的贡献。

两年后，也就是 1984 年，邓小平与英国新任首相撒切尔夫人达成了恢复对香港行使主权的协议。1985 年 5 月 27 日，两国政府在北京互换中英《联合声明》批准书，《联合声明》从此生效。《联合声明》确认：中华人民共和国政府于 1997 年 7 月 1 日对香港恢复行使主权，英国政府将在同日把香港交还中国。

1997年6月30日午夜至7月1日凌晨，香港会议展览中心灯火辉煌，举世瞩目的中英两国政府香港政权交接仪式在这里的五楼大会堂隆重举行。中国人在千百万台电视机前注视着这里每一秒钟所发生的事情。

7月1日零点整，中国人民解放军军乐队奏起雄壮的中华人民共和国国歌，中国国旗和香港特别行政区区旗一起徐徐升起。大会堂全场肃立，几千双眼睛向鲜艳的五星红旗行注目礼。全场沸腾，许多人眼含泪花，雷鸣般的掌声经久不息。照相机、摄像机的镜头不停地闪动，使这历史的时刻成为永恒。

零点4分，中华人民共和国主席江泽民庄严宣告：中国对香港恢复行使主权，中华人民共和国香港特别行政区正式成立。雷鸣般的掌声再一次响起。

从此，中国历史揭开了新的一页。中国人民经过一个半世纪前仆后继和不屈不挠的斗争，终于恢复了对香港的主权。

## 二、党的十五大的筹备与召开

在普天同庆香港回归祖国的欢歌声中，中国共产党第十五次全国代表大会于1997年9月12日至18日在北京人民大会堂举行。大会的主题是：高举邓小平理论伟大旗帜，把建设有中国特色社会主义全面推向21世纪。大会选出了新一届中央委员会和中央纪律检查委员会，通过了《关于十四届中央委员会报告的决议》《关于中国共产党章程的决议》和《关于中央纪律检查委员会工作报告的决议》。大会号召，全党同志高举邓小平理论伟大旗帜，在党中央的领导下，团结和带领全国各族人民，满怀信心地把建设有中国特色的社会主义伟大事业全面推向21世纪。

### （一）十五大的筹备

1996年10月，十四届六中全会通过了《关于召开党的第十五次全国代表大会的决议》，确定党的十五大于1997年下半年在北京举行。在十四届中央委员会的主持下，十五大的筹备工作有条不紊地顺利展开。

十四届中央委员会向十五大提交的报告稿，经中央政治局全体会议通过后，再提请十四届七中全会审议。在此之前，这个报告稿在约4000人的范围内反复讨论和征求意见。十四届中央委员、中央纪律检查委员、十五大代表、中央各部门、各人民团体、各省、自治区、直辖市党委和各大军区党委负责人，参加了讨论修改。

与此同时，在经过充分准备后，党的十五大代表的选举工作也从1996年11月开始稳步进行。通过充分发扬民主，认真贯彻执行党的民主集中制，各地经过酝酿、提名、考察、遴选、审查，从最初的50多万人优中选优，产生了2277名代表候选人，然后提交党代表会议或党代表大会进行差额选举。到1997年6月底，2048名出席党的十五大的代表全部选举产生。

1997年9月，党的十四届七中全会于北京举行。会议决定，中国共产党第十五次全国代表大会于9月12日在北京召开。全会讨论并通过了中央委员会向党的第十五次全国代表大会的报告，讨论并通过了《中国共产党章程（修正案）》，一致决定将这两个文件提请党的第十五次全国代表大会审议。11日下午，中国共产党第十五次全国代表大会主席团在人民大会堂举行第一次会议，这是十五大的预备会议。江泽民出席会议并做了重要讲话。会议首先在大会秘书长胡锦涛主持下，以举手表决方式通过了由江泽民等33人组成的主席团常务委员会名单。随后，会议在江泽民主持下进行了各项议程。会议以举手表决方式通过了丁关根、温家宝、曾庆红为大会副秘书长。会议听取了中国共产党第十五次全国代表大会代表资格审查委员会关于代表资格审查的报告。会议通过了中国共产党第十五次全国代表大会选举办法（草案），提交各代表团酝酿。通过了大会列席和来宾的事项。中央决定，邀请党内有关负责同志和党外人士列席这次大会。列席这次大会的有：不是十五大代表的十四届中央委员会委员、候补委员和中央纪律检查委员会委员；不是十五大代表、特邀代表的原中央顾问委员会委员；不是十五大代表或特邀代表的党内部分老同志，以及其他有关的同志，共296人。还邀请了国家副主席、全国人大常委会党外副委员长、全国政协党外副主席，各民主党派、全国工商联负责人和无党派人士，以及全国人大、全国政协常委中在京党外人士和部分少数民族、宗教界人士等，共140位，作为来宾列席大会开幕式和闭幕式。

主席团会议还通过了十五大大会日程。根据这个日程，十五大将于9月12日上午开幕，9月18日上午闭幕。

### （二）十五大的议程和主要内容

党的十五大历时7天。其间召开了两次全体会议，三次主席团会议，并进行了广泛深入的小组讨论。大会的主要议程是：（1）听取和审查十四届中央委员会的报告；（2）审查中央纪律检查委员会的工作报告（书面）；（3）审议通过《中国共产党章程（修正案）》；（4）选举第十五届中央委员会；（5）选举新一届中央纪律检查委员会。

1. 江泽民做大会报告

江泽民代表第十四届中央委员会向大会做了《高举邓小平理论伟大旗帜，把建设有中国特色的社会主义事业全面推向21世纪》的报告。报告除了引言和结语，共分十个部分：一、世纪之交的回顾和展望；二、过去五年的工作；三、邓小平理论的历史地位和指导意义；四、社会主义初级阶段的基本路线和纲领；五、经济体制改革和经济发展战略；六、政治体制改革和民主法制建设；七、有中国特色社会主义的文化建设；八、推进祖国和平统一；九、国际形势和对外政策；十、面向新世纪的中国共产党。

第一部分，站在世纪之交，回顾百年历史，指出20世纪可分为两半，前半个世纪，中国所要解决的主要是民族独立和人民解放的问题；后半个世纪，所要解决的主要是国家走向繁荣富强和人民走向共同富裕的问题。为解决这两大问题，一个世纪以来，中国人民前进道路上经历了三次历史性的巨大变化，产生了孙中山、毛泽东、邓小平这三位站在时代前列的伟人。百年巨变得出的结论是：只有中国共产党才能领导中国人民取得民族独立、人民解放和社会主义的胜利，才能开创建设有中国特色社会主义的道路，实现民族振兴、国家富强和人民幸福。

第二部分，总结从党的十四大到十五大5年的工作。5年来，我国改革开放和经济、社会发展取得辉煌成就，前景光明；但在前进道路上仍有不少矛盾和困难，各方面工作还存在缺点和差距。

第三部分，论述了邓小平理论的历史地位和指导意义。报告有一个新的提法：邓小平理论是当代中国的马克思主义，是马克思主义在中国发展的新阶段。所谓“新阶段”，是指它开拓了马克思主义的新境界；它把对社会主义的认识提高到新的科学水平；它对世界发展和时代特征做出新的科学判断；它形成了新的建设有中国特色社会主义理论的科学体系。这四个“新”，贯穿一个主题，就是邓小平反复强调的“要搞清楚什么是社会主义、怎样建设社会主义”这个首要的基本理论问题。报告特别强调，把邓小平理论作为党的指导思想和行动指南，是我们党经过近20年改革开放和社会主义现代化建设的成功实践做出的历史性决策。

第四部分，在世纪之交、继往开来的重要时刻，面对改革攻坚和开创新局面的艰巨任务，再次强调对社会主义初级阶段基本国情要有统一认识和准确把握。在邓小平理论和社会主义初级阶段基本路线的指引下，报告还第一次对初级阶段建设有中国特色社会主义的基本纲领做了科学的明确的阐述。

报告第五至第十部分，以邓小平理论为指导，以社会主义初级阶段基本路线和基本纲领为依据，具体论述了7个领域的发展方略，即：经济方略——坚持和完善社会主义市场经济体制，保持国民经济持续快速健康发展；政治方略——深入推进政治体制改革，依法治国，建设社会主义法治国家；文化方略——创造绚丽多彩的有中国特色社会主义的文化；军事方略——把人民解放军的革命化、现代化、正规化建设提高到一个新水平；国家统一方略——积极推进祖国和平统一进程；外交方略——始终不移地奉行独立自主的和平外交政策；治党方略——从组织上政治上作风上全面加强党的建设。

2. 选举第十五届中央委员会和新的中央领导机关

9月18日，是十五大闭幕的日子，这一天，代表们代表全国5800多万名党员，要投出自己神圣的一票，为中国共产党选出新的领导集体。

上午8时始，代表们就迎着灿烂的阳光，怀着激动的心情，陆续走进人民大会堂。

上午9时，主持大会的江泽民宣布大会开始。会议首先通过了由36人组成的总监票人名单。宣布选举开始后，大会工作人员捧出了大红绸缎的包裹，取出里面的选票发给代表们。橘红色的是中央委员会委员候选人名单；粉红色的是中央委员会候补委员候选人名单；淡粉色的为中央纪律检查委员会委员候选人名单。每一个代表都仔细阅读，认真填写，庄严投票。许多代表纷纷举起手中的照相机、摄像机，抓拍大家投票的盛况，记录下一生中难忘的时刻。

在总监票人和监票人的监督下，到会的2074名代表以无记名投票方式，选举出第十五届中央委员会委员193名，中央委员会候补委员151名，中央纪律检查委员会委员115名。9月19日，党的十五届一中全会选举江泽民、李鹏、朱镕基、李瑞环、胡锦涛、尉健行、李岚清为中央政治局常委，江泽民为中央委员会总书记；决定江泽民为中央军事委员会主席；批准尉健行为中央纪律检查委员会书记。

3. 通过《中国共产党章程（修正案）》

大会通过了关于《中国共产党章程（修正案）》的决议。大会认为，在党章中把邓小平理论确立为党的指导思想，明确规定中国共产党以马克思列宁主义、毛泽东思想、邓小平理论作为自己的行动指南，这对于保证我们党领导人民坚定地走中国特色社会主义道路，把我国建设成为富强民主文明的社会主义现代化国家，具有重大而深远的意义。

十五大党章充分肯定了邓小平理论在我们党和国家发展史上的重要历史地位和指导意义，明确规定，“中国共产党以马克思列宁主义、毛泽东思想、邓小平理论作为自己的行动指南”。十五大党章在原来党章关于马克思列宁主义的论述和关于毛泽东思想的论述之后，对有关建设有中国特色社会主义理论的内容加以调整补充，形成了关于邓小平理论的完整论述：“十一届三中全会以来，以邓小平同志为主要代表的中国共产党人，总结建国以来正反两方面的经验，解放思想，实事求是，实现全党工作中心向经济建设的转移，实行改革开放，开辟了社会主义事业发展的新时期，逐步形成了建设有中国特色社会主义的路线、方针、政策，阐明了在中国建设社会主义、巩固和发展社会主义的基本问题，创立了邓小平理论。邓小平理论是马克思列宁主义的基本原理同当代中国实践和时代特征相结合的产物，是毛泽东思想在新的历史条件下的继承和发展，是马克思主义在中国发展的新阶段，是当代中国的马克思主义，是中国共产党集体智慧的结晶，引导着我国社会主义现代化事业不断前进。”①

## 三、党的十五大的历史地位与影响

党的十五大是在我国改革开放和社会主义现代化建设承前启后、继往开来的重要时期召开的具有重大意义的会议。大会通过的报告，站在世纪之交的历史高度，总结中华民族百年来的奋斗历程，展望未来，对我国改革和建设的跨世纪发展做出了全面部署，是我们党带领全国各族人民迈向 21 世纪的政治宣言和行动纲领。

### （一）对高举邓小平理论伟大旗帜问题进行了深入阐述

十五大报告首次使用了“邓小平理论”的称谓。报告明确指出：旗帜问题至关重要。旗帜就是方向，旗帜就是形象。坚持十一届三中全会以来的路线不动摇，就是高举邓小平理论的旗帜不动摇。马克思列宁主义同中国实际相结合有两次历史性飞跃，产生了两大理论成果。第一次飞跃的理论成果是被实践证明了的关于中国革命和建设的正确的理论原则和经验总结，它的主要创立者是毛泽东，我们党把它称为毛泽东思想。第二次飞跃的理论成果是建设有中国特色社会主义理论，它的主要创立者是邓小平，我们党把它称为邓小平理论。这两大理论成果都是党和人民实践经验和集体智慧的结晶。

邓小平逝世后，党如何对待中国特色社会主义道路和中国特色社会主义理论，即举什么旗、走什么路、坚持什么方向，不可避免地成为国际国内、党外党内关注的焦点。对于这个关系党的兴衰成败和社会主义前途命运的根本问题，党的十五大做出了鲜明、有力的回答：高举邓小平理论伟大旗帜，这是党从历史和现实中得出的不可动摇的结论。因为邓小平理论围绕什么是社会主义、怎样建设社会主义这个根本问题，第一次比较系统地初步回答了社会主义的发展道路、发展阶段、根本任务、发展动力、

① 《中国共产党第十五次全国代表大会文件汇编》，人民出版社 1997 年版，第 55 ~ 56 页。

外部条件、政治保证、战略步骤、党的领导和依靠力量以及祖国统一等一系列基本问题，指导中国共产党制定了在社会主义初级阶段的基本路线。它是当代中国的马克思主义，是马克思主义在中国发展的新阶段。它是贯通哲学、政治经济学、科学社会主义等领域，涵盖经济、政治、科技、教育、文化、民族、军事、外交、统一战线、党的建设等方面比较完备的科学体系，又是需要从各方面进一步丰富发展的科学体系。因此，十五大修改通过的新党章中，第一次把邓小平理论确立为党的指导思想，并同马克思主义、毛泽东思想一道作为党的行动指南。这是十五大的最大贡献。这对于保证我们党领导人民坚定地走中国特色社会主义道路，把我国建成为富强民主文明的社会主义现代化国家，必将产生极其重大而深远的影响。

### （二）对党在社会主义初级阶段的基本纲领进行了系统论述

党的十五大在理论上的一个突破性进展，就是在认真总结社会主义建设正反两方面经验教训，尤其是改革开放近20年的新鲜经验的基础上，第一次明确界定了有中国特色的社会主义经济、政治、文化的目标内涵："建设有中国特色社会主义的经济，就是在社会主义条件下发展市场经济，不断解放和发展生产力"；"建设有中国特色社会主义的政治，就是在中国共产党领导下，在人民当家做主的基础上，依法治国，发展社会主义民主政治"；"建设有中国特色社会主义的文化，就是以马克思主义为指导，以培养有理想、有道德、有文化、有纪律的公民为目标，发展面向现代化、面向世界、面向未来的，民族的科学的大众的社会主义文化"。这些"建设有中国特色社会主义的经济、政治、文化的基本目标和基本政策，有机统一，不可分割，构成党在社会主义初级阶段的基本纲领。"

十五大关于党在社会主义初级阶段基本纲领的提出，是对邓小平理论的重要补充和初级阶段党的基本路线的具体化，进一步明确了我们贯彻执行党的基本路线的工作目标思路。在党的纲领中提出社会主义初级阶段，或者结合社会主义初级阶段提出党的纲领，这在我们党的历史上是第一次。它是以江泽民为核心的第三代中央领导集体理论上的重要建树，表明中国共产党人对社会主义的认识更加深刻和全面。党对社会主义经济、政治、文化"三位一体"的现代化建设战略布局由此形成，必将对未来中国的改革开放和现代化建设事业产生积极深远的影响，堪称新民主主义革命三大纲领的姊妹篇。

### （三）对所有制、依法治国、文化建设和党的建设等问题进行了新的阐发

十五大报告明确提出：要调整和完善所有制结构，这是经济体制改革的核心。要

全面认识公有制经济的含义。公有制经济不仅包括国有经济和集体经济，还包括混合所有制经济中的国有成分和集体成分。公有制的主体地位主要体现在：公有资产在社会总资产中占优势，国有经济控制国民经济命脉，对经济发展起主导作用。这种主导作用又主要体现在控制力上。要保证国有经济的控制力，国有经济必须对关系国民经济命脉的重要行业和关键领域占支配地位。在这样的前提下国有经济比重减少一些，不会影响我国的社会主义性质。公有制实现形式可以而且应当多样化。要大胆利用一切反映社会化生产规律的经营方式和组织形式，努力寻找能够极大促进生产力发展的公有制实现形式。在坚持公有制为主体的基础上，要大力发展非公有制经济。因为非公有制经济是我国社会主义市场经济的重要组成部分。

十五大报告明确指出：经济体制改革的深入，要求在坚持四项基本原则的前提下，继续推进政治体制改革，进一步扩大社会主义民主，健全社会主义法制，依法治国，建设社会主义法治国家。依法治国是党领导人民治理国家的基本方略，是发展社会主义市场经济的客观需要，是社会文明进步的重要标志，是国家长治久安的重要保障。

十五大报告强调：全党必须从社会主义事业兴旺发达和民族振兴的高度，充分认识文化建设的重要性和紧迫性。因为，有中国特色社会主义的文化，是凝聚和激励全国各族人民的重要力量，是综合国力的重要标志。社会主义现代化应该有繁荣的经济，也应该有繁荣的文化。在全社会形成共同理想和精神支柱，是建设有中国特色社会主义文化的根本；发展教育和科学是文化建设的基础工程；发展文学艺术、新闻出版、广播影视等事业是文化建设的重要内容；营造良好的文化环境是提高社会文明程度、推进改革开放和现代化建设的重要条件。我国的文化发展要坚持以我为主、为我所用的原则，开展多种形式的对外文化交流。

十五大报告提出：高举邓小平理论的伟大旗帜，实现十五大确定的任务，把建设有中国特色社会主义事业全面推向21世纪，关键在于坚持、加强和改善党的领导，把党建设成为用邓小平理论武装起来、全心全意为人民服务、思想上政治上组织上完全巩固、能够经受住各种风险、始终走在时代前列、领导全国人民建设有中国特色社会主义的马克思主义政党。全党要按照这一新的伟大工程的总目标，从思想上、政治上、作风上全面加强党的建设。

党的十五大在以上这些问题上提出的许多新思想、新观念、新论断，对于澄清人们思想认识上的种种疑惑，对于进一步解放人们的思想，加快推进经济体制改革、政治体制改革和文化建设等，指明了前进的方向，提供了强大的动力。

# 党的十六大

## 贯彻“三个代表”重要思想与提出全面建设小康社会的奋斗目标

2002年11月8日至14日在北京隆重举行的中国共产党第十六次全国代表大会，是在我国开始实施社会主义现代化建设第三步战略部署的新形势下和进入新世纪后召开的第一次全国代表大会。这次大会在系统总结过去5年工作特别是13年的基本经验的基础上，号召全党团结带领全国人民全面贯彻“三个代表”重要思想，努力实现全面建设小康社会的奋斗目标。

### 一、十三年基本经验，怎样总结

20世纪末，带领中国人民奋斗了80年的党怎样总结自身的历史经验，并永葆先进性，从而在21世纪继续实现中华民族的伟大复兴，这是关系党和国家前途命运的重大问题，也是即将卸任的党的主要领导人时刻在思考的问题。

#### （一）在指导制订“十五”计划中总结经验

党在重大历史关头和应对新的重大任务时往往注重认真总结历史经验，以古鉴今。

“十五”计划事关我国21世纪初期的发展。2000年8月27日，江泽民在长春指出，今后五到十年，是我国经济和社会发展的重要时期，对我国在新世纪的发展至关重要。9月，他再次指出，“十五”计划是我国全面进入小康社会并加快推进现代化步伐的第一个五年计划，也是初步建立社会主义市场经济体制后改革开放进入新阶段的第一个五年计划。如何认识新世纪之初我国发展的任务，制订符合我国实际、具有时代特征、顺应世界潮流的规划，指导全党全国人民明确方向，团结奋斗，对于在新世纪继续推进建设有中国特色社会主义的伟大事业具有特别重大的意义。

在新的世纪，面对国内外纷繁复杂的局势，中国的现代化建设如何开好局、起好步？中国将选择什么样的发展战略？早在1997年召开的党的十五大上，江泽民指出，就是要抓住机遇而不可丧失机遇，开拓进取而不可因循守旧，围绕经济建设这个中心，经济体制改革要有新的突破，政治体制改革要继续深入，精神文明建设要切实加强，各个方面相互配合，实现经济发展和社会全面进步。

以中央的精神为指导，1999年6月22日，国家计委召开电视电话会议，部署“十五”的规划工作。根据历史经验，国家计委主任曾培炎在会上说，做好“十五”规划工作，要把握好六个重要原则和四个思想方法。

六个重要原则是：正确处理改革、发展、稳定的关系；遵循速度和效益相统一的原则，推进经济增长方式的转变；充分发挥市场机制的作用；坚持可持续发展战略；逐步缩小地区间的发展差距；坚定不移地继续贯彻执行对外开放的基本国策。四个思想方法是：要改变过去规划编制中对国际国内两种资源、两个市场缺乏统一考虑的思想方法；要改变政府包办一切、“包打天下”的思想方法，分清哪些是由市场和企业做的，哪些需要政府做；要改进先确定目标、提出口号，再测算速度的思想方法，从现实出发，从供求分析和竞争力分析入手来测算增长速度，确定规划目标；要提高规划编制过程的社会参与度，广泛听取社会各界的意见。这六个重要原则和四个思想方法是立足中央精神和总结“九五”计划历史经验的硕果。

### （二）在总结党的历史经验基础上提出“三个代表”重要思想

江泽民在2001年的“七一”重要讲话中指出，总结我们党80年特别是党的十三届四中全会以来十多年的奋斗历程和基本经验，展望新世纪的艰巨任务和光明前途，我们党要继续站在时代前列，带领人民胜利前进，归结起来，就是必须始终代表中国先进生产力的发展要求，代表中国先进文化的前进方向，代表中国最广大人民的根本利益。

“三个代表”重要思想，站在世纪之交的时代高度，总结我们党近80年的历史经验，联系当前我国改革开放的新形势以及党面临的新问题，从根本上进一步回答了在充满挑战和希望的21世纪，我们党要把自己建设成为一个什么样的党和怎样建设党的问题。这是对党的性质、宗旨和根本任务的新概括，是对马克思主义建党学说的新发展，是新形势下对各级党组织和党员干部提出的新要求，是在新的历史条件下全面加强党的建设的伟大纲领。

“三个代表”重要思想经历了孕育、形成和发展的历史过程。它是对马克思列宁主义、毛泽东思想和邓小平理论的继承和发展。十五大召开前夕，中国改革开放的总设计师邓小平不幸逝世。国内外都在观望中国的发展方向和路线。党的十五大旗帜鲜明地高举邓小平理论的伟大旗帜，坚持邓小平理论和党在社会主义初级阶段的基本路线，努力探索解决改革开放和现代化建设进程中出现的新情况新问题。十五大以来的5年，国际国内形势发生了复杂而重大变化。“三个代表”重要思想的提出有着深刻的时代背景。

从国际看，我们所处的国际环境已经或者正在发生广泛而深刻的变化，给我们带来新的机遇和挑战。当今世界，科技进步日新月异，经济全球化进程加快发展，世界格局多极化趋势不可逆转，以经济、科技、军事实力和民族凝聚力为主要内容的综合国力的竞争日趋激烈。总的看，和平与发展仍然是时代的主题。我们面临的国际环境依然是机遇大于挑战，希望多于困难。在20世纪的百年历史中，世界社会主义运动既有令人震撼的辉煌，也有震惊世界的严重挫折。科学社会主义由在占世界人口1/3的国度里取得胜利和苏东剧变、苏联解体的大曲折，向人们、向一切马克思主义者特别是向中国共产党人提出了重大的课题。“三个代表”重要思想的形成就是深入研究和思考如此错综复杂、变化深刻的历史现象的理论认识。进一步总结经验和教训，我们得到重要的启示：苏联社会主义模式的消亡并不等于社会主义的失败，而有中国特色社会主义的兴起则预示着社会主义辉煌的未来；我们一定要吸取苏共解体的教训，必须始终不渝地加强党的建设。作为中国这样一个大国的执政党，只有通过加强自身建设，始终坚持“三个代表”以保持先进性，才能不断提高执政水平和领导水平，准确把握世界发展的新潮流、新趋势，抓住机遇，迎接挑战，化解风险，因势利导，更好地巩固、加强和发展我们的党，才能在激烈的国际竞争中始终立于不败之地。

从国内看，党的十五大以来，全党和全国各族人民在以江泽民为核心的党中央领导下，高举邓小平理论伟大旗帜，不断开拓创新，全面推进建设有中国特色社会主义伟大事业，在改革发展稳定、内政外交国防、治党治国治军等各方面都取得了巨大成就。同时，我们也应看到，随着改革开放的深入和社会主义市场经济的发展，我国的社会生活发生了广泛而深刻的变化，社会经济成分、组织形式、利益分配和就业方式的多样化还将进一步发展。改革和建设中的各种矛盾相互交织，特别是改革的深化引起社会经济关系的新变化和各种利益关系的调整，给政治、经济、社会、文化生活都带来深刻影响。我们的党也在悄然发生一些变化。在一部分党员干部中存在着思想僵化、信念动摇、组织涣散、作风浮漂，特别是腐败问题，党员干部队伍正进入整体性新老交替的重要时刻。在这种情况下，从严治党，进一步全面提高全党特别是党的干部队伍的素质，已成为十分紧迫的任务。所有这些，都必须紧密结合实际，加紧进行思考和研究，积极探索在新形势下加强党的建设的有效途径和办法，从而保证我们党始终走在时代的前列，始终走在领导中华民族伟大复兴事业的前列，使我们党在思想上政治上组织上进一步巩固起来，经得起任何风险的考验。

### （三）开展“三个代表”重要思想学习教育活动

为了学习和贯彻“三个代表”重要思想，加强和改进党对农村工作的领导，切实解决农村存在的突出问题，2000 年 11 月 30 日，中共中央办公厅下发通知，从 2000 年冬、2001 年春开始，用两年左右的时间，在全国县（市）部门、乡镇、村领导班子和基层干部中，有计划、有步骤地开展“三个代表”重要思想学习教育活动。

从新世纪开始，我国将进入全面建设小康社会，加快推进现代化的新的发展阶段。进一步加强农业，积极推进农业和农村经济结构的战略性调整，提高农业、农村经济的素质和效益，努力增加农民收入，是新阶段农业和农村工作的中心任务。当前农业和农村经济的结构性矛盾突出，一些地方农村经济发展缓慢，农民增收困难。在改革日益深入，开放不断扩大，各种思想、文化相互激荡的背景下，农村精神文明建设面临大量新情况、新问题。一些地方封建迷信活动抬头，腐朽思想蔓延，宗族势力干扰村务，少数地方非法宗教活动猖獗、邪恶势力横行、黄赌毒等社会丑恶现象沉渣泛起。加强农村精神文明建设的任务非常艰巨。农村基层干部队伍总体上是好的，但一些基层干部素质不适应新形势新任务的要求，存在着一些不符合甚至损害农民群众利益的问题。开展学习教育活动，把广大干部的思想进一步统一到“三个代表”的要求上来，切实加强农村精神文明建设，提高广大农村基层干部的素质和水平。通过深化农村改革、调整经济结构，加快农村经济发展，这是解决农村所有问题的关键。

在农村开展“三个代表”重要思想学习教育活动，就是要达到以下四项要求：推动农村经济发展，增加农民收入要有新进展；减轻农民负担要切实见到成效；基层干部思想作风和工作作风要有明显改进；精神文明建设和民主法制建设要进一步加强。要达到这四项要求，就必须搭建一个平台。为此，中央要求深入开展创建“五个好”村党支部、“六个好”乡镇党委和农村基层组织建设先进县活动，制定、完善“三级联创”的规划和实施意见，形成常抓不懈的工作机制。要适应农村经济和社会发展的需要，改进农村基层党组织的设置、活动方式和工作方法。大力推进村党支部领导班子成员选拔任用制度的改革，实行“两推一选”和“公示制”。加大教育培训工作力度，全面提高农村基层干部素质。加强以党支部为核心的村级组织配套建设，正确处理村党支部和村民委员会的关系。加强农村党员教育管理，充分发挥农村党员在两个文明建设中的先锋模范作用。

经过各级党委的共同努力和广大农村基层干部的积极参与，学习教育活动取得了明显的成效，基本达到了中央关于“让干部受教育、使农民得实惠”的要求，促进了农村的改革、发展和稳定，也为今后工作的开展提供了许多有益的启示和经验：一是把“三个代表”重要思想落实到农村基层，一定要体现执政为民的要求，把干部受教育与农民得实惠紧密结合起来。二是提高农村基层干部素质特别是思想政治素质，一定要坚持把理论武装放在首位，坚持学与用、知与行的统一。三是妥善解决农村基层干部思想和工作作风中存在的突出问题，一定要坚持正面教育、自我教育为主，同时要充分听取群众意见，自觉接受群众监督。四是全面提高农村基层组织建设水平，一定要把思想建设、组织建设、作风建设有机结合起来，把制度建设贯穿其中，做到整体推进。五是把加强和改进农村基层组织建设的任务落到实处，一定要坚持上下结合，齐抓共管，建立严格的领导责任制，切实加强督促检查。六是坚持农村党建工作的正确方向，一定要密切联系农村的新形势，紧紧围绕党在农村的中心任务，服从服务于农村改革、发展、稳定的大局。

### （四）进一步加强和改进党的作风建设

自 2001 年，我国已进入全面建设小康社会、加快推进社会主义现代化的新的发展阶段。邓小平曾指出，“办好中国的事情，关键在党”。世纪之交的新情况新问题正在考验着党。

国际方面，随着冷战结束、经济发展和科技进步，国际环境发生重大变化，世界多极化和经济全球化曲折发展，综合国力竞争日趋激烈，各种矛盾错综复杂，各种思潮相互激荡，敌对势力加紧对我国进行渗透和破坏活动。

国内方面，随着改革开放的深入和社会主义市场经济的发展，党所面临的形势和党的队伍状况都发生了重大变化。社会经济成分、组织形式、就业方式、利益关系和分配方式日益多样化，新事物新问题层出不穷。随着党和国家事业的发展，党的队伍状况发生重大变化，新党员大幅度增加，干部队伍新老交替不断进行，一大批年轻干部走上领导岗位。这些深刻变化既带来机遇，也带来挑战。

面对复杂的国内外环境，党要团结和带领全国各族人民，继续推进现代化建设，完成祖国统一，维护世界和平与促进共同发展，就必须始终代表中国先进生产力的发展要求，代表中国先进文化的前进方向，代表中国最广大人民的根本利益，围绕提高党的领导水平和执政水平、提高拒腐防变和抵御风险能力这两大历史性课题，全面推进党的建设新的伟大工程。事实证明：我国改革开放和现代化建设取得举世瞩目的成就，同广大党员干部的优良作风是密不可分的，同广大党员为党和人民的事业发挥忘我奋斗和无私奉献的先锋模范作用是密不可分的。

加强作风建设是党革命成功的法宝之一。执政党的党风，关系党的形象，关系人心向背，关系党和国家的生死存亡。从党的七届二中全会到十二大，党就高度重视作风建设。党的十五届六中全会召开之际，时间已经进入了 21 世纪。党面临着全面建设小康社会的历史重任。加强党的作风建设是顺利完成历史重任的保障。面向新世纪的任务，党的作风方面存在一些亟待解决的问题。主要是：在一些地方、部门和领导干部中，教条主义、本本主义滋长，形式主义、官僚主义盛行，弄虚作假、虚报浮夸严重，独断专行、软弱涣散问题突出，以权谋私、贪图享乐现象蔓延。这些问题，归根到底都是脱离实际、脱离群众导致的，其消极影响和后果不可低估。历史和现实一再告诉我们，执政党不注重作风建设，听任不正之风侵蚀党的肌体，就会损害党群关系和干群关系，甚至失去民心，丧失政权。

正是在这样的背景下，2001 年 9 月 24 日至 26 日召开了党的十五届六中全会，专题研究和部署进一步加强和改进党的作风建设问题。中央认为，党的作风建设既是一项长期而艰巨的任务，又是一项现实而紧迫的工作。必须把总体要求同阶段性目标结合起来。当前和今后一个时期，要抓住重点，集中解决党的思想作风、学风、工作作风、领导作风和干部生活作风方面的突出问题。

会议确定当前和今后的主要任务是“八个坚持、八个反对”：坚持解放思想、实事求是，反对因循守旧、不思进取；坚持理论联系实际，反对照抄照搬、本本主义；坚持密切联系群众，反对形式主义、官僚主义；坚持民主集中制原则，反对独断专行、软弱涣散；坚持党的纪律，反对自由主义；坚持清正廉洁，反对以权谋私；坚持艰苦奋斗，反对享乐主义；坚持任人唯贤，反对用人上的不正之风。全党要进行卓有成效的工作，全面贯彻落实这“八个坚持、八个反对”，使党的作风有新的明显进步，使党群关系和干群关系有新的明显改善，使广大群众看到实效，增强信心。

“八个坚持、八个反对”全面构建了党的作风建设体系。保持党同人民群众的血肉联系是党的作风建设的核心，而思想作风建设处在第一位。坚持解放思想、实事求是的思想路线和思想作风，是党顺应时代进步潮流、永葆先进性的根本要求。世界在变化，我国改革和建设在推进，人民群众的伟大实践在发展。全党必须从我国社会主义初级阶段的实际出发，从不断发展变化的国际形势出发，按照实践是检验真理的唯一标准，坚持用“三个有利于”判断各方面工作的是非得失，自觉地把思想认识从那些不合时宜的观念、做法和体制的束缚中解放出来，从对马克思主义错误的和教条式的理解中解放出来，从主观主义和形而上学的桎梏中解放出来，不断推动理论创新、制度创新和科技创新，努力开拓马克思主义理论发展的新境界，开创党和国家事业发展的新局面。

## 二、党的十六大的筹备与召开

党的十五大以来，我们在改革发展稳定、内政外交国防、治党治国治军等各方面都取得了巨大成就。5 年来，国民经济持续快速健康发展，改革开放取得丰硕成果，人民生活总体上达到小康水平，民主政治和精神文明建设成效显著，国防和军队建设迈出新步伐，祖国统一大业取得新进展，对外工作开创新局面，党的建设全面加强。世纪之交，我国正处于一个必须紧紧抓住并且可以大有作为的重要战略机遇期。和平发展仍然是当今时代的主题。经济全球化深入发展，世界科技革命突飞猛进。同时，世界局势复杂多变，国际竞争日趋激烈。我国正处于并将长期处于社会主义初级阶段，20 世纪末已经达到的小康还是低水平的，在经济、政治、文化和社会建设、党的建设等方面还存在一些不容忽视的问题。进入新世纪，我国社会主义现代化建设正达到一个新的历史起点。党中央需要从历史和时代的高度，召开一次新的全国代表大会，根据新的形势、挑战和任务对 21 世纪初我国经济社会发展做出新的战略部署。

### （一）十六大代表的产生

党的十六大的 2120 名代表，是经过各选举单位党代表大会或党代表会议选举产生的。十六大代表的推荐、选举工作，是中国共产党充分发扬党内民主，坚持民主集中制原则的生动展示和体现。

2001 年 9 月 24 日至 26 日召开的党的第十五届六中全会审议并通过了《关于召开党的第十六次全国代表大会的决议》。10 月 27 日，中共中央下发了关于党的十六大代表选举工作的通知，就选举单位的划分、代表应具备的条件和代表的构成、代表的产生程序、代表名额的分配等做出明确的规定，对党的十六大代表的先进性和代表性提出明确要求。

各地在十六大代表的推荐、选举工作中，把推荐、选举工作与对党员进行党性教育和民主集中制教育紧密结合起来，使代表的推荐、选举过程成为对党员进行党性锻炼、党性教育的过程，成为对党员进行具体、生动的民主集中制教育的过程，党内民主观念深入党员心中。

各选举单位充分发扬党内民主，严格按照中央规定的程序开展推荐、提名工作。为确保代表人选的质量，各选举单位由组织部门牵头，从有关部门抽调党性强、作风正、业务熟的干部组成若干考察组。各考察组坚持把政治标准放在首位，特别对代表候选人初步人选作风方面的表现、廉洁自律方面的情况和群众公认程度进行了深入细致的了解。广泛听取人选所在单位党组织、党员以及计生、审计等部门的意见。

各选举单位的推荐提名工作，一般都经过了“三上三下”，即党支部根据多数党员的意见提出代表候选人初步人选上报基层党委，基层党委根据多数党支部的意见对人选进行遴选，再拿下去征求党支部和党员意见，然后上报县（市）委；县（市）委根据多数基层党委的意见对人选进行遴选，再征求基层党委意见之后，上报市（地）委；市（地）委根据多数县（市）委的意见进一步遴选，并征求县（市）委意见后，上报选举单位党委。

严格的遴选程序确保了当选代表既有先进性，又有广泛性，结构比较合理。在 2120 名代表中，既有各级党员领导干部，也有来自生产和工作第一线的代表；在经济、科技、国防、政法、教育、宣传、文化、卫生、体育等方面做出突出贡献的党员模范在十六大代表中占有相当比例，他们中获得过省部级以上荣誉称号的先进模范人物占 88.5%。女代表和少数民族代表所占比例高于女党员和少数民族党员占全国党员总数的比例。

2120 名十六大代表，是全国 6600 多万党员的代表，是中国共产党不断发展壮大的象征。在当选代表中，有 12 名在大革命时期和土地革命战争时期入党的党员，有 17 名在抗日战争时期入党的党员，还有 24 名在解放战争时期入党的党员，新中国成立后入党的达到 2067 名，占 97.5%，其中十一届三中全会以来入党的 677 名，占 31.9%。这表明，新中国成立以来入党的同志已经成为十六大代表的主体，这是我们党的事业兴旺发达、后继有人的重要标志。此外，当选代表年龄结构进一步合理，平均年龄52.5岁，比十五大代表的平均年龄降低0.7岁，其中年龄在55岁以下的1338名，占63.1%。

十六大代表推荐、选举工作，充分发扬党内民主，得到了广泛认同和支持，激发了广大党员参与的积极性。据统计，各选举单位基层党组织参与率平均为98%，党员参与率平均为93%。

### （二）十五届七中全会决定召开十六大

党的十五届七中全会于2002年11月3日至5日在北京举行。会议确定了几个重大事项：一是决定党的第十六次全国代表大会的召开日期和地点，即2002年11月8日在北京召开。二是讨论并通过了十五届中央委员会向党的第十六次全国代表大会的报告和《中国共产党章程（修正案）》，并决定将这两个文件提请党的第十六次全国代表大会审议。三是判断了国家的历史方位。全会认为自1989年十三届四中全会以来的13年间，我国的改革开放取得了历史性突破，祖国和平统一大业取得重大进展，人民生活总体上实现了由温饱到小康的历史性跨越。

全会总结了十五大以来5年的工作，回顾了1989年十三届四中全会以来改革开放和社会主义现代化建设的历史进程。认为，这13年来，国际局势风云变幻，我国改革开放和社会主义现代化建设的进程波澜壮阔，以江泽民同志为核心的第三代中央领导集体，高举邓小平理论伟大旗帜，团结带领全党和全国各族人民，坚持党的十一届三中全会以来的路线不动摇，从容应对来自各方面的困难和风险，开创了建设有中国特色社会主义事业的崭新局面。这13年取得的巨大成就，必将载入中华民族伟大复兴的光辉史册。这13年积累的宝贵经验，对建设有中国特色社会主义事业具有长远的指导意义。

全会以邓小平理论和“三个代表”重要思想为指导，全面分析了新世纪党面临的国际国内形势和肩负的历史任务，就我国新世纪新阶段改革开放和社会主义现代化建设的若干重大问题，进行了深入讨论，为十六大的召开做了充分的准备。

### （三）十六大报告的起草

十六大报告的起草工作，自始至终都在中央政治局常委会和江泽民同志直接领导下进行。

早在筹备十六大的工作中，江泽民就对十六大的报告提出要求：党的十六大，将进一步制定党和国家在新世纪之初的行动纲领，进一步统一全党和全国各族人民的思想。同时使我们党不断增强创造力、凝聚力、战斗力，始终走在时代前列，确保实现中国的现代化和中华民族的伟大复兴。大会的报告要集中全党和全国人民的智慧，根据实践的经验和发展的要求，对党和国家工作中的全局性、战略性、前瞻性重大理论和实际问题，做出科学和全面的论述，以更好地指导实践。以此振奋党心，鼓舞民心，在国际上树立我们党坚持改革开放、与时俱进的良好形象。

2001 年 10 月下旬，中央政治局常委会决定成立十六大报告起草组，由胡锦涛任组长。10 月 26 日，起草组在中南海怀仁堂举行第一次会议。由此，历时一年多的十六大报告起草工作正式开始。

起草组明确，报告要牵动人心、切中民意、体现时代精神，归根结底只能依靠广大党员和亿万人民的伟大实践。为此，中央领导和相关部门深入基层，开展专题调研。从 2001 年 8 月到 2002 年 5 月，江泽民的足迹遍及大江南北，重点调研党的建设、改革发展、西部开发等一系列重大问题。

2001 年 8 月，中央组织有关部门成立了 14 个课题组，围绕党的建设、我国基本国情、发展先进生产力和先进文化、收入分配等课题展开调研，历时半年。起草期间，胡锦涛主持会议，专题听取各课题组的汇报，并进行深入研讨。

11 月 8 日至 22 日，起草组分成 8 个调研组，分赴广东、江苏、上海、黑龙江、甘肃等 16 个省、自治区、直辖市进行调研。为保证调研取得实效，起草组在出发前向 16 个省、自治区、直辖市发出了详细的调研提纲。在天山脚下，在珠江岸边，在浦东新区，在西南边陲，起草组的同志在这些地方共召开 80 场座谈会，914 人次参加。

为了更深入地研究一些重大的理论和实际问题，探讨改革和发展的重大举措，起草组还约请中央 20 多个综合部门和职能部门就一些专题进行了研究，有些重大专题同时请几个不同的部门进行研究，以对各种方案进行比较选择。

对中国共产党这样一个马克思主义政党来说，坚持举什么旗、走什么路、实现什么目标，对党的事业的发展至关紧要。党的全国代表大会报告就必须鲜明地回答这个问题。

2002 年 1 月 14 日，江泽民召集起草组全体会议，就十六大的主题、重要意义和主要任务，十六大报告需要阐述的重大问题及对起草工作的要求，做了重要谈话，提出了十六大报告的主题，这就是：高举邓小平理论伟大旗帜，全面贯彻“三个代表”重要思想，继往开来，与时俱进，全面建设小康社会，加快推进社会主义现代化，为开创中国特色社会主义事业新局面而奋斗。

2月18日至5月31日，是十六大报告起草并初步成型的阶段。2月18日，江泽民审阅报告提纲并做出了重要指示，对如何总结13年的基本经验、论述“三个代表”重要思想、准确把握国内外发展大势、经济建设和经济体制改革、国有资产管理和营运机制建设、政治建设和政治体制改革、反腐败斗争、党的建设等方面的问题提出重要意见。

2月26日，中央政治局常委会经过讨论，原则同意修改后的报告提纲，并提出了重要的修改意见。起草组根据这些意见，在报告提纲的基础上，开始起草报告。

两个多月后，起草组经过反复修改，写出报告初稿，上报中央政治局常委会。江泽民和政治局其他常委强调，对涉及群众切身利益的重大问题，报告一定要充分反映，尤其要加强对国有企业改革、收入分配、就业和再就业、保障困难群众的生产和生活等问题的论述，提出切实可行的措施。

2002年5月31日，北京西郊的中央党校。江泽民代表中央政治局常委会，在中央党校省部级干部进修班毕业典礼上对十六大报告涉及的重大问题进行了阐述。全国省、自治区、直辖市和中央部委主要领导干部、军队各大单位的主要负责同志参加了会议。“5·31”重要讲话，犹如万里长风，在全党全国人民心中掀起与时俱进的新潮，获得大家的一致赞成，为十六大的胜利召开做了重要的思想准备。

2002年8月26日，根据中央政治局会议的决定，报告稿下发全国178个单位，在党内一定范围征求意见。参加讨论的有十五届中央委员会和中央纪律检查委员会的委员，十六大代表，中央党政军各部门、各人民团体的负责同志，各省、自治区、直辖市和各大军区的党委负责人，党内部分老同志，共3100多人。

从8月30日到9月17日，江泽民用8个整天的时间，在中南海亲自主持召开座谈会，直接听取各省、自治区、直辖市党政主要负责人、军队各大单位主要负责同志对十六大报告稿的意见和建议，听取各民主党派中央负责人、全国工商联负责人和无党派人士的意见，同大家坦诚交流、交换看法。

9月18日，各方面的意见全部反馈到起草组。根据反馈的意见，大家一致赞同十六大报告的主题、框架、思路、内容和重大提法，认为报告提出了许多重要的新思想、新观点、新举措，是一个与时俱进、开拓创新的报告，是一个求真务实、振奋人心的报告。同时，也提出了一些修改意见和建议。

同一天，江泽民主持召开起草组全体会议，再次做重要讲话，就5年来的成绩、13年的基本经验、“三个代表”重要思想、社会主义市场经济体制、国有资产管理体制改革、国防和军队现代化建设、增强忧患意识等问题提出指导性意见。他着重强调，十六大报告是政治报告，要抓住重点，切中要害，讲大的方针、政策和原则，要下决心精简文字。根据江泽民的指示，起草组对报告做了重大修改，加强了对13年来不平凡历程的论述，突出了建立社会主义市场经济体制的意义，强调要增强忧患意识，居安思危，倍加顾全大局，倍加珍视团结，倍加维护稳定，等等。

在起草过程中，有不少党员、干部、专家学者和普通群众来信提出建议，起草组都一一进行了认真的研究。

11月3日至5日，中国共产党第十五届中央委员会第七次全体会议在北京举行。186名中央委员、139名中央候补委员，对报告进行了深入讨论并提出了修改意见。根据这些意见和建议，全会对报告做了70多处修改。全会通过了修改后的报告，决定提请党的十六大审议。

### （四）十六大的议程和主要内容

党的第十六次全国代表大会从2002年11月8日至14日举行，共7天。大会的主要议程是：（1）听取和审议十五届中央委员会的报告；（2）审议中央纪律检查委员会的工作报告；（3）审议并通过《中国共产党章程（修正案）》；（4）选举第十六届中央委员会；（5）选举新一届中央纪律检查委员会。大会的主题是：高举邓小平理论伟大旗帜，全面贯彻“三个代表”重要思想，继往开来，与时俱进，全面建设小康社会，加快推进社会主义现代化，为开创中国特色社会主义事业新局面而奋斗。

2002年11月8日，党的第十六次全国代表大会在北京人民大会堂隆重开幕。大会正式代表2114人，代表全国6600多万名党员。江泽民代表第十五届中央委员会做了《全面建设小康社会，开创中国特色社会主义事业新局面》的报告。报告共分十个部分：一是过去5年的工作和13年的基本经验；二是全面贯彻“三个代表”重要思想；三是全面建设小康社会的奋斗目标；四是经济建设和经济体制改革；五是政治建设和政治体制改革；六是文化建设和文化体制改革；七是国防和军队建设；八是“一国两制”和实现祖国的完全统一；九是国际形势和对外工作；十是加强和改进党的建设。

报告全面回顾了十五大以来5年的工作，并联系改革开放以来的实践系统总结了十三届四中全会以来13年的10条基本经验。在此基础上，报告科学阐述了“三个代表”重要思想的时代背景、历史地位、精神实质和指导意义，把这一重要思想和马克思列宁主义、毛泽东思想、邓小平理论一道，确立为我们党必须长期坚持的指导思想，并且要求全党把这一重要思想贯彻到社会主义现代化建设的各个领域，体现在党的建设的各个方面。

报告紧密围绕大会主题，从历史和时代的高度，明确回答了我们党在新世纪新阶段坚持举什么旗、走什么路、实现什么目标等重大问题。指出：在新世纪新阶段，中国共产党高举的旗帜，就是马克思列宁主义、毛泽东思想和邓小平理论的旗帜，就是“三个代表”重要思想的旗帜；中国共产党要走的道路，就是邓小平开辟的中国特色社会主义道路；中国共产党带领人民在新世纪前50年要实现的目标，就是全面建设小康社会进而实现现代化的目标。报告对我国改革开放和社会主义现代化建设做出了全面部署，是我们党团结和带领全国各族人民在新世纪新阶段继续奋勇前进的政治宣言和行动纲领。

11月15日，中国共产党第十六届中央委员会第一次全体会议选举了中央政治局委员、候补委员，中央政治局常务委员会委员，中央委员会总书记；根据中央政治局常务委员会的提名，通过了中央书记处成员；决定了中央军事委员会组成人员；批准了中央纪律检查委员会第一次全体会议选举产生的书记、副书记和常务委员会委员人选。会议选举胡锦涛为中央委员会总书记；决定江泽民为中央军事委员会主席；选举胡锦涛、吴邦国、温家宝、贾庆林、曾庆红、黄菊、吴官正、李长春、罗干为中央政治局常务委员会委员，吴官正为中央纪律检查委员会书记。

大会通过的《中国共产党章程（修正案）》把“三个代表”重要思想同马克思列宁主义、毛泽东思想、邓小平理论一道，作为党必须长期坚持的指导思想写入了党章。新党章还根据新的形势变化，对党的建设和党的领导、党员队伍建设、基层组织建设等都提出了新要求。

大会选出了新一届中央委员会委员198名，中央候补委员158名，新一届中央纪律检查委员会委员121名。

## 三、党的十六大的历史地位与影响

党的十六大是中国跨入21世纪召开的第一次全国代表大会。这次大会从时间上看应该发挥承上启下的历史作用。事实上，它不负众望，以许多亮点载入史册。

### （一）实现了党的最高领导人的新老平稳顺利交替

在国际共产主义运动史上，早在共产党尚未夺取政权、上升为执政党之前，国际共产主义运动中就出现了随着党的领袖的故去而出现思潮的转向和运动起伏的现象。而执政的共产党在权力继承过程则出现了大量问题，甚至严重危机，有的则直接导致了共产党政权灭亡。权力继承的危机像一个挥之不去的幽灵始终困扰着现实社会主义国家的共产党政权。在第一个共产党政权的创始人列宁去世后，苏联共产党内几乎立即爆发了权力竞争，而最后以掌握着党和政权的组织系统的斯大林的取胜而告终，但代价是斯大林的对立面惨遭清洗。斯大林去世后又出现了一次你死我活的权力斗争。此后，苏联共产党的每一次权力的更迭都伴随着剧烈的党内斗争，甚至引发了政变。共产党国家在权力更迭中每每出现的混乱和危机，使得敌对的西方国家将演变和摧毁共产党政权的希望也往往寄托于此。西方的战略家总是充满信心地预言共产主义的终结，其根据也往往在此。

从中国共产党的历史看，党的最高领导人在新老交替中也并不是一帆风顺的。第一代领导核心的毛泽东曾经多次选择接班人。第二代领导核心的交接过程也是有一些曲折的。但是邓小平创造了被国外称为“半退”的权力交接体制。这种“半退”的权力交接体制在维护稳定、传承党的正确的既定路线和培养接班人方面发挥了积极作用。在党的十六大和随后召开的十六届一中全会上，江泽民、胡锦涛这两位党的最高领导人之间顺利完成了新老交替，受到了国内外的高度关注和赞赏。

### （二）十六大的创新之处

党的十六大报告和通过的新党章提出了一系列新思想、新论述、新部署，概括起来，主要体现在以下三个方面。

第一，把“三个代表”重要思想和马克思列宁主义、毛泽东思想、邓小平理论一道确立为我们党必须长期坚持的指导思想。之所以把“三个代表”思想确立为指导思想，就在于其坚持了“四个紧密结合”，即紧密结合国内外形势的变化，紧密结合我国生产力的最新发展和经济体制深刻变革的实际，紧密结合人民群众对物质文化生活提出的新的发展要求，紧密结合我国党员干部队伍发生的重大变化，也就是针对世情、国情、党情的重大变化，创造性地把党的建设同人类文明的发展趋势，同巩固和发展社会主义的历史任务，同实现中华民族伟大复兴奋斗目标联系起来，为我们应对错综复杂的环境和解决各种问题，打开了思路，开拓了境界。“三个代表”重要思想是对马克思列宁主义、毛泽东思想和邓小平理论的继承和发展，反映了当代世界和中国的发展变化对党和国家工作的新要求，是加强和改进党的建设、推进我国社会主义自我完善和发展的强大理论武器，是全党集体智慧的结晶。贯彻“三个代表”重要思想，关键在坚持与时俱进，核心在坚持党的先进性，本质在坚持执政为民。始终做到“三个代表”，是我们党的立党之本、执政之基、力量之源。正因为如此，十六大把“三个代表”重要思想确立为我们党的指导思想，如同党的七大把毛泽东思想、党的十五大把邓小平理论确立为党的指导思想一样，实现了党的指导思想的又一次与时俱进。这是我们党的又一个历史性决策和贡献，对于全面开创中国特色社会主义事业的新局面产生了非常重要的作用。

第二，首次提出全面建设小康社会的奋斗目标。小康社会发端于中国改革开放总设计师邓小平对在20世纪末实现四个现代化这一宏伟目标的现实思考。他说：“我们的目标，第一步是到2000年建立一个小康社会。”自从邓小平将小康目标纳入党的奋斗目标后，小康社会便家喻户晓，党也一直为此而努力奋斗。首先是实现了从贫困到温饱的跨越。中国于20世纪70年代末开始的改革开放，极大地解放了社会生产力，国民经济实现了快速增长，人民生活得到迅速提高。到20世纪80年代末期，中国城镇消费结构和质量发生了明显变化，居民用于吃饭穿衣的支出所占比重大幅度缩小，用于住、用的支出以及文化服务方面的支出所占比重相应扩大，标志着城镇居民在实现温饱的基础上开始走向小康；农村贫困人口大幅度减少，全国农民也基本上解决了温饱问题。其次是实现了从温饱到小康的跨越。在实现温饱的基础上，经过20世纪90年代改革开放的进一步深化和经济建设的快速发展，中国居民生活水平又上了一个大台阶。联合国粮农组织用恩格尔系数（居民食品支出占生活消费支出的比重）制定生活发展阶段的一般标准为：60%以上为贫困，50%～60%为温饱，40%～50%为小康，40%以下为富裕。1998年中国的恩格尔系数，城镇居民为44.5%，农村居民为53.4%，已分别达到和接近联合国粮农组织提出的小康标准。但是，中国现在达到的小康还是低水平的、不全面的、发展很不平衡的小康。巩固和提高目前达到的小康水平，还需要进行长期的艰苦奋斗。因此，十六大报告根据全面开创中国特色社会主义事业新局面的要求，提出了全面建设小康社会的奋斗目标，并在经济、政治、文化等方面勾画了宏伟蓝图。报告指出，综观全局，21世纪头20年，对我国来说，是一个必须紧紧抓住并且可以大有作为的重要战略机遇期。根据十五大提出的到2010年、建党100年和新中国成立100年的发展目标，我们要在本世纪头20年，集中力量，全面建设惠及十几亿人口的更高水平的小康社会，使经济更加发展、民主更加健全、科教更加进步、文化更加繁荣、社会更加和谐、人民生活更加殷实。这是实现现代化建设第三步战略目标必经的承上启下的关键阶段，也是完善社会主义市场经济体制和扩大对外开放的关键阶段。经过这个阶段的建设，再继续奋斗几十年，到本世纪中叶基本实现现代化，把我国建设成富强民主文明的社会主义国家。在此基础上，报告还从经济、政治、文化和生态建设等四个方面提出了我国在新世纪新阶段全面建设小康社会的具体目标。

十六大确立的全面建设小康社会的目标是中国特色社会主义经济、政治、文化全面发展的目标，是与加快推进社会主义现代化建设相统一的目标，符合我国国情和现代化建设的实际，符合人民的愿望。这对于凝聚人心、鼓舞斗志，加快推进我国的社会主义现代化建设产生了极其重要的作用。

第三，系统总结了13年来我们党执政兴国的基本经验。十六大把13年来我们党对什么是社会主义、怎样建设社会主义，建设什么样的党、怎样建设党的实践和认识，归纳为“十个坚持”：一是坚持以邓小平理论为指导，不断推进理论创新。二是坚持以经济建设为中心，用发展的办法解决前进中的问题。三是坚持改革开放，不断完善社会主义市场经济体制。四是坚持四项基本原则，发展社会主义民主政治。五是坚持物质文明和精神文明两手抓，实行依法治国和以德治国相结合。六是坚持稳定压倒一切的方针，正确处理改革发展稳定的关系。七是坚持党对军队的绝对领导，走中国特色的精兵之路。八是坚持团结一切可以团结的力量，不断增强中华民族的凝聚力。九是坚持独立自主的和平外交政策，维护世界和平与促进共同发展。十是坚持加强和改善党的领导，全面推进党的建设新的伟大工程。这些经验，联系党成立以来的历史经验，归结起来就是，我们党必须始终代表中国先进生产力的发展要求，代表中国先进文化的前进方向，代表中国最广大人民的根本利益。这是坚持和发展社会主义的必然要求，是我们党艰辛探索和伟大实践的必然结论。这10条基本经验，涵盖了改革发展稳定、内政外交国防、治党治国治军等各个方面，是我们党理论创新的重要成果，是全党全国人民实践创造的智慧结晶，标志着我们党对共产党执政规律、社会主义建设规律、人类社会发展规律的认识取得了新进展。这10条基本经验同我们党在改革开放新时期的基本实践、基本理论、基本纲领一道，对于党的事业的发展无疑具有深刻而长远的指导意义。

### （三）举世关注十六大

党的第十六次全国代表大会在北京隆重召开后，国外媒体纷纷发表评论和文章，认为中共十六大召开意义重大，将推动中国继续发展。

国外媒体对党的十六大（报告）作用的评价。《朝鲜日报》报道说，江泽民的报告为中国今后的发展展示了宏伟的蓝图，中国将为实现这一蓝图继续加快改革开放的步伐。越南共产党中央机关报《人民报》发表文章指出，中共十六大的决策将继续带领中国腾飞，进一步给中国人民带来温饱和繁荣。这次大会是本世纪中国共产党的第一次代表大会，具有重要意义。越南《劳动报》《年轻人报》和《青年报》等报纸均在显著位置刊登了中共十六大召开的消息和有关图片，赞扬这是一个有着重要历史意义的重大事件。

国外媒体对党的十六大未来影响的评价。日本《读卖新闻》社论说，江泽民在报告中明确表示，中国共产党代表先进的生产力，代表先进文化的发展方向，代表最广大人民群众的利益，将吸收符合党员条件的私营企业主等先进分子加入中国共产党。这将进一步扩大中国共产党的影响力和支持基础，是根据时代的发展变化做出的及时的、不可缺少的调整。《东京新闻》的文章说，江泽民在报告中宣布，到2020年，中国的国内生产总值力争比2000年翻两番，这使人们感受到中国将成为一个以经济高速增长为基础的富裕社会。西班牙第二大报《阿贝塞报》社论说，中共十六大将使邓小平提出的改革开放政策得到进一步巩固和加强，使中国进入一个新的政治稳定期和经济增长期。保加利亚独立派报纸《显示器报》在报道中说，中国在加入世贸组织和成功申办2008年奥运会后，正在以坚定不移的步伐向世界开放，中国蓬勃发展的速度令世人瞩目。

国外媒体对小康目标的评价。《莫斯科新闻时报》认为中华民族夙愿正在实现。中共中央总书记在报告中多次提到“小康”。这个词引自《诗经》，意味着“比较富裕”。中国领导人使用这个词，显然是要表明中国人美好生活的夙愿终于实现了。

国外媒体对中国改革的评价。西班牙《阿贝赛报》认为中国改革迈出大步。文章指出，11月8日开幕的中国共产党十六大，将在促进经济发展和面向世界的基础上，制定更加现代更加科学的领导方针，推动中国改革开放和民主建设的进程以及经济的发展。

国外媒体对中国繁荣稳定的评价。美国《波士顿环球报》认为中国出现空前繁荣稳定。该报指出，中国共产党召开了第十六次全国代表大会。以毛泽东为首的第一代领导人统一了中国，教育了下一代，并提供了医疗卫生服务，使中国人的预期寿命达到了发达国家的水平。以邓小平为首的第二代领导人将中国带入了市场经济，并向外面的世界敞开了大门。在不到20年的时间里，这一代领导人进行的经济改革将中国从20世纪初世界上最贫穷的国家之一变成了世纪末的经济巨人，向日本作为世界第二大经济强国的地位发出了挑战。第三代党的领导人江泽民主持了这一转型过程。在邓小平于1992年重新启动他倡导的经济改革之后，江泽民推动了改革，并将中国带入了世界贸易组织。在过去10年里，在毛泽东时代进行的文化和医疗卫生改革以及邓小平时代进行的市场改革的基础上，中国经济以每年9%的速度递增。中国人可能会把江泽民时期视为中国现代史上一个最繁荣、最稳定的时期。

国外媒体对党的新一代领导的评价。阿根廷《民族报》发表关于中共十六大召开的长篇报道，称十六大上产生的中共新一代领导将继续执行现行领导国家的大政方针，不会改变中国共产党的领导地位。

# 党的十七大

## 贯彻落实科学发展观<br>与实现全面建设小康社会奋斗目标的新要求

2007 年 10 月 15 日至 21 日，中国共产党第十七次全国代表大会在北京隆重举行。大会在总结过去 5 年的工作和改革开放以来的宝贵经验的基础上，强调要坚定不移地高举中国特色社会主义伟大旗帜，坚持中国特色社会主义道路和中国特色社会主义理论体系；全面阐述了科学发展观这一重大战略思想的科学内涵、精神实质和根本要求；提出了实现全面建设小康社会奋斗目标的新要求。党的十七大是在我国改革发展关键阶段召开的一次重要的会议。

### 一、改革开放关键阶段，如何谋发展

改革开放是决定当代中国命运的关键抉择，是发展中国特色社会主义、实现中华民族伟大复兴的必由之路。党的十六大后的 5 年来，世界发生了广泛而深刻的变化，当代中国也发生了广泛而深刻的变革。机遇和挑战都前所未有。在这改革发展的关键阶段，党将举什么旗、走什么路、以什么样的精神状态、朝着什么样的发展目标继续前进，是世人极为关注的问题，也是党的十七大必须回答的重大问题。

## （一）新世纪新阶段的机遇与挑战

党的十六大以来，国际上出现了一系列新矛盾、新态势、新特征。维护和平、促进发展，谋求合作，是世界各国人民的共同愿望，但霸权主义和强权政治依然存在，影响世界和平与发展的不稳定不确定因素增多；世界多极化的趋势进一步发展，国际上各种力量的整合和分化不仅没有停止，而且进一步加剧；经济全球化趋势进一步深化，世界经济发展不平衡更加突出，以综合国力竞争为核心的国际竞争越来越激烈；科技进步日新月异，科技创新成为推动经济增长的重要动力；中国因素在国际上的分量越来越重。改革开放以来，中国经济以年均9.8%的增幅高速前行，创造了世界经济史上的奇迹。中国的国际影响力和国际地位空前提高，我们已全面参与经济全球化进程。世界格局多极化、经济全球化、科学技术突飞猛进以及和平与发展的时代主题，使中国发展处在一个前所未有的有利环境中。抓机遇、促改革、谋发展，这个声音越来越响亮。这是全党的共识，这是全国人民的心声，这是预示中国未来走向的鲜明信号。但是也要清醒看到，国际上一些人始终对我国抱有戒备、防范之心，我国的快速发展也引起一些国家的担忧，贸易摩擦不断，资源竞争加剧，环境问题日益突出；同时敌对势力加紧对我西化、分化，思想文化渗透、文化贸易纠纷和文化安全问题也日益突出，我们也面临着诸如经济发展质量不高、分配不公、贫富差距拉大、腐败比较严重、环境恶化、群体性事件增多等问题的严峻挑战。大发展、大变革、大调整中的中国共产党人，在前所未有的机遇和挑战面前，必须在应对挑战中抓住机遇，在全球变革中用好机遇，在稳定和谐中创造机遇。

## （二）全面实施“十五”计划取得重大成就

“十五”计划是中国进入新世纪的第一个五年计划，是开始实施现代化建设第三步战略部署的第一个5年。在这个5年里，面对复杂多变的国际形势和国内改革发展稳定的艰巨任务，以胡锦涛为总书记的党中央高举邓小平理论和“三个代表”重要思想伟大旗帜，提出并贯彻科学发展观等重大战略思想，团结和带领全党与全国人民全面实施“十五”计划，战胜各种困难和风险，在各个方面都取得了重大成就。主要表现在：一是经济实力大幅提升。经济保持平稳快速发展，经济效益明显提高，物价基本稳定。国内生产总值由2002年的12万多亿元增加到2006年的21万多亿元，跃居世界第四位。二是改革开放取得重大进展。农村综合改革，国有企业和金融、财税、投资、价格、科技等领域改革都取得明显成效。进出口总额在世界的排名由第五位升至第三位。三是人民生活显著改善。2002 年至 2006 年农村居民家庭人均纯收入由 2476 元增加到 3587 元，城镇居民家庭人均可支配收入由 7703 元增加到 11759 元。城乡居民最低生活保障制度初步建立。四是民主法制建设取得新进步。政治体制改革稳步推进，人权事业健康发展，依法治国方略切实贯彻。五是文化建设开创新局面。思想道德建设广泛开展，全社会文明程度进一步提高；文化事业和文化产业快速发展；人民精神文化生活更加丰富。六是社会建设全面展开。各级各类教育迅速发展；就业规模日益扩大；社会保障体系建设进一步加强。七是党的建设新的伟大工程扎实推进。党的执政能力和先进性建设深入进行；认真开展学习贯彻十六大精神、“三个代表”重要思想和保持共产党员先进性教育活动；党风廉政建设和反腐败斗争成效明显。“十五”期间的巨大成就，证明了改革开放是国家振兴之路、民族强盛之路。它所铸就的辉煌，推动着我们国家在全面建设小康社会的征程上实现了历史性跨越，鼓舞着全国人民为中华民族伟大复兴而奋斗。

### （三）科学发展观战略思想形成

十六大之后，以胡锦涛为总书记的党中央在领导全面建设小康社会的实践中，开始探索新的发展思路。2003 年春夏之交，一场前所未有的重大非典疫情突然袭来并在全国蔓延，党中央领导全国人民开展了一场艰苦卓绝的抗击非典斗争。非典疫情的迅速蔓延，集中暴露出我国经济社会发展中存在的薄弱环节和突出问题。2003 年 4 月 15 日，胡锦涛在听取广东省委、省政府汇报工作时，针对发展中存在的问题，强调要坚持“全面的发展观”，积极寻求加快发展的新路子。7 月 28 日，他在全面总结抗击非典斗争经验时，第一次用“全面发展、协调发展、可持续发展”的表述来概括正在探索中的“发展观”，并强调指出：“这里的发展绝不只是指经济增长，而是要坚持以经济建设为中心，在经济发展的基础上实现社会全面发展。”① 2003 年 8 月底到 9 月初，胡锦涛在江西考察调研期间，结合对完善社会主义市场经济体制等问题的思考，提出要牢固树立协调发展、全面发展、可持续发展的科学发展观。在这里，探索中的发展新思路被明确表述为“科学发展观”。这年 10 月，党的十六届三中全会第一次正式提出“坚持以人为本，树立全面、协调、可持续的发展观”②，并针对我国发展在城乡、区域、经济与社会、人与自然、国内发展与对外开放 5 个方面存在的突出矛盾，提出了

① 《十六大以来重要文献选编》（上），中央文献出版社 2005 年版，第 396 页。
② 《十六大以来重要文献选编》（上），中央文献出版社 2005 年版，第 465 页。

“五个统筹”的原则要求。2004年3月10日，胡锦涛在中央人口资源环境座谈会上的重要讲话中，进一步阐明科学发展观的内涵以及树立和落实科学发展观的基本要求。一是明确概括了科学发展观的主题，指出“科学发展观，是用来指导发展的，不能离开发展这个主题”。二是初步阐述了科学发展观的重大意义，指出科学发展观与党的指导思想既一脉相承又与时俱进，强调科学发展观揭示的是经济社会发展的客观规律。三是第一次对“以人为本”“全面发展”“协调发展”“可持续发展”的深刻内涵和基本要求，做出了明确阐释和科学界定，使科学发展观具有了较为完备的理论形态。四是明确把科学发展观作为检验各项工作的标准，要求“凡是符合科学发展观的事情就全力以赴地去做，不符合的就毫不迟疑地去改”①。在2006年10月召开的十六届六中全会上，胡锦涛根据全面建设小康社会的新要求和加强改善宏观调控的新经验，进一步提出了“扎实促进经济又好又快发展”的新方针。随后，他在这年的中央经济工作会议上，进一步阐发了又好又快发展的思想，并将“又好又快”概括为全面落实科学发展观的本质要求。在十六届六中全会上，党中央对构建社会主义和谐社会做出了战略部署。这一重大战略思想和战略任务的提出，使“中国特色社会主义事业的总体布局，更加明确地由社会主义经济建设、政治建设、文化建设三位一体发展为社会主义经济建设、政治建设、文化建设、社会建设四位一体”②。推动我国经济社会切实转入科学发展轨道的实践，大大深化了我们党对社会主义现代化建设规律的认识，有力推动了以科学发展观为核心的理论创新呈现出蓬勃发展的新局面。这些重要理论创新成果紧密联系、相互贯通，从各个方面丰富和发展了科学发展观的理论内容，为党的十七大胜利召开做好了重要的政治和理论准备。

## 二、党的十七大的筹备与召开

2006年10月，党的十六届六中全会决定，党的十七大于2007年下半年在北京召开，随即中央进行了多方面精心筹备工作。

### （一）做好十七大代表选举和“两委”人选工作

2006年10月，中共中央印发《关于党的十七大代表选举工作的通知》，就选举单

① 《十六大以来重要文献选编》（上），中央文献出版社2005年版，第850～852页。

② 《十六大以来重要文献选编》（中），中央文献出版社2006年版，第696页。

位的划分、代表应具备的条件和代表的构成、代表的产生程序、代表名额的分配等做出明确规定。

从2006年10月起，按照党中央的一系列重要指示精神和重大工作部署，党的十七大代表选举工作在全党范围内有领导、有计划、有步骤地逐步展开。开好党代表大会或党代表会议，是选好党的十七大代表的关键环节，也是选举人表达自己意愿、发扬党内民主的重要渠道。各选举单位高度重视，精心组织，认真开好党代表大会或党代表会议。各选举单位在党代表大会或党代表会议上，认真做好代表候选人预备人选名单说明，实事求是地向选举人介绍预备人选的产生过程和有关情况，坚持实行差额选举，差额比例不得少于15%，保证选举人充分行使民主权利。经选举，2200多名党的优秀分子光荣地成为党的十七大代表。

以胡锦涛为总书记的党中央高度重视新一届中央委员会和新一届中央纪律检查委员会的“两委”人事准备工作。整个推荐、考察、提名工作，自始至终在中央政治局和中央政治局常委会领导下进行。胡锦涛多次主持召开中央政治局常委会和中央政治局会议，研究党的十七大“两委”人事准备工作，做出一系列重大部署。

2006年6月，胡锦涛先后主持召开中央政治局常委会和政治局全体会议，确定了做好党的十七大“两委”人事准备工作的指导思想和基本原则，并成立专门班子，在中央政治局常委会直接领导下负责党的十七大“两委”人选的推荐、考察、提名工作。“两委”人选考察工作严格遵循中央对“两委”的总体要求和“两委”人选的个人素质要求，坚持德才兼备、注重实绩、群众公认原则，把政治标准放在首位，全面考察干部的德、能、勤、绩、廉。中央政治局常委会先后召开9次会议，专题听取各考察组的汇报，在此基础上，研究提出了“两委”候选人预备人选建议名单。2007年9月，中央政治局会议审议通过了这个建议名单，决定提交党的第十七次全国代表大会主席团审议。

### （二）凝聚智慧起草十七大报告

党的十六届六中全会刚刚结束，中央政治局会议就决定成立党的十七大报告起草组，胡锦涛担任报告起草组组长。

2006年12月11日，党的十七大报告起草组举行第一次全体会议，胡锦涛对报告起草提出了明确要求：坚持继承与创新相结合，坚持理论与实践相结合，坚持当前与长远相结合，努力把报告写成坚持以马克思主义为指导、体现马克思主义中国化最新成果的文件，写成承前启后、继往开来的文件，写成求真务实、改革创新的文件。在整个起草过程中，报告起草组通过召开座谈会、调查研究等多种形式，及时了解各种信息，倾听社会呼声，把握群众期待，感受时代脉搏的律动，起草工作与火热的社会实践紧紧相连，与人民群众息息相通。全国先后有5560人参与了十七大报告的会前讨论征求意见，是党代会历史上范围最大、人数最多的一次。

2007年6月25日，胡锦涛在中央党校省部级干部进修班上发表重要讲话，科学分析了我国面临的新形势新任务，全面阐述了以邓小平理论和“三个代表”重要思想为指导、深入贯彻落实科学发展观的基本要求，深刻回答了党和国家未来发展的一系列理论和实践问题，从政治、思想和理论上为十七大的召开做了准备。

## （三）十七大隆重召开

2007年10月14日下午，党的十七大在北京人民大会堂举行预备会议。胡锦涛主持会议。会议通过了十七大的议程：（1）听取和审查十六届中央委员会的报告；（2）审查中央纪律检查委员会的工作报告；（3）审议通过《中国共产党章程（修正案）》；（4）选举第十七届中央委员会；（5）选举新一届中央纪律检查委员会。

2007年10月15日至21日，党的十七大在北京隆重举行。大会正式代表2213人，代表全国7300多万名党员。大会通过了胡锦涛代表第十六届中央委员会所做的《高举中国特色社会主义伟大旗帜，为夺取全面建设小康社会新胜利而奋斗》的报告，批准了中央纪律检查委员会的工作报告，并通过了《中国共产党章程（修正案）》。

党的十七大的主题是：高举中国特色社会主义伟大旗帜，以邓小平理论和“三个代表”重要思想为指导，深入贯彻落实科学发展观，继续解放思想，坚持改革开放，推动科学发展，促进社会和谐，为夺取全面建设小康社会新胜利而奋斗。这一主题是贯穿十七大报告的主线，是十七大精神的核心和灵魂。

十七大报告共12个大部分，即：过去5年的工作；改革开放的伟大历史进程；深入贯彻落实科学发展观；实现全面建设小康社会奋斗目标的新要求；促进国民经济又好又快发展；坚定不移发展社会主义民主政治；推动社会主义文化大发展大繁荣；加快推进以改善民生为重点的社会建设；开创国防和军队现代化建设新局面；推进“一国两制”实践和祖国和平统一大业；始终不渝走和平发展道路；以改革创新精神全面推进党的建设新的伟大工程。报告对过去5年的工作做了全面回顾，对我国改革开放的伟大历史进程和巩固发展社会主义的宝贵经验做了“十个结合”的精辟概括。报告强调，改革开放以来我们取得一切成绩和进步的根本原因，归结起来就是：开辟了中国特色社会主义道路，形成了中国特色社会主义理论体系。中国特色社会主义道路，就是在中国共产党领导下，立足基本国情，以经济建设为中心，坚持四项基本原则，坚持改革开放，解放和发展生产力，巩固和完善社会主义制度，建设社会主义市场经济、社会主义民主政治、社会主义先进文化、社会主义和谐社会，建设富强民主文明和谐的社会主义现代化国家。中国特色社会主义理论体系，就是包括邓小平理论、“三个代表”重要思想以及科学发展观等重大战略思想在内的科学理论体系。高举中国特色社会主义伟大旗帜，最根本的就是要坚持这条道路和这个理论体系。报告对科学发展观的科学内涵和基本要求做了进一步的阐述，对全面建设小康社会提出了新要求，还对促进经济社会、内政外交国防及党的建设各方面工作做出全面部署。

十七大通过的《中国共产党章程（修正案）》，把科学发展观写入党章，在总纲和条文中都体现了科学发展观精神，并把十六大以来党的重大战略部署写入党章总纲；将党务公开、党代表任期制、中央政治局向中央委员会汇报工作并接受监督、巡视制度等写入党章；对党员义务和干部条件、基层组织的任务等方面增加了与科学发展观相应的内容。

十七大选出了新一届中央委员会委员 204 名；中央候补委员 167 名；新一届纪律检查委员会委员 127 名。10 月 22 日，党的十七届一中全会选举胡锦涛等 9 人为中央政治局常委，胡锦涛为中央委员会总书记；决定胡锦涛为中央军事委员会主席；批准贺国强为中央纪律检查委员会书记。

## 三、党的十七大的历史地位与影响

举世瞩目的十七大，是一次高举中国特色社会主义伟大旗帜，为夺取全面建设小康社会新胜利而奋斗的历史盛会。十七大的报告，气势恢宏，内容丰富，思想深刻，论述严谨，是一篇体现马克思主义中国化最新成果的纲领性文献，是我们党继往开来、承前启后、面向世界和未来的政治宣言。这次大会的历史地位与影响，主要体现在以下几个方面。

### （一）对在改革发展关键阶段举什么旗、走什么路等重大问题做出科学回答

党的十七大高举中国特色社会主义伟大旗帜，坚持中国特色社会主义道路和中国特色社会主义理论体系，从理论和实践的结合上回答了党在改革发展关键阶段举什么旗、走什么路等重大问题，为党和国家今后的发展和全局工作指明了正确方向。

党的十七大是在我国改革开放 29 年之后召开的，也是在我国进入改革发展难得机

遇期和矛盾凸显期召开的。在这种形势下，党内外各种思想、意见纷至沓来，都想对党和国家的工作施加影响。在这些思想、意见中，大量的是正确的，反映了党和人民的思想主流。但也存在着否定改革开放、要走回头路的“左”的错误思想和鼓吹民主社会主义等企图把中国引向资本主义的右的错误思想。面对这种情况，党的十七大集中全党智慧，排除“左”的和右的干扰，科学总结了我国改革开放29年来的历史进程、宝贵经验和取得成就的根本原因，表明了党高举中国特色社会主义伟大旗帜、坚定不移地坚持和推进改革开放与民族复兴伟大事业的坚定立场和鲜明态度。

十七大报告指出，新时期最鲜明的特点就是改革开放，改革开放是党在新的历史条件下带领人民进行的新的伟大革命。改革开放作为一场新的伟大革命，不可能一帆风顺，也不可能一蹴而就，改革的方向和道路是完全正确的，成效和功绩不容否定，停顿和倒退没有出路。改革开放是决定当代中国命运的关键抉择，是发展中国特色社会主义、实现中华民族伟大复兴的必由之路；只有社会主义才能救中国，只有改革开放才能发展中国、发展社会主义、发展马克思主义。报告同时提出，改革开放既要大胆探索，勇于开拓，又要提高改革决策的科学性，增强改革措施的协调性，在实践中开创新路。报告还明确指出，改革开放以来我们取得一切成绩和进步的根本原因，归结起来就是：开辟了中国特色社会主义道路，形成了中国特色社会主义理论体系。高举中国特色社会主义伟大旗帜，最根本的就是要坚持这条道路和这个理论体系。在当代中国，坚持中国特色社会主义道路，就是真正坚持社会主义；坚持中国特色社会主义理论体系，就是真正坚持马克思主义。这是在我国改革发展的关键阶段对党举什么旗、走什么路坚定而科学的回答。

### （二）系统阐明科学发展观

党的十七大系统阐明了科学发展观的历史地位、科学内涵和精神实质，提出了深入贯彻落实科学发展观的主要任务和根本要求，把科学发展观定位为我国经济社会发展的重要指导方针和发展中国特色社会主义必须坚持和贯彻的重大战略思想。

十七大报告指出，科学发展观，是立足于社会主义初级阶段基本国情，总结我国发展实践，借鉴国外发展经验，适应新的发展要求提出来的，是对党的三代中央领导集体关于发展的重要思想的继承和发展，是马克思主义关于发展的世界观和方法论的集中体现，是同马克思列宁主义、毛泽东思想、邓小平理论和“三个代表”重要思想既一脉相承又与时俱进的科学理论，是在继续回答什么是社会主义、怎样建设社会主义和建设一个什么样的党、怎样建设党基本问题的基础上，对中国实现什么样的发展、怎样发展基本问题的创造性回答。科学发展观的第一要义是发展，核心是以人为本，基本要求是全面协调可持续，根本方法是统筹兼顾。为此，必须坚持把发展作为党执政兴国的第一要务，必须坚持以人为本，必须坚持全面协调可持续发展，必须坚持统筹兼顾。深入贯彻落实科学发展观，要求我们必须始终坚持“一个中心、两个基本点”的基本路线，积极构建社会主义和谐社会，继续深化改革开放，切实加强和改进党的建设。全党同志要全面把握科学发展观的科学内涵和精神实质，增强贯彻落实科学发展观的自觉性和坚定性，着力转变不适应不符合科学发展观的思想观念，着力解决影响和制约科学发展的突出问题，把全社会的积极性引导到科学发展上来，把科学发展观贯彻落实到经济社会发展各个方面。用科学发展观来统领和概括十六大以来党的理论创新成果，将其纳入到中国特色社会主义理论体系之中，并将其写进党章，表明了我们党的指导理论的一脉相承和与时俱进。

### （三）提出实现全面建设小康社会奋斗目标的新要求

党的十七大提出了全面建设小康社会的新要求和奋斗目标，对我国经济、政治、文化和社会建设进行了全面部署，形成了建设社会主义市场经济、社会主义民主政治、社会主义先进文化、社会主义和谐社会“四位一体”的发展中国特色社会主义事业的总体布局和内政外交国防以及祖国统一等方面工作的大政方针。

十七大报告立足于我国快速发展的实际，科学分析了实现全面建设小康社会奋斗目标对我国经济、政治、文化、社会建设和生态发展的新要求。这些新要求是：增强发展协调性，努力实现经济又好又快发展；扩大社会主义民主，更好保障人民权益和社会公平正义；加强文化建设，明显提高全民族文明素质；加快发展社会事业，全面改善人民生活；建设生态文明，基本形成节约能源资源和保护生态环境的产业结构、增长方式、消费模式。报告明确提出，到2020年全面建设小康社会目标实现之时，我们这个历史悠久的文明古国和发展中的社会主义大国，将成为工业化基本实现、综合国力显著增强、国内市场总体规模位居世界前列，成为人民富裕程度普遍提高、生活质量明显改善、生态环境良好的国家，成为人民享有更加充分民主权利、具有更高文明素质和精神追求的国家，成为各方面制度更加完善、社会更加充满活力而又安定团结的国家，成为对外更加开放、更加具有亲和力、为人类文明做出更大贡献的国家。报告还提出了一个到2020年实现人均国内生产总值比2000年翻两番的新指标。按照这样的新要求和奋斗目标，十七大做出了促进国民经济又好又快发展的部署，指出实现未来经济发展目标，关键要在加快转变经济发展方式、完善社会主义市场经济体制方面取得重大进展；做出了坚定不移发展社会主义民主政治的部署，指出人民民主是社会主义的生命线，发展社会主义民主政治是我们党始终不渝的奋斗目标，政治体制改革必须随着经济社会发展而不断深化，与人民政治参与积极性不断提高相适应；做出了推动社会主义文化大发展大繁荣的部署，指出要坚持社会主义先进文化前进方向，兴起社会主义文化建设新高潮，激发全民族文化创造活力，提高国家文化软实力；做出了加快以改善民生为重点的社会建设的部署，指出必须在经济发展的基础上更加注重社会建设，着力保障和改善民生，努力使全体人民学有所教、劳有所得、病有所医、老有所养、住有所居，推动建设和谐社会。

### （四）对以改革创新精神加强党的自身建设做出战略部署

党的十七大做出了以改革创新精神全面推进党的建设新的伟大工程的战略部署，使党的建设在与发展中国特色社会主义伟大实践密切结合、相互促进的过程中，既坚持马克思主义党的建设思想又具有强烈的时代特色。

十七大报告指出，中国特色社会主义事业是改革创新的事业，党要站在时代前列带领人民不断开创事业发展新局面，必须以改革创新精神加强自身建设，始终成为中国特色社会主义事业的坚强领导者。首先，十七大对党章进行了必要的和重要的修正，把科学发展观等重要内容写进了党章，为党的建设提供了新的重要的指导理论。其次，十七大进一步明确了党的建设的主线是执政能力建设和先进性建设，党的建设的要求是为民、务实、清廉，并且把党的建设任务由思想建设、组织建设、作风建设扩展成为思想建设、组织建设、作风建设、制度建设和反腐倡廉建设，提出要以坚定理想信念为重点加强思想建设、以造就高素质党员和干部队伍为重点加强组织建设、以保持党同人民群众的血肉联系为重点加强作风建设、以健全民主集中制为重点加强制度建设、以完善惩治和预防腐败体系为重点加强反腐倡廉建设。再次，报告提出了以扩大党内民主带动人民民主、以增进党内和谐促进社会和谐的要求，强调尊重党员主体地位，保障党员民主权利，推进党务公开，营造党内民主讨论环境，完善党的代表大会制度，实行党的代表大会代表任期制，以及改革党内选举制度、扩大干部工作民主等。以上这些重大举措，使党的建设新的伟大工程能够同中国特色社会主义伟大事业和时代发展的要求更加紧密地结合起来，并且为这一事业的胜利提供更加坚强有力的领导力量和组织保证。

# 党的十八大

## 坚定地走中国特色道路与全面建成小康社会新部署

2012 年 11 月 8 日至 14 日在北京举行的中国共产党第十八次全国代表大会，是在我国进入全面建成小康社会决定性阶段召开的一次十分重要的大会。这次大会高举中国特色社会主义伟大旗帜，以马克思列宁主义、毛泽东思想、邓小平理论、“三个代表”重要思想、科学发展观为指导，分析了国际国内形势的发展变化，回顾和总结了过去 5 年的工作和党的十六大以来 10 年的奋斗历程及取得的历史性成就，确立了科学发展观的历史地位，提出了夺取中国特色社会主义新胜利必须牢牢把握的基本要求，确定了全面建成小康社会和全面深化改革开放的目标，对新的时代条件下推进中国特色社会主义事业做出了全面部署，对全面提高党的建设科学化水平提出了明确要求。

### 一、走中国特色道路，如何坚定不移

如何坚定不移地走中国特色的正确道路，对党的事业的兴衰成败关系极大。中国共产党领导的革命、建设和改革事业，经历了寻找中国特色正确道路的艰难过程。改革开放以来，中国共产党团结和带领全国各族人民共同开创了中国特色社会主义道路。这条道路，其理论基础是对马克思列宁主义、毛泽东思想的科学继承，其时代背景是对国际形势和时代特征的科学把握，其历史根据是对国内外建设社会主义正反两方面

经验的科学总结，其现实依据是对我国改革开放和社会主义现代化建设生动实践、对最广大人民共同愿望的科学认识。回首近代以来中国波澜壮阔的历史，展望中华民族充满希望的未来，我们得出一个坚定的结论：全面建成小康社会，加快推进社会主义现代化，实现中华民族伟大复兴，必须坚定不移走中国特色社会主义道路。

### （一）十年奋斗成就辉煌，但仍有不少困难和问题

十七大以来，以胡锦涛为总书记的党中央，历经十六大以来全面建设小康社会10年实践，在中国特色社会主义道路上奋勇前进，经受住各种困难和风险考验，开创了全面建设小康社会新局面，胜利完成“十一五”规划，顺利实施“十二五”规划，各方面工作都取得新的重大成就。

经济平稳较快发展。综合国力大幅提升，2011年国内生产总值达到47.3万亿元。财政收入大幅增加。农业综合生产能力提高，粮食连年增产。产业结构调整取得新进展，基础设施全面加强。城镇化水平明显提高，城乡区域发展协调性增强。创新型国家建设成效显著，载人航天、探月工程、载人深潜、超级计算机、高速铁路等实现重大突破。生态文明建设扎实展开，资源节约和环境保护全面推进。

改革开放取得重大进展。农村综合改革、集体林权制度改革、国有企业改革不断深化，非公有制经济健康发展。现代市场体系和宏观调控体系不断健全，财税、金融、价格、科技、教育、社会保障、医药卫生、事业单位等改革稳步推进。开放型经济达到新水平，进出口总额跃居世界第二位。

人民生活水平显著提高。改善民生力度不断加大，城乡就业持续扩大，居民收入较快增长，家庭财产稳定增加，衣食住行用条件明显改善，城乡最低生活保障标准和农村扶贫标准大幅提升，企业退休人员基本养老金持续提高。

民主法制建设迈出新步伐。政治体制改革继续推进。实行城乡按相同人口比例选举人大代表。基层民主不断发展。中国特色社会主义法律体系形成，社会主义法治国家建设成绩显著。爱国统一战线巩固壮大。行政体制改革深化，司法体制和工作机制改革取得新进展。

文化建设迈上新台阶。社会主义核心价值体系建设深入开展，文化体制改革全面推进，公共文化服务体系建设取得重大进展，文化产业快速发展，文化创作生产更加繁荣，人民精神文化生活更加丰富多彩，全民健身和竞技体育取得新成绩。

社会建设取得新进步。基本公共服务水平和均等化程度明显提高。教育事业迅速发展，城乡免费义务教育全面实现。社会保障体系建设成效显著，城乡基本养老保险

制度全面建立，新型社会救助体系基本形成。全民医保基本实现，城乡基本医疗卫生制度初步建立。保障性住房建设加快推进。加强和创新社会管理，社会保持和谐稳定。

国防和军队建设开创新局面。中国特色军事变革取得重大成就，军队革命化现代化正规化建设协调推进、全面加强，军事斗争准备不断深化，履行新世纪新阶段历史使命能力显著增强，出色完成一系列急难险重任务。

港澳台工作进一步加强。香港、澳门保持繁荣稳定，同内地交流合作提高到新水平。推动两岸关系实现重大转折，实现两岸全面直接双向“三通”，签署实施两岸经济合作框架协议，形成两岸全方位交往格局，开创两岸关系和平发展新局面。

外交工作取得新成就。坚定维护国家利益和我国公民、法人在海外合法权益，加强同世界各国交流合作，推动全球治理机制变革，积极促进世界和平与发展，在国际事务中的代表性和话语权进一步增强，为改革发展争取了有利国际环境。

党的建设全面加强。党的执政能力建设和先进性建设继续推进，思想理论建设成效明显，学习实践科学发展观活动取得重要成果，党的建设改革创新迈出重要步伐。党内民主进一步扩大。干部队伍建设取得重要进展，人才工作开创新局面。创先争优活动和学习型党组织建设深入进行，基层党组织不断加强。党风廉政建设和反腐败斗争取得新成效。

辉煌成就来之不易。十七大以来 5 年取得的辉煌成就，历经了十六大以来全面建设小康社会极不平凡的10 年奋斗历程，是十六大以来全面建设小康社会10 年实践的重要组成部分。10 年中，我们党紧紧抓住和用好我国发展的重要战略机遇期，战胜一系列重大挑战，奋力把中国特色社会主义推进到新的发展阶段。进入新世纪新阶段，国际局势风云变幻，综合国力竞争空前激烈，我们深化改革开放，加快发展步伐，以加入世界贸易组织为契机，变压力为动力，化挑战为机遇，坚定不移推进全面建设小康社会进程。一是战胜突如其来的非典疫情，认真总结我国发展实践，准确把握我国发展的阶段性特征，及时提出和全面贯彻科学发展观等重大战略思想，开拓了经济社会发展的广阔空间。二是面对国际金融危机，科学判断、果断决策，采取一系列重大举措，在全球率先实现经济企稳回升，积累了有效应对外部经济风险冲击、保持经济平稳较快发展的重要经验。三是成功举办北京奥运会、残奥会和上海世博会，夺取抗击汶川特大地震等严重自然灾害和灾后恢复重建重大胜利，妥善处置一系列重大突发事件。在十分复杂的国内外形势下，党和人民经受住严峻考验，巩固和发展了改革开放和社会主义现代化建设大局，提高了我国国际地位，彰显了中国特色社会主义的巨大优越性和强大生命力，增强了中国人民和中华民族的自豪感和凝聚力。历经 10 年的奋斗，我国经济总量从世界第六位跃升到第二位，社会生产力、经济实力、科技实力迈上一个大台阶，人民生活水平、居民收入水平、社会保障水平迈上一个大台阶，综合国力、国际竞争力、国际影响力迈上一个大台阶，国家面貌发生新的历史性变化。人们公认，这是我国经济持续发展、民主不断健全、文化日益繁荣、社会保持稳定的时期，是着力保障和改善民生、人民得到实惠更多的时期。10 年奋斗取得一系列新的历史性成就，为全面建成小康社会打下了坚实基础。

同时，前进道路上还有不少困难和问题。主要是：发展中不平衡、不协调、不可持续问题依然突出，科技创新能力不强，产业结构不合理，农业基础依然薄弱，资源环境约束加剧，制约科学发展的体制机制障碍较多，深化改革开放和转变经济发展方式任务艰巨；城乡区域发展差距和居民收入分配差距依然较大；社会矛盾明显增多，教育、就业、社会保障、医疗、住房、生态环境、食品药品安全、安全生产、社会治安、执法司法等关系群众切身利益的问题较多，部分群众生活比较困难；一些领域存在道德失范、诚信缺失现象；一些干部领导科学发展能力不强，一些基层党组织软弱涣散，少数党员干部理想信念动摇、宗旨意识淡薄，形式主义、官僚主义问题突出，奢侈浪费现象严重；一些领域消极腐败现象易发多发，反腐败斗争形势依然严峻。

### （二）道路关乎党的命脉，关乎国家前途、民族命运、人民幸福

理论和实践、历史和现实反复表明，道路问题至关重要，其关乎党的命脉，关乎国家前途、民族命运、人民幸福。中国特色社会主义道路，是科学社会主义理论逻辑和中国社会发展历史逻辑的辩证统一，是根植于中国大地、反映中国人民意愿、适应中国和时代发展进步要求的科学社会主义之路，是全面建成小康社会、加快推进社会主义现代化、实现中华民族伟大复兴的必由之路。

一是能否坚定不移沿着中国特色社会主义道路前进，关乎党的命脉。中国特色社会主义道路是改革开放新时期开创的，也是建立在我们党长期奋斗基础上的，是由我们党的几代中央领导集体团结带领全党全国人民历经千辛万苦、付出各种代价、接力探索取得的。在我党的历史上，这条道路的探索，并非一帆风顺，曾经一度出现过一些失误和挫折。以毛泽东为核心的党的第一代中央领导集体，为新时期开创中国特色社会主义提供了宝贵经验、理论准备、物质基础，但受历史条件的制约，探索中所取得的一些正确的理论成果，由于种种原因而未能在实践中坚持下去，总体上说还没有摆脱苏联模式，有的还出现了严重背离，最后导致“文化大革命”这样长时间的全局性的“左”的错误发生，其根本原因在于对“什么是社会主义，如何建设社会主义”

这个重大的理论和实践问题没有完全搞清楚，思想认识不是完全清醒的，实践道路的探索偏离了中国特色社会主义轨道。以邓小平为代表的党的第二代中央领导集体深刻总结和吸取了毛泽东在探索社会主义建设道路的经验教训，在实践中成功开创了中国特色社会主义，从而使中国的社会主义建设最终摆脱了传统的社会主义模式即苏联模式的影响。以江泽民为核心的党的第三代中央领导集体，成功把中国特色社会主义推向21世纪。新世纪新阶段，以胡锦涛为总书记的党中央，成功在新的历史起点上坚持和发展了中国特色社会主义。中国特色社会主义是党和人民90多年奋斗、创造、积累的根本成就，只有坚定不移沿着中国特色社会主义道路继续前进，党和人民的事业才会从胜利走向新的胜利。党的十八大正是在我们党坚持和发展中国特色社会主义30年的大背景下召开的一次会议。在新的历史起点上，如何承前启后，继往开来，举什么旗、走什么路、以什么样的精神状态、朝着什么样的目标继续前进；如何既不走封闭僵化的老路，又不走改旗易帜的邪路，这是关乎我们党能否毫不动摇地继续坚定不移沿着中国特色社会主义道路前进，事关党的命脉能否始终充满生机和活力，事关党的生死存亡，需要我们党做出鲜明回答的重大问题。

二是能否坚定不移沿着中国特色社会主义道路前进，关乎国家前途、民族命运、人民幸福。中国特色社会主义是历史的选择、人民的选择，它既承载着几代中国共产党人的理想和探索，又寄托着无数仁人志士的夙愿和期盼，凝聚着亿万人民的奋斗和牺牲，是近代以来中国社会发展的必然选择。在国家建设、民族复兴的历史上，我们党紧紧依靠人民，从根本上改变了中国人民和中华民族的前途命运，不可逆转地结束了近代以后中国内忧外患、积贫积弱的悲惨命运，不可逆转地开启了中华民族不断发展壮大、走向伟大复兴的历史进军，使具有5000多年文明历史的中华民族以崭新的姿态屹立于世界民族之林。在新的历史时期，我们党紧紧依靠人民开辟的中国特色社会主义道路，既坚持以经济建设为中心，又全面推进经济建设、政治建设、文化建设、社会建设、生态文明建设以及其他各方面建设；既坚持四项基本原则，又坚持改革开放；既不断解放和发展社会生产力，又逐步实现全体人民共同富裕、促进人的全面发展。党和国家的长期实践充分证明：只有社会主义才能救中国，只有中国特色社会主义才能发展中国，中国特色社会主义道路，是实现我国社会主义现代化的必由之路，是创造人民美好生活的必由之路。党的十八大正是在中国社会坚持走中国特色社会主义道路特别是走了10年科学发展之路的时间节点上召开的一次会议。在未来新的征程上，我们党能否毫不动摇地坚持和发展中国特色社会主义，中国能否在2020年实现全面建成小康社会的奋斗目标，能否适应人民群众过上幸福美好生活的新期待，需要我们党做出一系列有力回应。

三是改革开放以来的伟大实践和伟大成就充分证明了中国特色社会主义道路的正确性。坚持和发展中国特色社会主义，是新时期我们党全部理论和实践的鲜明主题。新时期以来党的历次全国代表大会报告的主题都是紧紧围绕和体现中国特色社会主义的。经过改革开放30多年来的发展，我国取得了举世瞩目的发展成就，成为世界第二大经济体和第二大贸易国，人民生活实现了从温饱不足到整体小康的历史性跨越并正在向全面小康迈进，人均国内生产总值超过5000美元，进入中上等收入国家行列。中国特色社会主义的实践和发展成就，不仅得到中国人民高度认同，也日益引起国际社会广泛关注，关于中国奇迹、中国模式、中国经验的讨论成为热门话题。这些都充分证明：中国特色社会主义是深深扎根中国大地、符合中国国情、具有强大生命力的社会主义，是当代中国发展进步的旗帜，是全党全国各族人民团结奋斗的旗帜。中国特色社会主义把社会主义与民族复兴的历史任务紧密联系在一起，把实现社会主义现代化与人民共同富裕紧密联系在一起，把国家的兴盛和个人的幸福紧密联系在一起，具有强大的吸引力、凝聚力、感召力，是引领、激励全国各族人民的强大精神力量，是当代中华儿女同心同德、共创伟业的共同理想和政治基础。在未来新的征程上，只有高举中国特色社会主义伟大旗帜，全面建成小康社会、实现中华民族的伟大复兴才会有根本保证。党的十八大正是为了进一步展示党和人民继续坚定不移沿着中国特色社会主义道路前进的自信而召开的一次十分重要的会议。

## 二、党的十八大的筹备与召开

党的十八大是在充分发扬党内民主、真正体现广大党员意愿，采取自下而上、上下结合、反复酝酿、逐级遴选的办法选举十八大代表，成立文件起草组，认真起草十八大报告的基础上，经过精心筹备而召开的。

### （一）选举十八大代表

党的十七届六中全会做出2012年下半年召开党的十八大的决定后，中共中央印发了《关于党的十八大代表选举工作的通知》，中央组织部召开会议对十八大代表选举工作进行了部署，明确提出了“自下而上、上下结合、反复酝酿、逐级遴选”的十八大代表产生的原则办法，提出了“履行党章、发扬民主、加强领导、选好选优，突出代表的政治先进性、党员代表性”的要求，并对代表产生的程序、步骤以及名额的分配进行了严格规定。2012 年 6 月底，党的十八大代表选举工作顺利完成，共选出代表 2270 名，相比十七大，选举党代表的程序、特点、结构、比例，越来越合理、越来越科学，代表的构成发生新变化：更多代表来自生产和工作第一线，工人代表比例较大幅度提高，成为十八大代表构成的一大鲜明特色。在党的十八大代表中，党员领导干部 1578 名，占 69.5%，比十七大时降低 2.1 个百分点。生产和工作第一线党员 692 名，占 30.5%，比十七大时提高了 2.1 个百分点。其中，省、自治区、直辖市当选代表中，党员领导干部 1021 名，占 65.6%，比十七大时降低 2.6 个百分点；生产和工作第一线党员 535 名，占 34.4%，比十七大时提高了 2.6 个百分点。不少“新面孔”出现在十八大代表名单中：大学生村干部首次有了党代表，有 4 名大学生村干部当选。农民工党员代表数额大幅增加，达到 26 名。不少来自新经济组织的党员当选为十八大代表。十八大女代表 521 名，43 个少数民族有代表，当选的十八大代表平均年龄为 52 岁，十八大代表中年龄最大和最小同姓，相差 74 岁。改革开放以来入党的党员成为十八大代表主体。当选的十八大代表来自全国各地和各行各业，涵盖了经济、科技、国防、政法、教育、宣传、文化、卫生、体育和社会管理等各个领域，来自基层一线的代表中，97.8% 获得过“全国优秀共产党员”“全国优秀党务工作者”“全国劳动模范”“全国先进工作者”和“全国道德模范”等荣誉称号，具有广泛的代表性和先进性。

### （二）起草十八大报告

2012 年 1 月，根据中央政治局常委会和中央政治局的决定，党的十八大报告起草工作正式启动。起草组在中央政治局和中央政治局常委会领导下，集中全党全国人民智慧，把握时代背景，确定报告主题，充分发扬民主，集中全党智慧，牢记人民重托，更加奋发有为，全面分析把握世情、国情、党情，以高度的历史使命感和政治责任感做好起草工作。起草期间，起草组派出 7 个调研组，分赴 12 个省、自治区、直辖市开展调研，召开各级各类座谈会 44 次，对城乡社区、工矿企业、农牧水产基地等 116 个单位进行实地考察，了解各地现代化建设和体制改革的实际情况；按照中央部署的 15 项重点课题要求，46 个承担单位先后派出 101 个调研组，足迹遍及 29 个省区市，召开座谈会 1073 场，深入 1433 个单位实地调研，形成 57 份调研成果；胡锦涛、习近平先后多次听取调研成果汇报；胡锦涛先后主持两次中央政治局常委会会议和一次中央政治局会议，对党的十八大报告稿、送审稿进行审议，提出修改意见；中央发出《关于对党的十八大报告稿征求意见的通知》，在党内一定范围组织讨论、征求意见，各地区各部门各方面统计征求意见人数达4511人；中央还委托中央统战部两次听取部分党外人士意见，起草组还当面听取了部分退休老同志的意见。7月23日，胡锦涛在省部级主要领导干部专题研讨班开班式上，就党的十八大报告起草涉及的若干重大问题做了重要讲话，科学分析了当前我国面临的新形势新任务，深刻阐述了事关党和国家全局的若干重大问题，深刻回答了党和国家未来发展的一系列理论和实践问题，为十八大的胜利召开做了重要的思想准备。11月1日至4日，中国共产党第十七届七中全会召开并发表公告，决定中国共产党第十八次全国代表大会于2012年11月8日在北京召开。全会听取和讨论了胡锦涛受中央政治局委托做的工作报告。全会还讨论并通过了党的十七届中央委员会向党的第十八次全国代表大会的报告，讨论并通过了《中国共产党章程（修正案)》，决定将这两份文件提请党的第十八次全国代表大会审议。习近平就党的十七届中央委员会向党的第十八次全国代表大会的报告讨论稿和《中国共产党章程（修正案)》讨论稿向全会做了说明。全会全面分析了当前形势和任务，深入讨论了新形势下发展中国特色社会主义伟大事业、推进党的建设新的伟大工程的若干重大问题，为召开党的第十八次全国代表大会做了充分准备。

### （三）召开十八大

2012年11月8日至14日，中国共产党第十八次全国代表大会在北京隆重举行。2309名代表和特邀代表出席大会，代表全国8200多万名党员。大会通过了胡锦涛代表十七届中央委员会所做的《坚定不移沿着中国特色社会主义道路前进，为全面建成小康社会而奋斗》的报告，批准了中央纪律检查委员会工作报告，审议通过了《中国共产党章程（修正案)》。

1. 通过十八大报告

党的十八大的主题是：高举中国特色社会主义伟大旗帜，以邓小平理论、“三个代表”重要思想、科学发展观为指导，解放思想，改革开放，凝聚力量，攻坚克难，坚定不移沿着中国特色社会主义道路前进，为全面建成小康社会而奋斗。围绕这一主题，报告共分十二个部分：一是过去5年的工作和10年的基本总结。在指出十七大以来的5年各方面工作都取得新的重大成就的同时，报告强调，10年奋斗历程最重要的就是勇于推进实践基础上的理论创新，形成和贯彻了科学发展观，未来必须把科学发展观贯彻到我国现代化建设全过程、体现到党的建设各方面。二是夺取中国特色社会主义新胜利。报告在指出“道路关乎党的命脉，关乎国家前途、民族命运、人民幸福”的同时，对建设中国特色社会主义的总依据、总布局、总任务做了高度概括，强调“坚定不移高举中国特色社会主义伟大旗帜，既不走封闭僵化的老路、也不走改旗易帜的邪路”。三是全面建成小康社会和全面深化改革开放的目标。报告指出，确保到2020年实现全面建成小康社会宏伟目标，实现国内生产总值和城乡居民人均收入比2010年翻一番，并强调必须以更大的政治勇气和智慧，不失时机深化重要领域改革。四是加快完善社会主义市场经济体制和加快转变经济发展方式。强调全面深化经济体制改革，实施创新驱动发展战略，推进经济结构战略性调整，推动城乡发展一体化和全面提高开放型经济水平。五是坚持走中国特色社会主义政治发展道路和推进政治体制改革。强调要把制度建设摆在突出位置，充分发挥我国社会主义政治制度优越性，并提出了推进政治建设和政治体制改革七项重要任务。六是扎实推进社会主义文化强国建设。强调加强社会主义核心价值体系建设，全面提高公民道德素质，丰富人民精神文化生活，增强文化整体实力和竞争力。七是在改善民生和创新管理中加强社会建设。强调以保障和改善民生为重点加快推进社会体制改革，并提出“努力办好人民满意的教育，推动实现更高质量的就业，千方百计增加居民收入，统筹推进城乡社会保障体系建设，提高人民健康水平，加强和创新社会管理”的重要任务。八是大力推进生态文明建设。强调必须把生态文明建设放在突出地位，重点抓好“优化国土空间开发格局，全面促进资源节约，加大自然生态系统和环境保护力度，加强生态文明制度建设”四个方面的工作。九是加快推进国防和军队现代化。强调积极稳妥进行国防和军队改革，推动中国特色军事变革深入发展。十是丰富“一国两制”实践和推进祖国统一。强调继续坚持“和平统一、一国两制”方针，为和平统一创造更充分的条件。十一是继续促进人类和平与发展的崇高事业。强调在国际关系中弘扬平等互信、包容互鉴、合作共赢的精神，共同维护国际公平正义。十二是全面提高党的建设科学化水平。围绕党的建设主线，强调建设学习型、服务型、创新型的马克思主义执政党，确保党始终成为中国特色社会主义事业的坚强领导核心，提出了全面加强党的建设八个方面的重要任务，并要求全党必须增强忧患意识、创新意识、宗旨意识、使命意识。十八大报告描绘了全面建成小康社会、加快推进社会主义现代化的宏伟蓝图，为党和国家事业进一步发展指明了方向，是全党全国各族人民智慧的结晶，是我们党团结带领全国各族人民夺取中国特色社会主义新胜利的政治宣言和行动纲领。

2. 审查、批准中央纪律检查委员会工作报告

大会认为，党的十七大以来，在党中央坚强有力的领导下，经过全党全社会的共同努力，党风廉政建设和反腐败工作取得新的明显成效，为党和国家事业发展提供了有力保障。大会要求，中央和地方各级纪律检查委员会，要高举中国特色社会主义伟

大旗帜，以邓小平理论、“三个代表”重要思想、科学发展观为指导，全面履行党章赋予的职责，坚持围绕中心、服务大局，坚持标本兼治、综合治理、惩防并举、注重预防方针，紧紧围绕党的先进性和纯洁性建设，认真做好惩治和预防腐败各项工作，深入推进党风廉政建设和反腐败斗争。

3. 审议并通过《中国共产党章程（修正案）》

大会审议并一致通过的《中国共产党章程（修正案）》，具有以下几个新特点：一是坚持以马克思列宁主义、毛泽东思想、邓小平理论、“三个代表”重要思想和科学发展观为指导，把党的十八大报告确立的重大理论观点和重大战略思想写入党章。二是坚持发扬党内民主，集中全党智慧；保持党章总体稳定，只修改那些必须改的、在党内已经形成共识的内容，努力使修改后的党章充分体现马克思主义中国化最新成果，充分体现党的十七大以来党中央提出的一系列重大战略思想，充分体现党的工作和党的建设内容。三是在具体条文部分，对党员义务做了适当修改，充实了党的基层组织的基本任务，增写了有关干部选拔和监督干部、党的各级领导干部必须具备的基本条件的内容。

4. 选举新一届中央领导机构

大会选出了新一届中央委员会委员205人，中央候补委员171人，共376人组成第十八届中央委员会。选举出新一届中央纪律检查委员会委员130名，组成第十八届中央纪律检查委员会。2012年11月15日，中国共产党第十八届中央委员会举行第一次全体会议，选举习近平、李克强、张德江、俞正声、刘云山、王岐山、张高丽为中央政治局常委，习近平为中央委员会总书记；决定习近平为中央军事委员会主席；批准王岐山为中央纪律检查委员会书记。

## 三、党的十八大的历史地位与影响

党的十八大在我国进入全面建成小康社会决定性阶段，承前启后，继往开来，鲜明地回答了我们党举什么旗、走什么路、以什么样的精神状态、朝着什么样的目标继续前进的重大问题。十八大报告提出了一系列新思想、新观点、新论断，做出了新部署，具有重大理论创新和突出亮点。十八大通过的党章的修改，把党的创新成果写在党的旗帜上，实现了党的指导思想上的与时俱进；实现了中央领导集体新老交替，选举产生了新一届担当历史使命、开创中国特色社会主义事业新局面的坚强领导集体，对于党和人民继续高举中国特色社会主义伟大旗帜，坚定不移走中国特色社会主义道路，在新的历史条件下夺取中国特色社会主义新胜利，对于全面建成小康社会，实现中华民族伟大复兴必将产生重大而深远的影响。

### （一）十八大报告的重大理论创新和突出亮点

党的十八大报告，主题鲜明深刻，内容博大精深，提出了一系列的新观点、新论断、新表述、新概括、新要求、新任务、新部署、新举措，是一篇闪耀着马克思主义真理光芒的纲领性文献。报告至少有十大重大理论创新和突出亮点。

一是对科学发展观做出新的明确历史定位。党的十七大报告虽然对科学发展观的内容进行了概括和阐述，并把它作为我国经济社会发展的重要指导方针和发展中国特色社会主义必须长期坚持和贯彻的重大战略思想写入党章，但是，当时科学发展观提出时间还不长，还需要进一步经受实践检验，因此没有在党章中明确把科学发展观列为党的指导思想。党的十六大以来的10年来，我们紧紧抓住和用好我国发展的重要战略机遇期，战胜一系列严峻挑战，奋力把中国特色社会主义事业推进到一个新的发展阶段。我们之所以能取得这样的历史性成就和进步，最重要的就是坚持以马列主义、毛泽东思想、邓小平理论、“三个代表”重要思想为指导，勇于推进实践基础上的理论创新，围绕坚持和发展中国特色社会主义提出一系列紧密相连、相互贯通的新思想、新观点、新论断，形成和贯彻了科学发展观，从而为全面建设小康社会、加快推进社会主义现代化提供了有力的理论指导；同时，深入贯彻落实科学发展观仍然是一项长期艰巨的任务，面临着一系列极具挑战性的矛盾和困难。因此，对科学发展观在马克思主义中国化历史进程中的地位进行新的明确定位，以进一步地发挥其对改革开放和社会主义现代化建设的指导作用，就具有十分紧迫的必要性。党的十八大报告鲜明地指出，科学发展观是马克思主义同当代中国实际和时代特征相结合的产物，是马克思主义关于发展的世界观和方法论的集中体现，对新形势下实现什么样的发展、怎样发展等重大问题做出了新的科学回答，把我们对中国特色社会主义规律的认识提高到新的水平，开辟了当代中国马克思主义发展的新境界。科学发展观是中国特色社会主义理论体系的最新成果，是中国共产党集体智慧的结晶，是指导党和国家全部工作的强大思想武器。科学发展观同马克思列宁主义、毛泽东思想、邓小平理论、“三个代表”重要思想一起，是党必须长期坚持的指导思想。这是党的十八大报告最大的理论创新和历史贡献，对坚持和发展中国特色社会主义具有重大现实意义和深远历史意义。

二是对坚持和发展中国特色社会主义做出新阐述。十八大报告准确概括了三代中央领导集体和党的十六大以来党中央开创和发展中国特色社会主义所做的主要贡献，全面阐述了中国特色社会主义的基本内涵、内在关系以及中国特色社会主义的总依据、总布局和总任务。报告指出，90多年来，我们党紧紧依靠人民，把马克思主义基本原理同中国实际和时代特征结合起来，历经千辛万苦，付出多种代价，取得革命建设改革伟大胜利，开创和发展了中国特色社会主义，从根本上改变了中国人民和中华民族的前途命运。中国特色社会主义道路，中国特色社会主义理论体系，中国特色社会主义制度，是党和人民90多年奋斗、创造、积累的根本成就，必须倍加珍惜、始终坚持、不断发展。中国特色社会主义道路，就是在中国共产党领导下，立足基本国情，以经济建设为中心，坚持四项基本原则，坚持改革开放，解放和发展社会生产力，建设社会主义市场经济、社会主义民主政治、社会主义先进文化、社会主义和谐社会、社会主义生态文明，促进人的全面发展，逐步实现全体人民共同富裕，建设富强民主文明和谐的社会主义现代化国家。中国特色社会主义理论体系，就是包括邓小平理论、"三个代表"重要思想、科学发展观在内的科学理论体系，是对马克思列宁主义、毛泽东思想的坚持和发展。中国特色社会主义制度，就是人民代表大会制度的根本政治制度，中国共产党领导的多党合作和政治协商制度、民族区域自治制度以及基层群众自治制度等基本政治制度，中国特色社会主义法律体系，公有制为主体、多种所有制经济共同发展的基本经济制度，以及建立在这些制度基础上的经济体制、政治体制、文化体制、社会体制等各项具体制度。中国特色社会主义道路是实现途径，中国特色社会主义理论体系是行动指南，中国特色社会主义制度是根本保障，三者统一于中国特色社会主义伟大实践，这是党领导人民在建设社会主义长期实践中形成的最终的特色。报告强调，建设中国特色社会主义，总依据是社会主义初级阶段，总布局是五位一体，总任务是实现社会主义现代化的中华民族伟大复兴。中国特色社会主义，既坚持了科学社会主义基本原则，又根据时代条件赋予其鲜明的中国特色，以全新的视野深化了对共产党执政规律、社会主义建设规律、人类社会发展规律的认识，从理论和实践结合上系统回答了在中国这样人口多底子薄的大国建设什么样的社会主义、怎样建设社会主义这个根本问题，使我们国家快速发展起来，使我国人民生活水平快速提高起来。实践充分证明，中国特色社会主义是当代中国发展进步的根本方向，只有中国特色社会主义才能发展中国。因此，我们一定要毫不动摇坚持、与时俱进发展中国特色社会主义，不断丰富中国特色社会主义的实践特色、理论特色、民族特色、时代特色。报告还强调，在新的历史条件下夺取中国特色社会主义新胜利，必须牢牢把握八个基本要求，并使之成为全党全国各族人民的共同信念，即必须坚持人民主体地位，必须坚持解放和发展社会生产力，必须坚持推进改革开放，必须坚持维护社会公平正义，必须坚持走共同富裕道路，必须坚持促进社会和谐，必须坚持和平发展，必须坚持党的领导。十八大报告对坚持和发展中国特色社会主义做出的这些新阐述，对于党和人民在创造性实践中奋力开拓中国特色社会主义更为广阔的发展前景具有重要指导作用。

三是对中国特色社会主义总体布局做出新拓展。十八大报告明确提出建设社会主义市场经济、社会主义民主政治、社会主义先进文化、社会主义和谐社会、社会主义生态文明“五位一体”总体布局，并对经济建设、政治建设、文化建设、社会建设、生态文明建设进行了全面部署。这样，中国特色社会主义事业的总体布局就由“四位一体”拓展成为“五位一体”，丰富了中国特色社会主义的科学内涵。对中国特色社会主义事业总体布局的认识，我们党经历了一个初步探索、逐步深化和日益完善的过程。改革开放初期，以邓小平为核心的第二代中央领导集体，提出要坚持物质文明、精神文明“两个文明”一起抓。党的十三届四中全会后，以江泽民为核心的党的第三代中央领导集体进一步提出在建设“两个文明”的同时，努力建设社会主义政治文明，形成了经济建设、政治建设、文化建设“三位一体”的总体布局。党的十六大以来，以胡锦涛为总书记的党中央，提出构建社会主义和谐社会的战略思想和重大任务，从而使中国特色社会主义事业的总体布局由“三位一体”扩展为经济建设、政治建设、文化建设、社会建设“四位一体”。在深入贯彻落实科学发展观的过程中，我们党对于生态文明建设的认识不断深化，党的十七大提出建设生态文明的目标，党的十八大则明确把生态文明建设上升为中国特色社会主义事业总体布局的重要组成部分。“五位一体”总体布局是中国特色社会主义实践不断丰富发展的结果，是我们党对中国特色社会主义认识不断深化的结果，对于开创中国特色社会主义新局面具有重大意义，对全面建成小康社会提供了有力支撑。

四是对全面建成小康社会和深化改革提出新要求。党的十八大明确提出“为全面建成小康社会而奋斗”。从十六大提出“全面建设小康社会”到十八大提出“全面建成小康社会”，虽然只有一字之改，却是一个质的飞跃，它把全面小康社会的美好图景更具体更生动地呈现在全国人民面前，也把我们党对发展中国特色社会主义的坚强决心和信心展现出来。我们知道，“小康社会”是由邓小平在改革开放之初提出的战略构想。随着中国特色社会主义的深入发展，小康社会内涵和意义不断得到丰富和发展。在20世纪末基本实现“小康”的情况下，党的十六大明确提出了“全面建设小康社会”。党的十七大根据形势发展提出了实现全面建设小康社会奋斗目标的新要求。经过10年的努力，全面建设小康社会取得重大成就，为到2020年实现全面建成小康社会奠定了坚实基础。党的十八大根据我国经济社会发展实际，从五个方面提出了全面建成小康社会的新的目标要求，即经济持续健康发展，人民民主不断扩大，文化软实力显著增强，人民生活水平全面提高，资源节约型、环境友好型社会建设取得重大进展。特别是十八大报告提出“实现国内生产总值和城乡居民人均收入比2010年翻一番”的“两个翻番”，使小康社会目标更加明确、更加切近，同时标准也更严、要求也更高。报告强调，我国进入全面建成小康社会决定性阶段，必须深化重要领域改革，坚决破除一切妨碍科学发展的思想观念和体制机制弊端。报告提出了全面深化经济、政治、文化、社会和生态文明建设领域体制改革的目标要求，明确了各个领域深化改革开放的重点。报告关于实现全面建成小康社会和全面深化改革开放的目标要求，是对什么是小康社会、如何建设小康社会认识的新飞跃，必将极大激发全国人民为实现全面小康社会美好前景的奋斗热情。

五是对关系我国发展全局的战略抉择做出新阐发。党的十八大报告明确指出：以科学发展为主题，以加快转变经济发展方式为主线，是关系我国发展全局的战略抉择。这一战略抉择，是党的十七届五中全会首先提出的重大战略思想，十八大报告对其做了新的阐发，强调在当代中国，坚持发展是硬道理的本质要求就是坚持科学发展。以科学发展为主题，以加快转变经济发展方式为主线，涉及发展理念的变革、模式的转型、路径的创新，引起生产方式、生活方式和思维方式的深刻变化。十八大报告第四部分紧紧围绕这一主题、主线，提出要适应国内外经济形势新变化，加快形成新的经济发展方式，把推动发展的立足点转到提高质量和效益上来，着力激发各类市场主体发展新活力，着力增强创新驱动发展新动力，着力构建现代产业发展新体系，着力培育开放型经济发展新优势，使经济发展更多依靠内需特别是消费需求拉动，更多依靠现代服务业和战略性新兴产业带动，更多依靠科技进步、劳动者素质提高、管理创新驱动，更多依靠节约资源和循环经济推动，更多依靠城乡区域发展协调互动，不断增强长期发展后劲这“四个着力”“五个更多”的发展思路；提出坚持走中国特色新型工业化、信息化、城镇化、农业现代化“四化同步”的发展道路，在此基础上提出了全面深化经济体制改革、实施创新驱动发展战略、推进经济结构战略性调整、推动城乡发展一体化、全面提高开放型经济水平的重大任务。报告围绕主题、主线对今后5年经济体制改革和经济建设做出的全面部署，对于我们从全局出发，统一思想，提高认识，动员各方力量，形成攻坚克难的强大动力，坚决执行中央关于加快完善社会主义市场经济体制和加快转变经济发展方式的重大决策部署具有重大而深远的意义。

六是对推进政治建设和政治体制改革提出新思路。政治体制改革是我国全面改革的重要组成部分，必须继续积极稳妥地推进，发展更加广泛、更加充分、更加健全的人民民主。为此，十八大报告提出了推进政治建设和政治体制改革的总体思路，这就是：必须坚持党的领导、人民当家做主、依法治国有机统一，以保证人民当家做主为根本，以增强党和国家活力、调动人民积极性为目标，扩大社会主义民主，加快建设社会主义法治国家，发展社会主义政治文明。按照这一总体思路，报告提出要更加注重改进党的领导方式和执政方式，更加注重健全民主制度、丰富民主形式，更加注重发挥法治在国家治理和社会管理中的重要作用，提出了支持和保证人民通过人民代表大会行使国家权力、健全社会主义协商民主制度、完善基层民主制度、全面推进依法治国、深化行政体制改革、建立健全权力运行制约和监督体系、巩固和发展最广泛的爱国统一战线七项重点任务。在报告的这一部分论述中，特别引人注意的有三点：第一，提出“社会主义协商民主是我国人民民主的重要形式”，并将其作为政治体制改革重要内容进行了阐述。社会主义协商民主的提出，丰富了人民民主的实现形式，对于发展社会主义民主和社会主义政治文明，实现最广泛、最真实的民主指明了正确方向。第二，提出“建立健全权力运行制约和监督体系”，特别是提出要确保决策权、执行权、监督权既相互制约又相互协调，国家机关按照法定权限和程序行使权力，推进权力运行公开化、规范化等，对于保证党和国家权力的正确行使，提升党和政府的公信力具有至关重要的意义。第三，强调全面推进依法治国，充分发挥法治在国家治理和社会管理中的重要作用，保证人民依法享有广泛权利和自由，从而把社会主义法治提高到一个新的高度。

七是对社会主义核心价值观进行了新概括。十八大报告第六部分对扎实推进社会主义文化强国建设做出了新的全面部署，明确指出：全面建成小康社会，实现中华民族伟大复兴，必须推动社会主义文化大发展大繁荣；建设社会主义文化强国，必须走中国特色社会主义文化发展道路；建设社会主义文化强国，关键是增强全民族文化创造活力等重大论断。这一部分中的一个鲜明亮点，就是对社会主义核心价值观进行了新概括。我们知道，社会主义核心价值体系是党的十六届六中全会提出来的，党的十七大和十七届六中全会对建设社会主义核心价值体系进行了全面部署。十八大报告在阐述加强社会主义核心价值体系建设时，吸收各方面意见，在广泛共识的基础上，用24个字对社会主义核心价值观进行了新概括。这个新概括是分别从国家、社会、个人三个层面进行的。从国家层面看，是富强、民主、文明、和谐；从社会层面看，是自由、平等、公正、法治；从个人层面看，是爱国、敬业、诚信、友善。社会主义核心价值观的提出和概括，深化了我们党对社会主义的认识，对于推进社会主义核心价值体系建设，具有十分重要的意义。

八是对创新社会管理和社会建设做出新表述。十八大报告第七部分以“在改善民生和创新社会管理中加强社会建设”为标题，清楚地标明了社会建设的两个重点内容——改善民生和创新社会管理，而保障和改善民生是根本。在保障和改善民生方面，十八大报告用较大篇幅进行了论述，提出了努力办好人民满意的教育、推动实现更高质量的就业、千方百计增加居民收入、统筹推进城乡社会保障体系建设、提高人民健康水平等重大任务。特别是在党的十七大提出的“两提高”，即提高居民收入在国民收入分配中的比重和提高劳动报酬在初次分配中的比重基础上，十八大报告进一步提出了“两同步”，即努力实现居民收入增长和经济发展同步、劳动报酬增长和劳动生产率提高同步。“两同步”“两提高”为深化收入分配制度改革，实现发展成果由人民共享指明了方向。在创新社会管理方面，十八大报告围绕构建中国特色社会主义管理体系，提出要加快形成党委领导、政府负责、社会协同、公众参与、法治保障的社会管理体制，加快形成政府主导、覆盖城乡、可持续的基本公共服务体系，加快形成政社分开、权责明确、依法自治的现代社会组织体制，加快形成源头治理、动态管理、应急处置相结合的社会管理机制，并做出了全面的安排。特别是在以往强调“党委领导、政府负责、社会协同、公众参与”的同时，又将“法治保障”纳入到社会管理体制中来，这充分体现了我们党全面推进依法治国的执政理念，彰显出法治在社会管理中的重要作用。

九是对建设社会主义生态文明做出新部署。尽管建设生态文明在十七大报告中已经提出，但在党的全国代表大会报告中专辟一个部分加以阐述和部署，十八大还是第一次。十八大报告将生态文明建设摆在中国特色社会主义事业总体布局的高度，明确提出我国建设生态文明的战略思路，并提出了当前和今后一个时期内亟须完成的四项任务，即优化国土空间开发格局，全面促进资源节约，加大自然生态系统和环境保护力度，加强生态文明制度建设。十八大报告关于大力推进生态文明建设的论述，有许多新的观点、新的思想。比如“必须树立尊重自然、顺应自然、保护自然的生态文明理念”；“把生态文明建设放在突出地位，融入经济建设、政治建设、文化建设、社会建设各方面和全过程”；“努力建设美丽中国，实现中华民族永续发展”；“着力推进绿色发展、循环发展、低碳发展，形成节约资源和保护环境的空间格局、产业结构、生产方式、生活方式”；“保护生态环境必须依靠制度”，“加强生态文明制度建设”，以及“加大自然生态系统和环境保护力度”等等。十八大报告关于社会主义生态文明建设的论述，表明我们党对生态文明建设的认识进一步深化，是我们党对中国特色社会主义的重大创新，是我们党科学发展、和谐发展理念的再一次升华。

十是对执政党建设规律的认识有了新突破。十八大报告的最后一个部分，对全面提高党的建设科学化水平进行了全面部署，提出了一系列新观点、新举措，表明我们对执政党建设规律的认识提升到一个新的高度，对执政党建设规律的把握更自觉、更全面、更深刻。第一，把党的纯洁性纳入党的建设的主线中。党的十七大报告关于党的建设的主线表述是“把党的执政能力建设和先进性建设作为主线”，十八大报告则提出“把握加强党的执政能力建设、先进性和纯洁性建设这条主线”，这就把纯洁性建设纳入到党的建设中来，使党的执政能力建设和先进性建设有了更坚实的保证。第二，提出建设学习型、服务型、创新型的马克思主义执政党的目标。党的十六大、十七大报告曾提出学习型政党，但服务型、创新型政党是十八大报告首次提出，并且将其与学习型政党并列起来，这是关于党的建设目标的重要创新和显著亮点，对于加强执政党建设，实现执政方式现代化具有重大意义。第三，提出要增强党自我净化、自我完善、自我革新、自我提高能力。过去我们讲执政能力建设，主要是党执掌政权、领导社会、推进中国特色社会主义伟大事业的能力。十八大报告则针对党的自身建设明确提出这四种能力，反映了党在新的历史方位下对自身建设规律性的认识，体现了党对自身建设的高度自觉。提高这四种能力是保持党的先进性和纯洁性的关键。第四，明确提出加强党的建设要坚持解放思想、改革创新。过去多年，只是讲要“以改革创新精神推进党的建设新的伟大工程”，十八大报告则明确提出加强党的建设要坚持解放思想、改革创新，并把“解放思想、改革创新”放在“党要管党、从严治党”前面与之并列，表明了解放思想、改革创新对于党的建设的重要性，也指明了加强党的建设的路径。第五，首次把坚持党管人才原则，把各方面优秀人才集聚到党和国家事业中来作为党的建设的一项重大任务提出来。这对于保持党的先进性和党的蓬勃活力、巩固党的执政地位、完成党的执政使命具有重大意义。

### （二）党的指导思想上的又一次与时俱进

十八大党章的修改，把党的创新成果写在党的旗帜上，实现了党的指导思想上的又一次与时俱进。

一是把科学发展观同马克思列宁主义、毛泽东思想、邓小平理论、“三个代表”重要思想一道确立为党的行动指南。把科学发展观列入党的指导思想，将科学发展观写在我们党的旗帜上，是十八大党章修改的最大亮点和最突出的历史贡献。这体现了党的指导思想的又一次与时俱进，有利于把科学发展观贯彻到我国现代化建设全过程、体现到党的建设各方面。同时，充实了党的十六大以来党的理论创新特别是科学发展观定位的内容。这有利于在新的历史时期、新的发展阶段全党正确理解科学发展观的理论内涵和精神实质，进一步把思想和行动统一到科学发展上来。

二是把中国特色社会主义制度同中国特色社会主义道路、中国特色社会主义理论体系一道写入党章，以增强全党的道路自信、理论自信、制度自信。中国特色社会主义道路、中国特色社会主义理论体系、中国特色社会主义制度，是党和人民长期奋斗、创造、积累的根本成就。将中国特色社会主义道路、理论体系、制度作为一个整体在党章进行完整表述，进一步明确了我们“举什么旗、走什么路”的问题，是对中国“既不走封闭僵化的老路、也不走改旗易帜的邪路”的有力保障，对于深化全党同志对中国特色社会主义的认识，增强坚持中国特色社会主义自觉性和坚定性，具有重要意义。

三是把十八大提出的一系列新思想、新观点、新论断及其新阐述写入党章。譬如，大会同意将生态文明建设写入党章并做出阐述，使中国特色社会主义事业总体布局为“五位一体”、更加完善；将改革开放是强国之路写入党章并做出阐述；再如，把十八大提出的建设学习型、服务型、创新型的马克思主义执政党的新要求、新成果、新认识充实到党章关于党的建设总体要求中，使党的建设的主线、总体布局、总体目标更加完善，有利于全面推进党的建设新的伟大工程。

四是与总纲部分的修改相衔接，对党章部分条文做适当修改。譬如，选拔干部要按照德才兼备、以德为先的原则，坚持五湖四海、任人唯贤；党要更加重视监督干部；党的各级领导干部要坚持原则，讲党性、重品行、做表率，等等。党章的修改既是对以往党建工作的经验总结，又是对今后党建工作的制度规范。

十八大是党诞生以来第16次修改党章。现行党章是1982年9月党的十二大修改制定的。30年来，在保持党章基本内容稳定的前提下，根据形势和任务发展变化，党的十三大、十四大、十五大、十六大、十七大都对党章做了不同程度的修改。实践表明，党章修改的历史，是我们党90多年伟大发展历程的缩影和展示。党的第十八大通过关于《中国共产党章程（修正案）》的决议，表明党章修正案集中全党智慧，体现全党意志，顺应全国各族人民共同心愿，符合中国特色社会主义内在要求，能够凝聚“中国智慧”、坚定“中国道路”、完善“中国战略”、强化“中国保障”，为中国未来发展进一步指明了方向，对于夺取全面建成小康社会新胜利具有重大而深远的意义。

党的章程是一个政党的“根本大法”，是一个政党的“党内宪法”。十八大对党章的修改，凸显了我们党与时俱进的创新品格，体现了我们党求真务实的科学态度，表明了我们党坚定不移的政治立场，展示了我们党执政为民的价值取向。

### （三）中央领导集体顺利实现新老交替

党的十八大实现中央领导集体新老交替，产生了新一届担当历史使命、开创中国特色社会主义事业新局面的坚强领导集体。十八大选举产生了新一届中央委员会，十八届一中全会选举产生了新的中央领导机构，一批德才兼备、年富力强的领导干部进入新一届中央委员会和中央领导机构。选举结果体现了全党意志，反映了全国各族人民心愿，表明了我们党兴旺发达、充满朝气、富有活力。邓小平曾经指出："办好中国的事情，关键在党，关键在人。""关键在于共产党要有一个好的政治局，特别是好的政治局常委会。只要这个环节不发生问题，中国就稳如泰山。"组成一个好的政治局及其常务委员会，对于在国际国内形势深刻变化的条件下维护和推进我国改革发展稳定大局、保障党和国家事业继往开来、与时俱进，具有十分重要的意义。在一个政党生生不息的发展道路上，总是由新老交替的一代代人来完成自己的崇高使命，凝聚起万众一心、团结奋斗的强大力量，开创着这个政党的璀璨未来。能否人才辈出、继往开来，是衡量一个政党成熟与否的重要标志。为了党和人民事业继往开来，为了推进中央领导集体新老交替，许多同志带头从党中央领导岗位上退下来，表现了共产党人的宽阔胸怀，表现了对党和人民事业的无比忠诚。站在历史与未来的交汇点上，我们党担负着团结带领人民全面建成小康社会、推进社会主义现代化、实现中华民族伟大复兴的重任。我们所肩负任务的艰巨性和繁重性世所罕见，我们所面临矛盾和问题的复杂性世所罕见，我们所面对的困难和风险也世所罕见。党坚强有力，党同人民保持血肉联系，国家就繁荣稳定，人民就幸福安康。

### （四）国内国际舆论盛赞十八大

党的十八大的胜利召开，备受党内外、国内外的高度关注，得到国内外媒体的高度评价，产生了巨大而深远的广泛影响。

1. 党的十八大引起全党全军全国人民的高度关注

关注十八大就是关注中国的未来。在8000多万名党员期盼中、在全国人民的期盼中，十八大于2012年11月8日在北京隆重开幕。可以说在这热切的期盼中，蕴含着全党、全军、全国各族人民对中国未来，对我们党如何把握中国这样一艘"巨轮"航向的关心。全国各个单位都收听收看了开幕实况。大家有一个共同的感觉：胡锦涛总书记代表党中央所做的报告对建党90多年的光辉历程进行了回顾，特别是对近十年来的伟大成就进行了回顾，系统地总结了历史经验，同时也对存在的问题、困难提出了清醒的认识。这个报告鲜明的特点就是把我们党要举什么旗、走什么路、奔什么目标、通过什么样的方式进行发展，在新的理论上予以了诠释，在新的认识高度上予以了阐述。人们普遍认为，报告高屋建瓴、高瞻远瞩、实事求是、求真务实，是一个凝聚力量、增强信心的报告，是一个制定蓝图、引领未来的报告，这个报告对内具有鼓舞和动员全党全国各族人民在新的历史条件下夺取中国特色社会主义新胜利，确保实现全面建成小康社会宏伟目标的战略指导意义；对外具有向世界宣示中国共产党作为世界东方大国的执政党，有能力在维护世界和平促进世界发展、解决世界难题等方面，为全人类做出新的贡献。

2. 党的十八大受到民主党派的高度关注

政党之幸，在于拥有一批肝胆相照、荣辱与共的亲密伙伴，同心同向，矢志跟随。作为与中国共产党风雨同舟数十载的亲密友党，民革、民盟、民建、民进、农工党、致公党、九三学社、台盟8个民主党派高度关注中国共产党第十八次全国代表大会的召开。党的十八大报告重申，坚持长期共存、互相监督、肝胆相照、荣辱与共的方针，加强同民主党派和无党派人士团结合作，促进思想上同心同德、目标上同心同向、行动上同心同行。各民主党派中央主席纷纷表示，坚持中国共产党的领导、坚持中国特色社会主义道路是各民主党派的共识，与中国共产党共奔锦绣前程、同谱中华民族复兴伟业，是各民主党派成员共同的使命。

3. 党的十八大得到国际舆论的高度评价

作为“2012年全世界最重要的政治会议”，中共十八大受到国际社会高度关注。不少国际舆论认为，中共十八大是中国承前启后、继往开来的历史性时刻，展示中国气派，坚守中国道路，描绘中国蓝图的一次重要会议。在中国共产党的领导下，“中国道路”在过去十年缔造了“中国神话”，在未来也必将续写“中国奇迹”。一是“黄金十年”造就“中国气派”。英国广播公司赞叹，中国的发展与变革是自英国工业革命后世界见证过的“最令人惊奇的经济变革”；美国《国际先驱论坛报》发表哈佛大学东亚系教授欧立德的文章认为，为数众多的评论家们已将注意力转移到中国的“精英政治”制度上，这一制度模式能为任何公民向国家领导层职位的晋升提供有效的上升通道；日本中国文化交流协会会长辻井乔认为，“中国的国际影响力和文化软实力显著提升”；尼日利亚《今日报》认为，中共中央总书记和中央军委主席两个职务顺利交接，显示出新一届中央领导集体在政治体制改革方面的决心和力度，展示了中共在未来发展中的核心领导地位不会动摇。二是“中国速度”蕴含“中国智慧”。世界在赞赏“中国速度”的同时，也努力寻找中国成功的“金钥匙”。英国《金融时报》称，科学发展观顺应了中国社会发展的需要；沙特《中东报》认为，经济的巨变，使中共赢得民众的坚定支持；英国《卫报》网站发表文章认为，中共有非凡的适应能力。繁荣的中国凸显中共非凡的适应能力，始终能够根据社会和国际环境的变化调整自己。三是十八大描绘“中国蓝图”。十八大是对过去十年的总结，更是对未来十年的宣示。新加坡媒体将十八大和美国大选并列为“2012 年世界最重要事件”；朝鲜中央通讯社发表文章认为，十八大是“发展中国特色社会主义的新的里程碑”；意大利欧联通讯社评论道，报告中出现了一百多个“新”字，不仅有“新思想、新观点、新论断”，还有“实践创新、理论创新、制度创新、科技创新、文化创新”，在这样一大批带有“新”字的词汇与句子里，都可以彰显中共在领导中国取得革命胜利和获得改革开放成果的执政过程中，在“新”上狠下功夫；“俄罗斯之声”广播电台认为，中国正“带着自信”走一条属于自己的发展道路；日本《朝日新闻》认为，十八大报告八十多次提到“中国特色社会主义”，表明中国身为大国不愿被外国左右，决心走自身独特的内政外交路线；《当中国统治世界》一书的作者马丁·雅克认为，中国具有自己独特的文明发展史，未来中国不会成为一个外界所担心的蛮横的超级大国；丹麦议长莫恩斯·吕克托夫特高度赞赏十八大报告并认为，中国社会将更加开放，中国在世界舞台上将发挥更加重要的作用。四是“中国道路”指向“中国复兴”。国际舆论普遍认为，尽管正面对一系列极具挑战性的矛盾和困难，但“中国道路”一定能够再创辉煌。法新社报道说，新一届领导人承担着“重大的责任”，以“人民对美好生活的向往”为奋斗目标；泰国前副总理功·塔帕朗西认为，习近平总书记在会见中外记者时的讲话充分显示出中共执政为民、以人为本的理念；英国《金融时报》刊登中国问题专家马凯硕的观点认为，未来十年，中国领导层将为中国经济注入新的动力和活力；基辛格指出，基于中国此前取得的成就，相信中国会继续前行；西班牙前首相萨帕特罗的回答是，世界的未来不可能没有中国；巴西中国问题专家卡洛斯·塔瓦雷斯表示，按照十八大指出的方向走下去，中国的发展会越来越好。

# 后 记

本书初稿是在2012年底、2013年初之际形成的，是为学习和贯彻党的十八大精神而组织编写的，现经修改出版。

本书的基本内容、编写提纲、写作风格和最后统稿等由刘相和刘德军策划和负责。各部分具体编写人员为：党的一大、二大，宫厚英；党的三大、四大，郭超；党的五大、六大，张玉玲；党的七大、八大，包爱芹；党的九大，高淑珍；党的十大，朱健；党的十一大、十三大，史家亮；党的十二大，时新华；党的十四大，张华；党的十五大，陈士军；党的十六大，孙玉华；党的十七大，林学启；党的十八大，王守光。

本书在编写过程中，参考了国内外研究中共党史特别是中共党代会历史的成果，得到了济南出版社的鼎力相助，在此一并表示衷心感谢。

由于本书历史跨度比较长，内容比较复杂，加之编写人员比较多，水平不一，又受时间限制，因而尽管我们做了很大努力，反复修改，但书中仍难免有一些不足之处，恳请专家和广大读者指正。

编 者

2014年11月